स्त्री चिन्तन की चुनौतियाँ

स्त्री चिन्तन की चुनौतियाँ

रेखा कस्तवार

राजकमल प्रकाशन

ISBN : 978-81-267-1193-2

मूल्य : ₹895

पहला संस्करण : 2006
चौथा संस्करण : 2016

This book is printed on **Print on Demand** Technology : 2025

प्रकाशक : राजकमल प्रकाशन प्रा.लि.
1-बी, नेताजी सुभाष मार्ग, दरियागंज
नई दिल्ली-110 002

शाखाएँ : अशोक राजपथ, साइंस कॉलेज के सामने, पटना-800 006
पहली मंजिल, दरबारी बिल्डिंग, महात्मा गांधी मार्ग, प्रयागराज-211 001
1, अनमोल सोराबजी संतुक लेन, धोबी तलाव, मरीन लाइंस, मुम्बई-400 002

वेबसाइट : www.rajkamalprakashan.com
ई-मेल : info@rajkamalprakashan.com

STRI CHINTAN KI CHUNAUTIYAN
by Rekha Kastwar

चित्रा मुद्गल, मृदुला गर्ग, लीला दुबे, मृणाल पाण्डे,
राधा कुमार, मणिमाला, विभा देवसरे, दिव्या जैन, नीलम कुलश्रेष्ठ,
सरला मुद्गल, इलिना सेन, कात्यायनी, अनामिका,
कृष्णा सोबती, प्रभा खेतान, मनीषा, नीलेश, मन्नू भंडारी,
तसलीमा नसरीन, आभा शर्मा, गीतांजलिश्री
को

प्राक्कथन

विगत 15 वर्षों से स्त्री विचार के केन्द्र में रही है। जीवन में भी और साहित्य में भी। स्त्री सशक्तिकरण, स्त्री विमर्श, स्त्रीत्ववाद, स्त्रीत्ववाद की धाराएँ, उपधाराएँ। पूर्व की स्त्री, पश्चिम की स्त्री। सशक्त स्त्री, अबला स्त्री, अच्छी स्त्री, बुरी स्त्री। स्त्रीत्ववादी चिन्तन, चिन्ता, चुनौतियाँ। स्त्री के लिए निर्धारित मानदंड और किसी भी खाँचे में फिट नहीं होना चाहती स्त्री। अपने आसपास देखती रही सबल स्त्री की समाज में 'खलनायक छवि', कमजोर स्त्री के शोषण की प्रबल सम्भावनाओं के बाद भी उसके प्रति दया भाव, सहानुभूति। अपने लिए जगह बनाती स्त्री को परिवारभंजक माना जाना। शिक्षित, कामकाजी स्त्री और घर में उससे अपनी माँ की-सी परम्परागत छवि और भूमिका की माँग। स्त्री पैसा कमाए, गहने बनवाए, तुड़वाए, पर अपनी सम्पत्ति का सोचे तो खलनायिका। नौकरी के लिए घर से बाहर निकली 'स्त्री' बाहर के काम भी सम्हाल ले। घर से बाहर निकली है, तो शोषण के लिए तैयार होकर निकल ले, वर्ना घर की सुरक्षा के साथ मिलनेवाले निकट सम्बन्धियों के अतिचारों पर चुप्पी साधे। बोले तो बेशरम, सबके लिए उपलब्ध होने के अवसर। बाजार में स्त्री की दृश्यमानता सेल्सगर्ल की भूमिका निभाती, विज्ञापनों में दृश्यमान स्त्री, बेवजह कम होते कपड़े और बुर्के की वापसी के तालिबानी निर्देश। देह, देह छवि, सौन्दर्य प्रतियोगिताओं के बहाने अपने लिए कभी स्पेस तलाशती तो कभी बहुराष्ट्रीय कम्पनियों के सामानों की बिक्री के लिए मुस्कान बिखेरती विश्व सुन्दरी। सोप ऑपेरा की 'अच्छी बहू' उस संयुक्त परिवार की धुरी, जो आज कहीं नहीं है और अकेली संघर्ष करती स्त्री कहीं नहीं परदे पर। परिवार बचाती स्त्री की वाहवाही और अपने लिए जीती स्त्री पर वक्र दृष्टि। स्त्री के सभी बिम्ब आसपास, आपस में टकराते हुए।

बदलते परिवेश, बदलती स्त्री और उसके कारण स्त्री के लिए निर्धारित मानदंडों में बदलाव सामाजिक संक्रान्ति को जन्म दे रहा है। व्यवस्था इस संक्रान्ति के कारण आई 'टूट-फूट' से चौंकी हुई ही नहीं है, आक्रान्त भी है और आतंकित भी। उसे समझ में नहीं आ रहा है कि जद से बाहर जाती इस स्त्री का वह क्या

करे। कैसे 'पुनः मूषको भव' की मुद्रा में लौटाकर वह चैन की साँस ले। वह यह भी सोच रहा है कि वक्त की छन्नी लगाने पर सब कुछ शान्त हो जाएगा। स्त्री की यह पहल, अपने लिए जीने और अपने आत्म को पहचानने का उसका दम्भ अन्ततः प्रतिगामी ही साबित होगा, किन्तु स्त्री है कि मिले हुए स्पेस में से आकाश चूम लेना चाहती है।

सत्ता संस्थानों की ओर नजर घुमाती हूँ तो तस्वीर का दूसरा रुख सामने आता है। धर्म, राजनीति, न्याय के संस्थान स्त्री को ड्योढ़ी चढ़ने देना ही नहीं चाहते। तसलीमा बनने की चाह करके देखे तो स्त्री। शाहबानो, नैना साहनी, मथुरा, सुधा गोयल, शिवानी भटनागर, मधुमिता, सब मेरे आसपास इकट्ठी हो गई हैं। आकाश चूमने की सजा जानती हो ? हमने तो सिर्फ साँसें माँगी थीं अपने लिए। किस स्त्री की बात करना चाहती हो, कर रही हो ? बच निकलने के लिए दाएँ-बाएँ होना चाहती हूँ। खेतों, खलिहानों में मजदूरी करती स्त्री, सड़क पर गिट्टी तोड़ती, बोझा सिर पर और पेट में एक साथ ढोती स्त्री पास बुलाती है। वह भी तनिक सुस्ता लेना चाहती है, समझाती है किस स्त्री की बात करना चाहती हो तुम। मैं तो बछेन्द्री पाल की बात करना चाहती हूँ, कल्पना चावला की बात करना चाहती हूँ। पेप्सी कोला की इन्दिरा नूई याद आती है मुझे। लता मंगेशकर चाहिए मुझे, इन्दिरा गांधी भी। बुलन्दियाँ तलाशती सभी स्त्रियाँ मेरा काम्य हैं। क्या दिग्भ्रमित हूँ मैं !

स्त्रीत्ववादी चिन्तन, ढेरों पुस्तकें, विचार, चिन्ताएँ चुनौती देती हैं मुझे। राजेन्द्र यादव की आवाज सुनाई देती है 'दुनिया की शायद ही कोई ईमानदार नारी कथा हो जो अन्ततः सेक्स कथा न हो।' देह की स्वतन्त्रता चाहती है स्त्री, फक होना चाहती है स्त्री। देह विमर्श–रस्सी की जगह चारे से बाँधी जाती स्त्री। यही चाहा था न स्त्री ने देह के धरातल पर स्वतन्त्रता की बात ? वहीं से तुम्हें फिर घेरने को स्वतन्त्र हैं हम। दूसरी आवाज सिमॉन की स्त्री के बन्धनों के लिए प्रजनन और स्तनपान के अवरोधों का कच्चा चिट्ठा लिए खड़ी है। कोई कहता है मातृत्व गौरव है स्त्री का, तो कहीं से तर्कों की लम्बी सूची के साथ प्रमाण प्रस्तुत हो जाते हैं, सन्तान और परिवार की भूमिका ? स्त्री के विकास के बीच आत्मघाती दस्ते। 'चौके और शयन कक्ष के वधस्थल' की ओर संकेत करती सुधीश पचौरी की किताब। 'उत्तराधिकार बनाम पुत्राधिकार' के बहाने सम्पत्ति से बेदखल स्त्री के खिलाफ खड़े कानूनी दाँव-पेंच के नकाब उतारती अरविन्द जैन की दूसरी किताब। पितृसत्ता और पूँजीवाद को स्त्री के खिलाफ खड़ा पाती हूँ। पुरुष और पितृसत्ता के भेद को समझना चाहती हूँ। उस ओर सत्ता सम्पन्न पुरुषों की जमात और इस

ओर देह, श्रम और परिवार के बीच छीजती स्त्री। औरत होने की सजा पाती स्त्री। सबके अपने तर्क, अपने अनुभव। देह हथियार है स्त्री का या शोषण का। कभी शेष न होनेवाला तूरीण ? जो पितृसत्ता के कन्धे पर लटक रहा है। सोचती हूँ यौन शुचिता, पिल्स की भूमिका, क्या है स्त्री के पक्ष में और क्या खिलाफ ! स्त्री को मिला गर्भपात का अधिकार और इसी से मिली कन्या भ्रूण की बेदखली। परिवार, विवाह के अपने सुख-दुख। स्त्री पुनर्विवाह करे तो कोंचती निगाहें, अकेली रहे तो प्रश्न चिह्न। क्या है स्त्री के पक्ष में, क्या है स्त्री के खिलाफ ! अपनी मर्जी से जीने की चाह, अपने निर्णय लेने की कामना, क्या स्त्री कारूँ का खजाना चाहती है ! क्या आकाश कुसुम चाहती है ! प्रश्न इर्द-गिर्द घूमते रहते हैं।

साहित्य की ओर आशा भरी निगाहें थमती हैं मेरी ! स्त्रीत्ववादी साहित्य में स्त्री और पुरुष की भूमिका-जिज्ञासा है आँखों में। पुरुषों का स्त्रीत्ववाद अन्ततः मर्दाना काम ही है 'हीथ' चेताते हैं मुझे। तभी 'कृष्णा सोबती' अपने स्त्री होने से पहले लेखक होने को वरीयता देती है। 'मनीषा' असहमति में सिर हिलाती है। स्त्री हैं हम ! मेहरून्निसा परवेज पहले कभी कह चुकी थी, 'स्त्री पुरुष शरीर से परे, धर्म, समाज और परिवार से ऊपर उठ जाता है लेखक। जो उठ नहीं पाता कभी लेखक नहीं हो सकता।' तभी पुरुष सत्ता की पोल जानती लेखिकाएँ चेताती हैं, नए स्त्री-विश्व में पुरुष विहीनता की पैरवी करती है, मैसाच्युसेट्स युनिवर्सिटी के शोध की ओर ध्यान आकर्षित करती है, 30 करोड़ वर्ष तक सिर्फ स्त्रियों की दुनिया थी। इनके बाद पुरुष को बना पाई कुदरत। कहीं कोई जबाब नहीं मिलते। अन्ततः लाइब्रेरी की ओर जाने का मन बना चुकी हूँ। बिना भेदभाव के बीती सदी/बीती सहस्त्राब्दि के अन्तिम दशक के स्त्री केन्द्रित उपन्यासों को एक शेल्फ में जगह दे देती हूँ। लगभग चालीस किताबें–स्त्री और पुरुष लेखकों की। अन्ततः दस किताबें पाँच पुरुष और पाँच स्त्री रचनाकार, मेरे साथ स्त्री प्रश्नों सहित लम्बी यात्रा करते हैं, स्त्री मेरे साथ-साथ चलती है–कहती हुई रचना की कोख का लिंग नहीं होता। लिंग भेद से मुक्त है रचना की कोख।

प्रश्नों की इस मुठभेड़ का परिणाम आपके हाथों में है।

–रेखा कस्तवार

भोपाल

13.5.03

क्रम

स्त्री चिन्तन की चुनौतियाँ

अध्याय : एक

समकालीनता की अवधारणा एवं स्त्री विमर्श के सरोकार

समाज के बदलते स्वरूप, रुचियों, परिस्थितियों के सम्मुख साहित्य एक प्रतिस्पर्धी के रूप में आता है। तेजी से बदलते समय के सापेक्ष सामाजिक स्थितियाँ, मूल्य व मान्यताएँ सभी बदलती हैं। इस सहज स्वाभाविक बदलाव की गति कम या तीव्र हो सकती है, कभी यथास्थिति भी महसूस हो सकती है तो कभी त्वरित परिवर्तन। बदलाव के कारण, बदलाव की आवश्यकता और उसके उत्प्रेरक जितने शक्तिशाली और सुनियोजित होंगे, परिवर्तन की गति उतनी ही तीव्र होगी। ये कारक कभी बाह्य होते हैं और कभी आन्तरिक ऊर्जा भी बदलाव की दिशा में योग करती है। समाज की इन बदली हुई प्रवृत्तियों, स्थितियों को साहित्य अपने माध्यम से अभिव्यक्त करता रहा है तो साहित्य भी कई बार सामाजिक परिवर्तन का उत्प्रेरक बन सका है। ब्रिटिश पार्लियामेंट में जिस समय मृत्युदंड के विधेयक पर विचार किया जा रहा था, सदस्यों को 'दोस्तॉयवस्की' की 'क्राइम एंड पनिशमेन्ट' पढ़ने के लिए दी गई। साहित्य अपना हस्तक्षेप कभी प्रत्यक्ष और कभी परोक्ष रूप से करता रहा है।

(क) समकालीनता की अवधारणा एवं काल अक्ष

समकालीनता की अवधारणा–(समसामयिकता, तात्कालिकता, प्रासंगिकता, आधुनिकता के सन्दर्भ में) समकालीन उपन्यासों में स्त्री की स्थिति और गति पर विचार करने से पहले समकालीनता की अवधारणा स्पष्ट होना आवश्यक है। समकालीनता को प्रासंगिकता, तात्कालिकता, आधुनिकता से जोड़कर उनका समानधर्मी समझा गया है। कभी उसके फलक को अनावश्यक विस्तार और कभी अत्यन्त सीमित किया गया है। कोशगत अर्थों में समकालीनता और समसामयिकता को अंग्रेजी के 'कन्टम्प्रोरेनिटी' (Contermporaneity) अथवा 'को-ईवाल' (Coeval) का

समानवाची माना गया है जिनका अर्थ है 'उसी समय या कालखंड में होनेवाली घटना या प्रवृत्ति या एक ही कालखंड में जी रहे व्यक्ति।' यह अर्थ समकालीनता को निश्चित कालखंड में समेटता है। इसके समर्थन में डॉ. विशम्भरनाथ उपाध्याय का विचार है कि " 'समकाल' शब्द यह बताता है कि काल के इस प्रचलित खंड या प्रवाह में मनुष्य की स्थिति क्या है, इसे उलटकर कहें तो कह सकते हैं कि मनुष्य की वास्तविक स्थिति को देखकर उसे अंकित चित्रित करके ही हम समकालीनता की अवधारणा को समझ सकते है।"[1] विशम्भरनाथ उपाध्याय समकालीन को कालपरकता से जोड़ते हुए भी यथार्थ चित्रण की अनिवार्यता पर जोर देते हैं। इस कालपरक, तात्कालिक यथार्थ से असहमति जताते हुए डॉ. नरेन्द्र मोहन मानते हैं कि " 'समकालीनता' का अर्थ किसी कालखंड या दौर में व्याप्त स्थितियों और समस्याओं का चित्रण भर नहीं है, बल्कि उन्हें ऐतिहासिक अर्थ में समझना, उनके मूल स्रोत तक पहुँचना और निर्णय ले सकने का विवेक अर्जित करना है समकालीनता तात्कालिकता नहीं है।"[2] समकालीनता की कालपरक अवधारणा से असहमति जताते हुए गंगा प्रसाद विमल समकालीनता को प्रासंगिकता से जोड़ते हैं, " 'समकालीन का अर्थ यह नहीं है कि दो व्यक्ति एक विशेष काल खंड में जी रहे हों और संयोग से वे रचनाशील भी हैं। जिस समकालीनता की बात की जा रही है उसका शब्दार्थ की धारणा से सम्बन्ध नहीं है, अपितु वह जीवनबोध के आधार पर समानधर्मी रचनाकारों के बोध की समानधर्मिता है।"[3] गंगा प्रसाद विमल समकालीनता को प्रवृत्तिगत मानते हैं। डॉ. नगेन्द्र युगबोध और वर्तमान को संयुक्त करते हुए समकालीनता को आधुनिकता से जोड़ते हैं। आज के सीमित सन्दर्भ में आधुनिक का एक सीमित संकुचित अर्थ समसामयिक भी उभरकर आया है। इस सन्दर्भ में आधुनिकता का अर्थ है वर्तमान का युगबोध। यहाँ दृष्टि वर्तमान पर ही केन्द्रित रहती है।[4] प्रख्यात चिन्तक निहार रंजन रे आधुनिकता और समसामयिकता पर विचार करते हुए समसामयिकता शब्द को आधुनिकता की अवधारणा को बेहतर ढंग से मूर्त करने का साधन मानते हैं।[5] परन्तु डॉ. शिवप्रसाद सिंह एवं श्रीपतराय 'समकालीनता' और 'आधुनिकता' को निम्न समझते हैं–'समसामयिक' और 'आधुनिक' में जो अन्तर है वह केवल समय का नहीं अन्तर्दृष्टि का भी है, कदाचित् रचना विधान का भी है।[6]

उपर्युक्त सभी विचारों का विश्लेषण किया जाए तो कालपरक विश्लेषण में आज जो समकालीन प्रतीत हो रहा है कल उसके प्रति दृष्टि बदलने की सम्भावना बनी रहती है, उसे पूर्व परम्परा से अलग करना होता है। यदि सिर्फ प्रवृत्तिगत अर्थ लिया जाए तो जीवनबोध के आधार पर अलग-अलग समय सारणी में जीनेवाले

समानधर्मी रचनाकारों के बोध की समानधर्मिता को समकालीन मानने पर उन सभी रचनाकारों को समकालीन मानना होगा जो निश्चित कालावधि के पूर्व या बाद में किसी विशिष्ट मूल्यबोध, युगबोध या जीवनबोध को लेकर लेखनरत हैं। इस दृष्टि से मीरा की स्त्री चेतना स्त्री-विमर्श से जुड़कर समकालीन हो जाएगी। मीरा का रचना संसार आज प्रासंगिक है समकालीन नहीं। किसी मूल्य व्यवस्था से अथवा आन्दोलनधर्मिता से जोड़कर जब समकालीनता को देखा जाता है तब उस धारा विशेष से असहमति रखनेवाले रचनाकारों के साथ अन्याय होने की सम्भावना बनती है। अतः समकालीनता में कालगत और प्रवृत्तिगत दोनों अर्थों का समावेश अनिवार्य हो जाता है।

समकालीनता पर विचार करते हुए हमें इस तथ्य को ध्यान में रखना होगा कि भारत जैसे देश में जहाँ कई शताब्दियाँ और मूल्य बोध साथ-साथ चलते हैं। हम धर्म और नैतिकता में अलग, विज्ञान में अलग व सामाजिक जीवन में अलग-अलग शताब्दियों के मूल्यबोधों से संचालित होते हैं। यू. आर. अनन्तमूर्ति अनेक संगोष्ठियों से भारत में कई शताब्दियों के एक साथ रहने की बात करते हैं। स्त्रियों के सन्दर्भ में यह बात विशिष्ट रूप से लागू होती है। मालिका सेन गुप्त का विचार है कि "भारत में स्त्रियों के लिए उन्नीसवीं शताब्दी में निर्धारित आचार संहिता और पुरुषों के लिए इक्कीसवीं शताब्दी की आचार संहिता साथ-साथ रहती है।" भिन्न सामाजिक, आर्थिक, सांस्कृतिक, राजनीतिक परिवेश में भी स्त्री की स्थिति को एक तराजू पर तौला जाना सम्भव नहीं होता है। साहित्य में स्त्री की स्थिति और उसके प्रश्नों को अभिव्यक्त करते हुए इसी के बीच से अपने लिए रास्ता निकालना होगा व सभी के साथ न्याय करना होगा। समकालीन साहित्य में स्त्री प्रश्न पर समय के तापमान को आँकते हुए युगबोध व मूल्यबोधों के बीच संतुलन स्थापित करना होगा।

समकालीनता का काल अक्ष–हिन्दी उपन्यासों में 'स्त्री विमर्श' पर चर्चा करने से पूर्व समकालीनता के काल अक्ष का निर्धारण करना अनिवार्य होगा। यह काल एक ओर स्वातन्त्र्योत्तर उपन्यासों से जुड़ता है तो दशक के आधार पर सहस्त्राब्दि के अन्तिम दशक तक भी सीमित हो सकता है। प्रवृत्तिगत दृष्टि से देखा जाए तो स्वतन्त्रता नए मूल्यों और जीवन दृष्टि के कोण से प्रस्थान बिन्दु है। लम्बी गुलामी के उपरान्त भारतीय इतिहास की इस क्रान्तिकारी घटना का दूरगामी प्रभाव देश के मानस, साहित्यिक मानस फलतः साहित्य और कलाओं पर, सम्पूर्ण सांस्कृतिक परिप्रेक्ष्य में सहज ही पड़ा। स्वतन्त्रता को समस्त भारतीय साहित्य की ऐसी विभाजक-रेखा माना जा सकता है जहाँ से नवलेखन का श्रीगणेश होता, परन्तु

स्वतन्त्रता के समय युवा हुई पीढ़ी वह पीढ़ी थी जिसने अपना बचपन गुलामी में गुजारा था और वह गुलामी के संस्कार के साथ युवा हुई थी। इसकी अपेक्षा स्वतन्त्र भारत में जन्मी पीढ़ी, जो सन् 70 के आसपास युवा हुई थी, स्वतन्त्रता का स्वाद लेते हुए बड़ी हुई थी, बदले नजरिए के साथ विकसित हुई। स्वतन्त्रता ने संविधान प्रदत्त अधिकार अवश्य सौंपे, पर उसे जीने और उपभोग की मानसिकता स्वतन्त्रता के लगभग 20-25 वर्ष बाद विकसित हुई। यही वह समय था जब शिक्षा, रोजगार, राजनैतिक, सम्पत्ति विषयक अधिकारों का उपभोग करने का अवसर स्त्री को मिला। शिक्षा एवं रोजगार ने स्त्री की स्थिति में बदलाव हेतु अनुकूल परिस्थितियों को जन्म दिया। स्त्री के बदलते नजरिए ने स्त्री को सामाजिक समस्या के स्थान पर समाजशास्त्रीय, अर्थशास्त्रीय, मनोवैज्ञानिक, मानवशास्त्रीय दृष्टि से अध्ययन का आधार माना और उसके प्रश्नों पर नए सिरे से विचार किया। अतः प्रवृत्तिगत परिवर्तन के आधार पर विचार करें तो काल अक्ष 70 के दशक के बाद का निर्धारित करना होगा, किन्तु इसके स्थान पर सहस्त्राब्दि के अन्तिम दशक को केन्द्र में रखकर हम स्त्री प्रश्नों से साक्षात करना चाहें तो पाएँगे कि सहस्त्राब्दि के अन्तिम दशक में सामाजिक परिवर्तन की गति सर्वाधिक तीव्र रही है। भूमंडलीकरण ने अपनी तमाम अच्छाइयों और बुराइयों के साथ सभी वर्ग की स्त्रियों को घर से बाहर निकलने के अवसर दिए। स्त्री ने अपने लिए जहाँ अब तक के वर्जित क्षेत्रों में अपनी ठोस दावेदारी प्रमाणित की, वहीं आर्थिक स्वावलम्बन की दिशा में तीव्र प्रयास भी सामने आए हैं और उनके परिणाम भी। आर्थिक स्वावलम्बन ने स्त्री को कई अर्थों में बदलने में मदद की है। गर्भ निरोधकों की निर्मिति और गर्भपात के अधिकार ने स्त्री को आतंकित रहने से मुक्ति दी। राजनैतिक आरक्षण के प्रश्न ने स्त्री को केन्द्र में आने में मदद की है। नए वैज्ञानिक शोधों ने स्त्री की जैविक आधार पर दोयम दर्जे की भूमिका को नकारा। इस नई स्त्री ने जीवन और पारम्परिक समाज व्यवस्था में परिवर्तन के संकेत दिए हैं जिनका असर सामाजिक सम्बन्धों पर पड़ा है। यद्यपि ये सभी परिवर्तन अन्तिम दशक में ही नहीं हुए हैं परन्तु इनके परिवर्तनों के परिणामों की तीव्रता अन्तिम दशक में स्पष्ट देखी जा सकती है। साहित्य जगत में विगत दस वर्षों में स्त्री का समाज के केन्द्र में आना और उससे आगे बढ़कर विचार के केन्द्र में आना हमारे आर्थिक सामाजिक विकास का परिणाम है। इन दस वर्षों में स्त्री मुक्ति के सभी प्रश्न उठे, आयोग बने, कानून बदले, नए कानून बने। जनसंचार, पत्रकारिता, शिक्षा, तकनीकी क्षेत्र, व्यापार के क्षेत्र में पढ़ी-लिखी महिलाओं ने एक महत्त्वपूर्ण उपस्थिति दर्ज की। शाहबानो और सती रूपकुँअर के मसलों ने ऐसे बुनियादी प्रश्न उठाए

जो अब तक नहीं उठे थे। इस दशक में विशेष रूप से स्त्री की व्यक्ति के रूप में पहचान रेखांकित हो सकी है। इन प्रश्नों ने भारतीय यथार्थ पर नए सिरे से सोचने को विवश किया।

समकालीन उपन्यासों का प्रस्तावित काल अक्ष–साहित्य जगत में उपन्यास सशक्त केन्द्रीय विधा के रूप में सामने आया है, दूसरे इस अवधि में साहित्य के केन्द्रीय सरोकार 'महिला' एवं दलित रहे हैं। स्त्री विमर्श पर केन्द्रित महत्त्वपूर्ण उपन्यास इस अवधि में लिखे गए हैं। 1991-2000 में स्त्री विषयक लेखन में रेखांकन योग्य सम्पूर्णता व स्थिरता भी दिखाई देती है। 'स्त्री प्रश्नों' पर विमर्श भी इन वर्षों में सर्वाधिक हुआ है। महत्त्वपूर्ण स्त्री केन्द्रित पुस्तकों का प्रकाशन इन दस वर्षों की उल्लेखनीय विशेषता है। स्त्री विषयक विश्व साहित्य अनूदित होकर हिन्दी में आया है जिसने हिन्दी लेखन पर अपना प्रभाव छोड़ा। विविध पत्रिकाओं के स्त्री-विशेषांकों ने इस विषय को केन्द्रीय विषय के रूप में स्थापित किया है। अतः स्वातन्त्र्योत्तर उपन्यासों के मोहपाश से बाहर आकर बीती सदी के अन्तिम दशक पर अध्ययन केन्द्रित किया गया एवं शोध हेतु काल फलक 1991 से 2000 तक सीमित किया गया। शोध हेतु उपन्यासों का चयन करते हुए यह सावधानी अवश्य बरती गई कि स्त्री से जुड़े विविध पहलुओं, वर्गों का प्रतिनिधित्व भी उपन्यासों में हो सके। समकालीन लेखन से जुड़े वरिष्ठ एवं नव्यतम पीढ़ी के रचनाकारों के कोण शोध का विषय बन सकें।

(ख) तुलनात्मक अध्ययन से आशय

स्त्री विमर्श एवं स्त्री लेखन–सहस्त्राब्दि के अन्तिम दशक में केन्द्र में रहे 'स्त्री विमर्श' में यह विवाद का विषय रहा है कि स्त्री विमर्श स्त्री के लिए सुरक्षित क्षेत्र है या लेखक होने के नाते पुरुष की भागीदारी की सम्भावना भी वहाँ बनती है। यह बात जोर देकर उठाई गई है कि 'स्त्री विमर्श' स्त्री के लिए सुरक्षित क्षेत्र है एवं पुरुषों के लिए उसमें कोई स्थान नहीं हैं। स्त्री के अनुभव की प्रामाणिकता की बात यद्यपि महादेवी वर्मा 'शृंखला की कड़ियाँ' में बहुत पहले कर चुकी थीं परन्तु उन्होंने 'स्त्री प्रश्न' को पुरुष के लिए वर्जित क्षेत्र नहीं माना था। 'पुरुष के द्वारा नारी चित्रण अधिक आदर्श बन सकता है।' परन्तु अधिक सत्य नहीं, विकृति के अधिक निकट पहुँच सकता है किन्तु यथार्थ के अधिक समीप नहीं। पुरुष के लिए नारीत्व अनुमान है नारी के लिए अनुभव, अतः अपने जीवन का जैसा सजीव चित्र वह हमें दे सकेगी वैसा पुरुष बहुत साधना के उपरान्त भी शायद ही दे सके।[7]

स्त्रीत्ववाद इसे स्त्री के बलीकरण का प्रश्न मानते हुए पुरुष की मंशा पर शक करता है और इसे स्त्री का ऐसा अनुभव मानता है जिसे स्त्री ही समझ सकती है, स्त्री ही पढ़ सकती है, व्यक्त कर सकती है। एक सावधानी बरतते हुए हम यह मान सकते हैं कि जो ज्ञान पुरुष स्त्रियों से उनके बारे में हासिल करते हैं, भले ही वह उनकी संचित सम्भावनाओं के बारे में न होकर, सिर्फ उनके भूत और वर्तमान के बारे में ही क्यों न हो, तब तक अधूरा और उथला रहेगा जब तक कि स्त्रियाँ स्वयं वह सब कुछ नहीं बता देतीं, जो उनके पास बताने के लिए है।[8] पुरुष चाहे कितने भी ईमानदार हों उनकी भूमिका 'हमदर्द' से अधिक नहीं हो सकती। वे हमेशा पुरुष स्थिति में ही रहकर इसे 'विषय' के रूप में विचार करेंगे। स्त्रीत्ववाद पुरुष को 'कर्ता' की भूमिका देने से इनकार करता है। जैसा कि पंकज बिष्ट कहते हैं–लेखन के सन्दर्भ में नारी पुरुष के भेद को खत्म करनेवाली बात मूलतः पुरुष मानसिकता और वर्चस्व को बनाए रखने की ऐसी साजिश के रूप में देखी जानी चाहिए जो नारी के वास्तविक सरोकारों और पीड़ाओं को अभिव्यक्ति में बाइपास का काम करेगी।[9]

औरत की देह के बारे में बोलना आसान है, खासकर मर्द होकर बोलना आसान है किन्तु उसकी देह के बारे में उसकी तरह बोलना आसान नहीं। स्त्री के प्रति पुरुष का अनुभव चूँकि देह और आत्म के दमन से शुरू होता है, इसलिए अनुभव की एकान्विति सम्भव नहीं और पुरुष की भूमिका विपक्ष में खड़े होने की हो जाती है। वह बाहर रहने को अभिशप्त है। जैसा हीथ कहते हैं "पुरुष का स्त्रीत्ववाद अन्ततः एक मर्दाना काम ही है।"[10] स्त्री देह के रूप में स्त्री का अनुभव करना, पुरुष के रूप में अनुभव करने से भिन्न अनुभव होता है। किसी कृति को स्त्री के रूप में पढ़ना भी एक अलग पहचान को बनाना है। स्त्रीत्ववाद स्त्री के इन्हीं एकान्तिक अनुभवों को पुरुष लिंगी भाषा से भिन्न भाषा में अभिव्यक्ति का पैरोकार है। अब तक की उपलब्ध भाषा पुरुष की भाषा है जिसमें स्त्री की तरह सोचा या अभिव्यक्त नहीं किया जा सकता है। स्त्री के लेखन को स्त्री-विमर्श के रूप में स्थापित करने में वे महिला विशेषांक उल्लेखनीय हैं जिनमें सिर्फ स्त्री लेखक ही स्थान पा सकी हैं।

स्त्री-विमर्श और पुरुष लेखन–"स्त्री का, स्त्री के लिए, स्त्री के द्वारा लेखन" स्त्री-विमर्श पर इस दृष्टि से विचार करने पर स्त्री-विमर्श व्यक्तिगत अनुभव के संसार तक सिमटकर सिर्फ आत्मकथाओं तक सीमित होने का खतरा सौंपता है। (राजेन्द्र यादव का 'कथादेश' के लिए ओमा शर्मा द्वारा लिया गया साक्षात्कार–ओमा शर्मा का विचार) आत्मकथाओं की आत्मप्रवंचना शोध का विषय है। यह सही है

कि स्त्री का स्त्री के लिए लेखन साहित्य को नई भाषा, नया पाठ और नई दृष्टि देता है जिसका स्वागत और रेखांकन अनिवार्य है। परन्तु इसे स्त्री तक सीमित करने से जहाँ पुरुष 'स्त्री विषय' से बाहर का व्यक्ति हो जाता है स्त्री भी 'स्त्री विषय' तक सीमित हो जाती है। और कई बार स्त्री लेखन को दोयम दर्जे का लेखन समझे जाने के खतरे भी उठाने पड़ते हैं।[11]

राजशेखर 'काव्यमीमांसा' में स्त्री और पुरुष के रचना संसार को अलग-अलग खाँचों में बाँटने से इनकार करते हैं।

'पुरुषवत् योषितोऽपि कवी भवेयुः
नस्त्रेणं पौरुषं या विभागमपेक्षये'

कॉलरिज स्वीकार करते हैं कि ''ज्ञान पुरुषवाची है तो संवेदना स्त्रीवाची है और इन दोनों तत्त्वों को मिश्रण से ही सर्जना के क्षण उत्पन्न होते हैं।''[12] *इंडिया टुडे* की साहित्य वार्षिकी 1997 में यह बहस का मुद्दा बना था कि 'स्त्री-लेखन' स्त्री का अधिकार क्षेत्र है अथवा किसी भी रचनाधर्मी का। इस बहस में किसी पुरुष रचनाकार की भागीदारी नहीं थी परन्तु अधिकांशतः रचनाकारों ने स्वीकार किया था कि ''लेखन लेखन होता है नर-मादा नहीं। उसे बाँटकर देखनेवाली दृष्टि पूर्वाग्रहग्रस्त है।''[13] ''जब लेखक कलम उठाकर अपने लिखने का धर्म निभाता है तब वह केवल लेखक होता है, स्त्री-पुरुष के शरीर से परे धर्म, समाज और परिवार से ऊपर उठ जाता है, जो उठ नहीं पाता कभी लेखक नहीं हो सकता।''[14] अन्य कला माध्यमों में भी रचनाकारों के यही विचार हैं। चित्रकार अर्पिता सिंह का विचार है कि ''पेंटिंग पूरी हो जाने के बाद उसके देखने के अनुभव को आप दूसरे से अलग नहीं कर सकते। तब वे सारी कला कृतियाँ चाहे महिलाओं ने बनाई हों या पुरुषों ने, हम एक ही श्रेणी में रखेंगे। उनके अपने अस्तित्व के मूल्यांकन होते हैं। यह नहीं होता कि किसी पुरुष की पेंटिंग के लिए हमारा सौन्दर्य बोध अलग होता है। जब वे रचना करते हैं तब हो सकता है, कि अलग-अलग तरीकों से करते हों क्योंकि देखने का तरीका दोनों का अलग-अलग है, लेकिन रचना जब पूरी हो जाती है तो उसे जज करने का तरीका एक होना चाहिए।''[15] जैसा कि डॉ. प्रभाकर श्रोत्रिय भी स्वीकार करते हैं, ''लेखक को पुरुष समाज से अलग करके देखना चाहिए क्योंकि लेखक ने हमेशा हस्तक्षेप किया है।''[16]

'स्त्री-विमर्श' आलोचकों व सम्पादकों की दृष्टि–हिन्दी आलोचना में 'स्त्री-विमर्श' में पुरुष की भागीदारी को लेकर दृष्टिकोण भिन्न रहा है। ''आलोचक स्त्रीवादी पुरुष को 'जनखा' कहकर अपनी बिरादरी से निष्कासित कर देता है और न चाहते हुए भी उसे पुरुष समाज में 'सम्मानजनक' स्थान बनाए रखने के लिए अपनी

असली पहचान को कठोरता, उदासीनता और तिरस्कार के 'मनपसन्द' आवरणों से ढाँपना पड़ता है।"[17] लेखन को खाँचों में बाँटने से सम्भवतः आलोचकों को सुविधा रहती है, शोध छात्रों को उसे तर्क सम्मत ढंग से समझाने में और शिक्षकों को पढ़ाने में आसानी हो जाती है।[18] लेकिन खाँचों में चस्पाँ करने की प्रवृत्ति ने हिन्दी से वह लचीलापन और वैविध्य छीन लिया है, जो समृद्ध और जीवन्त साहित्य की अनिवार्य शर्त है।[19] वस्तुतः खाँचों में बाँटने का काम सम्पादकों या प्रकाशकों द्वारा अंजाम पाता है, इसका एक उद्देश्य एक विशेष समय में किसी एक मुद्दे को महत्त्वपूर्ण बनाना रहता है। पत्रिकाएँ इस में महत्त्वपूर्ण भूमिका अदा करती हैं।

कुछ दशक के बाद बाजार के लिए किसी भी पत्रिका का महिला विशेषांक उन कहानियों और उपन्यासों को कहा जाएगा, जिनमें महिला की स्थिति पर फोकस होगा, चाहे वह पुरुष के द्वारा लिखा गया हो या महिला द्वारा रचा।[20] क्योंकि यह स्त्री के सोचने का विषय के साथ-साथ स्त्री पर सोचने का विषय भी है।

'स्त्री-विमर्श' में स्त्री-दृष्टि एवं रचनाकारों की भूमिका–स्त्री की स्थिति पर फोकस किए गए समस्त लेखन में महत्त्वपूर्ण है 'स्त्री दृष्टि।' स्त्री पर केन्द्रित प्रत्येक कृति स्त्री विमर्श की सीमा में नहीं आती, न ही स्त्री रचनाकार द्वारा रची गई प्रत्येक रचना। 'स्त्री दृष्टि 'सहजात' दशा न होकर 'अर्जित' स्थिति है।' सिर्फ स्त्री होने के नाते 'स्त्री दृष्टि' प्राप्त नहीं हो सकती। स्त्रियाँ स्वयं की दुनिया को एक मानक पुरुष दृष्टि से देखने की इतनी अभ्यस्त होती हैं कि उन्हें वही अपनी दृष्टि 'स्त्री की दृष्टि' महसूस होती है। कई स्त्री रचनाकारों द्वारा स्त्री को इसी पुरुष दृष्टि से परखा गया है। इन स्त्री रचनाकारों को हाशिये पर रख कर ही बात करनी होगी जो पुरुष दृष्टि से आक्रान्त हैं एवं पुरुषवादी नजरिए तक पहुँचने को स्त्री की मुक्ति में शामिल करती हैं। इसके समानान्तर पुरुषों में 'स्त्री-दृष्टि' उसी तरह सम्भव हो सकती है जिस तरह स्त्रियों में 'पुरुष-दृष्टि।'

'स्त्री का पढ़ना' और 'स्त्री की तरह पढ़ना,' 'स्त्री का अनुभव' और 'स्त्री की तरह अनुभव' में 'स्त्री की तरह पढ़ना' और 'स्त्री की तरह अनुभव' इस दृष्टि से महत्त्वपूर्ण हो जाता है कि लेखक जिन तथ्यों-सत्यों को अपनी बारीक संवेदना शक्ति से जिस तरह पकड़ पाता है, कई बार भोक्ता भी नहीं पकड़ पाता है। अनुभव करने की क्षमता, संवेदना और उसी स्तर पर अभिव्यक्त करने की क्षमता, लेखक को लेखक बनाती है। क्योंकि भोगने और महसूस करने की क्षमता सभी में एक सी नहीं होती। संवेदना के बिना रचना बन ही नहीं सकती चाहे कितना ही सामाजिक यथार्थ आपके पास हो। यह अतिवादी बात है कि स्त्री ही स्त्री लेखन

कर सकती है (कृष्ण नारायण कक्कड़)। "एक स्त्री कलाकार, कवि या लेखक के सृजन रूप में जो भी विचलन पैदा करता है, वह एक सर्जक का विचलन है। स्त्री या पुरुष का नहीं, बल्कि वह ऐसा तभी कर पाती है जब वह भूल जाती है कि वह स्त्री है या पुरुष। सृजन को सृजन की तरह देखा जाना चाहिए।"[21] स्त्री केन्द्रित रचनाओं में स्त्री की पद स्थिति सिर्फ स्त्री होने से नहीं होती, उसकी भूमिका यदि एक खान मजदूर, एक वकील, एक शिक्षक या एक डॉक्टर की भी है तब रचनाकार एक घरेलू स्त्री होने के नाते उसके अनुभव समेट सकती है, तो एक खान मजदूर, एक वकील, एक शिक्षक, एक डॉक्टर होने के नाते पुरुष भी वे ही अनुभव कर सकता है। स्त्री देह के वे अनुभव जो सिर्फ स्त्री ही महसूस कर सकती है–में पुरुष लेखक की वही भूमिका होती है जो स्त्री रचनाकार होने के नाते पुरुष देह के अनुभवों की अभिव्यक्ति करते समय होती है। स्त्री के वैयक्तिक अनुभवों मासिक धर्म, गर्भावस्था, प्रसव आदि पर पुरुष का लेखन 'रचना' के धरातल पर तौला जाना महत्त्वपूर्ण है, न कि रचनाकार के धरातल पर। यदि उसमें ताकत होगी तो सिर्फ पुरुष लेखन के आधार पर उसे नकारा जाना साहित्यिक न्याय नहीं है। स्त्री विमर्श में पुरुष एवं स्त्री रचनाकारों के तुलनात्मक अध्ययन से आशय यह है कि स्त्री से जुड़े एक ही प्रश्न पर अपनी विशिष्ट पद स्थिति के कारण पुरुष और महिला रचनाकार किस तरह से देखते हैं, विषय के साथ लेखक का ट्रीटमेंट भिन्न-भिन्न है, अथवा एक से हैं। उनकी दृष्टि किन मुद्दों पर केन्द्रित रहती है तथा वे कौन-कौन से क्षेत्र हैं जो स्त्री एवं पुरुष लेखकों को आकर्षित करते हैं। सबसे महत्त्वपूर्ण कि उन्होंने स्त्री के लिए क्या रास्ते निकाले हैं, रचना में स्त्री ने क्या रास्ता चुना है। अपनी विशिष्ट सामाजिक हैसियत के कारण उनमें कोई विशिष्ट प्रवृत्ति उभरकर आई है अथवा नहीं। स्त्री/पुरुष रचनाकारों की 'स्त्री-दृष्टि' और 'पुरुष-दृष्टि' की तुलना जहाँ शोध का विषय है वहीं पुरुष व स्त्री लेखकों की 'स्त्री-दृष्टि' की तुलनात्मक पड़ताल भी अध्ययन का विषय है। स्त्री विमर्श की दृष्टि से महत्त्वपूर्ण स्त्री पात्र विवेचना की माँग करते हैं तो वे पुरुष पात्र भी अध्ययन का केन्द्र हैं जो स्त्रीवादी हैं। प्रचलित भाषा व मुहावरों में 'स्त्री-प्रश्न' उठाए जा सके हैं या स्त्री का कोण उसकी अपनी अलग भाषा की माँग करते हैं। रचनाकारों ने उपलब्ध भाषा में अपनी बात कही है या किसी नई भाषा की तलाश में सफल हो सके हैं। तुलनात्मक अध्ययन का केन्द्रीय सरोकार यह देखना भी रहा है कि रचनाकार प्रभावी रहा है, उसकी निजी जैविकता अथवा रचना में आकार लेती स्त्री और उसके उठते प्रश्न। स्त्री के न्याय के लिए सामाजिक, आर्थिक एवं राजनीतिक बराबरी का संघर्ष स्त्री मुक्ति का संघर्ष है जो

रचनाओं में पड़ताल का मुख्य उद्देश्य है। "सामाजिक, आर्थिक, राजनैतिक बराबरी के लिए संघर्ष करती स्त्री के पक्ष में न्याय के लिए किए गए प्रयास, स्त्री मुक्ति के प्रयास हैं" स्त्री विमर्श का आधार यही विचार है।

(ग) स्त्री-विमर्श के सरोकार

स्त्री का आत्मसंघर्ष अपनी निरन्तरता में प्रत्येक युग में विद्यमान रहा है। परम्परागत दृष्टि से स्त्री के प्रति व्यवस्था का रवैया निश्चित मानदंडों, आदर्शों के नियत व्यवहारों से संचालित होता रहा है जिसमें स्त्री को तय कर दी गई भूमिका में निर्धारित आदर्श आचरण संहिता के अनुसार जीना है, जिसके निर्धारण का अधिकार शताब्दियों से पुरुष ने अपने पास सुरक्षित रखा है। समय के बदलते तापमान में, बदलते सामाजिक सन्दर्भों में अपनी अधीनस्थ की भूमिका, शोषण, असमानता से मुक्ति के प्रयत्न एवं दोहरे मानदंडों के बीच अपनी बदलती सामाजिक भूमिका के बावजूद स्त्री के प्रश्न नहीं बदले हैं। स्त्री, पुरुष और व्यवस्था से जुड़े स्त्री-प्रश्न जटिलतर होते गए हैं। स्त्री विमर्श का सरोकार जीवन और साहित्य में स्त्री मुक्ति के प्रयासों से है। स्त्री की स्थिति की पड़ताल उसके संघर्ष एवं पीड़ा की अभिव्यक्ति के साथ-साथ बदलते सामाजिक सन्दर्भों में उसकी भूमिका, तलाशे गए रास्तों के कारण जन्मे नए प्रश्नों से टकराने के साथ-साथ आज भी स्त्री की मुक्ति का मूल प्रश्न उसके मनुष्य के रूप में अस्वीकारे जाने का प्रश्न ही है। "स्त्री होना और मनुष्य होना परस्पर अपवर्जक है।"[22]

स्त्री की अस्मिता की लड़ाई आधी दुनिया को मनुष्य का दर्जा दिलाने की लड़ाई है। "उसके मनुष्यत्व को स्वीकारना आज मानवता का सबसे बड़ा सवाल है।" आज भी 'मनुष्य' की अवधारणा में स्त्री और पुरुष दोनों को शामिल नहीं किया जाता। सचेत रूप से स्त्री को इससे अलगाने की कोशिशें खत्म नहीं हुई हैं। यद्यपि समय-समय पर स्वयं स्त्री ने अपने मनुष्य समझे जाने/न समझे जाने के सवाल उठाए हैं। "करीब सौ साल पहले 'नोरा' ने हेल्मर से पूछा 'तुम क्या मानते हो, मेरा सबसे पवित्र कर्तव्य क्या है ? और जब उसने कहा, अपने पति और बच्चों के प्रति तुम्हारा कर्तव्य तो वह असहमत हुई और बोली–मेरा एक और कर्तव्य है, उतना ही पवित्र अपने प्रति मेरा कर्तव्य...मैं मानती हूँ कि सबसे पहले मैं मनुष्य हूँ। उतनी ही जितने कि तुम हो...या हर सूरत में मैं वह बनने की कोशिश तो करूँगी ही। मैं अच्छी तरह से जानती हूँ तोरवाल्ड कि ज्यादातर लोग तुमसे सहमत होंगे, किताबों से तुम्हें इसका परवाना मिला है, लेकिन अब मैं, ज्यादातर लोग जो

कहते हैं और जो किताबों में लिखा है उससे सन्तुष्ट नहीं हो पाऊँगी, मुझे चीजों पर खुद सोच-विचार करना होगा और उन्हें समझने की कोशिश करनी होगी।''[23] समस्या यह है कि स्त्री के पास चीजों पर खुद सोच-विचार और उन्हें समझने की कोशिश की गुंजाइश इसलिए नहीं बनती है कि युगों की कंडीशनिंग ने एवं परम्परागत सामाजीकरण ने उसे मात्र 'स्त्री' के रूप में रूपान्तरित किया है।

'बना दी गई स्त्री' से मुक्ति के रास्ते 'स्त्री की मुक्ति' के रास्ते हैं। 'स्त्री' से मुक्ति का तात्पर्य पुरुष हो जाना या पुरुषोचित गुणों का स्वीकार कदापि नहीं है। स्त्री की अपनी प्राकृतिक विशेषताएँ हैं, परन्तु दोहरे सामाजिक मानदंडों ने जो शर्मनाक स्थिति पैदा की है वे स्त्री को मात्र 'स्त्रीत्व' के बन्धन में बाँधते हैं। स्त्री की खोल से बाहर आकर मनुष्यत्व की दिशा में अग्रसर होना है। ''स्त्री का व्यक्ति के रूप में प्रकाशित हो सकना, अपनी सम्पूर्णता में जी सकना मनुष्य जाति के बचे रहने की शर्त है। यह अकारण नहीं है कि 'इला भट्ट' जैसी स्त्री चिन्तक स्त्री मुक्ति के रास्ते मानव जाति की मुक्ति का सपना देख रही है।''[24]

स्त्री-विमर्श के सरोकार : स्त्री की स्थिति एवं भूमिका–जैविक भिन्नता स्त्री की स्थिति पुरुष से भिन्न रखने में सहायता करती है लेकिन स्त्री की दोयम दर्जे की स्थिति के महत्त्वपूर्ण कारक उसकी सामाजिक और आर्थिक हैसियत से अधिक जुड़ते हैं। उसकी अधीनस्थ की भूमिका असमानता को जन्म देती है और शोषण के अवसर प्रचुर हो जाते हैं। ''स्त्री एक ऐसी मादा में तब्दील हो जाती है जिसकी जिन्दगी रोटी, कपड़ा और मकान की उपलब्धता के अहसान तले सीमित हो जाती है। जिसके बदले में वह हर तरह की जहालत झेलने की अधिकारिणी है। माँ, बहन, पत्नी, बेटी की भूमिकाओं में सीमित स्त्री अपनी स्वतन्त्र सत्ता के अवसर कम करती है।'' 'स्त्री-विमर्श' स्त्री के जीवन के अनछुए अनजाने पीड़ा जगत के उद्घाटन के अवसर उपलब्ध कराता है परन्तु उसका उद्देश्य साहित्य एवं जीवन में स्त्री के दोयम दर्जे की स्थिति पर आँसू बहाने और यथास्थिति बनाए रखने के स्थान पर उन कारकों की खोज से है जो स्त्री की इस स्थिति के लिए जिम्मेदार हैं। वह स्त्री के प्रति होनेवाले शोषण के खिलाफ संघर्ष है। स्त्री के शोषण के सूत्र जहाँ बच्चों को बेटे और बेटी की तरह अलग-अलग ढंग से बड़ा करने और गलत ढंग से सामाजीकरण से जुड़ते हैं वहीं प्रजनन व यौन सम्बन्धी शोषण से भी। तुलनात्मक व्यवस्था और आर्थिक परावलम्बन स्त्री के शोषण को गहरा करते हैं। हमारी सामाजिक संरचना में बदलाव के बिना स्त्री के हिस्से में बेहतरी आना सम्भव नहीं। 'स्त्री-विमर्श' स्त्री के स्वयं की स्थिति के बारे में सोचने और निर्णय करने का विमर्श है ''यह स्वयं चेती हुई स्त्री के पाए हुए स्वाधिकार हैं, जहाँ उसे

अपने खिलाफ होनेवाले हर गैर वाजिब सुलूक से खुद निपटना है।" आत्म निर्णय के इस संघर्ष को स्त्री को स्वविवेक से–हो सकता है निर्णय आज विवेक सम्मत न हों–निपटना है। उपन्यासों के विश्लेषण में यह महत्त्वपूर्ण होगा कि स्त्री के अनुभव स्त्री दृष्टि से अनुप्राणित हों, स्त्री की अपनी फितरत से मेल खाते हों और वे निर्णय लेखक ने न थोपे हों। स्त्री के अपने निर्णय हों। अगर वे निर्णय विवेकी न भी हों तो स्वागत योग्य इस अर्थ में हैं कि कल के विवेकी निर्णयों के लिए मार्ग प्रशस्त करेंगे। भिन्न-भिन्न श्रेणी, वर्ग, जाति, नस्ल की होते हुए भी 'जेंडर' के धरातल पर सारी दुनिया में स्त्री का संघर्ष एक सा है क्योंकि उसकी लड़ाई हर जगह पितृसत्तात्मक व्यवस्था से है। स्त्रियों की भावनात्मक, मनोवैज्ञानिक, नैतिक, भाषिक और अस्मिता सम्बन्धी समस्याएँ प्रायः एक सी हैं।[25] इसे किसी वर्ग विशेष के वाग्विलास तक सीमित नहीं किया जा सकता। तृणमूल तक इसकी जड़ें जाती हैं। अतः उपन्यासों में विमर्श के दौरान इसी समान धरातल पर आकर स्त्री प्रश्नों पर चर्चा सम्भव हो सकेगी।

स्त्री विमर्श के सरोकार : पुरुष की स्थिति एवं भूमिका–स्त्री विषयक सन्दर्भों में पुरुष की भूमिका शोषक की रही है अथवा उद्धारक की। पुरुष संस्कृति ने पितृसत्ता के माध्यम से पुरुष को अर्थ सम्पन्नता और स्वामित्व के अधिकार सौंपे हैं, और स्त्री को मिली है अधीनता, अर्थ पर निर्भरता और दासत्व। पुरुष को यह व्यवस्था ताकतवर बनाती हैं और स्त्री को कमजोर। इसलिए स्त्री का संघर्ष पुरुष के साथ द्वन्द्वात्मक स्थिति रखने में नहीं वरन् पुरुष सत्तात्मक व्यवस्था के खिलाफ संघर्ष करने में है। स्त्री विमर्श के सरोकार प्रतिशोध पीड़ित नहीं। पुरुष मात्र को कटघरे में खड़ा करने से समस्या का हल सम्भव नहीं है। किसी पुरुष विहीन समाज की कल्पना में, अथवा समलिंगी विमर्श में विकल्प यद्यपि तलाशे जा सकते हैं परन्तु यह वैयक्तिक विरोध और विद्रोह के स्वर हो सकते हैं, संक्रमणकालीन व्यवस्था भी। अन्ततः तो पुरुष को बदलना ही होगा। किन्तु यह भी सत्य है कि पुरुष अपनी हैसियत चूँकि यूँ ही छोड़ने को तैयार नहीं होगा इसलिए दबाव बना कर, अपनी स्थिति सुदृढ़ कर, स्त्री के खिलाफ होनेवाले षड्यन्त्रों व स्त्री व पुरुष के लिए स्थापित दोहरे मानदंडों के खिलाफ आवाज बुलन्द करके ही पुरुष में परिवर्तन की गुंजाइश बनती है। सिमॉन के कथन से सहमत होते हुए यदि कहा जा सकता है कि 'स्त्री होती नहीं बना दी जाती है,' तो यह भी कहा जा सकता है कि 'पुरुष होते नहीं बना दिए जाते हैं,' परन्तु पुरुष चूँकि लाभ की स्थिति में हैं, बिना दबाव के आसानी से अपनी सुविधा सम्पन्नता छोड़ने को तैयार नहीं होते, बावजूद इसके पुरुष में बदलाव की सम्भावना से इनकार नहीं किया जा सकता। चूँकि 'जेंडर'

सामाजिक संरचना से पोषित होता है अतः संरचनात्मक परिवर्तन द्वारा ही पुरुष को पौरुषीय दुराग्रह से मुक्त किया जा सकता है। अगर स्त्रियाँ खुद को मुक्त कर लेती हैं तो अपने दमन कर्ताओं को भी मुक्त कर लेंगी।[26]

जीवन और साहित्य में जहाँ स्त्री मुक्त नहीं हुई है परन्तु पुरुष का कोण स्त्री के प्रति सदाशयता का रहा है वहाँ पुरुष उद्धारक की भूमिका में है। पुनर्जागरण काल के सुधारों में यह तथ्य खुलकर सामने आया, जहाँ स्त्री की दयनीय दशा पर उदारतापूर्वक सोचा गया। सहानुभूतिपूर्वक समाधान खोजने की कोशिशें हुईं परन्तु निर्णय के अधिकार पुरुष के पास सुरक्षित रहे। स्त्री अपने लिए कुछ नहीं करती, स्त्री को जिस स्थिति में डाल दिया जाता है, उसे उसमें ही जीना है, यदि पुरुष स्त्री के हित में सोचता है तो अपने उद्धारक का अहसान मानते हुए उसके व उसके परिवार के लिए होम होना स्त्री का लक्ष्य है, उसकी नियति है। परन्तु अपनी नैतिक समझदारी को त्याग देना, मानवता के विरुद्ध अपराधों को झेलना, सब चीजें किसी दूसरे पर, पिता-शासक-सम्राट-कम्प्यूटर पर छोड़ देना ही एकमात्र गैर जिम्मेदारी है।[27] स्त्री को इस नियति से बाहर आना होगा। स्त्री को पुरुष द्वारा अहसान में कुछ सुविधाएँ नहीं चाहिए। "स्वयं चेती हुई स्त्री के स्वाधिकार स्त्री विमर्श के सरोकार हैं।" स्त्री की स्थिति के निम्नतर होते जाने के साथ-साथ स्थिति में बदलाव के प्रयास भी होते रहे हैं। ये प्रयास व्यवस्था में हो रही टूट-फूट की रिपेयरिंग और यथास्थिति को बनाए रखने हेतु प्रयास साबित हुए हैं। पुनर्जागरण काल में भारत में स्त्री की स्थिति में सुधार के सारे प्रयत्न अपनी ईमानदार कोशिशों के बावजूद आमूल-चूल परिवर्तन के उद्देश्य से प्रेरित नहीं थे। वे मौजूदा व्यवस्था में से ही हल निकालने के लिए प्रयत्नशील थे इसलिए विधवा विवाह की सम्भावना बनने के बाद भी बाल विवाह और सती प्रथा का अन्त नहीं हुआ। स्त्री की परिवार में हैसियत परिवर्तित नहीं हो सकी। वस्तुतः विश्व के अधिकांश भागों में स्थापित पूँजी व्यवस्था, पितृसत्तात्मक व्यवस्था ने सामाजिक ढाँचा इस प्रकार निर्मित किया कि स्त्री व्यक्ति से वस्तु में बदल गई। परिवार में उसकी स्थिति सम्पत्ति और घर से बाहर वस्तु के रूप में आँकी गई। जिसकी वैयक्तिक सत्ता से इनकार किया गया। समस्त दर्शन, विज्ञान, समाजविज्ञान, अर्थशास्त्र ने इन्हीं सन्दर्भों में स्त्री की व्याख्या की और उसे देह से परिभाषित किया गया। ऐतिहासिक प्रक्रिया में स्त्री की शिक्षा, आर्थिक आत्मनिर्भरता, संस्कारों के प्रति सचेत दृष्टि के कारण कालान्तर में स्त्री की स्वतन्त्रता की बात भी जब की गई तो उसे देह की स्वतन्त्रता से व्याख्यायित किया गया, और यह स्थापित करने का प्रयत्न किया गया कि स्त्री चूँकि देह मात्र है इसलिए उसे इसी धरातल पर मुक्ति चाहिए। स्त्री विमर्श के

सरोकार स्त्री की देह के धरातल पर मुक्ति की पक्षधरता के साथ-साथ उसके लिए सामाजिक, आर्थिक, राजनीतिक स्वतन्त्रता एवं समानता की भी वकालत करता है। स्त्री विमर्श मात्र देह विमर्श नहीं है। वह स्त्री के सामाजिक न्याय के लिए संघर्षरत है। स्त्री मुक्ति का प्रश्न सामाजिक, राजनीतिक मुक्ति के अन्य पक्षों से हटकर नहीं बनाया जा सकता।[28] इसलिए अब तक उपलब्ध ज्ञान के संसार के पुनर्मूल्यांकन की माँग करना है। विज्ञान, मनोविज्ञान की नई खोजों के स्त्री के पक्ष में उठ खड़े होने से स्थितियों पर नए सिरे से विचार करना लाजिमी हो गया है। अब तक जिस आधार पर स्त्री की वैयक्तिक विफलता या कमी कह कर स्त्री को शोचनीय स्थिति में रखा जाता था वे व्यवस्था की जिम्मेदारियों पर उँगली रखने लगी हैं। स्त्री के प्रश्न उसकी सिर्फ स्त्री होने की स्थिति से नहीं जुड़े हैं, स्त्री के वर्ग, श्रेणी, नस्ल, उसकी सामाजिक, आर्थिक, राजनीतिक स्थिति से जुड़ते हैं इसलिए स्त्री के प्रश्न अन्तरानुशासनात्मक अध्ययन के विषय हैं। इतिहास, दर्शन, साहित्य की खाइयों के बारे में विचार करते हुए उनके पुनर्मूल्यांकन व नए सिरे से उनकी व्याख्या तक स्त्री विमर्श का फलक विस्तार पाता है। स्त्री के अपने लिए जगह की तलाश में परम्परागत व्यवस्था में तोड़-फोड़ की गई है परन्तु कोई नया विकल्प सामने आया नहीं है। भविष्य के वर्चस्व विहीन समाज की स्थापना और स्त्री के सबलीकरण के प्रयत्नों की इस स्थिति में स्त्री, पुरुष और उपलब्ध व्यवस्था संक्रमण के दौर से गुजर रही है, नए प्रश्नों को जन्म दे रही है। इन नए प्रश्नों से टकराना भी विमर्श के सरोकार हैं।

उपन्यासों में स्त्री के प्रश्न जीवन के समानान्तर किस प्रकार उठे हैं, स्त्री, पुरुष और व्यवस्था को लेकर रचनाकार का एटीट्यूट व उसका ट्रीटमेंट स्त्री के प्रति उसकी दृष्टि व उपर्युक्त स्थितियों के बीच निकाले गए रास्ते जीवन को क्या भिन्न गति देते हैं या जीवन से उनकी रफ्तार तेज या धीमी है, सभी मूल्यांकन की अपेक्षा रखते हैं।

सन्दर्भ सूची

1. डॉ. विशम्भरनाथ उपाध्याय, समकालीन कहानी की भूमिका, पृ. 2
2. डॉ. नरेन्द्र मोहन, समकालीन कहानी की पहचान, प्रस्तावना, पृ. 7
3. गंगा प्रसाद विमल, समकालीन कहानी : दिशा और दृष्टि, लेख–समकालीन कहानी–जीवन दृष्टि का परिप्रेक्ष्य, पृ. 166
4. डॉ. नगेन्द्र, नई समीक्षा : नए सन्दर्भ, पृ. 63
5. निहार रंजन रे, मार्क सिटी एंड कॉन्टेम्प्रेरी इंडियन लिट्रेचर, पृ. 5

6. श्रीपत राय, विकल्प, कथा साहित्य विशेषांक, 1968, सम्पादन–शैलेश मटियानी में 'समकालीन कहानी में नई संवेदना'
7. महादेवी वर्मा, शृंखला की कड़ियाँ, राधाकृष्ण प्रकाशन, 1995, पृ. 66
8. जॉन स्टुअर्ट मिल, जर्मेन ग्रीयर की पुस्तक का अनुवाद, 'विद्रोही स्त्री' अनुवादक मधु बी. जोशी, राजकमल प्रकाशन, 2001, पृ. 15 पर उद्धृत
9. पंकज बिष्ट, 'हंस' जनवरी 1999, सम्पादकीय
10. स्टीफन हीथ, मेन इन फेमिनिज्म, पृ. 4
11. डॉ. नामवर सिंह की टीप 'अमर उजाला' 12 दिसम्बर 1999
12. सुचेता मिश्र द्वारा पूर्वग्रह 104 के पृ. 86 पर उद्धृत
13. चित्रा मुद्गल, इंडिया टुडे, साहित्य वार्षिकी 1997, पृ. 21
14. मेहरुनिसा परवेज़, वही , पृ. 26
15. अर्पिता सिंह, 'हंस' मार्च 2001, 'मंगलेश डबराल से इन्टरव्यू' पृ. 21
16. डॉ. प्रभाकर श्रोत्रिय, समकालीन साहित्य समाचार, जनवरी 1999, पृ. 12
17. रोहणी अग्रवाल, 'हंस' मार्च 2001, पृ. 176
18. मंजुल भगत, इंडिया टुडे साहित्य वार्षिकी, 1997, पृ. 23
19. मृदुला गर्ग, वही, पृ. 25
20. नासिरा शर्मा, वही, पृ. 22
21. ज्योत्सना मिलन, पूर्वग्रह-104, पृ. 59
22. ज्योत्सना मिलन, पूर्वग्रह-104, पृ. 58
23. इब्सन, डॉल्स हाउस, एक्ट 3, जर्मेन ग्रीयर की पुस्तक 'द फीमेल यूनेक' का हिन्दी अनुवाद 'विद्रोही स्त्री,' राजकमल प्रकाशन, 2001, पृ. 20
24. ज्योत्सना मिलन, पर्वग्रह-104, पृ. 58
25. अनामिका, स्त्रीत्व का मानचित्र, प्रस्तावना, सारांश प्रकाशन, 1999, पृ. 11
26. जर्मन ग्रीयर 'द फीमेल यूनेक' का हिन्दी रूपान्तरण 'विद्रोही स्त्री,' अनुवादक–मधु बी. जोशी, राजकमल प्रकाशन, 2001, पृ. 19
27. जर्मेन ग्रीयर 'विद्रोही स्त्री,' पृ. 19
28. कात्यायनी 25

अध्याय : दो

स्त्री-वैज्ञानिक और सामाजिक सन्दर्भ

स्त्री की स्थिति निर्धारित करने में कोई भी जैविक मनोवैज्ञानिक, आर्थिक नियति एकमात्र नियन्ता नहीं होती। स्त्री जन्म से नहीं बढ़कर स्त्री होती है। स्त्री की जैविक भिन्नता उसके लैंगिक अन्तर को व्याख्यायित करता है लेकिन सामाजिक जिम्मेदारी एवं कार्यों के कारण उसकी जैविक भिन्नता की भूमिका महत्त्वपूर्ण हो जाती है। परम्परागत श्रम-विभाजन उसकी आर्थिक स्थिति पर प्रभाव डालता है, मनोवैज्ञानिक तथ्य अपनी महत्त्वपूर्ण भूमिका अदा करते हैं।

(क) प्राणीशास्त्रीय तथ्यों का निर्वचन

स्त्री की जैविक स्थिति पर विचार करते हुए हम पाते हैं कि स्त्री और पुरुष का शरीर लैंगिक अन्तर को सीमित करता है, किन्तु यह अन्तर उसके कार्यकलापों को कितना और किस प्रकार भिन्न करता है, निरन्तर शोध का विषय रहा है।

मनुष्येतर प्राणी और वनस्पति जगत में लिंग की स्थिति–प्राणी और वनस्पति जगत हमेशा ही दो लिंगों की सम्भावना में नहीं बँटे होते। कुछ सौभाग्यशाली जीव बारी-बारी से नर और मादा होते हैं। एककोशीय प्राणियों के कई लिंग और उन्हें जोड़ने के कई तरीके होते हैं। लिंगों के बीच विभेदात्मकता इतनी सूक्ष्म हो सकती है कि लगभग दिखेगी नहीं और इतनी बड़ी भी कि अरसे तक वैज्ञानिक इस तथ्य से अंजान रहे कि जिन्हें वे भिन्न प्रजाति का समझ रहे हैं वे वस्तुतः एक ही प्रजाति के नर-मादा हैं। बहुत से प्राणियों के संसार में नर होना मौलिक रूप से अनावश्यक है। जीवन के सरल रूपों में लैंगिक अन्तर मनुष्यों की अपेक्षा कहीं बढ़-चढ़ कर है परन्तु मनुष्यों में लिंगों का विभेदन अधिक प्रति बलित और अतिरंजित है।

मनुष्य की लैंगिक स्थिति एवं गुणसूत्रों की भूमिका–स्त्री की जैविक संरचना दो आधारभूत कोशों से होती है वहीं पुरुष की एक कोश से।[1] जिसके परिणाम

रोजमर्रा की जिन्दगी में देखे जा सकते हैं। मनुष्य शरीर की कोशिकाओं में तेईस जोड़े गुणसूत्रों के साथ ही एक जोड़ी XX जो इनके जैसी ही दिखती है, लिंग का निर्धारण करती हैं, यह स्त्री लिंग को सुनिश्चित करती है। पुरुष के गुणों में XY गुणसूत्रों की एक जोड़ी होती है, Y गुणसूत्र की एक ऋणात्मक क्रिया है। जब Y वाला शुक्राणु एक अंडाणु को निषेचित करता है तो वह मादापन की उस मात्रा को कम कर देता है जिसके कारण मादा भ्रूण बनता है। अपने नरत्व के साथ तब भ्रूण को कई ऐसी दुर्बलताएँ उत्तराधिकार में मिलती हैं जो यौन-सम्बद्ध कही जाती हैं क्योंकि वे सिर्फ Y गुणसूत्र पर मिलनेवाले जीनों के कारण होती है। हाइपर ट्राई कॉसिस जैसे विचित्र विकार जिनमें बालों की बहुतायत और छाल जैसी चमड़ी होती है वास्तव में X गुणसूत्र के एक ऐसे उत्परिवर्तनीय जीन का परिणाम है जिसे Y गुणसूत्र दबा नहीं पाता। इसी कारण मनुष्य जाति के नरों में करीब 30 रोग ऐसे पाए जाते हैं जो स्त्री में शायद ही कभी मिलते हैं। महिलाओं में दोनों X गुणसूत्र होने के कारण स्त्रियों के विकास के लिए एक ही तरह के जीन की दो प्रतियाँ हो जाती हैं। जो रोग प्रतिरोधक क्षमता बढ़ाती हैं। पुरुषों का सेक्स हारमोन प्रतिरोधक क्षमता बढ़ाने के बजाय उनके लिए रोग का खतरा बढ़ाता है।[2] इसका कारण लन्दन स्थित इम्पीरियल कॉलेज स्कूल ऑफ मेडीसिन के शोधकर्ता महिलाओं में संक्रमण से लड़नेवाली श्वेत रक्त कणिकाओं यानी टी-कोशिकाओं का उत्पादन अधिक होना मानते हैं।[3] 1969 में अपराध शास्त्रियों ने Y गुणसूत्र के बारे में नई टिप्पणी की है। उन्होंने पाया है कि हिंसक अपराधों के दोषी कैदियों में XYY गुणसूत्रवाले पुरुषों का अनुपात बहुत ज्यादा था। इन लोगों में मिलनेवाला एक फालतू Y गुणसूत्र मानसिक क्षमता में कमी से जुड़ा लगता है। 1969 में कैम्ब्रिज विश्वविद्यालय में आयोजित क्रॉपपुड कॉन्फ्रेन्स ऑन क्रिमिनिलॉजिकल इम्प्लिकेशंस ऑफ क्रोमोजोमल एबनॉर्मलिटीज में इस विषय पर विषद चर्चा हुई। XYY पर 500 से ज्यादा प्रकाशन उपलब्ध हैं।[4] इसी तरह XXY गुणसूत्र संरचनावाले लोगों को अंडाशयविहीन स्त्रियाँ मान लिया जाता है जिनमें से कुछ समस्याओं का निराकरण कॉस्मेटिक सर्जरी द्वारा किया जाता है।

अन्तःस्रावी तन्त्र एवं हार्मोनों की भूमिका–गुणसूत्रों के अतिरिक्त विभिन्न शारीरिक लक्षणों के विकास में पूरा अन्तःस्रावी तन्त्र व विभिन्न हार्मोनों की अन्तःक्रिया भी शामिल होती है। लम्बे समय तक यह स्वीकार किया जाता रहा कि टेस्टोस्टीरॉन और एंड्रोजेन पुरुष लैंगिक गुणों की वृद्धि करता है एवं एस्ट्रोजेन स्त्री लैंगिक गुणों की। टेस्टोस्टीरॉन जहाँ पुरुषों में मेस्कुलाइन बॉडी, मोटी आवाज, बालों का आधिक्य व शारीरिक कठोरता का कारक होता है, एस्ट्रोजेन और

प्रोजेस्ट्रोन स्त्री में चमकीली त्वचा, मासिक धर्म, और अंडाशय की सक्रियता में सहायक होता है। स्त्रियों का सेक्स हारमोन एस्ट्रोजोन धमनियों को कड़ा होने से रोकनेवाला और दिल की बीमारियों की सम्भावना को कम करनेवाला होता है। यह मस्तिष्क की भी रक्षा करता है। इसे आल्जीमर्स रोग की चपेट में आने से बचाता है।[5] जीव-विज्ञान के नए शोधों ने इस सन्दर्भ में पुरुष श्रेष्ठता की स्थापित धारणा को आघात लगाते हुए स्थापित किया है कि दोनों हार्मोन दोनों ही लिंगों में पाए जाते हैं, उनमें मात्रात्मक अन्तर होता है। इतना ही नहीं, जीव विज्ञान ने एस्ट्रोजेन को टेस्टोस्टीरॉन की तुलना में अधिक उपयोगी पाया है। यह हार्मोन शरीर में किसी भी तरह के ऊत्तकों को प्रभावित करने में समर्थ होता है। जिस टेस्टोस्टीरॉन के बारे में धारणा थी कि वह सिर्फ पुरुषों में ही पाया जाता है उसके स्त्रियों में भी पाए जाने की बात सिद्ध हो चुकी है। यह हार्मोन उनमें कामेच्छा जगाने का काम भी करता है। यह बाद में ऐस्ट्रोजेन (महिलाओं में होनेवाला एक हार्मोनल स्राव) और एम्फीटैमिन दोनों ही अंडाशय की सक्रियता के साथ-साथ दिमाग की कोशिकाओं को भी ऊर्जा देता है।[6] टेस्टोस्टीरॉन और पौरुषीय लक्षण का सहसम्बन्ध अभी तक वैज्ञानिक स्थापित नहीं कर पाए हैं, तथापि मनोवैज्ञानिक दृष्टि से इस पर शोध निष्कर्षों के अनुसार बिजली के झटकों की प्रतिक्रिया स्त्री-पुरुष दोनों में समान होती है और तीन वर्ष की आयु तक आक्रामकता का प्रतिशत दोनों लिंगों के बच्चों में समान पाया जाता रहा है। लैंगिक हार्मोन की शारीरिकी के मानसिक क्षमता के व्यवहार के बीच सम्बन्ध अभी सिद्ध नहीं हो पाया है। महिलाओं के रक्त में शरीर की रक्षा प्रणालियों को मजबूत बनानेवाली इम्यूनोग्लोबिन की मात्रा ज्यादा होती है जबकि पुरुषों के रक्त में हीमोग्लोबिन की। यह सत्य है कि पुरुष का शरीर स्त्री के शरीर की तुलना में अधिक गठीला होता है। वे 10 फीसदी अधिक लम्बे, 20 फीसदी अधिक भारी व 30 प्रतिशत अधिक ताकतवर होते हैं। लेकिन स्त्री के शरीर की कुछ खूबियाँ इन विषमताओं को संतुलित करती हैं। स्त्रियों का शरीर थकान को ज्यादा बर्दाश्त कर पाता है, वे बिना थके लम्बे समय तक काम कर सकती हैं। विश्व में जी-तोड़ शारीरिक श्रम करनेवाली स्त्रियाँ यह साबित करती हैं कि पुरुषों के मुकाबले मांसपेशियों की कमी उन्हें किसी भी तरह पुरुषों से कमतर नहीं बनाती। आदि मानव के सन्दर्भ में पुरुष के शक्तिशाली होने के कारण शिकार करने का काम सम्हालना पड़ा परन्तु स्त्री भी जंगली जानवरों के भय से मुक्त कहाँ थी, यदि पुरुष का कार्य जोखिम भरा और वीरतापूर्ण था तो स्त्री भी निरापद कहाँ थी, वैसे ही जोखिम वह अपने बच्चों के साथ अकेले उठाती थी।

1995 में अमेरिकी सेना द्वारा स्त्री के शारीरिक बल का अध्ययन डियान हेल्स ने कराया जिनमें विभिन्न क्षेत्रों की बेडौल शरीरवाली महिलाओं का चयन किया गया। इन महिलाओं ने प्रशिक्षण के बल पर मात्र 6 माहों में पुरुष सैनिकों के बराबर की शारीरिक कुशलता हासिल कर ली। खेलों में स्त्रियों के निरन्तर बेहतर प्रदर्शन भी इस तथ्य को प्रमाणित करते हैं। 1964 में महिलाओं की मेराथॉन प्रतियोगिता का समय सन् 2000 तक आते-आते 32 प्रतिशत कम हो गया जबकि पुरुष मेराथॉन प्रतियोगिता के समय में मात्र 4.2 प्रतिशत की कमी आई।[7]

केश व हड्डियाँ–स्त्री और पुरुष के भेद में स्त्री के छोटे आकार के हल्के ढाँचे की बात की जाती है एवं माना जाता है कि उसकी हड्डियाँ पुरुष की तुलना में बच्चों जैसी होती है। स्त्री के विकास में यह वर्णन किसी दोष को इंगित करने की अपेक्षा ज्यादा लचीलेपन और स्थिति के अनुरूप ढलने की क्षमता के रूप में विकासात्मक बढ़त को प्रदर्शित करता है। ढाँचे के आकार से हम शारीरिक शक्ति या मानसिक क्षमता के बारे में कोई भी धारणा नहीं बना सकते।[8] टेस्टोस्टीरॉन के कारण पुरुष में बालों का आधिक्य होता है। परन्तु कई प्रजातियों की स्त्रियों जैसे साँवली त्वचावाली कुछ काकेशियन स्त्रियों की जाँघों, पिंडलियों, बाँहों व गालों तक पर घने काले रोम होते हैं और बक (पाठा) नीग्रो की देह पर बहुत कम बाल। बालों के आधिक्य या कमी को पुरुष और स्त्री से जोड़ा जाता है परन्तु अपवाद की सम्भावना बनी रहती है।

मस्तिष्क–वैज्ञानिक खोजों ने सिद्ध किया है कि स्त्रियों का मस्तिष्क उनके शरीर के आकार के अनुरूप ही छोटा होता है लेकिन उनमें तन्त्रिकाओं का घनत्व पुरुषों की अपेक्षा कहीं ज्यादा होता है। 1966 में इलीनॅर मैक्कॅबी ने पचास वर्षों के परीक्षणों को अपनी पुस्तक 'द डेवलपमेन्ट ऑफ सेक्स डिफरेन्सेज' में लड़के और लड़कियों के सम्पूर्ण बुद्धि परीक्षणों में ग्यारह परिणाम समान पाए, तीन में लड़कियाँ और तीन में लड़के आगे थे। लड़कियाँ को वाग्मिता के विकास में आगे पाया गया। बड़ी उम्र की लड़कियों के परीक्षणों में अधिक निडरता पाई गई। बावजूद इसके अब तक के समस्त परीक्षण मानस का लिंग प्रदर्शित नहीं कर पाया है।[9] पुरुष का स्त्री से ज्यादा बुद्धिमान होने का कारण, अगर उसकी बुद्धिमानी बेहतर शिक्षा के कारण है तो, खुद को श्रेष्ठ मानना ऐसा ही है जैसे दोनों हाथ बँधे पुरुष को पीटकर साहसी होने का दावा करना।[10] हम लिंगों की हीनता और श्रेष्ठता की बात नहीं कह सकते, सिर्फ अभिरुचियों और व्यक्तित्व में विशिष्ट अन्तरों की बात की जा सकती है। बहुत हद तक यह अन्तर-सांस्कृतिक और अनुभवात्मक घटकों का परिणाम है। सभी मनोवैज्ञानिक अभिलक्षणों में ऐसा परस्पर

व्यापन है कि हमें स्त्रियों और पुरुषों के बारे में समूह की रूढ़ छवियों के रूप में नहीं व्यक्तियों के तौर पर सोचना होगा।[11]

यौनांग एवं कामेच्छा–पुरुष समाज में यह अवधारणा बहुत दिनों तक प्रचलित रही कि स्त्रियों में स्वतन्त्र यौन तन्त्रिकाएँ नहीं होती। इसलिए वे प्रणयक्रिया में निष्क्रिय साथी एवं एक कोख मात्र होती हैं। जीव वैज्ञानिक अनुसन्धानों, समाजशास्त्रीय सर्वेक्षणों और स्त्रियों के अन्तरंग आत्मप्रकाशक वक्तव्यों ने इसे गलत साबित किया।[12] स्त्री की हीन स्थिति के लिए फ्रायड जैसे मनोविश्लेषक स्त्री में शिश्न के अभाव यानी स्त्री के पुरुष न होने को स्त्री होना मानते हैं। स्त्री और पुरुषों के यौनांगों की भिन्नता को फ्रायड और एडलर 'कैसट्रेशन कॉम्प्लेक्स' से जोड़ते हैं। उनके अनुसार चूँकि स्त्री के पास शिश्न नहीं है अतः इस कमी के एहसास से वह पुरुष से ईर्ष्या करती है तथा अपने शरीर में इसकी तीव्र कमी के कारण हीनता महसूस करती है। इरिगेरे ने फ्रायड के पेनिस-एन्वी के सिद्धान्त की धुआँधार आलोचना की और कहा कि शिश्न का न होना यदि औरतों में हीन भावना को जन्म देगा तो छातियों का न होना पुरुषों में भी यही हीन भावना भरता होगा। आगे उन्होंने कहा कि पुरुष की यौन तन्त्रियाँ तो एक ही स्थान पर केन्द्रित होती हैं जबकि स्त्री के शरीर में जगह-जगह यौन सम्वेदनाओं के रिले केन्द्र होते हैं। साथ ही यह भी सत्य है कि छोटी बच्चियाँ वर्षों तक पुरुष की शारीरिक संरचना से अपरिचित रहती हैं। वे भिन्नता को वेशभूषा एवं केशसज्जा से पहचानती हैं। लड़की में हीनताबोध का कारण शिश्न का अभाव न होकर प्रारम्भिक जीवन के उसके वे अनुभव हैं जिसमें वह पुरुष को अपने से अधिक महत्त्व पाते हुए देखती हैं। स्त्री के यौनांगों के बारे में या तो शर्म के साथ बात की जाती है या रहस्यमय भाषा में अथवा गाली की भाषा में। इसे ऐसा घृणास्पद विचार माना जाता है जहाँ चिकित्सक भी स्त्री अंगों के विश्लेषण में आवरण का उपयोग करते हैं। स्त्री के प्रमुख यौनांग योनि एवं भगशिश्न में से भगशिश्न की स्त्री के यौनांगों में लम्बे समय तक चर्चा नहीं की गई। चिकित्सा विज्ञान में स्त्री के इस अंग का उसी प्रकार उपेक्षा व तिरस्कार किया गया जिस प्रकार समाज में। कामोत्ताप में उसकी भूमिका नकारी गई। यहाँ तक कि स्त्री उत्तेजना महसूस न करे इसलिए अरब देशों में स्त्रियों की सुन्नत की प्रथा लम्बे समय तक चलती रही। भगशिश्न की उपस्थिति को स्त्री की अपवित्रता से जोड़ा गया। सूडान जैसे देशों में स्त्री को सिर्फ पति-पुरुष के उपयोग तक सीमित रखने के लिए स्त्री के यौनांगों के बाह्य हिस्से को सिले जाने के अमानुषिक कार्य कई सदियों तक चलते रहे। बाद के शोधों ने यह साबित किया कि यह क्रिया स्त्री की काम भावना मन्द करने

के साथ-साथ उसके शरीर पर भी हानिकारक प्रभाव डालती है।[13] फ्रायडवादियों द्वारा स्त्री की योनि के महत्त्व को खारिज करके भगशिश्न के महत्त्व को स्वीकारा गया। योनि को निष्क्रिय और काफी हद तक उसकी अप्रासंगिकता के विचार को भी स्वीकारा गया।[14]

योनि की निष्क्रियता स्त्री की निष्क्रियता तक विस्तार पाती है। वस्तुतः सम्बन्धों का सम्प्रेषण एकालाप द्वारा सम्भव नहीं। मनोलैंगिक सम्बन्धों को मात्र शरीर के धरातल पर समझा जाना सम्भव नहीं है। "स्त्री के लिए सेक्स सम्बन्धों में मानसिक स्थिति सबसे अधिक महत्त्वपूर्ण होती है।"[15] काम सुख में मानसिक तृप्ति अधिक शारीरिक कम और शारीरिक होने पर भी उसका आनन्द अंग विशेष में केन्द्रित न होकर सारे शरीर में व्याप्त होता है किन्तु "काम कला की किताबें बताती हैं कि हम अब भी अंगों से प्रेम करते हैं मनुष्यों से नहीं।"[16] स्त्री की निष्क्रियता का कारण मानसिक एकात्म के बिना पुरुष का देह पर हावी हो जाना भी है। "बौद्धिक तादात्म्य के बिना एक दूसरे के दुख-सुख से एकाकार हुए बिना, एक दूसरे के लिए गहनतम सम्मान जागे बिना सीधे दैहिक स्पर्श पर उतर आना दुनिया का क्रूरतम खेल है जो पुरुष वर्षों से खेलते आए हैं।"[17] स्त्री की कामेच्छा पर सभ्य संस्कृतियों द्वारा लगाई गई पाबन्दियाँ, दिए जानेवाले भयंकर दंड, गर्भ के खतरे, घटिया स्त्री साबित करने की कोशिशें स्त्री की निष्क्रियता में सहयोग देते हैं। अन्यथा नैतिक कारणों से स्त्री अपनी काम भावनाएँ खुलकर नहीं करती। कामशास्त्र सम्बन्धी भारतीय ग्रन्थ स्त्री में पुरुष की अपेक्षा आठ गुनी कामशक्ति स्वीकार करते हैं।[18] स्त्री की निष्क्रियता केवल जैविक तथ्य नहीं होती। वह समाज द्वारा आरोपित होती है। सामाजिक व्यवस्था जहाँ लड़के में वैयक्तिक स्वतन्त्रता स्थापित करने हेतु उसे अवसर देती हैं, लड़की को स्वायत्तता के अवसर कम मिलते हैं। स्थितियों और वस्तुओं पर उसकी पकड़ ढ़ीली होती है, उसके बारे में प्रायः निर्णय दूसरे लेते हैं। स्वायत्तता का यह अभाव लड़की को धीरे-धीरे निष्क्रिय करता है।

मासिक धर्म–स्त्री और पुरुष की शारीरिक संरचना में महत्त्वपूर्ण भेद स्त्री के पास गर्भाशय का होना है। स्त्री वर्ष में तेरह बार उर्वरा होती है और गर्भवती बनने की सम्भावना व्यक्त करती है।[19] स्त्री के मातृत्व का जहाँ सभी संस्कृतियों में यशोगान किया गया है वहीं प्रजनन एवं मासिक धर्म के प्रति समाज, परम्परा और धर्म की दृष्टि ग्लानि का भाव देती है। यद्यपि सिल्विया प्लाथ एवं भारतीय लोकगीतों में इस पर खुलकर चर्चा के कुछ प्रयास हुए हैं।[20] स्त्री के मासिक धर्म के समय को अपवित्रता से अधिक जोड़ा जाता है। मुसलमान, हिन्दू, यहूदी,

मध्यकालीन कैथोलिक रजस्वला स्त्री को अशुद्ध व अपवित्र मानते रहे हैं। यह अपवित्रता का भाव वितृष्णा को जन्म देता है व स्त्री से अपेक्षा की जाती है कि वह मासिक धर्म को छिपाए। पुरुष पौरुषीय गरिमा के साथ बड़ा होता है, स्त्री का बड़ा होना छिपाया जाता है। जो स्त्री को मासिक धर्म के प्रति सचेत व तनाव ग्रस्त करता है। मासिक धर्म पर खुलकर चर्चा करना जन सामान्य के बीच वर्जित रहा है। मासिक धर्म सृजनशीलता का संकेत है। दक्षिण भारत में ऋतुमति लड़की को गुड़िया गोद में देकर उसके ऋतुमति होने की सार्वजनिक घोषणा मासिक धर्म को छुपाव और लज्जा से मुक्त रखता रहा है। क्वींसलैंड में पेन फादर नदी के किनारे रहनेवाले आदिवासी समुदाय में भी ऋतुमति लड़की के लिए उत्सव मनाए जाने की प्रथा है।[21] जर्मनी में रजस्वला स्त्री को हितकारी शक्ति कहा जाता है, इटली में ऐसा माना जाता है कि यदि यह स्राव बाहर नहीं निकला तो स्त्री पागल हो जाएगी। जिन समाजों में इस तथ्य को स्वीकार किया जाता है वहाँ मासिक धर्म सदमा नहीं, उत्सव होता है।[22] इस उत्सव को 'नैताली एंजीयर' वूमेनः एन इन्टीमेट जियोग्राफी में इस तरह व्यक्त करती है–''कॉलेज के दिनों का मेरा सर्वाधिक यादगार दिन वो है जब पहली बार मासिक स्राव हुआ, लगा जैसे मेरा पूरा शरीर अपरिमित आनन्द से झूम उठा है। मैं अपने अन्दर की खुशी से अभिभूत थी।[23] अनामिका इसे अपनी कविता में इन शब्दों में अभिव्यक्त करती हैं–''अनहद सी / बज रही थी लड़की / काँपती हुई / लगातार थे / उसकी जँघाओं में / इकतारे / चक्रों सी / काँप रही थी वह / एक महीयसी मुद्रा में / गोद में छुपाए हुए / सृष्टि के प्रथम सूर्य सा दीपित / लाल-लाल तकिया[24] हिन्दी में यह प्रथम रजोस्राव पर पहली कविता है जो वर्जित क्षेत्र में तो प्रवेश करती ही है उसके आनन्द को भी व्यक्त करती है। ऋतुमति होने का ऐसा सेलीब्रेशन अन्यत्र नहीं।

स्त्री शिक्षा, जागरूकता, चिकित्सा विज्ञान ने यह सम्भव किया कि मासिक धर्म के प्रति दृष्टि सहज हो, इसे किसी बीमारी से न जोड़ा जाए। मासिक स्राव से पहले की पीड़ा के कारण स्त्रियों में जिस चिड़चिड़ेपन की बात की जाती है वह वास्तव में उनके अन्दर नई ऊर्जा का संचार करता है। मासिक धर्म स्त्री की कार्यक्षमता को उतना ही प्रभावित करता है जितना पौरुष से जुड़ी चिन्ताएँ पुरुष को प्रभावित करती हैं।[25] मासिक धर्म का सम्बन्ध स्त्री के साथ असुविधा की दृष्टि से इसलिए भी जुड़ता रहा क्योंकि मासिक धर्म के लिए सही संसाधनों की ओर लम्बे समय तक ध्यान नहीं दिया गया। राजस्थान जैसी जगहों में जहाँ पानी का अभाव है कई स्थानों पर स्त्री को रेत बाँधकर कार्य चलाना पड़ता है।

हाइजिनिक एवं सुविधाजनक साधनों के अभाव में मासिक धर्म 'पीड़ा के चार दिन' बने रहे। अत्याधुनिक सेनिटरी नेपकीन्स और टेम्पून जैसे साधनों ने स्त्री को जो सुविधा सौंपी है उसका रिश्ता सीधे स्त्री की आजादी से जुड़ा है एवं स्त्री को खुलकर जीने के अवसर मिले हैं। मासिक धर्म के साथ जुड़ा पाप, अपवित्रता, आत्म निषेध, लज्जा का भाव कम हुआ है, तथा मासिक धर्म से जुड़ी असुविधा, पीड़ा, हीनता की भावना कम होने में मदद मिली है। मेनोपॉज के बाद होनेवाले शारीरिक व मानसिक प्रभावों को कम करने के लिए दिए जानेवाली हार्मोन चिकित्सा ने स्त्री के गर्भाशय, अंडाशय एवं गर्भमुख में कैंसरों की आशंका को भी कम किया है। ऐसी स्त्रियों में जिनका मासिक स्राव रुक चुका है और जिनकी हार्मोन चिकित्सा नहीं है उनमें अपनी उम्र के पुरुष की तुलना में अल्झमेर की बीमारी होने व याददाश्त खोने की आशंका ज्यादा रहती है। ऐस्ट्रोजेन अल्झेमर की बीमारी होने की स्थिति में मस्तिष्क की तन्त्रिकाओं को नई तन्त्रिकाओं के निर्माण का निर्देश देकर बौद्धिक क्षमता व याददाश्त के क्षरण को रोकती है।

कोख–स्त्री की कोख उर्वरा स्त्री को भ्रूण के विकास का स्थान एवं अवसर उपलब्ध कराता है जिसे रतिक्रिया सम्भव बनाती है। रतिक्रिया और प्रजनन पारस्परिक होते हुए भी एक ही बात नहीं हैं। रतिक्रिया में आनन्द प्राप्त किए बिना ही स्त्री गर्भाधान कर सकती है। गर्भाधान रतिक्रिया की पूर्णता नहीं है।[26] कभी-कभी कामेच्छा होते हुए भी गर्भाधान की सम्भावना के कारण रतिक्रिया स्त्री को भय और वितृष्णा देती है तथा प्रणय जीवन में अवरोध भी। अधिकांश समाजों में स्वीकृत कौमार्य का मिथक अविवाहिता स्त्री को कामनात्मक सुख से भयभीत रखता है एवं कौमार्य भंग भयंकर संकट में बदल जाता है। गर्भाधान के बोझ ने कौमार्य के मिथक को शक्तिशाली बनाया है। प्रचलित सामाजिक संरचना की यह अनिवार्य परिणति है जहाँ गर्भाधान में पुरुष के नाम का महत्त्व होता है। आदिम मातृ सत्तात्मक समाज में गर्भाधान में पुरुष की विशिष्ट भूमिका नहीं मानी जाती थी। पितृसत्तात्मक संस्थाओं के विकास के साथ पुरुष अपनी संतति पर अपने अधिकार का दावा करने लगा और माता की प्रजनन क्षमता को कोख में पालन-पोषण तक सीमित किया गया। अपनी विशिष्ट जैविक स्थिति के कारण पुरुष गर्भ की जिम्मेदारी से मुक्त होता है। इन स्थितियों में कामनात्मक सुख विवाह की मुहर के अभाव में अपराध हो जाता है। गर्भाधान दो अलग-अलग वैवाहिक स्थितिवाली स्त्रियों को अलग-अलग अनुभव सौंपता है। गर्भाधान एवं सन्तानोत्पत्ति की एक सी यान्त्रिक स्थिति व प्रक्रिया के बावजूद अविवाहिता स्त्री में गर्भाधान जहाँ भय और अपराध बोध का संचार करता है, विवाहिता गर्भाधान

पर गर्व महसूस करती है। साथ ही स्वेच्छा से किया गया गर्भाधान उत्साह और आनन्द देता है तो अनिच्छा से किया गया गर्भाधान वितृष्णा को जन्म देता है। स्त्री के बच्चे की स्थिति कानूनन वैध होने के बाद भी असम्मानजनक मानी जाती है। अधिकांश समाजों में मातृत्व का महिमा मंडन किया जाता है परन्तु प्रसविनी स्त्री को मातृत्व के आनन्द को भोगने का जब समय होता है प्रसूतावस्था को छूत में परिवर्तित कर उसे इस आनन्द से दूर रखा जाता है। कोख स्त्री के जीवन में प्रथम भूमिका माता की तय करता है। प्रजनन का दायित्व उसे पुरुष के विकास से अलग करता है।[27] यद्यपि स्त्री की भूमिका पत्नी या माता से अधिक व्यक्ति के रूप में महत्त्वपूर्ण मानना चाहिए। चूँकि "स्त्री की शारीरिक रचना ही जीवन के नैरन्तर्य को बनाए रखने की दृष्टि से की गई है।"[28] अतः स्त्री जीवन की सार्थकता को मात्र माता बनने की भूमिका से जोड़ा गया है। इस दृष्टिकोण ने जहाँ बच्चों के पालन-पोषण के सहज अवसर एवं सुविधा उपलब्ध कराई है वहीं स्त्री की व्यक्ति के रूप में अन्य भूमिकाओं के अवसर सीमित किए हैं। जोर-जबरदस्ती मातृत्व का भार जहाँ अभागी सन्तानों के जन्म का कारण बनता है, वहीं स्त्री की उर्वरा शक्ति से क्षुब्ध पुरुष भी इसे सीमित करने हेतु लगातार प्रयत्नशील रहे। बढ़ती जनसंख्या के लिए सीमित संसाधनों ने इस समस्या पर गम्भीरता से सोचने पर विवश किया। गर्भपात और गर्भ निरोधकों द्वारा कोख पर नियन्त्रण एवं स्वेच्छया गर्भाधान सम्भव हो सका है। जैव तकनीक एवं चिकित्सा विज्ञान के अद्यतन अनुसन्धानों ने कृत्रिम गर्भाधान द्वारा बिना रतिक्रिया के स्त्री का माँ बनना सम्भव बनाया। किसी अन्य स्त्री-पुरुष के रज-वीर्य को कोख में रखना और पल्लवित करना भी अब सम्भव है। स्त्री की कोख के मशीनी उपयोग के अवसर बढ़ गए हैं। स्त्री को कोख के भय से मुक्त करने में ये उपादान महत्त्वपूर्ण हैं। उनकी सामाजिक व्यवहार में परिणति एवं परिणाम विस्तृत विमर्श की माँग रखते हैं, जिन्हें अन्यत्र विस्तार दिया जाएगा।

गर्भाधान का सम्बन्ध मातृत्व से जुड़ता है। मातृत्व वह मनोवृत्ति है जो गर्भस्थ शिशु के साथ माता के मन में एकात्म व लगाव उत्पन्न करती है। बच्चा माँ की रक्त-मज्जा से बड़ा होता है अतः स्त्री सृजन का अनुभव करती है। विज्ञान भ्रूण व कोख के आवयविक सम्बन्ध को सिद्ध करता है। "गर्भ वह परजीवी भ्रूण है जो स्त्री के शरीर की रक्त-मज्जा से अपना पोषण प्राप्त करता है। माँ के शरीर में बढ़ता हुआ नैमित्तिक सत्य, जिसका जीना-मरना पारिस्थितिक है।"[29] बच्चे को जन्म देना स्त्री चाह सकती है किन्तु वह उसे भविष्य नहीं दे सकती, वह उसे वैसा नहीं बना सकती जैसा चाहती है, अतः स्वाधीनता से किया गया सृजन कार्य वह

नहीं बन पाता। बच्चे को गर्भ में विकसित करना एक मशीनी कार्य हो जाता है। एक पागल स्त्री और स्वस्थ स्त्री के गर्भस्थ शिशु एक सी यान्त्रिक प्रक्रिया से विकसित होते हैं और दोनों ही सामान्य या विकलांग शिशु को जन्म दे सकती हैं। भ्रूण के शरीर में जीन्स के जोड़े परस्पर विरोधी तत्त्वों से निर्मित होते हैं, तथा ताकतवर जीन्स उसकी शारीरिक संरचना को प्रभावित करते हैं। शिशु के मानवीय गुणों का विकास उसे प्राप्त परिवेश का परिणाम होते हैं।

स्तनपान और बच्चे के पालन-पोषण के कारण लम्बे साहचर्य से स्त्री के मन में शिशु के प्रति लगाव व एकात्म उत्पन्न होता है। स्त्री साथ रहकर प्रेम करती है।[30] गर्भस्थ शिशु के प्रति स्त्री के मन में आनेवाला लगाव स्त्री की परम्परागत भूमिका सम्भव बनाती है। वह देखती है कि उसकी माता व अन्य स्त्रियाँ भी ऐसी ही भूमिका निभाती हैं। उसे बचपन में दी जानेवाली गुड़िया के साथ भी वह लगभग वैसा ही व्यवहार करती है जैसा उसकी माँ उसके साथ करती है। स्त्री इस दी हुई स्थिति व भूमिका से बचपन से अनुकूलन करती है। अकेले पिता के साथ बड़ी होनेवाली लड़की अथवा लड़कों की तरह पाली-पोसी गई लड़की के व्यवहार में भिन्नता होती है, मनोवैज्ञानिक अनुसन्धानों से यह निष्कर्ष पाए गए हैं। ऐसे अनुभव भी देखे जा सकते हैं जहाँ शिशु जन्म और उससे जुड़े अतिरिक्त श्रम से सद्यप्रसवनी माता विक्षुब्ध और परेशान होती है। नई जिम्मेदारियों के कष्ट और परम्परागत आनन्द की व्यर्थता सोफी तॉल्सतॉय के कथन में देखी जा सकती है।[31] प्रजनन और मातृत्व सहजात प्रवृत्ति नहीं है, यह समाज द्वारा अनुकूलन का परिणाम है।[32] मैत्रेयी पुष्पा के वैयक्तिक अनुभव भी यही कहते हैं।[33] सन्तान के प्रति माँ का रुख उसकी अपनी पूर्ण स्थिति एवं दूसरों की प्रतिक्रिया पर निर्भर करता है।[34] स्त्री जिन परिस्थितियों के प्रति झुँझलाती है उन्हें आँकड़ों और सिद्धान्तों के विशाल ढाँचों की स्वीकृति प्राप्त होती है चूँकि उस ढाँचे को हटाया नहीं जा सकता इसलिए स्त्री को उससे अनुकूलन करना होता है। प्रजनन एवं स्तनपान स्त्री की जैविक मजबूरी है, परन्तु बच्चे का पालन-पोषण स्त्री-पुरुष दोनों के द्वारा किया जाना सम्भव है। ऐसे उदाहरण भी मिलते हैं जहाँ बिना माँ के बच्चों को पिता उसी तरह बड़ा करते हैं जो स्त्री की परम्परागत भूमिका द्वारा स्वीकृत है अथवा आज की पीढ़ी की कुछ कामकाजी माताओं के पति जो परम्परागत पिताओं की भूमिका में नहीं हैं, बच्चों का पालन-पोषण स्वस्थ ढंग से करने में सफल हो सके हैं।

रजोनिवृत्ति–स्त्री की उर्वरा शक्ति का ह्रास रजोनिवृत्ति के साथ होता है जो आयु के पैंतालीसवें वर्ष से लेकर अट्ठावनवें वर्ष के बीच में घटित होता है।

डिम्बाशय की प्रक्रिया जो पिट्यूटरी ग्रंथियों से सम्पूरित होती हैं। अब स्राव खत्म या कम हो जाता है जो कुछ शारीरिक बदलाव व विशिष्ट मानसिक परिवर्तनों का कारण बनता है। स्त्री अपनी सृजनात्मक क्षमता के ह्रास के कारण स्वयं में व्यर्थता भी महसूस करती है। जिसके शारीरिक व मानसिक परिणाम देखने को मिलते हैं। किन्तु अब नए-नए जीव वैज्ञानिक अनुसन्धानों द्वारा रजोनिवृत्ति उपरान्त चिकित्सा सम्भव हो सकी है एवं इन प्रभावों से काफी हद तक मुक्त हुआ जा सका है।

स्पष्टतः स्त्री और पुरुष की शारीरिक भिन्नताओं के बावजूद ये सीमाएँ स्त्री की अनिवार्य और स्थायी नियति के रूप नहीं स्वीकारी जा सकतीं। शारीरिक भिन्नता स्त्री को सोपानीकरण में नीचे की सीढ़ी नहीं प्रदान करती। जैविक स्थितियाँ स्त्री को दोयम दर्जे की भूमिका नहीं सौंपती। स्त्री की स्थितियों के प्रति परम्परागत मानवीय दृष्टिकोण उसकी स्थिति न्यूनीकृत करती है एवं उसे स्त्री की नियति घोषित करते हैं, परन्तु सच तो यह है कि प्रत्येक परिस्थिति में मानव जीवन में विकास की अपार सम्भावना छिपी रहती है, कोई सम्भावना अन्तिम नहीं होती। स्त्री पर भी यह बात पूरी तरह से लागू होती है।[35]

(ख) सामाजिक संरचना के बदलते आयाम

मनुष्य की विशिष्ट स्थिति का निर्धारण करने में सामाजिक संरचना महत्त्वपूर्ण भूमिका अदा करती है। प्राणी शास्त्रीय स्थिति मनुष्य को 'नर' और 'मादा' के रूप में रूपायित करती है, किन्तु उसे पुरुष और स्त्री में विभाजित करने के कारक अन्य हैं। ''जैविक अर्थों में हम नर और मादा की तरह पैदा होते हैं लेकिन हमें सामाजिक मान्यता प्राप्त लिंग स्त्री और पुरुष बना दिया जाता है।[36] इतिहास की यह सच्चाई निर्विवाद है कि परस्पर विरोधी वर्गोंवाली सभी सामाजिक संरचनाओं में समाज और परिवार में स्त्री की स्थिति मातहत की रही है।[37] ऐतिहासिक विकासक्रम में वे सामाजिक परिस्थितियाँ जो पुरुष को विशिष्ट हैसियत और स्त्री को अधीनस्थ की भूमिका सौंपती है अध्ययन और विश्लेषण का विषय है।

यायावर स्त्री–मानव विकासक्रम में आदिम युग की यायावर स्त्री के बारे में प्राप्त विविध विरोधाभासी मन्तव्यों के बावजूद इस बात पर सहमत हुआ जा सकता है कि उस कठिन दौर में जब जीवित रहना ही जीवन का सर्वोपरि लक्ष्य था, पुरुष के समानान्तर स्त्री की भूमिका तब भी दोहरी ही थी। मासिक धर्म, गर्भाधान और प्रजनन की अनिवार्यता के मध्य स्त्री को उन्हीं परिस्थितियों का

सामना करना होता था जिसका सामना पुरुष करता था। शिकार पर गए पुरुष की अनुपस्थिति में सम्भावित खतरों का सामना करने के अतिरिक्त दूसरा कोई विकल्प स्त्री के पास नहीं था। प्रजनन की निरन्तरता से मुक्ति नहीं थी। बच्चों के जन्म, स्तनपान की बाध्यता, मानव शिशु के पालन-पोषण में लगनेवाले वर्षों की अधिकता ने स्त्री के विकास के अवसर कम किए एवं स्वयं के लिए नए अन्वेषणों का मार्ग अवरुद्ध। स्त्री के पास 'नियति के आगे निष्क्रिय समर्पण' के अतिरिक्त कोई विकल्प नहीं था एवं जाति की निरन्तरता को बनाए रखने के बावजूद स्त्री प्रथम स्थान नहीं ले सकी। पुरुष ने प्राप्त जगत को ज्यों का त्यों स्वीकार नहीं किया। जगत को रहने लायक बनाने की प्रक्रिया में वह निरन्तर क्रियाशील रहा। उसने 'जीवन के अस्तित्व की अपेक्षा जीवन के औचित्य सिद्ध करने को अधिक महत्त्वपूर्ण माना।' जे.एस. मिल ने जहाँ इस स्थिति के लिए शारीरिक ताकत को महत्त्वपूर्ण माना, ऐंगल्स ने स्त्री की इस स्थिति को 'ताम्र और लौह औजारों के विनियोजन के सम्बन्ध से उपजी' माना, और सिमॉन द बाउवा ने इसका कारण 'श्रम की क्षमता से भिन्न प्राकृतिक रूप से माँ बनने को विवश स्त्री की एक मौलिक और ठोस असुविधा की समस्या' से जोड़ा।[38] स्त्री को अनुगामी का स्थान मिला और पुरुष को कर्त्ता का। आधुनिक समय में शारीरिक क्षमता के विकल्पों, उच्च तकनीकी क्षमता वाले उपकरणों एवं प्रजनन पर नियन्त्रण के बावजूद स्त्री की स्थिति का बराबरी का न होना सभी कारकों के पुनः विश्लेषण की माँग करता है। स्त्री ने पुरुष की उपलब्धियों को संयुक्त उपलब्धियों की भाँति स्वीकार किया। स्वयं को पुरुष के साथ संयुक्त इकाई माना। इस 'अनन्य चेतना ने एक पर निर्भर और पराश्रित चेतना' (हीगेल) के रूप में विस्तार पाया। यद्यपि इस स्थिति के विरुद्ध स्त्रियों के प्रतिरोध और विद्रोह के साक्ष्य भी साहित्य और इतिहास में मिलते हैं एवं स्त्री की दोयम दर्जे की भूमिका का प्रतिवाद भी कई विचारकों ने किया है। परन्तु स्त्री की परम्परागत भूमिका (प्रजनन एवं स्तनपान) एवं नए अन्वेषणों के लिए पुरुष को प्राप्त मुक्त अवसरों ने स्त्री को पुरुष के समानान्तर बराबर के अवसर प्रदान नहीं किए। परिणामतः 'व्यक्ति' के रूप में स्त्री के विकास के अवसर क्षीण हुए। 'अनन्य चेतना' के परिणामस्वरूप स्त्री के अपने मूल्य विकसित नहीं हो सके, उसने पुरुष द्वारा दिए हुए मूल्यों को स्वीकारा जो कालान्तर में पुरुष की सुविधानुसार परिवर्तित भी होते रहे।[39]

कृषि युग में स्त्री–कृषि जीवन में प्रवेश के साथ जीवन की यायावरता थमीं। प्रकृति से संघर्ष के साथ-साथ प्रकृति के सहयोग से जीवन के विकास के मार्ग प्रशस्त हुए। कृषि हेतु मानव श्रम की आवश्यकता ने स्त्री की प्रजनन क्षमता का

महत्त्व स्थापित किया। धरती और स्त्री की उर्वरा क्षमता को स्वीकार किया गया। स्त्री की जादुई उर्वरा शक्ति ने स्त्री को पुरुष की आराध्या का स्थान प्रदान किया। अधिकांश सभ्यताओं में 'कालातीत परम्पराओं की स्मृतियों' में स्त्री 'शक्ति' के रूप में सँजोई गई। मनुष्य के रूप में स्त्री के शक्तिशाली होने–'स्त्री के स्वर्णयुग' को सिमॉन द बाउवा सिर्फ मिथक के रूप में स्वीकार करती हैं। समाज हमेशा पुरुष का रहा है, राजनैतिक सत्ता हमेशा पुरुष के हाथ रही है।[40] जे. एस. मिल भी पितृसत्तात्मक और मातृ सत्तात्मक व्यवस्था को तुलनात्मक श्रेष्ठता के लिए मातृसत्ता की अनुपलब्धता के कारण सम्भव नहीं पाते।[41] मातृसत्तात्मक व्यवस्था के जो अद्यतन अध्ययन हुए हैं, वे भी स्वीकार करते हैं कि मातृसत्तात्मक व्यवस्था इस मायने में पूर्णतः मातृसत्तात्मक नहीं थी कि आर्थिक क्षेत्रों के निर्णयों में पुरुषों की दखलन्दाज़ी थी।[42] 'लवीसत्रास' के अनुसार "सत्ता चाहे सार्वजनिक हो या सामाजिक, वह हमेशा पुरुष के हाथ में रही। स्त्री हमेशा अलगाव में रही। उसे यदि पुरुष ने देवी का रूप दिया तो इतना ऊँचा उठा दिया, निरपेक्ष रूप से इतनी पूज्या बना दिया कि मानव जीवन उसे प्राप्य ही नहीं हो सका।"[43] दैवीत्व ने स्त्री को निरपेक्ष स्थिति में डाल दिया, जहाँ स्त्री की व्यक्ति के रूप में स्वीकृति कठिन थी। स्त्री शक्ति 'सामूहिक स्त्री शक्ति' के रूप में अपना वर्चस्व स्थापित नहीं कर पाई। विवाह सम्बन्ध व्यक्ति-व्यक्ति के स्थान पर कबीलों को जोड़नेवाले सम्बन्ध बने जिसे जोड़ने का माध्यम स्त्री बनी।

पितृसत्तात्मक अवस्था एवं स्त्री–धरती पर अधिकार के साथ-साथ ही सम्पत्ति की अवधारणा विकसित हुई। अपनी सृजनात्मक क्षमता की जानकारी के साथ ही पुरुष ने मातृत्व के महत्त्व को कमतर करके आँकना प्रारम्भ किया। औजारों, उपकरणों का सृजन, भूमि पर कब्जा, सन्तानोत्पत्ति में पुरुष की सृजनात्मक क्षमता के ज्ञान ने उत्तरोत्तर पुरुष को शक्ति सम्पन्न बनाया। सन्तानोत्पत्ति में स्त्री की भूमिका 'पोषक' तक सीमित हो गई। धरती से पहचानी जानेवाली स्त्री 'बीज' की भूमिका के सम्मुख नगण्य हो गई। पुरुष उत्पादक शक्ति का प्रतीक बना। प्रजनन की जिस शक्ति ने स्त्री को ताकतवर बनाया था, पुरुष वीर्य की अहमियत स्थापित होते ही, कमतर होती गई। स्त्री अपनी प्रजनन क्षमता को हथियार की तरह उपयोग नहीं कर पाई, सत्ता के इस परिवर्तन को ऐंगल्स स्त्री की बहुत बड़ी हार मानते हैं। अपना वंशज व अपने वंशज को सम्पत्ति सौंपने की कामना ने पितृसत्ता के लिए ज़मीन तैयार की। अपने वंशज की चाह में स्त्री देह पर अधिकार एवं धरती पर अधिकार के लिए संसाधनों पर अधिकार, पुरुष सत्ता के महत्त्वपूर्ण अस्त्र थे। जैसा कि अरविन्द जैन कहते हैं "धरती पर अधिकार के लिए उत्तराधिकार

एवं देह पर अधिकार के लिए विवाह संस्था''[44] अनिवार्य हो गई। पुरुष ने न तो विचार में, न श्रम में और न ही सन्तानोत्पत्ति में स्त्री का साझा स्वीकार किया, स्त्री को एक निष्क्रिय और अक्षम साथी की भाँति स्वीकार किया, जिसकी देखभाल का दायित्व पुरुष पर ठीक उसी प्रकार था जिस प्रकार पशुधन एवं ज़मीन की देखभाल का था। पशुधन, ज़मीन, स्त्री के साथ-साथ सन्तान भी पुरुष के थे, उसकी सम्पत्ति व ताकत थे। सम्पत्ति के लिए सन्तति के विचार ने पितृसत्ता को क्रमशः शक्ति सम्पन्न बनाया; और पुरुष की अपनी सन्तति के विचार ने स्त्री को कमजोर। पुरुष ने इस सत्ता को क्रमिक रूप से प्राप्त किया। प्राचीन ग्रीक माइथॉलाजी की भाँति किसी हिंसक क्रान्ति के परिणामस्वरूप पुरुष ने प्रभुता प्राप्त की हो, ऐसे ऐतिहासिक सूत्र प्राप्त नहीं होते।[45] सत्ता संस्थानों पर कब्जा पुरुष को स्त्री पर आधिपत्य के अवसर आज भी प्रदान करता है। केट मिलेट के अनुसार ''हमारा समाज पितृसत्ता है। यह तथ्य स्पष्ट हो जाता है, यदि कोई ध्यान दे कि सेना, उद्योग, प्रौद्योगिकी, विश्वविद्यालय, विज्ञान, राजनीति, कार्यालय, वित्त संक्षेप में समाज में शक्ति के सभी अंग, पुलिस के दमनकारी बल सहित सब पूर्णतः पुरुषों के हाथ में हैं।''[46]

अपनी आन्तरिक श्रेणीबद्धता के बावजूद पितृसत्ता स्त्री के मामले में संगठित रही। अलग-अलग वर्ग, जाति, जाति समूहों में भिन्न-भिन्न स्थान रखने के बावजूद स्त्री पर प्रभुत्व के साझे सम्बन्ध के मामले में एकबद्ध हैं। औरतों पर नियन्त्रण बनाए रखने के लिए पुरुष एक दूसरे पर निर्भर रहते हैं भले ही स्वयं अपने बीच ऊँच-नीच बरकरार रखें।[47]

पितृसत्ता के विजय अभियान के परिणाम स्त्री के पक्ष में भयंकर निकले।

सत्ता, सम्पत्ति और सन्तान से अधिकारविहीन स्त्री वस्तु मात्र रह गई। विवाह और उत्तराधिकार पुरुष वर्चस्व के महत्त्वपूर्ण हथियार साबित हुए। कालान्तर में पुरुष शोषण का दमनचक्र स्त्री के खिलाफ गहरा होता गया। पुरुष की सम्पत्ति होने एवं वंश परम्परा की शुद्धता ने स्त्री के साथ कौमार्य और यौन शुचिता के बन्धन लगाए। व्यभिचार के विरुद्ध दंड मृत्युदंड तक विस्तृत हुआ। सिमॉन द बाउवा के अनुसार ''जब तक समाज में निजी सम्पत्ति की अवधारणा प्रचलित रहेगी और पुरुष स्त्री को अपनी सम्पत्ति मानेगा, तब तक स्त्री के द्वारा किया गया व्यभिचार हीनतम अपराध माना जाएगा। ऐसा कोई दंड विधान पुरुष पर लागू नहीं होता।''[48] स्त्री को पितृसत्ता ने रिश्तों से व्याख्यायित किया। वह माँ, बहन, बेटी, पत्नी से जानी जाने लगी लेकिन व्यक्ति के रूप में उसकी कोई पहचान नहीं स्वीकारी गई, जहाँ व्यक्ति के रूप में उसने अपनी स्वतन्त्र सत्ता की घोषणा की,

उसे खामियाजा भी भुगतना पड़ा। 'ईमानदार और पवित्र स्त्री' पिता के वंशज देने के लिए जितनी कठोरता से परिवार में कैद की गई उतनी ही तीव्रता से और विस्तार से वेश्यावृत्ति को बढ़ावा मिला।

बदलती सामाजिक संरचना में पितृसत्तात्मक व्यवस्था के अध्ययन से स्पष्ट होता है कि अधिकांश ज्ञात समाज पितृसत्तात्मक रहे फिर भी यह स्वीकारा जाना चाहिए कि 'पितृसत्ता सार्वमौलिक अपरिवर्तनीय परिघटना' नहीं है। इसके अपवाद भी मौजूद हैं।

(ग) आर्थिक व्यवस्था के रूपान्तरण और स्त्री की भूमिका

हमारे जटिल समाज में हर चीज़ की तरह स्त्रियों की हैसियत भी एक आर्थिक बुनियाद पर टिकी होती है

–एलीनॉर मार्क्स और एडवर्ड एवेलिंग

आर्थिक व्यवस्था में स्त्री की भागीदारी–जैविक आधार और सामाजिक संरचना की विशिष्टता के साथ ही आर्थिक व्यवस्था भी स्त्री के यथार्थ को प्रभावित करती है। अर्थव्यवस्था में भागीदारी एवं सम्पत्ति पर अधिकार व्यक्ति को प्रभुत्व सम्पन्नता देता है लेकिन उपलब्ध व्यवस्था स्त्री की अर्थ में भागीदारी एवं उसकी सम्भावना को न्यूनतम करती है। अन्तर्राष्ट्रीय श्रम संगठन (संयुक्त राष्ट्र संघ) की एक रिपोर्ट के अनुसार "पुरुषों के बराबर आर्थिक और राजनीतिक सत्ता पाने में औरतों को अभी हजार वर्ष लगेंगे। दुनिया की 98 प्रतिशत 'पूँजी' पर पुरुषों का कब्जा है।"[49] इस दृष्टि से 'दुनिया की सारी पूँजी पितृसत्ता की पूँजी है।' मार्क्स का विचार है कि परिवार पूँजी यानी निजी फायदे के आधार पर खड़ा है। सर्वहारा वर्ग में जहाँ मजदूरों के बच्चे तिजारत का मामूली सामान और श्रम के औजार बनते जा रहे हैं वही पूँजीपति वर्ग में औरतों की स्थिति उत्पादन के एक औजार के सिवा और कुछ नहीं।'[50] द जर्मन आइडियोलॉजी में वे स्वीकार करते हैं कि "श्रम और जायदाद के गुण और मात्रा के लिहाज से असमान वितरण के पहले अंकुर परिवार में फूटे जहाँ औरतें और बच्चे पुरुष के गुलामों की तरह हैं।" स्त्री-पुरुषों के बीच का श्रम विभाजन स्त्री विरोधी एवं पुरुष की सत्ता को मजबूत करता है। इस परिस्थिति के लिए वे निजी स्वामित्व को जवाबदेह मानते हैं। परिवार का मुखिया परिवार के सदस्यों का विशुद्ध रूप से महज इस्तेमाल करता है और उनका शोषण करता है। आधुनिक परिवार में मौजूद दासता के जीवाणु आगे चलकर समाज और राजसत्ता तक विकसित होते हैं। इसलिए यदि

लैंगिक बराबरी की शुरुआत करनी है तो उसे परिवार से शुरू करना होगा, क्योंकि परिवार पूँजीवाद के छोटे मॉडल के रूप में कार्य करता है।

परिवार में पाई जानेवाली लैंगिक असमानता पूँजीवादी अर्थव्यवस्था में विस्तार से फलीभूत होती है। क्योंकि लिंग के सम्बन्ध में इस व्यवस्था की संरचना एवं संगठन स्त्री श्रम को दोयम दर्जे के श्रम के रूप में उपयोग करता है। हैलीथ सोफियोटी 'वूमेन इन क्लास सोसायटी' में तर्क देती है कि "पूँजीवाद ऐसी पहली व्यवस्था के रूप में सामने आता है जिसके स्वरूप की ही माँग है कि उत्पादक क्षमता से युक्त सभी लोग रोजगार शुदा न हों।" "पितृसत्ता का पहले से मौजूद होना और महिलाओं के अपने बच्चों के पास रहने की अनिवार्यता के चलते लिंग, श्रमिकों को बाँटने का सबसे प्राकृतिक मानदंड बनकर सामने आता है।"[51] स्त्रियों का अधीनीकरण पूँजीवादी व्यवस्था के पूर्व भी हमारे सामाजिक सम्बन्धों की व्यवस्था में निहित था जो पूँजीवादी व्यवस्था के साथ अन्तःक्रिया का सशक्त माध्यम होता है।

घरेलू श्रम–घरेलू श्रम के प्रति दोयम दर्जे की भावना घरेलू श्रम का अवमूल्यन करती है। पूँजीवादी व्यवस्था में प्रत्यक्ष उपभोग के लिए निर्मित सामग्री के विपरीत ऐसे 'माल' के उत्पादन पर जोर दिया जाता है जिसका उपयोग मूल्य और विनिमय मूल्य दोनों आवश्यक है। मानव सभ्यता के इतिहास में यह पहला समाज है जहाँ उत्पादन का बड़ा हिस्सा माल उत्पादन का होता है। केवल उपयोग मूल्यवाली सामग्री जिनका विनिमय मूल्य नहीं होता, का उत्पादन करनेवाले श्रम को मुद्रा से सीधे सम्बन्ध के अभाव में दोयम दर्जे का स्थान मिलता है। घरेलू श्रम ऐसा ही श्रम है। प्रजनन, बच्चों के पालन-पोषण और घर-गृहस्थी में लगनेवाला श्रम सामाजिक रूप से आवश्यक उत्पादन का बड़ा हिस्सा होते हुए भी वास्तविक कार्य इसलिए नहीं माना जाता क्योंकि यह बाज़ार व व्यवसाय से दूर होता है। इसके विपरीत पुरुषों का माल उत्पादन से सीधा सम्बन्ध होता है। घरेलू श्रम में उनकी भागीदारी नगण्य होती है। "घरेलू श्रम में पुरुष की कोई भागीदारी नहीं होती। यदि वे काम करते हैं तो इसे महज आपत्तिजनक ही नहीं, मनोबल तोड़ने वाला, पुंसत्वविहीन, स्वास्थ्य के लिए अहितकर माना जाता है।"[52] यदि ये घरेलू और स्त्रियोचित समझे जानेवाले कार्य करते भी हैं तो तभी जब उससे पैसा कमाने के अवसर हों। "ऐसे समाज में जहाँ मुद्रा मूल्य का निर्धारण करती है, स्त्री एक ऐसी कोटि है जो मुद्रा अर्थशास्त्र की परिधि से बाहर काम करती है। उसके कामों को मुद्रा से नहीं आँका जाता, अतः वह मूल्यहीन होता है।"[53] भौतिक आधार पर स्त्री की निम्न स्थिति का यह बहुत महत्त्वपूर्ण कारक है। घरेलू श्रम की विपुल राशि

के बावजूद उत्पादक श्रम में शामिल न होने के कारण इसकी गणना नहीं की जाती। "जब तक स्त्रियों को सामाजिक उत्पादन के काम से अलग और घर के निजी कामों तक ही सीमित रखा जाएगा, तब तक स्त्रियों की स्वतन्त्रता प्राप्त करना और पुरुषों के साथ बराबरी का हक पाना असम्भव है और असम्भव ही बना रहेगा।"[54] ऐसा नहीं है कि गैर पूँजीवादी व्यवस्था में स्त्री उत्पीड़न नहीं है। पितृसत्तात्मक व्यवस्था में स्त्री की तय दोयम दर्जे की स्थिति को (जिसका जन्म ही पूँजी पर पितृसत्ता के अधिकार के कारण हुआ है) पूँजीवादी व्यवस्था की घरेलू श्रम के प्रति दृष्टि दृढ़ आधार प्रदान करती है। क्योंकि "पूँजीवादी व्यवस्था का मूल चरित्र ही पितृसत्तात्मक है।"[55]

पारिवारिक वेतन–"पारिवारिक श्रम अब भीश्रम के वर्तमान यौन-विभाजन की नींव का पत्थर है जिसमें औरतों का मुख्य दायित्व घरेलू कामकाज और पुरुषों का वैतनिक कार्य है।"[56] औद्योगिक क्रान्ति के दौरान कारखानों में स्त्री और बच्चों के कम वेतन पर काम उपलब्ध हुआ। परिवार के पुरुष से अलग स्त्री का अपना वेतन और बदले में घर की व्यवस्था में असन्तुलन ने स्त्रियों की बाजार की श्रम शक्ति में भागीदारी को स्वीकार नहीं किया। 'टेन आवर्स एडवोकेट' के अनुसार "विवाहिता स्त्रियों के लिए घरेलू कार्यों को करना अधिक उचित होगा, अपेक्षाकृत इसके कि वे कभी न थकनेवाली मशीनी गति की नकल करें। अतः हम आशा करते हैं कि वह दिन दूर नहीं है जब पति अपनी पत्नी और परिवार की आजीविका चलाने में सक्षम होंगे।" एकल वेतन के स्थान पर पारिवारिक वेतन की सिफारिश की गई ताकि पत्नियों को परिवार में रखा जा सके और संसाधनों पर नियन्त्रण के कारण पुरुष श्रेष्ठता की स्थिति में रहे। पूँजीपतियों ने घरेलू मातृत्व की विचारधारा को विस्तार दिया। स्त्री के लिए सबसे संगत गतिविधि परिवार के लिए स्वस्थ और आरामदेह वातावरण का निर्माण करना माना गया। व्यक्ति के स्तर पर प्रत्येक व्यक्ति को अथार्जन का अधिकार है, का अस्वीकार आधी श्रम शक्ति को व्यर्थ करता है।[57] पूँजीवादी व्यवस्था में स्त्री कामगारों का उपयोग सस्ते श्रम की उपलब्धि के रूप में किया गया। स्त्रियों के आरक्षित श्रम का प्रयोग पुरुष श्रम की अनुपलब्धता की स्थिति में अनेकों बार किया गया है, सामान्य स्थिति आते ही स्त्रियों को हटा दिया जाता है। स्त्री की बेरोजगारी को कभी संकट के रूप में नहीं लिया गया। स्त्रियों के लिए 'महिलाओं के काम' वाले रोजगार भी इसी व्यवस्था के दौरान खुले। ये वही काम थे जो प्रायः स्त्रियाँ घर में भी करती थीं, जिन्हें स्त्रियोचित कार्य कहा जाता है। लिंग आधारित कार्य के बँटवारे के द्वारा स्त्री के कम वेतन को न्यायोचित ठहराते हुए स्त्रियों की पुरुषों पर आर्थिक

निर्भरता बनाई रखी जाती है व स्त्री-पुरुष के भिन्न-भिन्न कार्यक्षेत्रों की वकालत की जाती है। ये काम कम स्तरीय समझे जाने व कम कमाऊ होने के कारण स्त्री के स्वतन्त्र व्यक्तित्व के विकास में सहायता नहीं कर सके और परिवार का नियन्त्रण बनाए रखने में सहयोगी हुए। वेतन के फर्क ने स्त्रियों को विवाह के विकल्प को कैरिअॅर की तरह स्वीकारने को प्रेरित किया। उन परिवारों में जहाँ स्त्रियाँ कमाऊ हैं, पत्नियाँ गृह-कार्य से मुक्त नहीं हुई। "कमाऊ औरतों के लिए दोहरा दिन एक सच्चाई है।"[58] स्त्रियों की श्रम शक्ति में भागीदारी के अनुपात में उनकी मुक्ति का दायरा नहीं बढ़ा। मार्गरेट बेन्सटन का मानना है कि जब तक घर का काम-काज निजी उत्पादन का मामला बना रहेगा, स्त्रियों को दोहरे दायित्व का बोझ उठाना होगा। हाइडी हार्टमान के अनुसार "परिवार के बाहर श्रम बाज़ार में श्रम का लैंगिक विभाजन औरतों को पुरुषों पर आर्थिक रूप से निर्भर बनाए रखता है–तब भी जब वे स्वयं वेतन पाती हैं। कार्यस्थल पर स्त्री के प्रति होनेवाले शोषण स्त्री की दोयम दर्जे की स्थिति एवं 'पूँजीवादी विक्रय प्रयासों' के परिणामस्वरूप स्त्री के वस्तुकरण के कारण गहरा हो जाता है। घरेलू श्रम का अवमूल्यन पारिवारिक वेतन की अवधारणा, 'महिलाओं के काम' के प्रति निम्न दृष्टि, कम वेतन, स्त्री श्रम का 'आरक्षित सेना' के रूप उपयोग, कामकाजी होने की स्थिति में भी स्त्री का मूल कार्य घर-गृहस्थी मानने की प्रवृत्ति, स्त्री को अर्थ से सीधा जोड़ने में अवरोध उत्पन्न करती है। श्रम बाजार में उनकी स्थिति कमज़ोर करती है। महिलाओं की स्थिति का विश्लेषण करते हुए समझा जा सकता है कि स्त्रियों की स्थिति को किसी एक विशिष्ट कारक से जोड़कर नहीं देखा जा सकता। जीव वैज्ञानिक एवं मनोवैज्ञानिक तत्त्वों का अपना महत्त्व है जहाँ स्त्री की प्रजनन क्षमता एवं स्तनपान उसे बच्चों के पालन-पोषण और प्रकारान्तर से परिवार की देख-भाल से जोड़ती है वहीं ऐतिहासिक विकास क्रम में पुरुष को प्राप्त वर्चस्व एवं अर्थ से स्त्री के सीधे सम्बन्ध के अभाव में स्त्री की स्थिति लगातार निम्नतर होती गई। किसी एक कारक को स्त्री की स्थिति का कारण मानने पर हम एकांगी दृष्टि के दोषी हो सकते हैं।

समग्र विवेचन में इस तथ्य पर अवश्य प्रकाश पड़ता है कि सभी कारकों में स्त्री को इकाई के रूप में नहीं देखा गया है, उसके स्वतान्त्र अस्तित्व का नकार उसकी निम्नतर स्थिति के लिए जिम्मेदार बना रहा, इसी के समानान्तर उसकी निम्न स्थिति में उसके स्वतन्त्र व्यक्तित्व के विकास के अवसर क्षीण रहे।

उपर्युक्त जैविक सत्यों को यदि सामाजिक सन्दर्भों के समानान्तर रखकर देखा जाए तो हम पाएँगे कि अधिकांशतः स्त्री के प्रति समाज के व्यवहार उसे हीनता

या उच्चता का भाव सौंपता है। सामाजीकरण की प्रक्रिया में बेटी को बचपन से स्त्री बनाते हुए बड़ा किया जाता है, उसे लड़की की तरह बैठना, चलना और व्यवहार करना सिखाया जाता है, उसे सुकुमारता की ओर आकर्षित किया जाता है और बेटे को सबलता की ओर। खिलौनों में बेटी को गुड़िया दी जाती है और बेटे को कार और अब तो बन्दूक। लड़कियों की तरह रोने को बेटे के लिए वर्जित किया जाता है और बेटी को सहनशीलता का पाठ बचपन से सिखाया जाता है। घर में पहले पुरुषों को भोजन देने की प्रवृत्ति का प्रभाव बालिका के मस्तिष्क पर पड़ता है। बालक और बालिका के भिन्न-भिन्न खेल, बालक को शारीरिक सबलता की ओर अग्रसर करना, बालक और बालिका को विकास के अलग-अलग अवसर प्रदान करता है। कुछ बड़े होने पर बालक को घर से बाहर खेलने के अवसर और बेटी को माँ के साथ रसोई में सहयोग करने को प्रेरित किया जाता है। उसे रोज के ऐसे रूटीन काम करने होते हैं जिसमें विवेकपूर्ण निर्णय के अवसर कम होते हैं जबकि बालक बाहर हर दिन मित्रों के साथ नई परिस्थितियों का सामना करता है। वहाँ वह निर्णय, नेतृत्व, आत्मरक्षा के अवसर प्राप्त करता है, बालिका को रक्षा का पाठ नहीं पढ़ाया जाता, उसकी रक्षा के लिए घर के पुरुष तत्पर होते हैं। बेटे को जहाँ आत्मनिर्भरता का पाठ पढ़ाया जाता है, बेटी को समाज निर्भरता का पाठ पढ़ाते हुए बड़ा किया जाता है। बेटी के ज्यादातर निर्णय बचपन में माँ, फिर पिता एवं भाई लेते हैं, इसलिए प्रत्येक कठिन अवसर पर बालिका परिस्थिति का सामना करने के स्थान पर परिवार की प्रतीक्षा करती है।

बालिका को चूँकि आत्मनिर्भरता के पाठ के साथ बड़ा नहीं किया जाता, वह रोजगार को अपना भविष्य मानकर बड़ी नहीं होती, भविष्य का निर्माण स्वयं करने की उसे ललक भी नहीं होती, परिणामतः आर्थिक सन्दर्भों में उसे किसी निर्णय का अधिकार नहीं दिया जाता जबकि आर्थिक रूप से माता-पिता पर निर्भर बालक किशोर होते हुए हस्तक्षेप करने लगता है। विवाह को कैरिअॅर मानने के कारण बालिका का व्यक्तित्व स्वतन्त्र रूप से विकसित न होकर परनिर्भरता की प्रतीक्षा में विकसित होता है। स्त्री के घरेलू श्रम का चूँकि मुद्रा से सीधा सम्बन्ध नहीं होता है, उसके श्रमसाध्य घरेलू कार्यों को वह वरीयता प्राप्त नहीं हो पाती, जो अर्थ से सीधे जुड़े होने के कारण पुरुष को प्राप्त होती है, परिणामतः परिवार में बनाई गई सम्पत्ति पर स्वाभाविक रूप से पुरुष का अधिकार बढ़ता जाता है और स्त्री आर्थिक दृष्टि से सबल नहीं हो पाती, परनिर्भर हो जाती है।

अधिकांशतः समाजों में प्रचलित यौन पावित्र्य व कौमार्य के मिथक से बालिका को डराकर रखा जाता है, अतः उसके घर से बाहर निकलने के अवसर

क्षीण हो जाते हैं, समाज के साथ संवाद के अभाव में उसका व्यक्तित्व सीमित परिधि में विकसित होता है एवं भय व असुरक्षा की भावना विकसित होती है। और स्त्री का यौन शोषण सहज हो जाता है। अधिकांश समाजों में जहाँ पितृसत्तात्मक व्यवस्था है पुरुष परिवार का महत्त्वपूर्ण व मुख्य कार्यकर्ता होता है। परिवार को नाम भी पुरुष से मिलता है, अतः परिवार में बेटे महत्त्वपूर्ण हो जाते हैं और बेटी का पालन-पोषण किसी और की अमानत की तरह किया जाता है। परिवार की मुख्यधारा से उसे कट जाना होता है। यह भावना बालिका के मन में जड़विहीनता को दृढ़ करती है और आत्मविश्वास की कमी आती है। प्रजनन के बाद शिशु के पालन-पोषण को स्तनपान की अनिवार्यता के कारण स्त्री तक सीमित कर दिया जाता है। मातृत्व की अवधि के अतिरिक्त श्रम से स्त्री की कार्य क्षमता प्रभावित होती हैं और कई बार महत्त्वपूर्ण स्थानों पर उसके अपनी प्रतिभा दिखाने के अवसर सीमित हो जाते हैं।

आज की परिवर्तित होती परिस्थितियों में जहाँ बालक और बालिका के व्यक्तित्व के विकास हेतु एक से एक अवसर व परिस्थितियाँ उपलब्ध हो सकी हैं, परिणाम भिन्न आए हैं। जहाँ काम के स्थानों पर सिर्फ शारीरिक क्षमता की अधिक आवश्यकता नहीं होती वहाँ तो स्त्रियों ने श्रेष्ठतर परिणाम प्रस्तुत किए ही हैं। अवसर व सही प्रशिक्षण द्वारा वे मानसिक और शारीरिक श्रेष्ठता को प्रस्तुत करने में भी पीछे नहीं रही हैं। जैसा कि उपर्युक्त विवेचन से स्पष्ट होता है। जैविक भिन्नता स्त्री और पुरुष में बाँटती है परन्तु उसे मनुष्य और मनुष्येतर प्राणी में नहीं बाँटती। वैज्ञानिक अनुसन्धानों ने स्त्री के पक्ष में जो जैविक सत्य प्रस्तुत किए हैं स्त्री सबलीकरण के पक्ष में वे महत्त्वपूर्ण व आधारभूत स्तम्भ साबित हुए हैं। यह स्वीकार किया जा सकता है कि जीवशास्त्रीय विषमता होते हुए भी बौद्धिक व नैतिक क्षमता स्त्री व पुरुष में एक जैसी होती है। स्त्री-पुरुष की मानसिक व स्वभावगत विशेषताएँ साझे (एन्ड्रोजीनियस) ही होनी चाहिए। पुरुषों में स्त्रियोचित और स्त्रियों में पुरुषोचित गुणों का समावेश आदर्श व्यक्तित्व बनाता है। ऐसा उभयलिंगी व्यक्तित्व विकास के समान अवसर मिले बिना सम्भव नहीं।

सन्दर्भ सूची

1. राजी सेठ, स्त्री स्वायत्तता के अर्थ, इक्कीसवीं सदी की ओर, सम्पादक–सुमन कृष्णकान्त, राजकमल प्रकाशन, 2001, पृ. 85
2. रोम यूनिवर्सिटी की जीवन सम्भावना, विशेषज्ञ डॉ. सेसिलिया टोमेसिनी के शोधानुसार, सन्दर्भ दैनिक भास्कर, दिनांक 18.4.2002

3. 'भास्कर' 18 अप्रैल 2002
4. जर्मेन ग्रीयर, विद्रोही स्त्री, पृ. 29
5. 'दैनिक भास्कर' 18 अप्रैल 2002
6. एंजीयर–द फर्स्ट सेक्स : द् नेचुरल टैलेंट्स ऑफ वीमेन एंड हाऊ दे विलचेंज द वर्ल्ड 'पुलित्जर पुरस्कार' प्राप्त पुस्तक
7. अशोक झा का आलेख–सबल स्त्री का शास्त्र, 'हंस' मार्च 2001 के आधार पर
8. डब्ल्यू. आई थॉमस 'सेक्स एंड सोसायटी' लन्दन 1907, पृ. 18, 15 एवं एशली मान्टेग्यू 'द नेचुरल सुपीरियरिटी ऑफ विमेन,' लन्दन, 1954, पृ. 70-71
9. इलीनर मेक्काबी 'द डेव्हलपमेंट ऑफ सेक्स डिफरेन्सेज में क्लासीफाइड सर्जरी ऑफ रिसर्च इन सेक्स डिफरेन्सेज,' पृ. 323-51
10. मेरी एस्टल, एन एस्से इन डिफेन्स ऑफ दी फीमेल सेक्स, 1721, पृ. 18
11. अन्ना अनस्तासी, डिफरेंशियल सायकलॉजी, 1958, पृ. 497-98
12. अनामिका, स्त्रीत्व का मानचित्र, सारांश प्रकाशन, 1999, पृ. 93
13. नवल अल सादवी, अ हिडन फेस ऑफ ईव के पहले भाग द म्यूटीलेटेड हाफ के पहले और छठे अध्याय पर आधारित, 'हंस' मार्च 2000 के लेख 'हव्वा का पर्दानशीन चेहरा,' पृ. 80-83 के आधार पर
14. जर्मन ग्रीयर, विद्रोही स्त्री, पृ. 42
15. सिमॉन द बोउवा की पुस्तक 'द सेकण्ड सेक्स' का हिन्दी रूपान्तरण 'स्त्री उपेक्षिता,' अनु. प्रभा खेतान, हिन्द पॉकेट बुक्स, सं. 1998, पृ. 160
16. जर्मन ग्रीयर, विद्रोही स्त्री, पृ. 46
17. अनामिका, स्त्रीत्व का मानचित्र, 1999, पृ. 93
18. राजेन्द्र यादव, 'आदमी की निगाह में औरत' राजकमल प्रकाशन, 2001, पृ. 23
19. जर्मन ग्रीयर, विद्रोही स्त्री, पृ. 46
20. सिल्विया प्लाथ द कोलोमास, लन्दन, 1960, पृ. 41, सिमान, स्त्री उपेक्षिता, पृ. 133 पर उद्धृत
21. जर्मन ग्रीयर, विद्रोही स्त्री, पृ. 50
22. प्लॉस और बार्टल्स की पुस्तक का अंग्रेजी अनुवाद 'वुमन' खंड-1, पृ. 611-31, 'द सेक्यूलेजन ऑफ गर्ल्स एट मेन्स्टुएशन' जर्मेन ग्रीयर, विद्रोही स्त्री, पृ. 50 पर
23. अशोक झा, सबल स्त्री का शास्त्र, हंस, मार्च 2001, पृ. 184 पर उद्धृत
24. आजकल/मई 1997/तीसरी दुनिया : एक स्त्री का अन्तर्जगत बनाम बहिर्जगत
25. जर्मेन ग्रीयर, विद्रोहीं स्त्री, पृ. 51
26. सिमॉन द बोउवा, स्त्री उपेक्षिता, पृ. 151
27. सिमॉन द बोउवा, स्त्री उपेक्षिता, पृ. 34
28. सिमॉन द बोउवा, स्त्री उपेक्षिता, पृ. 211
29. सिमॉन द बोउवा, स्त्री उपेक्षिता, पृ. 218
30. कालेट, सिमॉन, स्त्री उपेक्षिता, पृ. 221
31. सिमॉन द बोउवा, स्त्री उपेक्षिता, पृ. 221
32. सिमॉन द बोउवा, स्त्री उपेक्षिता, पृ. 218-219
33. मैत्रेयी पुष्पा, कस्तूरी कुंडल बसै यत्र-तत्र एवं व्यक्तिगत चर्चा में उल्लेख
34. सिमॉन द बोउवा, स्त्री उपेक्षिता, पृ. 222
35. सिमॉन द बोउवा, स्त्री उपेक्षित, पृ. 36

36. हाईडी हार्टमेन, मार्क्सवाद और नारीवाद के बीच अप्रिय विवाह, सन्धान, अप्रैल-जून 2001, पृ. 114
37. सम्पादकीय, स्त्रियों की पराधीनता, (सब्जेक्शन ऑफ वूमेन, जे. एस. मिल) का सम्पादकीय, कात्यायनी एवं सत्यम पृ. 10
38. सिमॉन द बोउवा, स्त्री उपेक्षिता, पृ. 48
39. सिमॉन द बोउवा, स्त्री उपेक्षिता, पृ. 50
40. सिमॉन द बोउवा, स्त्री उपेक्षिता, पृ. 52
41. जे. एस. मिल, 'सब्जेक्शन ऑफ वूमन' का हिन्दी अनुवाद 'स्त्रियों की पराधीनता' अनु. प्रगति सक्सेना, राजकमल प्रकाशन 2002, पृ. 36
42. बीना अग्रवाल का मातृसत्तात्मक व्यवस्था का अध्ययन
43. लवीसत्रास, सिमॉन द बोउवा, स्त्री उपेक्षिता, पृ. 52
44. अरविंद जैन, न्याय क्षेत्रे : अन्याय क्षेत्रे, राजकमल प्रकाशन 2002, पृ. 15
45. सिमॉन द बोउवा, स्त्री उपेक्षिता, पृ. 55
46. हाईडी हार्टमेन का आलेख (अनुवाद) मार्क्सवाद और नारीवाद के बीच अप्रिय विवाह में केट मिलेट के पितृसत्ता की परिभाषा, सन्धान-1, अप्रैल-जून 2001 में पृ. 117 पर उद्धृत
47. हाइडी हार्टमेन, मार्क्सवाद और नारीवाद के बीच 'अप्रिय विवाह,' सन्धान-1, अप्रैल-जून, 2001, पृ. 177
48. सिमॉन द बोउवा, स्त्री उपेक्षिता, पृ. 57
49. अरविन्द जैन, उत्तराधिकार बनाम पुत्राधिकार, राजकमल प्रकाशन, 2001, पृ. 23
50. साम्यवादी घोषणा पत्र में मार्क्स
51. आइरिस यंग, अप्रिय विवाह से इत्तर एक प्रस्ताव, सन्धान-1, अप्रैल-जून 2001, पृ. 141
52. 1969 बेनकुअर सन के मुख्य पृष्ठ पर प्रकाशित रिपोर्ट
53. मार्गरेट बेन्सन, स्त्री मुक्ति का राजनीतिक अर्थशास्त्र, का हिन्दी अनुवाद 'दायित्व बोध,' जुलाई-सितम्बर 2000, पृ. 40 पर उद्धृत
54. ऐंगल्स, दायित्व बोध, जुलाई-सितम्बर 2000, पृ. 41 पर उद्धृत
55. आईरिस यंग, अप्रिय विवाह से इतर एक प्रस्ताव-सन्धान 1, अप्रैल-जून 2001, पृ. 143
56. हाईडी हार्टमेन, मार्क्सवाद और नारीवाद के बीच, पृ. 124
57. जे. एस. मिल, स्त्रियों की पराधीनता, राजकमल प्रकाशन, 2002
58. हाईडी हार्टमान सन्धान-1, अप्रैल-जून 2001, पृ. 125

अध्याय : तीन

स्त्री : भारतीय सामाजिक संरचना ऐतिहासिक परिदृश्य

ऐतिहासिक परिदृश्य : एक विहंगावलोकी आकलन

किसी भी समाज में व्यक्ति की पदस्थिति और भूमिका समसामयिक सामाजिक मूल्य तथा आदर्शों पर आधारित होती है। कोई भी स्थिति चिरन्तन व स्थायी नहीं रह सकती। समय के साथ सामाजिक परिस्थितियाँ परिवर्तित होती जाती हैं, साथ-साथ परम्परागत आदर्शों व मूल्यों में भी परिवर्तन होते रहते हैं। परिणामतः व्यक्ति की स्थिति में भी परिवर्तन आता है।

व्यक्ति शब्द के उच्चारण में यद्यपि पुरुष और स्त्री दोनों समाहित हैं पर सभ्यताओं के विकास ने स्त्री और पुरुष को दो अलग-अलग खेमों में डाल दिया है। भारत ही नहीं विश्व की सभ्यतम कही जानेवाली परम्पराओं में स्त्री के प्रति विशिष्ट दृष्टिकोण नारी छवि के विवेचन का महत्त्वपूर्ण मानदंड है।

प्राचीन यूनानी और रोमन साम्राज्य में स्त्रियाँ पुरुष की सम्पत्ति समझी गईं। सुकरात ने स्त्री के प्यार को पुरुष की घृणा से अधिक भयावह माना तो अरस्तु ने स्त्री की तुलना में पुरुष को श्रेष्ठ माना। त्रिवन ने कहा कि नारी अनुसरण और आज्ञा पालन के लिए आजीवन अभिशप्त थी। बुद्धि और विवेक की उससे कोई अपेक्षा नहीं की जाती थी। यूनान का आभिजात्य वर्ग का कहना था कि वेश्याएँ उनका मनोरंजन करती हैं, उपपत्नियाँ दैनन्दिन स्वास्थ्य रक्षण करती हैं और पत्नियाँ उनके वैध सन्तानों को जन्म देने के साथ-साथ स्वामिभक्त गृहस्वामिनी होती हैं।[1] प्राचीन जापान में स्त्रियाँ प्रार्थनाओं तथा अन्य धार्मिक अधिकारों से पूर्णतः वंचित थीं। प्राचीन चीन में भी उन्हें देवालय में प्रवेश का अधिकार नहीं था। स्पेन के लोग संकल्प लेते थे कि वे दुष्ट स्त्रियों से बचेंगे और सुन्दर स्त्रियों के मोहपाश में नहीं बँधेंगे। इटली के प्राचीन निवासी कहा करते थे कि जैसे घोड़ा चाहे जैसा हो उसे ऐंड़ लगाना जरूरी है वैसे ही स्त्री चाहे अच्छी हो या बुरी उसकी

ताड़ना आवश्यक होती है। स्त्रियों के प्रति प्राचीन अरबवासियों का दृष्टिकोण और भी क्रूरतापूर्ण था। अरब समाज में पुत्री का जन्म अशुभ माना जाता था और वहाँ के लोग प्रायः पुत्रियों को जीवित दफन कर दिया करते थे।[2] भारतीय परम्परा के दीर्घकालीन इतिहास में स्त्री की स्थिति सदैव एक सी नहीं रही उसमें उतार-चढ़ाव आते रहे। वृहदारण्यक उपनिषद् में कहा गया है कि अद्वितीय परमात्मा को दो होने की इच्छा हुई, वह ऐसा हो गया जैसे स्त्री और पुरुष सम्यक रूप से सम्पृक्त हों। उसने अपने इस स्वरूप को दो कर डाला जिससे पति और पत्नी हुए।[3] सुबालोपनिषद में प्रतिपादित किया गया है कि सृष्टि के आरम्भ में प्रजापति ने आत्म-स्वरूप के आधे अंश से पुरुष और आधे अंश से स्त्री को उत्पन्न किया।[4] शतपथ ब्राह्मण में स्त्री को पुरुष की अर्धांगिनी कहा गया है।[5]

ऐतिहासिक विकास क्रम में भारत में स्त्री की स्थिति पर विचार करते हुए प्राप्त सामग्री के आधार पर यदि हम विवेचन करना चाहें तो सिन्धु घाटी सभ्यता के छुट-पुट सूत्रों के उपरान्त आर्ष ग्रन्थों के माध्यम से स्त्री की पद, स्थिति और भूमिका के सूत्र प्राप्त होते हैं। जिनके माध्यम से भारतीय स्त्री का ऐतिहासिक विहंगावलोकन का सूत्रपात किया जा सकता है।

स्त्री की स्थिति जानने के लिए पारिवारिक व सार्वजनिक जीवन में उसकी स्थिति, उसे प्राप्त शिक्षा के अवसर, उसकी वैवाहिक एवं आर्थिक स्थिति के माध्यम से विविध काल खंडों में भारतीय स्त्री की स्थिति का आकलन किया जा सकता है।

(क) आदिकाल आर्ष ग्रन्थों में स्त्री की स्थिति

सामान्यतः इतिहासकारों ने वैदिक कालीन समाज व्यवस्था को आदर्श व्यवस्था स्वीकार किया है। वैदिक सूत्रों के आधार पर उक्त कालखंडों में स्त्री की गौरवपूर्ण एवं सम्मानजनक स्थिति स्वीकार करते हैं तथा परवर्ती सूत्रों में उत्तर वैदिक काल से स्त्रियों की निम्नतर स्थिति के स्पष्ट संकेत पाते हैं। इस तथ्य को विविध क्षेत्रों में स्त्री की स्थिति के माध्यम से परखा जा सकता है।

परिवार में कन्या की स्थिति–वैदिक साहित्य में कन्या जन्म एवं उसके लालन-पालन में पुत्र के समान स्तर के सम्बन्ध में परस्पर विरोधी तथ्य सामने आते हैं। परवर्ती वृहदारण्यक उपनिषद में जहाँ कन्या जन्म का 'दुहिता में पंडित्य जायते' कहकर आदर किया है एवं बराह गृह्य सूत्र में 'सुन्दर कन्याओं' की उत्पत्ति पर प्रसन्नता व्यक्त की गई है। यहाँ कन्या के प्रति कुछ श्लोकों में पुत्री के प्रति

अभिभावकों के स्नेह की अभिव्यक्ति भी मिलती है[6] एवं अभिभावक और उसकी पुत्री के सम्बन्धों की उपमा द्वारा स्वर्ग व पृथ्वी की भी अभिव्यक्ति की गई है।[7] वहीं वेदों में ऐसे अनेक उल्लेख मिलते हैं जिनमें पुत्र के लिए इच्छा व्यक्त की गई है।[8] अथर्व संहिता में पुत्र के बाद पुत्र की कामना[9] अपने घर में पुत्र व दूसरे के घर में कन्या के जन्म की कामना[10] तैतरीय संहिता में पुत्र जन्म पर पिता का उत्साह एवं कन्या जन्म पर निष्क्रियता जैसे उदाहरणों द्वारा 'आर्षग्रन्थों' में पुत्र-पुत्री की समानता का यशोगान सम्भव नहीं है। हाँ, यह अवश्य स्वीकार किया जा सकता है कि वैदिक काल के अन्त तक पुत्री के जन्म पर शोक की अभिव्यक्ति कन्या शिशु हत्या में परिवर्तित नहीं हुई थी।[11] उत्तर वैदिक युग व महाकाव्य युग तक आते-आते पुत्र की कामना अत्यन्त बलवती होने लगी। कन्यादान को गोदान से तुलनीय समझनेवाले समाज में कन्या का जन्म (सुरक्षा की जिम्मेदारियाँ, विवाह के बाद कन्या का दूसरे के घर चले जाने के कारण अर्थव्यवस्था, धन और पिंडदान में पुत्र की आवश्यकता के कारण) घर में गाय आने से कम प्रसन्नता का कारण होता था।[12] पितरों के उद्धार के लिए पुत्रों की आवश्यकता थी। पुत्री संकट का मूल थी, आपत्ति थी। वह अपने माता-पिता और पति तीनों के कुलों के लिए संकट थी।[13] मनुस्मृति तक आते-आते कन्या की स्थिति अपनी हीनतम स्थिति में पहुँच गई एवं उस पर नियन्त्रण व बन्धन कठोरतम होते गए।

कालिदास तक 'कन्या हि अर्थो परकीय एव' अप्रत्यक्ष रूप से उसे जायदाद में समाविष्ट करते हैं। कन्या के साथ जुड़ा कौमार्य का मिथक प्रारम्भिक युग में कई स्थानों पर टूटता दिखता है। महाभारत काल तक कौमार्य में सम्भोग के उदाहरण मिलते हैं। सम्भोग के बाद भी ये कुमारी ही रहीं। सत्यवती, कुन्ती एवं माधवी के प्रसंग उल्लेखनीय हैं।[14] कन्या शब्द की उत्पत्ति कम् धातु से हुई और इसका अर्थ है किसी भी पुरुष की इच्छा कर सकती है। वह स्वतन्त्र है उस पर किसी का अधिकार नहीं।[15] कुन्ती से सूर्य नारायण का कथन 'विवाहादि संस्कार सब कृत्रिम हैं अतः तुम मेरे साथ समागम करो। समागम के बाद भी कुमारी ही अर्थात् अक्षतयोनि ही रहोगी,' मत्स्यगंधा व गंगा के समागम के बाद कुमारी रहने के उदाहरण ऐसे ही हैं। यह प्रथा पहले अनिन्दनीय धीरे-धीरे निन्दनीय मानी जाने लगी। कन्या दूषण को उस युग में धर्म बाह्य नहीं माना जाता था, फिर भी कुन्ती ने कर्ण का त्याग किया। यहाँ पिता और पुत्री की सन्तान/पुत्री की सन्तान को पिता की सन्तान[16] स्वीकारा गया। हरिवंश पुराण के दूसरे अध्याय में–वशिष्ठ प्रजापति की कन्या शतरूपा युवावस्था प्राप्त होने के बाद पिता वशिष्ठ के साथ पत्नी भाव से रही। दसवें अध्याय में इला व मनु तथा सत्ताइसवें सर्ग में जनू एवं

जाह्नवी पिता के पति होने के सूत्र प्राप्त होते हैं। ऐतरेय ब्राह्मण में भी पितृ-दुहितृ सम्बन्धों के वैदिक प्रमाण मौजूद हैं। वशिष्ठ संहिता के अनुसार यह प्रथा तत्कालीन युग में निन्दनीय नहीं मानी गई। अविवाहित कन्या के परपुरुष से उत्पन्न पुत्र को पिता के पुत्र माने जाने के संकेत वशिष्ठ संहिता में मौजूद हैं।[17]

शिक्षा–वैदिक काल में स्त्रियों द्वारा ऋचाओं की रचना करने जैसे विद्वतापूर्ण कार्य; लड़कियों को शिक्षा देने की स्वस्थ्य परम्परा का प्रगाण हैं। शिक्षा प्रारम्भ हेतु लड़कों की तरह लड़कियों का उपनयन संस्कार नियमित रूप से किया जाता था।[18] वेदों के कुछ श्लोक इस बात को रेखांकित करते हैं कि कुमारियों के लिए शिक्षा अपरिहार्य एवं महत्त्वपूर्ण मानी जाती थी। एक अविवाहित शिक्षित लड़की का विवाह एक ऐसे दूल्हे से किया जाना चाहिए, जो उसके समान शिक्षित हो। कम उम्र की लड़की का विवाह करने के बारे में न सोचें।[19] स्त्रियों को लौकिक व आध्यात्मिक दोनों शिक्षाएँ दी जाती थीं। आध्यात्मिक शिक्षा के अन्तर्गत धार्मिक विद्या, ऐतिहासिक परम्परा एवं मिथक शामिल थे, जबकि लौकिक शिक्षा के अन्तर्गत ललित कला व सैन्य विज्ञान की शिक्षा दी जाती थी।[20] विदुषियाँ दो वर्गों में विभाजित थी–ब्रह्मवादिनी एवं सद्योवदाह।[21] स्त्रियों ने दर्शनशास्त्र एवं अति लौकिक विषयों के गूढ़ सिद्धान्तों में भी दक्षता प्राप्त कर ली थी। ब्रह्मवादिनी ब्रह्मविज्ञान व दर्शन की आजीवन विद्यार्थी रहती थीं। सद्योवदाह की शिक्षा उनके विवाह की उम्र 15-16 वर्ष तक जारी रहती थी।[22] ब्रह्मवादिनी चाहें तो विवाह कर सकती थीं। ये ब्रह्मवादिनी कन्याएँ जीवन के भौतिक सुखों के सन्धान से विरत नहीं रखी गई। अश्विनी कुमारों से प्रार्थना करती हुई घोषा इच्छा करने पर ब्रह्मवादिनियों के मनोनुकूल वर व पति के परिवार में विकास हेतु अनुकूल परिवेश की कामना करती हैं।[23] वैदिक साहित्य में इस बात के भी प्रमाण मिलते हैं कि स्त्रियों ने ललित कलाओं में दक्षता प्राप्त कर ली थी।[24] सह-शिक्षा को बुरा नहीं समझा जाता था, विद्वता का स्तर पुरुषों के समान था। ब्रह्मचर्य व्रत दोनों के लिए जरूरी था शिक्षा के दौरान, फिर युवा होने पर विवाह। गोमिल गुह्य सूत्र–अशिक्षित पत्नी यज्ञ करने में समर्थ नहीं होती। संगीत शिक्षा पर जोर दिया जाता था। वेद ऋचाओं का सस्वर पाठ, सामवेद की ऋचाओं का गायन, स्त्रियों द्वारा वाद्ययन्त्रों का निर्माण व उसका प्रयोग, विविध संस्कारों के समय स्त्रियों द्वारा संगीत प्रस्तुत करने की चर्चा वेदों में है। इच्छा व योग्यता के अनुसार शिक्षा प्राप्ति के लिए स्वतन्त्र श्रवणुक्रमणिका में उल्लेखित प्राचीन परम्परा के अनुसार ऋग्वेद की रचना में 20 स्त्रियों का योगदान है।[25] शकुन्तला राव शास्त्री ने इन श्लोकों को तीन भागों में विभाजित किया है। महिला ऋषि द्वारा लिखे गए

श्लोक, आंशिक रूप से महिला ऋषि द्वारा लिखे गए श्लोक व महिला ऋषियों को समर्पित श्लोक।[26]

उत्तर वैदिक काल में भी स्त्री शिक्षा का महत्त्व था। पितृगृह में उन्हें भविष्य के गृहस्थ जीवन की शिक्षा का ज्ञान कराया जाता था। उनके शारीरिक, बौद्धिक, सांस्कृतिक विकास की ओर ध्यान दिया जाता था। संगीत व नृत्य व गान विद्या में वे प्रवीण होती थीं। उपनिषदों में शिक्षित स्त्रियों के उदाहरण है। वृहदारण्यक उपनिषद में गार्गी व याज्ञवल्क्य के वाद-विवाद का उल्लेख है। सूत्रों के युग में भी स्त्रियों की शिक्षा पर ध्यान दिया गया। आश्वलायन सूत्र में कन्याओं के समावर्त्तन संस्कार का उल्लेख है, जो शिक्षा की समाप्ति पर किया जाता था। हरीत ने कन्याओं के लिए उपनयन संस्कार माना है। आश्वलायन गृह सूत्र में गार्गी वाचननवी मैत्रेयी, सुलभा का उल्लेख है। स्त्रियों के अध्ययन की व्यवस्था गृह में रहकर की गई। सहशिक्षा का भी कहीं-कहीं उल्लेख मिलता है। अत्रेयी ने लव-कुश के साथ, अम्बा ने शश्वावत्य के साथ अध्ययन किया। बोधायन, वशिष्ठ, गौतम सूत्रकारों ने समाज में स्त्री को पुरुष के अधीन माना। आर्यों के अनार्यों से सम्बन्ध स्थापित हुए। अनार्य स्त्रियों से आर्यों ने विवाह सम्बन्ध तो स्थापित किए, लेकिन संस्कृत न जानने के कारण धार्मिक अनुष्ठानों में भाग लेने पर प्रतिबन्ध लगाया, कालान्तर में सभी स्त्रियों को वेदाध्ययन और अनुष्ठानों में भाग लेने का अधिकार छिन गया। उच्चारण की कठिनाई, यज्ञों, कर्मकांडों की जटिलता के कारण वेदों का अध्ययन कठिन कार्य बन गया। विद्याध्ययन के लिए प्रखर बुद्धि युवकों को 24-25 वर्ष लगते थे और धर्म गुरुओं ने स्त्रियों के विवाह की आयु उत्तरोत्तर कम कर दी। अतः उनका वेदाध्ययन दैनिक सन्ध्यावन्दन के लायक अंश पढ़ने तक सीमित हो गया। वैदिक युग की तरह मन्त्र दृष्टा व मन्त्र सृष्टा स्त्रियों का अभाव पाया गया। मनु या याज्ञवल्क्य ने उपनयन संस्कार का निषेध किया। स्त्री वैदिक शिक्षा से वंचित हो गईं। विवाह की आयु कम होने से भी शिक्षा से वंचित अल्प शिक्षित स्त्रियों की पुरुषों पर निर्भरता बढ़ती गई। महाजनपद युग में बौद्ध और जैन धर्म के प्रभाव स्वरूप वैराग्य की भावना बलवती हुई, अतः स्त्रियों का विवाह कम उम्र में किया जाना प्रारम्भ हो गया। उनकी शिक्षा के अवसर इस कारण कम हो गए यद्यपि कुछ स्त्रियाँ और भिक्षुणियाँ अपने ज्ञान, विद्वता व तर्कविद्या के लिए प्रसिद्ध थीं। सामान्यतः सभी भिक्षुणियाँ अध्ययन में गहरी रुचि रखती थीं और उनकी दिनचर्या में अधिकांश समय ध्यान, तप व स्वाध्याय में व्यतीत होता था। जन सामान्य में स्त्री शिक्षा से विमुख रही किन्तु आभिजात्य कुल एवं राजकुल में स्त्री शिक्षा के उदाहरण मिलते हैं। गुप्त काल में शीला, भट्टारिका आदि महिलाएँ

कवयित्री और लेखक के रूप में ख्यात हुईं यद्यपि सामान्य स्त्रियों में उच्च शिक्षा के अवसर अवरुद्ध होते गए। ई.पू. 200 के बाद स्त्री के उपनयन संस्कार बन्द हो जाने के कारण स्त्री की शिक्षा को धक्का लगा। अशिक्षित, अनुभवशून्य, डरी, छोटी उम्र की स्त्री के लिए पति उसका दिशा-निर्देशक बन गया, फिर देवता भी। जीवन पातिव्रत्य और पतिसेवा तक सीमित हो गया। विवाह के बाद भविष्य बदलने की कोई सम्भावना नहीं बची।

पत्नी की स्थिति–पत्नी की उच्च स्थिति के प्रमाण वैदिक साहित्य में मिलते हैं जहाँ उसे सहधर्मिणी-अर्धांगिनी के माध्यम से परिभाषित किया गया है। उसे गृहस्वामिनी कहा गया। पत्नी को गृहस्थी के चक्र की धुरी कहा गया जिसके बिना गृह कार्य का संचालन असम्भव था। ऋग्वेद के प्रथम मंडल में, जिसके लेखन में स्त्रियों के विशेष योगदान का उल्लेख किया गया है, स्त्रियों का काम गृहस्थी चलाना और अतिथि सत्कार करना बताया गया है–ओखली चलाना, सिलबट्टा चलाना, रोधना पकाना, दही बिलोना जैसे गृहकार्यों का महिमा मंडन है।[27] वहीं दासी की भाँति स्त्री का काम पति के पुकारने पर शीघ्र उपस्थित होना है। इसी मंडल में कहा गया है कि स्त्री का हृदय भेड़िए जैसा होता है तथा स्त्री और भेड़िए से मित्रता एक जैसी होती है। ऋग्वैदिक काल में यौन पावित्र्य की अवधारणा नहीं थी। कौमार्य के मिथक नहीं थे। विवाह पूर्व सम्बन्धों के बाद भी अन्यत्र विवाह के उदाहरण हैं। पिता-पुत्री के सन्तानों के उल्लेख हैं, यौन सम्बन्धी समस्याओं को विरूणघास[28] जैसे सामान्य कर्मकांड से सुलझाने की व्यवस्था ऋग्वैदिक ग्रन्थों से निकलकर मनुस्मृति तक आते-आते मृत्युदंड में परिवर्तित हो गई। एक ओर ऐतरेय ब्राह्मण में विवाहित स्त्री से कहा गया है कि अपने पति के घर जाओ और घर की स्वामिनी बनो, सबकी स्वामिनी बनो। पर गें सब पर अपनी क्षमता का उपयोग करो।[29] इसके बावजूद मनु स्त्री के कभी भी स्वतन्त्र न रहने का नारा देते हैं और अन्य बातों के साथ-साथ स्त्री देह की स्वतन्त्रता का निषेध करते हैं। स्त्री की स्वतन्त्र इयत्ता का नकार मनुस्मृति में देखने को मिलता है जब वे स्त्री को पति सेवा तक सीमित कर देते हैं–स्त्री का अलग से कोई यज्ञ नहीं होता, न व्रत, न उपवास, सिर्फ पति की सेवा ही उसका स्वर्ग होती है।[30] यहाँ तक कि शील रहित, कामी, अशिक्षित व गुणहीन पति को भी देवता मानकर पूजने की सलाह दी गई है।[31] अतिथि देवो भव के तर्ज पर मन्दोदरी का पति सेवा के लिए महिमा मंडन कालान्तर में देखने को मिलता है। आस्ट्रेलिया, अफ्रीका, पॉलीनेशिया, मंगोलिया और अन्य बहुत से देशों की तरह आर्य व अनार्य में भी अतिथि पूजन की प्रथा प्रचलित थी।[32] परन्तु कालान्तर में इस प्रथा के प्रति आदर का भाव कम होता

गया। (जमदग्नि एवं गौतम का प्रसंग) अतिथि सत्कार में पत्नी की देह परोसने का भी समर्थन किया गया एवं उसका पुण्यफल पतियों की कीर्ति त्रिभुवन में फैलने के रूप में प्राप्त हुआ। पुरुष के स्वामित्व के रूप में स्त्री को अन्य सम्पदा के समान मित्र या अतिथि को देना पुरुष स्वामित्व में स्त्री को वस्तु बनाता है।[33] सम्पत्ति की तरह दाँव पर लगाई गई द्रौपदी भी पुरुष, पति के स्वामित्व को प्रमाणित करता है। पत्नी के धार्मिक अनुष्ठानों व यज्ञों में भाग लेने की प्रशंसा करते हुए विद्वतजनों ने स्त्री के सार्वजनिक जीवन में भागीदारी के उदाहरण दिए हैं, अश्वमेध यज्ञ जैसे अनुष्ठानों का विश्लेषण जिस प्रकार आपस्तंब, कात्यायन और काट्यायन जैसे धर्माचार्यों ने दिए हैं उससे सार्वजनिक स्थल पर राजा की पटरानी व बलि के घोड़े का वीभत्स यौनाचार का नाटक का विधान अत्यन्त खेदजनक है।[34] प्रजा वृद्धि हेतु आसपास के युवकों को बुलाकर अपनी पत्नियों को प्रस्तुत करने के आयोजनों का भी विस्तृत वर्णन प्राप्त होता है।[35]

स्त्री को अपने अनूकूल नियमों द्वारा अंकुश में रखने और समानान्तर ही दूसरी स्त्री का, जहाँ जैसे भी अवसर मिल जाए उपयोग के उदाहरण क्रमशः बढ़ते गए। पत्नी के लिए दाम्पत्य प्रेम की सीमा और पुरुष को घोर कामुकता व भोग के अवसर उपलब्ध हुए। सत्यवती और शकुन्तला के शर्तों पर सम्बन्ध स्थापित करना आगामी सत्ता संघर्ष को टालने के लिए किया गया। देवव्रत और ययाति-पुत्र जैसे पुत्रों का महिमामंडन पिताओं की काम भावनाओं जैसे उद्देश्यों की पूर्ति के लिए किया गया। दशरथ के बेमेल विवाह का परिणाम सत्ता संघर्ष में परिवर्तित हो गया। सीता को बाहरी पुरुष ने अपहरण कर अपमानित किया और पति ने अग्नि परीक्षा से लांछित। पत्नी को पति के पतित होने या छोड़कर चले जाने पर विवाह विच्छेद का अधिकार मिला परन्तु भातृत्व के अभाव में उसे दासी बनकर रहना पड़ा।[36]

माता की स्थिति–सन्तानोत्पत्ति द्वारा प्रजावृद्धि उस युग की महत्त्वपूर्ण आवश्यकता थी।[37] परिणामस्वरूप माता के रूप में स्त्री की भूमिका अत्यधिक महत्त्वपूर्ण और केन्द्रीय बनी। माता का स्थान पत्नी से श्रेष्ठ माना गया[38] जो अनेक श्लोकों में व्यक्त होता है।[39] देवी की परिकल्पना में भी माता के महत्त्व को स्वीकार किया गया। देवत्व में मातृत्व के गुण को महत्त्व दिया गया। हम वन्दना करते हैं उस माँ की जो न्यायी है, व्यवस्था की संचालिका है। जो शासिका है, व्यापक है, अमर अदिति है, दयालु निर्देशिका है और रक्षिका है।[40] मातृत्व के महिमा मंडन की चरम स्थिति वहाँ देखी गई किन्तु ऋग्वैदिक धर्म में पुरुष भावों की ही प्रधानता थी। सैन्धव सभ्यता में मातृदेवी अपने पुरुष साथी के बराबर मानी गई थी परन्तु

ऋग्वैदिक काल की देवियाँ अदिति, उषा, सरस्वती को पुरुषों से निम्न स्थान प्राप्त था। मातृत्व के अभाव में विवाह विच्छेद का विधान किया गया। सिर्फ पुत्री पैदा करनेवाली स्त्री को भी त्यागने का प्रावधान याज्ञवल्क्य स्मृति व बोधायन सूत्र में है। पुत्र प्राप्ति के लिए नारद याज्ञवल्क्य स्मृति में विधवा एवं सन्तानहीन स्त्री को नियोग की अनुमति प्रदान की गई। अविवाहित मातृत्व के उदाहरण कुन्ती, माधवी, सत्यवती के प्रसंगों गें दृष्टव्य हैं। विवाहेतर मातृत्व के उदाहरण स्वरूप पुत्र प्राप्ति हेतु कुन्ती के तीन पुरुषों से विवाहेतर सम्बन्ध व माद्री के एक परपुरुष से सम्बन्ध अक्षम पति होने की दशा में स्वीकार किए गए।

विवाह और उससे जुड़े प्रश्न–आर्ष ग्रन्थों में विवाह को एक उच्च पवित्र धर्मानुकूल संस्कार माना गया। सामाजिक कर्तव्य भी माना गया। साधारणतया विवाह एकपत्नीक हुआ करते थे परन्तु बहुपत्नीक के उदाहरण भी मिलते हैं। बिवाह संस्था के इस स्वरूप के आने से पहले विश्व के अन्य स्थानों की तरह भारत में भी स्त्री-पुरुष सम्बन्ध कई सोपानों से गुजरे। संयुक्त युवावस्था के विवाह विहीन सम्बन्धों एवं मिले-जुले समागमों के पश्चात आर्ष ग्रन्थों में अनेक सहोदर भाइयों के अनेक सहोदर बहनों से, एक पुरुष के अनेक सहोदर बहनों या एक स्त्री के अनेक सहोदर भाइयों के साथ विवाह के स्पष्ट उल्लेख मिलते हैं। बाद में बिना भाई व बहनोंवाले बहुपतित्व व बहुपत्नित्व के उदाहरण मिलते हैं।[41] जहाँ बहुपत्नीक विवाहों में पति एक होने के कारण बच्चों का पिता निश्चित रूप से ज्ञात रहता था एवं पिता से नाम मिलता था। वहीं बहुपतिक कुटुम्बों में पिता अमुक है निश्चित रूप से ज्ञात न रहने के कारण काफी काल तक माता के नाम पर बच्चों का नामकरण हुआ करता था। यह प्रथा रूढ़ होकर आगे भी चलती रही जब पिता का नाम ज्ञात था (अदिति, दिति, कद्रू यद्यपि कश्यप प्रजापति की स्त्रियाँ थीं) परन्तु बच्चों को नाम (आदितेय, वैनतेय, दैतेय) माता के नाम पर प्राप्त हुए। कुटुम्ब में मातृ प्रधानता और पितृ प्रधानता के चलते पितृ प्रधानता की बच्चे को नाम देने की सुविधा व उपयुक्तता की ओर ध्यान देने पर कालान्तर में आर्यों में यह संस्था प्रथम शिष्ट मान्य, फिर बहुजनमान्य और अन्त में धर्म मान्य होकर स्थिर हुई।[42] विवाह के प्रसार में आने के बावजूद भी रक्त सम्बन्धों में यौन सम्बन्धों के प्रचलन के उदाहरण मिलते हैं।[43] मातृगमन[44], गुरु पत्नी गमन,[45] पैसा देकर योग्य व्यक्ति को बुलाकर तीर्थ क्षेत्रों में प्रजोत्पादन[46] के उदाहरण भी दृष्टव्य हैं। अल्पावधि विवाह के उदाहरण (जहाँ पुत्र प्राप्ति तक साथ रहा जाए) शान्तनु-गंगा, अर्जुन-चित्रांगदा[47] भीम-हिडिम्बा[48] भी देखे जा सकते हैं।

विवाह संस्था के परिपक्व व स्थापित संस्था बनने उपरान्त भी वैदिक काल

में उसे वांछनीय विकल्प स्वीकारा गया, बाध्यकारी नहीं। आमाजुर वृद्धावस्था तक माता-पिता के घर रहने को स्वतन्त्र थीं। वह यह निर्णय कर सकती थी कि वह विवाह नहीं करेंगी।[49] घोषा को अविवाहित व पिता के साथ रहनेवाली कहा गया है।[50] अथर्ववेद में अविवाहित स्त्री के पुत्र को स्वीकार किए जानेवाले तथ्य संकेत देते हैं कि विवाह संस्था के प्रति दृष्टिकोण रूढ़िवादी नहीं था।[51]

विवाह के प्रकार–जब विवाह स्त्री के लिए अनिवार्य धार्मिक संस्कार में परिवर्तित हुआ, उसके चयन के अवसर भी सीमित हुए। मनुस्मृति में विवाह के आठ प्रकारों का उल्लेख मिलता है।[52] जिनमें ब्रह्म विवाह, प्रजापत्य विवाह और गन्धर्व विवाह को छोड़कर विवाह के सभी प्रकार स्त्री की सम्मानजनक स्थिति पर प्रश्न चिह्न लगाते हैं। दैव विवाह में यजमान अपनी कन्या पुरोहित को उपहार स्वरूप देता है, आर्ष विवाह में कन्या की कीमत एक गाय-बैल की जोड़ी आँकी गई है। असुर विवाह में वर पात्र से धन लेकर कन्या बेच दी जाती थी (माद्री व कैकेयी के विवाह धन देकर हुए) वहीं राक्षस विवाह बलपूर्वक स्त्री पर अपहरण द्वारा स्वामित्व जताने की अनुमति प्रदान करता है। पैशाच विवाह बलात्कार को सामाजिक स्वीकृति प्रदान करता है। गन्धर्व विवाह जो स्त्री के वैयक्तिक निर्णय का सम्मान करता है एवं स्वयंवर के लिए आधार भूमि तैयार करता है। लेकिन स्वयंवर भी कालान्तर में पुरुष के शक्ति प्रदर्शन से जुड़ गया जहाँ पिता अपनी कन्या को बाजार में खड़ा कर परीक्षा में जीतनेवाले को अपनी कन्या सौंपता है, जो कन्या की स्वेच्छा पर शक्तिशाली की विजय को वरीयता देता है एवं स्त्री को सम्पत्ति में रूपान्तरित कर देता है। यद्यपि बोधायन सूत्र में अपहरण द्वारा किए गए विवाह को मान्यता नहीं दी गई है और ऐसी कन्या को कुँआरी माना गया व अन्य में विवाह की सहमति दी गई। परन्तु शक्ति प्रदर्शन के प्रतीक ये विवाह ही अधिक प्रचलन में आए। कृष्ण और अर्जुन इनके सटीक उदाहरण हैं। धर्म गुरुओं द्वारा निर्मित विधान में स्त्री की शिक्षा सीमित होने के साथ-साथ विवाह की आयु निरन्तर घटती गई। प्रारम्भिक स्थितियों में वैवाहिक जीवन की सरलता जहाँ स्त्री की स्थिति पर सकारात्मक प्रभाव डाला था कालान्तर में विवाह सम्बन्धी जटिलता ने वैदिक नारी को पुरुषों पर आश्रित व हीन बना दिया। वयस्क आयु में होनेवाला विवाह मनुस्मृति में 10-12 वर्ष की आयु तक सीमित हो गया।

विधवा की स्थिति–आरम्भिक वैदिक काल में चूँकि आर्य अपनी प्रजनन क्षमता को व्यर्थ नहीं कर सकते थे, परिवार में वृद्धि आवश्यक थी।[53] वैदिक विद्वानों ने वैदिक काल में विधवा विवाह पर सहमति व्यक्त की है। ऋग्वेद का श्लोक X.40.2 एवं X.18.8 विधवा विवाह से सम्बन्धित है।[54] अथर्ववेद में नारी के

द्वितीय विवाह का उल्लेख है।[55] लास्क ने देवर की व्याख्या द्वितीय वर के रूप में की है।[56] गौतम, बोधायन, वशिष्ठ ने नियोग का समर्थन किया है परन्तु मनु विधवा-विवाह और नियोग दोनों का विरोध करते हैं। विवाह सम्बन्धी मन्त्रों में कहीं भी नियोग की अनुमति नहीं दी गई है, न दूसरे पुरुष से विवाह की चर्चा हुई है। याज्ञवल्क्य सदाचार की दुहाई देते हैं–सदाचारिणी स्त्रियों का दूसरा पति नहीं होता (न द्वितीयश्च साहवीनां कचिद भर्तो पदिस्यते), मनु सगोत्रिय बालक को गोद लेने की आज्ञा देते हैं, विधवा विवाह की नहीं। विधवाओं के उत्पीड़न और अत्याचार की नींव यहाँ गहरी होती हैं। परिवार से बाहर द्वितीय विवाह करने पर स्त्री के सम्पत्ति से वंचित होने का उल्लेख मिलता है। पूर्व में विधवा की स्थिति के साथ सम्भव है कलंक न जुड़ा हो किन्तु यौन पावित्र्य और स्त्री के सम्पत्ति समझे जाने ने विधवा की स्थिति को कलंक से जोड़ा। आर्ष ग्रन्थों में वैधव्य की कठिनाइयाँ और असुविधाओं के संकेत भी मिलते हैं जहाँ विधवा की स्थिति की तुलना काँपती हुई धरती से की गई है। इस विषय पर पुनर्विचार की आवश्यकता है। हिन्दू समाज में पत्नी को पति की अर्धांगिनी माना गया है। विवाह के अविच्छेद बन्धन जिसे मृत्यु भी नहीं तोड़ सकती। विवाह एक संस्कार माना गया जो एक ही बार सम्भव है। कन्यादान की प्रथा दोबारा सम्पन्न नहीं की जा सकती थी। जिन श्लोकों के आधार पर उपर्युक्त सन्दर्भ पुनर्विवाह की प्रतीति देते हैं वे नियोग के ही हैं। तरुण और पुत्रहीना विधवा ही नियोग की अधिकारिणी थी। परन्तु नियोग कर्तव्य भावना से प्रेरित था। पुत्र प्राप्ति के बाद स्त्री का सम्भोगरत होना अवांछनीय था। इस व्यवस्था को पुनर्विवाह नहीं कहा जा सकता। पहले से विवाहित देवर सिर्फ सन्तति के लिए विधवा भाभी से सम्बन्ध स्थापित करे। इसकी सम्भावना अधिक दिखाई देती है। अपने बच्चे की अवधारणा इतनी प्रबल थी कि महाभारत काल में आते-आते कुरूवंश के वंशधरों की बेल बढ़ाने के लिए माता के विवाहपूर्व के पुत्र (पाराशर पुत्र वेदव्यास) को कुल वधुओं के साथ नियोग हेतु बुलाया गया व उन पुत्रों को कुरूवंश का उत्तराधिकारी माना गया, पाराशर के वंश का नहीं। विधवा पुनर्विवाह के सम्बन्ध में आर्षग्रन्थों का पुनरावलोकन किया जाना चाहिए। मनु विधवा को कठोर तपश्चर्या का जीवन जीने का आदेश देकर उससे अविरल पवित्र आचरण की उम्मीद करते हैं। विधवाओं के प्रति इस कठोर व्यवस्था ने मध्य युग के अन्त तक जो विकराल रूप लिया, और समाज के एक बड़े वर्ग को जीवन के स्पन्दनों से काट दिया उसकी कल्पना मनु ने सम्भवतः नहीं की होगी। आर्ष ग्रन्थों के युग में उत्कट पति प्रेम में सती होने के इक्का-दुक्का उदाहरण देखने को मिलते हैं। अथर्ववेद के एक सम्पूर्ण कांड में संकेत स्पष्ट हैं।

यह शोकाभिभूत होने के कारण स्त्री करती थी या परम्परावश–इसके संकेत नहीं हैं। मनुस्मृति तक आते-आते विधवा स्त्री के लिए की गई कठोर व्यवस्था ने चिता पर लेटने की प्रतीकात्मक परम्परा को सहमरण में परिवर्तित कर दिया। विधवा के जीवन की अपेक्षा सती होना अधिक उपयुक्त लगने लगा। यद्यपि मनुस्मृति में सती प्रथा का उल्लेख नहीं है परन्तु ई. पू. 100 तक स्मृतिकारों ने सतीप्रथा का समर्थन आरम्भ कर दिया था।

वेश्या की स्थिति–स्त्री और पुरुषों के निजी और सार्वजनिक आचरण के, अच्छाई और बुराई के अलग-अलग मानदंडों ने वैदिक युग में ही वेश्यावृत्ति को संगठित व्यवसाय के रूप में जन्म दिया यद्यपि वेश्याओं की उपस्थिति विवाह के अवसर पर शुभ मानी जाती थी और आवश्यक भी। विवाह का मंगलसूत्र उन्हीं के हाथों से बनवाया जाता था।[57] स्वातन्त्र्य की दृष्टि से सीमित होते अवसरों के बीच (स्वतन्त्र–जो अपने तन्त्र में हो, अपनी ही व्यवस्था में स्थित हो) जहाँ कुलीन स्त्री पिता, पति और पुत्र के तन्त्र में रहने को बाध्य थी, वेश्या कुलवधुओं की अपेक्षा स्वतन्त्र थी। परिवार में रहनेवाली अपनी मनमानी करनेवाली स्त्री स्वैरिणी कही जाती थी, जो प्रशंसात्मक सम्बोधन नहीं था। गणिका को यह अधिकार था कि वह पण्य के बदले पुरुष से सम्बन्ध स्थापित कर सकती थी। स्वेच्छा से किसी भी पुरुष के साथ सम्बन्ध स्थापित करने पर वह स्वैरिणी नहीं कहलाती थी, गणिका के सहवास में स्वैराचार पुरुष का सम्भव था, गणिका वर्ण स्त्री तन्त्र समाज था। पुरुष सम्भोग से वह अपनी जीविका चलाती थी। उसकी जीविका की कुंजी, स्वतन्त्र बने रहने का आधार 'काम' को साधन बनाकर अर्थ का आहरण एवं उसके बल पर अपने लिए स्थान बनाना था। कुल वधु को परिवार में मिलनेवाली सुविधाओं के बदले में उसे भी कामनात्मक सुख सौंपना होता है, उसकी इस सेवा को पुरुष अधिकार की भाँति स्वीकार करता रहा है। इस दृष्टि से कुलवधु गणिका की भाँति स्वतन्त्र स्त्री नहीं रही। यद्यपि शैया पर उससे भी वेश्या की भाँति व्यवहार की अपेक्षा की गई। कालान्तर में नगरवधु की परम्परा प्रारम्भ हुई जहाँ अपूर्व सुन्दरी स्त्री को सर्वसुलभ बनाने के लिए उसे गरिमा और गौरव प्रदान किया गया और स्त्री की स्वेच्छा व स्वाधीनता पृष्ठभूमि में चली गई।

सम्पत्ति के अधिकार–ऋग्वेद में जहाँ मृत पति की सम्पत्ति पर पत्नी का अधिकार नहीं स्वीकारा गया, विरक्त में याक्त पुत्र के रहने पर पिता की सम्पत्ति पर पुत्री के अधिकार के उल्लेख मिलते हैं। स्त्रीधन पर स्त्री का अधिकार एवं स्त्री की मृत्यु के बाद उसकी पुत्रियों को मिलता था। याज्ञवल्क्य व विष्णु पुराण ने पुत्रविहीन विधवा को पति की सम्पूर्ण सम्पत्ति का अधिकारिणी माना। कौटिल्य ने

जीवन निर्वाह के लिए कुछ हिस्सा मिलने की व्यवस्था की। कौटिल्य के अनुसार यदि पति की मृत्यु हो जाती है अथवा वह संन्यास ले लेता है या विदेश चला जाता है, ऐसी स्थिति में स्त्री को अपने पति के उत्तराधिकारियों में से किसी से विवाह कर लेना चाहिए। यदि वह किसी अन्य व्यक्ति से विवाह करती है तो उससे विवाह करनेवाला एवं जो विवाह में शामिल हुए हैं सभी दंड के भागी होंगे।[58] जब कोई स्त्री अपने पति का घर छोड़कर दूसरे गाँव चली जाती है अथवा जब वह अपने घर से कहीं जाए और इस तथ्य को छिपाने का प्रयत्न करे तब उसका स्त्रीधन पर अधिकार नहीं रहता।[59] स्वयं सम्पत्ति के रूप में रूपायत होती गई स्त्री के लिए अपनी सम्पत्ति के सन्दर्भ आर्ष ग्रन्थों में अत्यन्त सीमित हैं। स्त्री चूँकि जीवित प्राणी है अतः उसके भरण-पोषण की आवश्यकता है, इस हेतु व्यवस्था का खयाल पूर्व में रखा गया, बाद में अलग से इस विषय पर सोचने की आवश्यकता भी नहीं समझी गई। पुत्रविहीन पिता की सम्पत्ति पर पुत्री के सुरक्षित अधिकार नियोग द्वारा पुत्र जन्म एवं कालान्तर में दत्तक पुत्रों से सीमित कर दिए गए। परिवार से छिपाकर गुजारे गए वक्त की कीमत स्त्री को अपने स्त्री हाव से चुका कर देनी होती थी अतः स्त्री के अपने स्वयं के लिए वक्त और स्थान निःशेष हो गए, जिसके लिए आज भी उसे संघर्ष करना पड़ रहा है।

सार्वजनिक जीवन–ऋग्वैदिक काल में स्त्री के सार्वजनिक जीवन के प्रमाण मिलते हैं। पर्दाप्रथा के संकेत नहीं मिलते। सूर्य सूक्त की तैंतीसवीं ऋचा में वर अपनी पत्नी को देखने का आग्रह और लोगों से करता है। 'सुमडलीरियं वधूरिया समेत पश्यत।' उद्‌योग-धन्धों में स्त्रियों की भागीदारी के संकेत मिलते हैं लेकिन वे उन्हीं क्षेत्रों से जुड़े थे जिन्हें स्त्रियों का कार्यक्षेत्र समझा जाता रहा है। कताई, बुनाई, कढ़ाई, सीना-पिरोना, कपड़ा बुनना, घास की चटाई बनाना प्रायः स्त्रियों के कार्य हैं। स्त्रियों के युद्ध में भाग लेने के संकेत भी मिलते हैं। ऋग्वेद के दशम मंडल में एक सौ आठवें सूक्त की ऋषिका सरत्रा मानी जाती है जो पणियों द्वारा आर्यों का गोधन चुराने पर इन्द्र की संदेशवाहिका बनकर जाती है और उनके द्वारा दिए गए किसी प्रलोभन में नहीं आती। आर्ष ग्रन्थों में यज्ञ स्थलों पर स्त्री-पुरुषों के संयुक्त आयोजनों का उल्लेख मिलता है यद्यपि यज्ञ के स्वरूप के विषय में विभिन्न विद्वान अपने भिन्न-भिन्न मत रखते हैं। विश्वनाथ काशीनाथ राजवाड़े अपनी पुस्तक 'भारतीय विवाह संस्था का इतिहास' में यज्ञ को सार्वजनिक एवं सामूहिक रूप में प्रजा उत्पादन हेतु अग्नि के सम्मुख सम्भोग के रूप में स्वीकारते हैं एवं उसके प्रमाण प्राचीन आर्ष ग्रन्थों में खोजते हैं।[60] आर्यों के सम्माननीय अश्वमेध यज्ञ की वास्तविकता का खुलासा कृष्ण व शुक्ल मनुसंहिता में अश्वमेध

यज्ञ के विवेचन और विश्लेषण के माध्यम से करते हैं जो वन्य पूर्वजों की प्रजोत्पादन क्रिया की नकल मात्र ज्ञात होती है।[61] जिसमें मनोविनोद के लिए स्त्रियों को गायन, वादन, नृत्य के अवसर भी उपलब्ध होते हैं। वेदों के सस्वर पाठ विशेषकर सामवेद के गान के उल्लेख प्राप्त होते हैं। वैदिक काल में स्त्रियों के सार्वजनिक जीवन पर इस दृष्टि से भी विचार किया जाना आवश्यक है।

(ख) मध्यकाल : सामन्तीय परिवेश

मध्ययुग में डावाँडोल राजनैतिक स्थिति का प्रभाव देश की सामाजिक, आर्थिक स्थितियों पर पड़ा। लगातार विदेशी आक्रमणों एवं भिन्न सांस्कृतिक परिवेश के साथ भारत में इस्लाम के आक्रमण ने पहले संघर्ष फिर सांस्कृतिक परिवर्तन के लिए ज़मीन तैयार की। स्त्रियों की स्थिति में भी परिवर्तन आया। मुसलमानों के वर्चस्व का जितना असर पुरुषों की स्थिति पर दिखाई देता है, स्त्रियों की अधीनस्थ की भूमिका ने उसे क्रमशः अवनति की ओर अग्रसर किया।

कन्या की स्थिति–मध्यकाल में कन्या जन्म के अशुभ माने जाने के संकेत मिलते हैं। सदैव लड़कियाँ पैदा करनेवाली स्त्री को घृणा से देखा जाता था, स्त्री को कुछ सम्मान पुत्र की माता बनने पर मिलता था। परन्तु इस्लाम के भारत में आने के बाद सुरक्षा, विवाह, दहेज आदि प्रश्नों ने कन्या जन्म को सामाजिक अप्रतिष्ठा का विषय बना दिया। अतः कन्या शिशु हत्या की परम्परा प्रारम्भ हुई। विशेष रूप से राजस्थान में जहाँ लगातार युद्धों का सामना सामान्य सी बात थी। स्त्रियों की सुरक्षा व अप्रतिष्ठा के प्रश्न ने कन्या शिशु हत्या के आँकड़ों में वृद्धि की। 'अमीर खुसरो' इसीलिए कहते हैं "मैं चाहता था कि तुम्हारा जन्म ही नहीं होता और यदि होता भी तो पुत्र के रूप में। कोई भाग्य का विधान नहीं बदल सकता, परन्तु मेरे पिता ने एक स्त्री से जन्म लिया और मुझे भी तो एक स्त्री ने ही पैदा किया था।"

शिक्षा–मध्यकालीन भारत में स्त्री शिक्षा के बारे में जानकारी अपर्याप्त है। यद्यपि इब्नबतूता लिखते हैं कि जब वह हानौर पहुँचा वहाँ उसने 23 ऐसे विद्यालय देखे जिनमें बालिकाएँ शिक्षा ग्रहण करती थीं। नगरों में व बड़े घरानों की स्त्रियों के पढ़ने-लिखने के संकेत मिलते हैं किन्तु सामान्य परिवारों एवं ग्रामीण क्षेत्र में शिक्षा का स्तर नीचा था।[62] भक्ति कालीन साहित्य में मीरा, गवरीबाई, दयाबाई, सहजोबाई का योगदान[63] एवं पातुरों द्वारा लिखा गया साहित्य[64] द्वारा स्त्रियों में शिक्षा के प्रसार के बारे में जानकारी मिलती है। भक्तिकाल का साहित्य सृजन

लोकभाषा एवं मातृभाषा में होने के कारण स्त्रियों को पढ़ने-लिखने की प्रेरणा मिली। स्त्रियों व शूद्रों को संस्कृत भाषा पढ़ने की मनाही थी। मुस्लिम स्त्रियों की शिक्षा की स्थिति बहुत अच्छी नहीं थी। यद्यपि सल्तनत काल में कई मदरसे खोले गए परन्तु उनमें लड़कियों की शिक्षा की क्या व्यवस्था थी, इसके संकेत नहीं मिलते हैं। उनकी शिक्षा प्राप्त करने का उद्देश्य प्रायः कुरान पढ़ने तक सीमित था। 15वीं शताब्दी के ईरानी चित्रों (जैसे बिहजाद के चित्र) को शिक्षक लड़कों व लड़कियों को पढ़ाते दिखाए गए हैं। मुगल शासकों के परिवार की महिलाओं के सुशिक्षित होने के प्रमाण मिलते हैं।[65] परन्तु जैसा कि बर्निअर लिखते हैं, आम जनता की शिक्षा पर कोई ध्यान नहीं दिया जाता था।[66] पुरुषों की शिक्षा के लिए साधन अपर्याप्त थे, सामान्य स्त्रियों की दशा उनसे निम्नतर थी। बाल विवाह के कारण स्त्रियों के पास शिक्षा के अवसर न्यूनतम थे। घरेलू काम-काज की योग्यता ही भावी जीवन के लिए आवश्यक थी।

विवाह और उससे जुड़े प्रश्न–मध्यकाल में हिन्दू परिवारों के आदर्श सैकड़ों शताब्दियों से चले आ रहे थे।[67] दहेज प्रथा प्रारम्भ हो चुकी थी जिसके कारण अनमेल विवाह हो जाते थे। अकबर ने अनमेल विवाह के विरुद्ध नियम बनाया था। कुलीनता के नाम पर छोटी-छोटी बच्चियों का विवाह कुलीन प्रौढ़ों और वृद्धों से कर दिया जाता था। हिन्दू धर्म विवाह को आध्यात्मिक घटना बनाकर स्त्री की पराधीनता पर मुहर लगा देता है। यह पराधीनता का कर्मकांड हिन्दू स्त्रियों को ज्यादा अस्मिताविहीन बनाता है कि जबरदस्ती जला दी गई विधवा स्त्री की चिता स्त्रियाँ ही सबसे ज्यादा पूजने लगीं। कन्या की विवाह की आयु निरन्तर न्यूनतम होती गई। राज कर्मचारियों व मुसलमान सैनिकों की उद्दंडता से बचने के लिए प्रचलित कौमार्य के मिथक ने बाल-विवाह की अनिवार्यता को पोषित किया। कन्या के विवाह की आयु 6-8 वर्ष तक सीमित हो गई। बाल-विवाह के कारण कन्या के समुचित विकास के लिए अवसर समाप्त हो गए थे, न उनके बौद्धिक, मानसिक विकास और न ही शारीरिक विकास के अवसर थे, न ही चिन्ता।

मध्यकाल में उच्च राजपूत कुलों में वयस्क स्वयंवर विवाह की प्रशंसा कर्नल टॉड द्वारा की गई है। वह स्वयं भी ऐसे अनेक विवाहों में सम्मिलित हुआ था। इन स्वयवरों में कन्या के स्थान पर कन्यापक्ष की प्रतिष्ठा महत्त्वपूर्ण थी। स्वेच्छा से पुरुष के वरण के स्थान पर पराक्रमी द्वारा स्त्री को सम्पत्ति की तरह हस्तगत किया जाता था। कन्याहरण पराक्रम का विषय था। स्त्री सम्पत्ति व सेवा का पर्याय थी। स्त्रियाँ अपने अतीत की भाँति अब भी स्वतन्त्र रहने योग्य नहीं मानी गईं। स्त्रियों के पति व अन्य परिवारजन उन पर अधिकार रखते थे। उनसे मानसिक

व शारीरिक शुचिता की आशा की जाती थी। उनकी एकनिष्ठता को 'महिमा मंडित' कर प्रस्तुत किया जाता था। जहाँगीर की राजपूत पत्नी की आत्महत्या को जहाँगीर ने न्यायोचित क्रोध एवं स्वाभिमान की स्वाभाविक परिणति निरूपित किया।[68]

मुस्लिम परिवारों में बहुविवाह की प्रथा प्रचलित थी। चार पत्नी के अधिकार के आकर्षण ने कई विजातियों को इस्लाम कुबूल करने को प्रेरित किया। मुता विवाह एवं तलाक की सरल प्रक्रिया के कारण पुरुष के पास 'विवाहों' के असीमित अवसर थे। आर्थिक पराश्रितता एवं बहुविवाह के कारण स्त्री के स्वविकास के अवसर सीमित थे।[69]

हिन्दू स्त्रियों के परित्याग के आदर्श अब भी उनके आर्ष ग्रन्थ थे। जहाँ पुत्रों को न उत्पन्न करने अथवा कन्या ही कन्या उत्पन्न करने पर परित्याग किया जाता था। स्त्री के पास ये अवसर आर्थिक पराश्रितता के कारण न के बराबर थे। हिन्दू स्त्रियों की अपेक्षा मुस्लिम स्त्री को तलाक की सुविधा अधिक थी किन्तु तलाक दिए जाने की आशंका भी उतनी ही अधिक थी। तीन बार के तलाक के उच्चारण मात्र से विवाह सम्बन्ध समाप्त हो सकते थे। यद्यपि स्त्रियों को इस्लाम खुला तलाक की सुविधा देता है परन्तु पितृसत्तात्मक व्यवस्था की आर्थिक पराश्रितता के कारण स्त्री के पास इस अधिकार के इस्तेमाल की सुविधा कम थी।

विधवा की स्थिति–मध्ययुग में बाल-विधवा की समस्या ने बड़े सवालों को जन्म दिया। जो कालान्तर में केन्द्रीय स्त्री प्रश्न बने। कम उम्र में विधवा हो जानेवाली स्त्रियों की स्थिति संतोषजनक नहीं थी। उसे जीवनपर्यन्त भयंकर यातना सहना होता था। यद्यपि कुछ ऐसे उदाहरण भी मिलते हैं जहाँ वैधव्य की स्थिति में स्त्रियों को पुरुषों से आदर मिला।[70] परन्तु प्रायः युवा विधवाओं को आर्थिक एवं शारीरिक स्तर पर अत्याचार झेलने पड़ते थे। उच्च वर्गों की अपेक्षा शूद्र वर्ण में आनेवाली जातियों में विधवा विवाह का प्रचलन सामान्य एवं विधि सरल थी। ऐसे विवाहों पर राजपूत रियासतों में कर का प्रावधान था, यह कर धरेचा कहलाता था।[71] मुसलमानों में विधवा-विवाह सामान्य था, अकबर का बैरम खाँ की विधवा और जहाँगीर का शेर-ए-अफगन की विधवा मेहरून्निसा (नूरजहाँ) से विवाह प्रसिद्ध हैं। विधवा स्त्री के पास तीन विकल्प थे–पति की मृत्यु के बाद विधवा के रूप में परिवार पर निर्भर रहे, गलत रास्ता अपनाए या फिर पति के साथ जिन्दा जले। विधवा जीवन की विषमताओं का विकल्प सती प्रथा एवं जौहर प्रथा जोरों पर थी, जिसकी पूर्व में भी प्रशंसा की गई थी।[72] आठवीं शताब्दी से सती प्रथा में स्पष्ट वृद्धि दृष्टिगत होती है जिनमें सर्वाधिक संख्या राजस्थान में थी। मध्यकाल

विशेषकर 17वीं शताब्दी में स्वामी की मृत्यु के बाद पत्नियों के साथ दासियों, पातुर व नौकरों के चिता में आत्मोसर्ग के प्रमाण भी मिलते हैं।[73] विज्ञानेश्वर ने अनुगमन को विधवाओं के लिए सामान्य धर्म बताया।[74] विदेशी यात्रियों ने सती प्रथा का विवरण दिया है[75] एवं समकालीन इतिहास ग्रन्थ, पुरालेख विभाग के काग़जातों में स्त्री के स्वेच्छा से सती होने का उल्लेख है। बर्निअर का विचार है कि हिन्दू परिवारों में कन्याओं को आरम्भ से यह बताया जाता था कि सती होना कुलगौरव के लिए श्रेष्ठ व स्त्रीधर्म की परम्परा के अनुकूल है। विदेशी यात्रियों ने सती के प्रश्न को सम्पत्ति के उत्तराधिकार से भी जोड़ा है। प्रेम, परम्परा पालन व अप्रत्यक्ष दबाव (प्रतिष्ठा का प्रश्न) के अतिरिक्त बचपन की कंडीशनिंग ने स्त्री को जिन्दा जल जाने को प्रेरित किया। इस्लाम में सती प्रथा नहीं थी परन्तु मुस्लिम शासकों द्वारा हिन्दू स्त्रियों के पति प्रेम और बलिदान की प्रशंसा की गई।[76] हिन्दू धर्म चूँकि विवाह को पतिव्रत और यौन निष्ठा से जोड़ता है। विदेशी आक्रान्ताओं के आधिपत्य का सुनिश्चिय होने की स्थिति में जौहर सम्पन्न होने की परम्परा मिलती है जिसके आँकड़े दिल दहलानेवाले हैं। कुछ लेखकों ने इसे गौरवमयी भारतीय परम्परा से जोड़कर अविस्मरणीय प्रसंग बताया है परन्तु कुछ हजार योद्धाओं का आत्म समर्पण जौहर जैसी भीषण घटना को टाल सकता था विचारणीय प्रश्न है।[77] ज़ौहर वीरता और एकनिष्ठता का प्रतीक बनाकर प्रस्तुत किया गया। यौन पावित्र्य और स्त्री पर एकाधिकार की भावना ने स्त्री की असुरक्षा की चिन्ता में पतियों की हार की सम्भावना होने पर न केवल रानियाँ वरन् दासियाँ, सैनिकों की पत्नियाँ सामूहिक रूप से आग पर बलि चढ़ाई जाती रहीं जिसे पिछले 600 वर्षों से प्रतिष्ठा का विषय बनाया जाता रहा।

वेश्यावृत्ति–वेश्यावृत्ति मध्यकाल में सामाजिक व्यवस्था का अविभाज्य अंग थी। वेश्याओं के सम्पर्क में रहना सम्पन्नता का, प्रतिष्ठा का अंग था। इन स्त्रियों की स्थिति कुलवधुओं से भिन्न थी, कुछ हद तक ये स्वतन्त्र स्त्रियाँ थीं। पुरुषों के स्वैच्छाचार के लिए स्त्रियों के विशेष वर्ग को स्वतन्त्रता की स्वीकृति दी गई।

सार्वजनिक जीवन–मध्यकाल में यद्यपि स्त्रियों के शासनतन्त्र में भाग लेने के उदाहरण मिलते हैं। रजिया सुल्तान इस दिशा में महत्त्वपूर्ण नाम है। गौंडवाना की रानी दुर्गावती, अहमद नगर की चाँद बीबी, अकबर की धाय माहमअनगा, नूरजहाँ, महाराष्ट्र की ताराबाई इस काल के लीक से हटकर चलनेवाले व्यक्तित्व हैं जिन्होंने प्रशासन के क्षेत्र में अपने होने को प्रमाणित किया। राजघराने की सभी स्त्रियों के पास ऐसे अवसर नहीं थे। रानियाँ बहुपत्नित्व की शिकार व भोग-विलास का साधन थीं। वहाँ स्त्री दूतियाँ, भाटों, चारणों तथा पेशेवर लोगों के द्वारा फुसलाए

जाने, बरगलाए जाने व प्रलोभनों द्वारा हस्तगत करने का माध्यम रहीं।[78] पर्दा प्रथा हिन्दू व मुस्लिम दोनों ही जातियों की स्त्रियों के लिए अनिवार्य थी जिसके कारण उनकी स्थिति शोचनीय थी। अकबर ने यह आज्ञा निकलवाई थी कि "यदि एक नवयुवती सड़कों या बाजारों में दौड़ती पाई गई और इस अवस्था में वह पर्दों में न हुई या जानबूझकर बटन खोल दिया तो उसे वेश्याओं के डेरों की ओर जाना पड़ेगा और उन्हीं का रोजगार करना पड़ेगा।"[79]

भक्ति आन्दोलन ने यद्यपि स्त्री को घर से बाहर निकलने का मौका दिया परन्तु ऐसी स्त्रियाँ कम हैं व उन्होंने इसकी भारी कीमत चुकाई। अमरदास (गुरुनानक के तीसरे समर्थक) ने महिला शिष्यों के लिए पर्दा प्रथा हटा दी थी, चैतन्य कीर्तन में सभी भाग ले सकते थे। अतः स्त्रियों को सामाजिक बन्धन तोड़ने के अवसर मिले। कृष्ण भक्ति शाखा में राधा आदर्श अवश्य बनीं परन्तु व्यावहारिक जीवन में उसका स्वीकार्य देखने को नहीं मिला। भक्त कवियों की स्त्री के प्रति दृष्टि पारम्परिक ही रही। सम्पत्ति के अधिकार स्त्री को पूर्वानुसार स्त्रीधन पर अधिकार था यद्यपि दायभाग व कृत्यकल्पतरु में स्त्रीधन सिर्फ स्नेहपूर्ण दी गई भेंटों को माना गया। स्मृति चन्द्रिका (3:681) से स्पष्ट है कि स्त्रियाँ पुरुषों की उत्तराधिकारिणी हो सकती थीं। यदि विधवा स्त्री को कोई पुत्र न हो और मृत्यु के पहले पति की सम्पत्ति उसे प्राप्त हो गई है तो पूरी सम्पत्ति विधवा को मिल जाएगी। विधवा स्त्री के बाद पुत्र के अभाव में सम्पत्ति उसकी पुत्री को मिलेगी। विधवा स्त्री के प्रायः पति के परिवार में ही रहने, अथवा सती हो जाने के कारण स्त्री को अलग रहकर अपने सम्पत्ति के अधिकारों का उपभोग के उदाहरण मध्यकाल में देखने को नहीं मिलते। सम्पत्ति के मामले में मुस्लिम स्त्रियों की स्थिति हिन्दू स्त्रियों से देखने में बेहतर थी। तलाक की स्थिति में उसे मेहर की राशि लौटाई जाती थी। सम्पत्ति में माँ, पत्नी, बेटी तीनों रूपों का अधिकार था यद्यपि भाई की तुलना में यह हिस्सेदारी आधी थी। सामान्यतः मेहर की राशि बहुत कम होती थी, अधिक होने पर दोनों पक्ष उसे 'स्थगित मेहर' के रूप में रख देते थे और उसका कुछ अंश स्त्री को प्रदान किया जाता था। राजपूत योद्धा जातियाँ थीं व उनका जीवन-दर्शन युद्ध व उसमें वीरगति प्राप्त करना था अतः स्त्रियों को प्रारम्भ से मानसिक तौर पर तैयार किया जाता था कि युद्ध में वीरगति प्राप्त करना पौरुष है, एक ओर वे विवाह में ही वीर पति के युद्ध में विजयी होने अथवा वीर गति पाने की कामना करती थीं अथवा स्वयं युद्ध में शत्रु का सामना करने की। परन्तु इसी के समानान्तर जौहर द्वारा उनके व्यक्तित्व को असुरक्षित भी माना गया।

(ग) आधुनिक काल : जागरण का नया उद्घोष

भारतीय पुनर्जागरण काल में स्त्री की स्थिति–उन्नीसवीं शताब्दी में स्त्री-प्रश्न महत्त्वपूर्ण होकर सामने आए। स्त्री की स्थिति पुनः व्याख्यायित हुई। भारतीय मानस पर यूरोप के स्वतन्त्रता, तार्किकता, और मानवीयता के विचारों के सहवर्ती प्रभाव ने एक खुलापन[80] प्रारम्भ किया एवं अन्य प्रश्नों के साथ स्त्री प्रश्नों को विचार के केन्द्र में रखा गया। इन प्रश्नों पर अंग्रेजों व भारतीय समाज सुधारकों दोनों ने विचार किया। प्रारम्भ में तटस्थ अंग्रेजों के लिए जहाँ ये प्रश्न स्त्रियों की दयनीय स्थिति में औपनिवेशिक राज्य के संरक्षण और दखल की आवश्यकता से जन्मे थे[81] 'औपनिवेशिक विचारधारा के निर्णायक औजार' बन गए। वहीं भारतीय बुद्धिजीवियों ने दोहरे मूल्य बोधों के साथ इस विषय पर विचार किया। एक ओर प्राचीन युग में प्रासंगिक मूल्य खोजने की मुहिम चली तो दूसरी ओर पाश्चात्य प्रभाव में प्रकाश में आए नए विचारों ने उन्हें उद्वेलित किया। मूल्यों की टकराहट ने अनिश्चय की स्थिति को जन्म दिया।

स्त्री की स्थिति अशिक्षा, पर्दा प्रथा, बहू विवाह, बाल विवाह, सती प्रथा एवं वैधव्य के कारण अधीनस्थ की थी, पिता के लिए बोझ एवं पति के लिए बच्चे पैदा करने की मशीन थी। सामान्यतः स्त्री को पुरुष को भ्रष्ट करने का साधन माना गया। स्त्रियों की समस्याओं की जड़ में कुलीनवाद[82] एवं यौन पावित्र्य महत्त्वपूर्ण कारक थे। कुलीनवाद ने बहू विवाह, बेमेल विवाह और बाल विवाह को प्रश्रय दिया। कुलीनता के आग्रह, स्त्री के लिए विवाह की अनिवार्यता एवं कौमार्य के मिथक ने बूढ़ों से बच्चियों के विवाह की भूमि तैयार की। परिणामतः विधवाओं की समस्या सामने आई। विधवा विवाह का प्रश्न उठाना अप्रासंगिक था। सम्पत्ति के उत्तराधिकार (राजा राममोहन राय ने इसे सती प्रथा का प्रमुख कारण माना) भरण-पोषण के दायित्व व यौन पावित्र्य के प्रश्न ने जिस सती प्रथा को जन्म दिया था, अब वह विकराल रूप ले चुकी थी। मनुसंहिता में अनुगमन का विकल्प अब स्त्री का एकमात्र पाथेय बन गया। जहाँ सती होने का विकल्प नहीं स्वीकारा गया वहाँ वैधव्य पराश्रित जीवन की नारकीय स्थितियों में परिवार के ही सदस्यों द्वारा यौन शोषण व गर्भवती होने की स्थिति में अपमान, लांछन, गर्भपात, वेश्यावृत्ति और आत्महत्या तक स्त्री जीवन को सीमित करता था। बालविवाह और बहुविवाह के परिणामस्वरूप विधवा की समस्या विकराल रूप ले चुकी थी और विधवाओं की पराश्रितता का प्रश्न स्त्री प्रश्नों में प्रमुखता से उठ खड़ा हुआ।

सुधारकों की भूमिका–राजा राममोहन राय, ईश्वरचन्द्र विद्यासागर उन सुधारकों

में सर्वप्रथम थे जिन्होंने सती प्रथा की समाप्ति एवं विधवा विवाह का समर्थन किया। बुरी प्रथाओं से मुक्त कर स्त्रियों की उच्च स्थिति की इच्छा व्यक्त की। स्त्री प्रश्न समाज सुधारकों एवं ब्रिटिश शासकों दोनों ओर से आए। अंग्रेजों ने इसे अंग्रेजी शासन को विधि सम्मत आधार देने हेतु प्रयुक्त किया।[83] प्रारम्भिक चरण में समाज सुधार का यह आन्दोलन ब्रिटिश राज्यभक्ति से भी प्रेरित था, जिसे वे प्रायः प्रदर्शित भी करते थे।[84] सामाजिक नवोत्थान के नाम पर ब्रिटिश शासन और पाश्चात्य विचारधारा की जड़ें मजबूत हुईं[85], इनसे ब्रिटिश राजतन्त्र के विरोध की आशा नहीं की जा सकती थी।[86]

भारतीय सुधारक पूर्व और पश्चिम के जीवन मूल्यों में से चुनाव, मध्यकालीन मूल्यों को तोड़ने के बीच डावाँडोल थे। एक ओर उन्हें पाश्चात्य दृष्टि अपनाना गुलामी का प्रतीक लगा वहीं भारतीय अतीत अन्धविश्वासों से भरा। मध्यवर्गीय मानसिकता के चलते उन्होंने नवीनता का आग्रह अपने सार्वजनिक मूल्यों के लिए स्वीकारा और व्यक्तिगत निर्णयों में परम्परा का साथ दिया।[87] केशवचन्द्र सेन जैसे बौद्धिक प्रगतिशील का अपनी तेरह वर्षीय पुत्री का कूच बिहार के राजकुमार से विवाह, नवोत्थानवादी रानाडे का वृद्धावस्था में ग्यारह वर्षीय बालिका से विवाह, शारदा सदन का इसाई मिशनरी में बदल जाना, थियोसॉफिकल सोसायटी की आरामपरस्ती ऐसी ही घटनाएँ थीं। इनका जनता पर विपरीत प्रभाव पड़ा और सामान्य जनता कोई स्पष्ट संकेत प्राप्त नहीं कर सकी। भारतीय संस्कृति की रक्षा के नाम पर स्वामी दयानन्द सरस्वती ने विधवा पुनर्विवाह का विरोध किया, तो तिलक ने बाल विवाह विरोध को भारतीय संस्कृति पर चोट माना। यौन शुचिता के आग्रह में उन्होंने तर्क दिया कि बचपन में विवाह होने पर विवाह पूर्व यौन सम्पर्क की गुंजाइश नहीं रहती। विवेकानन्द ने भी भारतीय अतीत की आधिभौतिक मातृछवि का महिमा मंडन किया, बावजूद इसके कि वे पाश्चात्य स्त्री (विशेषकर अमरीकी स्त्री) की स्वतन्त्र चेतना से प्रभावित थे। वे क्रमशः सब कुछ अपने हाथों में ले रही हैं और यह आश्चर्यजनक है कि सुसंस्कृत औरतों की संख्या सुसंस्कृत मर्दों से कहीं अधिक है।[88] विवेकानन्द के विचारों को (उनकी क्षमता और सम्भावनाओं के बावजूद) पश्चिम का भारतीयकरण माना गया।[89]

सती प्रथा का जिस तीव्रता से विरोध हुआ था, विधवाओं के पुनर्वास के सम्बन्ध में उस सक्रियता का अभाव रहा क्योंकि यौन पावित्र्य की भावना भारतीय मानस में शक्तिशाली थी।

इन अन्तर्विरोधों और असंगतियों के बावजूद, पुनर्जागरण काल की प्रवृत्तियों ने स्त्रियों की सामाजिक स्थिति सुधारने के प्रयास अवश्य किए। समाज में प्रचलित

घृणित रीति-रिवाज के विरुद्ध जनमानस जागृत करने के प्रयासों की शुरुआत इस युग में हुई। सती प्रथा, बालिका वध, बाल विवाह, वैधव्य जैसी सामाजिक बुराइयों को समाप्त करने के प्रयत्नों की ओर सरकार और सुधारक प्रेरित हुए। स्त्रियों की स्थिति में बदलाव की ज़मीन तैयार हुई।

राजा राममोहन राय ने दायभाग कानून का विरोध एवं माँ की सम्पत्ति में अधिकार की वकालत की। ईश्वर चन्द्र विद्यासागर ने बाल विवाह का विरोध और विधवा विवाह के समर्थन पर बल दिया। कुलीनवाद का विरोध व स्त्री शिक्षा पर जोर दिया। बेहराम जी मलाबारी ने बाल विवाह से जन्मी समस्याओं का अध्ययन कर पाया कि बाल विवाह लड़के और लड़की दोनों के विकास में बाधक हैं। बाल विवाह को रोकने के प्रयत्नों में बेहराम जी की भूमिका महत्त्वपूर्ण है। महादेव गोविन्द रानाडे ने बाल विवाह पर रोक, विधवा पुनर्विवाह, महिला शिक्षा हेतु प्रयत्न किया। घोड़ो केशव कर्वे का योगदान स्त्री शिक्षा के क्षेत्र में महत्त्वपूर्ण है। उन्होंने विट्ठलदास जी की आर्थिक मदद से एस.एन.डी.टी. महिला विश्वविद्यालय की स्थापना की। कर्वे जी ने सिद्धान्तों को अपने जीवन में उतारते हुए विधवा स्त्री से विवाह किया और इस क्रान्तिकारी प्रयत्न का परिणाम अतीव कष्टों के रूप में झेला। पंडिता रमा बाई ने स्त्रियों की आत्मनिर्भरता, व्यवसायिक शिक्षा की वकालत की। गैर परम्परागत क्षेत्रों में स्त्रियों की नौकरी की आवश्यकता पर बल दिया। बाल विवाह के कारण कन्या के बचपन छिन जाने की बात उठाई। विधवाओं की स्थिति सुधारने के लिए महत्त्वपूर्ण सुझाव दिए। उनके द्वारा शारदा सदन की स्थापना की गई, लेकिन बाद में वह ईसाई संस्था में रूपान्तरित हो गया। ईसाई संस्था में रूपान्तरण के कारण पंडिता रमा बाई को समाज का प्रतिरोध झेलना पड़ा। ज्योतिराव फुले ने विधवा पुनर्वास की दिशा में महत्त्वपूर्ण प्रयास किया। गर्भवती विधवाओं के लिए अनाथाश्रम की स्थापना की। दयानन्द सरस्वती हिन्दू धर्म और दर्शन के प्रभावस्वरूप वैदिक धर्म के अनुसार लोगों के उत्थान का कार्य करना चाहते थे। उन्होंने विधवा पुनर्विवाह का विरोध किया, नियोग का समर्थन किया। स्त्री शिक्षा का समर्थन किया। स्वामी विवेकानन्द ने समाज की प्रमुख बुराई स्त्री की दयनीय स्थिति को माना। स्त्री शिक्षा का समर्थन, बाल विवाह का विरोध किया। वैदिक युग में स्त्रियों की स्थिति को सराहनीय माना। एनी बेसेन्ट ने थियोसॉफिकल सोसायटी की नेता के नाते समाज सुधार की ओर ध्यान दिया। उन्होंने बाल-विवाह का विरोध, विधवा विवाह का समर्थन, स्त्री शिक्षा पर बल दिया। परन्तु थियोसॉफिकल सोसायटी की अपनी विसंगतिया थीं जिसने उसे आडम्बर प्रधान सम्प्रदाय में बदल दिया।[90]

शासन के स्तर पर 1829 में सती प्रथा की समाप्ति, 1856 में विधवा पुनर्विवाह, 1861 में अनुमति की आयु का अधिनियम पास हुआ।

भारतीय स्वतन्त्रता आन्दोलन–स्वतन्त्रता आन्दोलन में स्त्रियों की भागीदारी को परम्परागत इतिहास में महत्त्व नहीं दिया गया, किन्तु अप्रत्यक्ष और प्रत्यक्ष रूप में स्त्रियों की भागीदारी के प्रमाण उपलब्ध हैं।[91] प्रथम स्वतन्त्रता आन्दोलन में रानी लक्ष्मीबाई और शुरुआती युद्ध में उनकी सेना में महिलाओं की टुकड़ी, लखनऊ में क्रान्तिकारियों का नेतृत्व करती बेगम हजरत महल एवं लखनऊ के नवाबी महल की बहादुर महिलाएँ जिन्होंने मर्दाना वेश पहनकर आजादी की लड़ाई में भाग लिया किन्तु स्वतन्त्रता का यह आन्दोलन निर्ममतापूर्वक दबा दिया गया। ब्रिटिश राज्य पर भरोसा करनेवाले सुधारवादियों से भिन्न पहली बार बाल गंगाधर तिलक ने स्वराज्य की अवधारणा पर विचार किया, 'स्वतन्त्रता हमारा जन्म सिद्ध अधिक है' का नारा मानवीय अस्तित्व के स्वीकार की चुनौती लेकर आया, जिसे कालान्तर में गांधी ने जनता का नारा बनाया और यह नारा सारी जनता के अस्तित्व और अस्मिता का प्रश्न बन गया। यह वह समय था जब भारतीय समाज विदेशी शासन की गुलामी झेल रहा था। स्त्रियों की गुलामी इस मायने में दोहरी थी कि वे एक ओर भारतीय समाज का हिस्सा होने के नाते विदेशी गुलामी की शिकार तो थी ही। इसके साथ-साथ पुरुषों द्वारा तथा उनके द्वारा नियन्त्रित गुलामी झेलने को अभिशप्त थी। राष्ट्रीय आन्दोलन में हिस्सेदारी की शुरुआत में दोहरी दासता से संघर्ष के बीज थे। औपनिवेशिक सत्ता से और पारिवारिक सत्ता से। ब्रिटिश साम्राज्यवाद के विरुद्ध आन्दोलन में महिलाओं के जुड़ाव ने जहाँ राष्ट्रीय आन्दोलन को मजबूत किया वहीं स्त्री मुक्ति के अवसर भी घने किए। इस आन्दोलन में स्त्रियों के जुड़ाव से सामाजिक न्याय के पक्ष में स्वयं उनका संघर्ष प्रेरित हुआ जिसे 'संघर्ष के अन्तर्गत संघर्ष' कहा जाता है।[92]

स्वतन्त्रता आन्दोलन में स्त्रियों ने संघर्ष की विभिन्न प्रक्रियाओं जैसे–धरना देना, जुलूसों में चलना, जेल जाना, पुलिस बर्बरता का सामना करना, स्वदेशी आन्दोलन आदि में साहसिक योगदान दिया। परिवार के पुरुषों के आन्दोलन में कूदने पर परिवार को सम्हालने, जेल में बन्द आन्दोलन कर्ताओं की हर तरह से मदद करने, आन्दोलन की गति बनाए रखने का कार्य भारतीय महिलाओं ने किया।

राष्ट्रीय क्रान्तिकारी आन्दोलन की भी प्रत्येक गतिविधि में भारतीय स्त्रियों ने सक्रिय व सशक्त योगदान दिया। फंड एकत्र करना, आश्रय प्रदान करना, सूचनाओं, गुप्त दस्तावेज़ों के आदान-प्रदान के साथ ही हथियारबन्द कार्यवाही में

भी महिलाओं ने नेतृत्व व हिस्सेदारी निभाई। संघर्ष के अवसरों पर कई बार पहल की व संगठन सम्बन्धी प्रश्नों में गहरी रुचि ली।[93] स्त्रियों के मताधिकार की माँग लेकर स्त्रियों का प्रतिनिधि मंडल मोंटेग्यू से मिला था। स्त्रियों के राजनीतिक अधिकारों के बारे में आवाज उठाई गई। चुनाव की प्रक्रिया में सक्रिय भागीदारी की इच्छा जाहिर की। क्रान्तिकारी आन्दोलन में आजाद हिन्द फौज में हिन्दुस्तान सोशलिस्ट रिपब्लिकन आर्मी, बंगाल के क्रान्तिकारी दल की स्त्रियों की सक्रिय भागीदारी रही एवं कई स्त्रियों ने आत्मोत्सर्ग भी किया।[94]

तत्कालीन भारतीय परिवेश में स्त्रियों का अहिंसक व सशस्त्र आन्दोलन में भाग लेना साहसिक और प्रेरणादायक कार्य था। उस रूढ़िवादी समाज में जहाँ पर्दा प्रथा, परम्परागत मूल्य, अशिक्षा जैसी बाधाएँ स्त्रियों का मार्ग अवरुद्ध करती थी, स्त्रियों का इन बन्धनों को तोड़कर, हथियार उठाना, कोर्ट-कचहरी करना, जुलूस निकालना, विदेशी बहिष्कार में भाग लेना उनके संकल्प का परिचय देता है। स्वतन्त्रता आन्दोलन में स्त्रियों की भागीदारी से समाज, राजनीति एवं स्त्रियों की अपनी स्थितियों पर महत्त्वपूर्ण प्रभाव पड़ा। परम्परागत रूप से घर की चारदीवार में रहनेवाली स्त्री ने नए कार्य क्षेत्रों में प्रवेश किया, ये वे कार्य क्षेत्र थे जो परम्परागत दृष्टि से पुरुषों के समझे जाते थे एवं स्त्रियों के लिए वर्जित थे। इसके कारण जहाँ एक ओर स्त्रियों के मन में यह आत्मविश्वास जागा कि वे कमजोर नहीं हैं वहीं कार्य क्षेत्र का परम्परागत बँटवारा भी भले ही कुछ समय के लिए धुँधला अवश्य पड़ा। स्त्री सशक्तिकरण की दिशा में स्वतन्त्रता आन्दोलन ने महत्त्वपूर्ण भूमिका निभाई। परम्परागत सोच जो स्त्री के लिए घर और बच्चों के दायित्व को ही उनका एकमात्र दायित्व समझता है—के अपशब्द और ताने स्त्रियों का मार्ग अवरुद्ध नहीं कर सके। पर रो निकलने के कारण रूढ़िवादी विचारधारा, पर्दा प्रथा से मुक्ति के अवसर उपलब्ध हुए, स्त्री की परम्परागत अबला की छवि धूमिल हुई, पितृसत्ता का नियन्त्रण कुछ कम हुआ। स्त्री की राजनीतिक इच्छा का प्रकटीकरण हुआ।

गांधी की भूमिका—स्वतन्त्रता आन्दोलन में स्त्रियों की भूमिका विषय पर गांधी के विचारों के विश्लेषण में मनान्तर रहे हैं। मधु किश्वर मानती हैं कि गांधी के कारण स्त्रियां उदासीनता त्याग कर सकारात्मक उद्देश्य की ध्वजवाहिका बन गई हैं।[95] स्त्रियों के बारे में उनके विचार परम्परा से पोषित हैं किन्तु उनके कार्यक्रम कुछ हद तक क्रान्तिकारी रहे हैं। नारीवादी विचारकों के अनुसार गांधी ने स्त्रियों की राष्ट्रीय आन्दोलन में भागीदारी आन्दोलन को व्यापक आधार प्रदान करने के लिए सुनिश्चित की, क्योंकि वे इस आन्दोलन से प्रत्येक वर्ग को जोड़ना चाहते थे।

स्त्री की मुक्ति के लिए उनकी कोई अलग योजना नहीं थी। स्त्री की परम्परागत सहिष्णु, दयालु, आत्मपीड़क छवि की गांधी ने प्रशंसा की। वस्तुतः वे इन तथाकथित स्त्रियोचित गुणों को मानवोचित मानते हैं, पुरुषों में इनकी कमी को देखते हुए नैतिक बल की दृष्टि से स्त्रियों को अधिक शक्तिशाली मानते हैं। स्त्रियों की इसी आत्मपीड़न की क्षमता का उपयोग उन्होंने अपने अहिंसक आन्दोलन में किया। "अहिंसक युद्ध व्यापक कष्ट सहने की माँग करता है, स्त्री से अधिक पीड़ा कौन सह सकता है। उन्होंने देखा कि मुल्क उनसे घर सम्हालने से बड़ी चीज़ माँग रहा है।"[96] प्रारम्भिक दौर में यद्यपि स्त्रियों का उपयोग पुरुषों के जेल जाने के बाद स्थानापन्न के रूप में किया गया किन्तु शीघ्र ही स्त्रियों ने कन्धे से कन्धे मिलाकर बराबरी से लड़ना प्रारम्भ कर दिया। गांधी ने स्वीकार किया 'स्वराज पाने में भारत की औरतों का हिस्सा आदमियों के बराबर ही है बल्कि शान्तिपूर्ण संघर्ष में स्त्रियाँ कई मील आगे रही हैं।[97] गांधी ने स्त्री-पुरुष की लैंगिक समानता की चर्चा की परन्तु उन्हें एकरूप मानने से इनकार किया।[98] स्त्री में जागृति व चेतना के लिए, आत्मविश्वास के लिए शिक्षा के महत्त्व को स्वीकारा, सार्वजनिक जीवन में भागीदारी हेतु पर्दा प्रथा को बाधक माना[99] उनका विश्वास था कि सामाजिक परिवर्तन के लिए स्त्री को स्वयं उपक्रम करने होंगे।[100] स्वदेशी आन्दोलन, नशाबन्दी और खादी आन्दोलन के माध्यम से गांधी ने स्त्रियों की भागीदारी के अवसर स्वतन्त्रता संग्राम में खोजे। स्त्रियों का सार्वजनिक जीवन में प्रवेश सम्भव किया। स्त्रियों की स्थिति और भागीदारी के सम्बन्ध में गांधी के विचारों और भूमिका वितरण के सम्बन्ध में उन पर कई आक्षेप भी लगे हैं। स्त्री की परम्परागत छवि, उनके आत्म संयम, आत्म उत्पीड़न की प्रशंसा कर गांधी स्त्री की स्त्रियोचित छवि को बरकरार रखते हैं। आत्म संयम की क्षमता के यशोगान के कारण ही वे विधवा विवाह का समर्थन नहीं करते। कस्तूरबा के साथ विवाहित जीवन में ब्रह्मचर्य की हिमायत में गांधी के विचार सार्वजनिक हैं किन्तु कस्तूरबा का पक्ष सार्वजनिक नहीं है। अपने सिद्धान्तों के कार्यान्वयन हेतु कस्तूरबा पर डाले गए दबाव में गांधी की छवि सहृदय जीवन साथी के स्थान पर परम्परागत भारतीय पितृसत्तात्मक पति की है, जिसे अपनी आत्मकथा में वे स्वयं स्वीकार करते हैं।[101]

स्वतन्त्रता आन्दोलन में स्त्रियों की भागीदारी के विषय में गांधी पर आरोप है कि भूमिकाओं के बँटवारे में उन्होंने परम्परागत कार्य विभाजन पर ही जोर दिया, सूत कातना जैसे कार्यक्रमों के माध्यम से स्त्रियों को आन्दोलन से जोड़ा। निर्णायक भूमिकाओं और संगठन की भूमिका से उन्हें दूर रखा गया। नेतृत्व एवं निर्णय की

प्रक्रिया से दूर रखे जाने के कारण स्त्रियों ने न केवल विरोध किया, वरन् कई स्थानों पर उन्होंने विद्रोह भी किया। सविनय अवज्ञा आन्दोलन, नमक आन्दोलन में प्रखर व प्रत्यक्ष भागीदारी से स्त्रियों को दूर रखे जाने के विचार पर कमला देवी चट्टोपाध्याय, दुर्गाबाई देशमुख, खुर्शीद बेन नोरोजी एवं अन्य महिलाओं का क्षोभ दर्ज करने योग्य था। उन्हें दुख था कि गांधी ने स्त्रियों को आन्दोलन में दूसरे दर्जे की भूमिका दी।[102] यह क्षोभ यहाँ तक बढ़ा कि 1931 में वे पृथक महिला कांग्रेस के गठन के बारे में सोचने लगीं।[103] स्वतन्त्रता संग्राम में भागीदार स्त्रियों ने निरन्तर संघर्ष करके चुनौतीपूर्ण भूमिकाओं की माँग की किन्तु पितृसत्तात्मक दृष्टिकोण के कारण आन्दोलनकारी नेताओं ने, जो संगठनात्मक पदों पर काबिज थे, स्त्रियों की योग्यता पर शक किया और निर्णायक भूमिकाओं, संगठन के उच्च पदों से उन्हें दूर रखा। स्वयं गांधी ने स्वीकार किया कि 'कांग्रेस में पुरुष स्वतन्त्रता संग्राम में स्त्रियों को समान स्तर पर नहीं देख पा रहे हैं। वे अपने आपको स्वामी एवं लार्ड ही समझते हैं। स्त्रियों को मित्र अथवा साथियों के रूप में स्वीकार नहीं करते।'[104]

इस दोहरे-तिहरे संघर्ष के बावजूद स्त्रियों के संघर्ष को स्थानापन्न का संघर्ष माना गया एवं उनकी भूमिका को अनुगामी व सहयोगी की सीमा में स्वीकारा गया। उनके योगदान का आकलन तो किया गया किन्तु मूल्यांकन नहीं किया गया। आन्दोलनकारी स्त्रियों में शिक्षित महिलाओं का प्रतिशत कम होना भी इसका महत्त्वपूर्ण कारक था, चूँकि संगठनात्मक एवं निर्णायक भूमिकाओं से उन्हें दूर रखा गया था इसलिए स्वतन्त्रता के बाद के परिदृश्य में उनकी सहभागिता के अनुरूप भागीदारी का अभाव देखा गया। शिक्षा व समाज में पुरुष की अग्रणी भूमिका ने पुरुष को आज़ादी का अर्थ या प्राप्य सत्ता सौंपी और स्त्रियाँ स्वतन्त्रता प्राप्ति को लक्ष्य मानकर वापिस घरों में भेज दी गईं। जिस रूढ़िवादिता को स्त्रियों ने आन्दोलन के दौरान झटके से तोड़ दिया था, सामन्ती सोच के चलते स्त्रियाँ फिर पुराने माहौल में फेंक दी गईं। वस्तुतः सार्वजनिक क्षेत्र में स्त्रियों के योगदान को सदैव ही स्थानापन्न के रूप में स्वीकार किया गया है। रूस, इंग्लैण्ड और फ्रांस में भी स्त्रियों के साथ यही व्यवहार किया गया था। आन्दोलन में निम्न वर्ग की स्त्रियों की भागीदारी को हेय दृष्टि से आन्दोलन के समय देखा गया। यदि उच्च परिवारों की स्त्रियाँ सत्याग्रह करने आतीं तो कांग्रेस का मान बढ़ता, शूद्र परिवारों की स्त्रियों की भागीदारी से क्या होगा[105] और स्वतन्त्रता प्राप्ति के बाद इन संघर्ष की ज़मीन तैयार की थी, प्रमाण व आँकड़ों के अभाव में रेखांकित नहीं हो सका। स्त्रियों की अप्रत्यक्ष भागीदारी के रेखांकन के बिना (पुरुषों की अनुपस्थिति में उनके

किए गए कार्य) स्वतन्त्रता की यह गाथा अधूरी रहेगी।[106]

बावजूद सारी सीमाओं के, गांधी के क्रियाकलापों और विचारों के विरोध के स्वतन्त्रता आन्दोलन ने स्त्रियों के सार्वजनिक जीवन में प्रवेश के रास्ते खोले, पारिवारिक रूढ़िवादिता के बावजूद बाहर निकलने के अवसर सुझाए, लेखन के द्वारा सहभागिता के अवसर सौंपे, अपनी योजनाओं के क्रियान्वयन की उम्मीदें जगाईं एवं स्त्री सबलीकरण की दिशा में उर्ध्वगामी सोपान की भूमिका निभाई।

भारत में स्त्रियों की स्थिति का ऐतिहासिक विहंगावलोकन जिन तथ्यों की ओर ध्यान आकर्षित करता है, वे यही निष्कर्ष देते हैं कि भारत में स्त्री की स्थिति और गति सामान्यतः पुरुषों के समकक्ष नहीं रही और स्वतन्त्रता के उपरान्त हमारे सामाजिक-सांस्कृतिक इतिहास में–संवैधानिक समानता के बावजूद पुरुष के समकक्ष नहीं हो पाई है।

वैदिक युग के प्रारम्भिक चरणों में, भले ही कार्यक्षेत्र का स्पष्ट विभाजन न रहा हो किन्तु क्रमशः स्त्री और पुरुष घर और बाहर में विभाजित होते गए। विवाह की धार्मिक स्वीकृति एवं संस्कार के रूप में प्रतिष्ठा, क्रमशः शिक्षा से दूरी, सार्वजनिक जीवन में भागीदारी का अभाव, पुत्र की महत्ता, पत्नी और बच्चों पर पति का एकाधिकार स्त्री की निम्नतर स्थिति के लिए जिम्मेदार बनीं। यौन-शुचिता स्त्री की सामाजिक स्थिति का आवश्यक मानक बना जिसने एक ओर कौमार्य के मिथक को बलवान किया दूसरी ओर विवाह को 'सतीत्व' का आतंक भी सौंपा। विवाह संस्था में स्त्री से जितनी अधिक सतीत्व की अपेक्षा की गई, विवाह के बाहर पुरुष के लिए उतने ही अधिक अवसर उपलब्ध हुए। स्त्री वस्तु, वेश्या बनकर पुरुष के लिए उपलब्ध हुई। पति स्त्री का एकमात्र विकल्प बना, जिसने विधवा को कलंक घोषित किया अथवा सती के रूप में सहगमन की प्रेरणा दी। विश्व के अधिकांश समाजों में स्त्री की स्थिति प्रायः यही थी किन्तु भारत के विशेष सन्दर्भ में स्थिति कौमार्य का मिथक और सतीत्व की आवधारणा पर अन्य समाजों से अधिक बद्धमूल थी। भारत में स्त्री की स्थिति दूसरे दर्जे की भी नहीं थी।

ब्रिटिश शासन के दौरान सुधारवादी एजेंडे में स्त्री की दशा महत्त्वपूर्ण स्थान रखने पर भी परिवार में पुरुष की वर्चस्ववादी स्थिति, शिक्षा के स्थान पर पारिवारिक कार्यों की स्त्री जीवन में वरीयता, स्त्री को कानून द्वारा परावलम्बी मानना व यौन शुचिता का महत्त्व स्त्री के प्रति पुरुष मानसिकता में बदलाव नहीं ला सके। स्त्री के प्रति हेय दृष्टि स्वतन्त्रता आन्दोलन में भारतीय स्त्री की सक्रिय भागीदारी एवं गांधी के सक्रिय प्रयत्नों के बीच भी स्पष्ट देखी गई, जिससे नेतृत्व और निर्णय व महत्त्वपूर्ण कार्यों से स्त्रियों को वंचित रखा गया। जिसका दूरगामी

प्रभाव स्वतन्त्र भारत में, संविधान में, उसकी नीतियों के कार्यान्वयन में अपनी लम्बी छाया के साथ विद्यमान है।

सन्दर्भ सूची

1. विलड्यूरॉ, द स्टोरी ऑफ सिविलाइजेशन, जिल्द 2, दि लाइफ ऑफ ग्रीस, पुनर्मुद्रित, न्यूयार्क, 1966, पृ. 304 व आगे
2. वेस्टर मार्क, ओरिजिन एंड डेवलपमेन्ट ऑफ मॉरल आइडियाज, भाग एक लन्दन, पृ. 393-413, अन्य दृष्टव्य, 'ए शार्ट हिस्ट्री ऑफ वीमेन,' जे.एल.ए. डेविस, लन्दन, 1928
3. *वृहदारण्यक* उपनिषद् 1.4.3
4. सुबालोपनिषद, खंड 2
5. शतपथ ब्राह्मण 5.2.1.10
6. ऋग्वेद, IX 159.3, IX 67.10; यजुर्वेद 22.23 रामनाथ, वेदालंकार, वैदिक नारी, समर्पण शोध संस्थान, नई दिल्ली 1984 से उद्धृत, पृ. 24-25
7. ऋग्वेद, VIII रामनाथ वेदालंकार, पू.उ., पृ. 24-26
8. ऋग्वेद, X.85.41.42, I.92.13, X .85.45, X 63.15; अथर्ववेद
9. अथर्ववेद III 23.3
10. अथर्ववेद VI 2.97
11. पिंखेम पूर्व उ., पृ. 27-28
12. अनामिका, स्त्रीत्व का मानचित्र, भारतीय आर्ष ग्रन्थ और स्त्री, सारांश प्रकाशन, 1999, पृ. 30
13. महाभारत 5.97.15-16
14. विश्वनाथ काशीनाथ राजवाड़े, भारतीय विवाह संस्था का इतिहास, पीपल्स पब्लिशिंग हाउस प्रा. लि. 1986, पृ. 90
15. महाभारत, वनपर्व-307 रा. 61
16. कानीन पुत्र, देखें विश्वनाथ काशीनाथ राजवाड़े, भारतीय विवाह संस्था का इतिहास, पृ. 81
17. राजवाड़े, भारतीय विवाह संस्था का इतिहास, पृ. 81
18. ए.एस. अल्तेकर, पोजीशन ऑफ वुमेन इन द हिन्दू सिविलाइजेशन, द कल्चर, पब्लिकेशन हाउस, बनारस हिन्दू यूनिवर्सिटी, बनारस, 1938, पृ.सं. 11-12
19. ऋग्वेद, 111.55.16, बी. एस. उपाध्याय, वुमेन इन ऋग्वेद, एस चाँद एंड कम्पनी प्रा, लि. नई दिल्ली 1974, पृ. 179-180
20. बी.एस. उपाध्याय, वुमेन इन ऋग्वेद, पृ. 183
21. ए. एस. अल्तेकर, पोजीशन ऑफ वूमेन, पृ. 164
22. ए. एस. अल्तेकर, पोजीशन ऑफ वूमेन, पृ. 13
23. ऋग्वेद 10/40/10
24. ऋग्वेद IX,66.8 बी. एस. उपाध्याय पू.उ. से उद्धृत, पृ. 185
25. ए. एस. अल्तेकर, पोजीशन ऑफ वूमेन, पृ. 12
26. शकुन्तला राव शास्त्री, वूमेन इन द वैदिक एज, भारतीय विद्याभवन, बम्बई, 1960, पृ. 12
27. ऋग्वेद I.28.10.1-5
28. देखें गेटवुड, देवी एंड द स्पाउस गॉडेस, पृ. 32

29. ऐतरेय ब्राह्मण 11.33
30. मनुस्मृति, श्लोक 155
31. मनुस्मृति, श्लोक 154
32. राजवाड़े, भारतीय विवाह संस्था का इतिहास, पृ. 110-111
33. देखें, राजवाड़े, भारतीय विवाह संस्था का इतिहास, पृ. 109-114 तक सुदर्शन ओधवती का प्रसंग
34. राजवाड़े, भारतीय विवाह संस्था का इतिहास, पृ. 123-126 एवं मुद्राराक्षस 'रविवार,' 18 नवम्बर 2001
35. राजवाड़े, भारतीय विवाह संस्था का इतिहास, पृ. 128
36. मनुस्मृति (8/317) में विवाह विच्छेद करनेवाली स्त्री को जनसमूह के सामने कुत्तों से कटवाने का विधान भी उल्लिखित है।
37. बी.एस. उपाध्याय, वुमैन इन ऋग्वेद, पृ. 53
38. बेदर, वूमेन इन एनशियेन्ट इंडिया, पृ. 51
39. विल्सन, ऋग्वेद, खंड IV3, V7; खंड III, V, V2 एवं V6 बेदर, वूमेन इन एनशियेन्ट इंडिया, पृ. 52
40. यजुर्वेद 21.5 पिंखेम, वुमेन इन द सेक्रेड स्क्रिप्चर्स ऑफ हिन्दूइज़्म, कोलम्बिया यूनिवर्सिटी प्रेस, 1941 से उद्धृत, पृ. 9
41. हरिवंश, द्वितीय अध्याय, राजवाड़े, भारतीय विवाह संस्था का इतिहास, पृ. 100
42. राजवाड़े, भारतीय विवाह संस्था का इतिहास, पृ. 123
43. महाभारत वनपर्व–96/97/98 राजवाड़े, भारतीय विवाह संस्था का इतिहास, पृ. 61
44. महाभारत, आदि पर्व में 45 एवं 46 अध्याय
45. महाभारत, आदिपर्व अध्याय-3
46. महाभारत, आदि पर्व 104, 105, राजवाड़े, भारतीय विवाह संस्था का इतिहास, पृ. 58
47. महाभारत आदिपर्व–155 राजवाड़े, भारतीय विवाह संस्था का इतिहास, पृ. 54
48. महाभारत आदिपर्व 215 राजवाड़े, भारतीय विवाह संस्था का इतिहास, पृ. 54
49. एस. आर. शास्त्री–वूमन इन द वैदिक एज, पृ. 10
50. ऋग्वेद 45.5; 39.3; 1, 117, 7; 11.117.7 उपाध्याय बी. एस. वुमेन इन ऋग्वेद, 1974, पृ. 63
51. अथर्ववेद अ 5.8, शकुन्तलाराव शास्त्री, वूमेन इन द वैदिक एज, पृ. 56
52. मनुस्मृति 3/21
53. पी. थॉमस, इंडियन वूमन थ्रू द ऐजेज़, एशिया पब्लिशिंग हाउस, बम्बई, कलकत्ता, नई दिल्ली, मद्रास, लखनऊ, लन्दन, न्यूइयर, पृ. 5
54. शशि प्रभाराव शास्त्री, वूमेन इन द वैदिक एज, पृ. 250
55. अल्तेकर, पोजीशन ऑफ वूमेन, पृ. 177-178
56. निरूक्त 1/3115
57. एस. एन. सिन्हा एवं एन. के. बसु, वेश्यावृत्ति का इतिहास यत्र-तत्र
58. कौटिल्य 3/4/49
59. कौटिलय 3/21, 22,23,40; 3/4/11-15
60. विश्वनाथ काशीनाथ राजवाड़े, भारतीय विवाह संस्था का इतिहास, अग्नि और यज्ञ, पृ. 115 से 132 तक
61. राजवाड़े, भारतीय विवाह संस्था का इतिहास, पृ. 120-122 तक

62. विक्रमाक देव चरित; XVIII बी. एन. एस. यादव, सोसायटी एंड कल्चर इन नॉर्दन इंडिया 'ट्वेल्थ सेन्चुरी' इलाहाबाद, 1973, पृ. 71
63. जी. एन. शर्मा, सोश्यल लाइफ इन मिडिवल राजस्थान, पृ. 264
64. पातुरों की चिट्ठियाँ, जयपुर रेकार्ड्स, राजस्थान पुरालेख विभाग, बीकानेर
65. बेनीप्रसाद, हिस्ट्री ऑफ जहाँगीर, पाँचवाँ संस्करण, 1962, पृ. 169
66. बर्निअर, ट्रेवल्स, पृ. 229
67. बी.एन.एस. यादव, सोसायटी एंड कल्चर इन नारदर्न इंडिया (ट्वेल्थ सेंचुरी) इलाहाबाद, 1973, पृ. 75, के.एस.पाणिकर कश्त हिन्दू सोसायटी एट क्रॉस रोड्स, कलकत्ता 1955, पृ. 21 का उल्लेख करते हुए
68. जहाँगीर, तुजके जहाँगीरी, अनु. रोजर्स, सं. बीवरिज़, देहली रीप्रिण्ट, 1989, पृ. 55-56
69. डी.एस. मार्गोलियोथ, मुहम्मद एंड दि राइज़ ऑफ इस्लाम, रीप्रिन्ट, देहली 1985, पृ. 177, 341
70. कान्हड़दे प्रबन्ध, अंग्रेजी अनुवाद, बी.एस. भटनागर, आदित्य प्रकाशन, नई दिल्ली, 1991, पृ. 88-90
71. दस्तूर अल अमल, सांगनेर, 19, 36, जयपुर कागज़ात, बीकानेर
72. महाभारत, मौसलपर्व, 7/73, वराहमिहिर, वृहतसंहिता, 74/16 व विज्ञानेश्वर, मिताक्षरा 1/86
73. जी.एच. ओझा, जोधपुर राज्य का इतिहास II पृ. 86; बी.एन.एस. यादव, सोसायटी एंड कल्चर इन नार्दन इंडिया, पृ. 600
74. विज्ञानेश्वर मिताक्षरा, I ,पृ. 86; बी.एन.एस. यादव, सोसायटी एंड कल्चर इन नार्दन इंडिया, पृ. 17
75. इब्नबतूता–1335-45, निकोलाओं कॉन्टी 1419-1444, पेलसार्ट, बर्निअर आदि
76. स्यूज, डिक्शनरी ऑफ इस्लाम, पृ. 313-314
77. के.ए. निजामी, सम आस्पेक्ट्स ऑफ रिलीजन एंड पॉलिटिक्स इन इंडिया ड्यूरिंग द थरटीन्थ सेन्चुरी, पृ. 81
78. दृष्टव्य डॉ. नगेन्द्र, रीतिकाल की भूमिका, पृ. 12
79. बदायूनी–मुन्तखबुतवारीख
80. के.एम. पन्निकर, कल्चर, आईडियोलॉजी, हेजेमोनी-इन्टेलेक्चुअल एंड सोशियल कॉनसियसनेस इन कौलोनियल इंडिया, तुलिका, नई दिल्ली, 1995, पृ. 1
81. देखें, उमा चक्रवर्ती 'व्हाट एवर हैपण्ड टू द वैदिक दासी ? ओरियन्टलिस्म, नेशनलिज्म एंड ए स्क्रिप्ट फॉर द पास्ट,' कुमकुम सांगरी एवं सुदेश बंद (संपादक), 'रिकास्टिंग विमेन : एसेज्ञ इन कोलोनियल हिस्ट्री, काली फॉर वूमेन,' नई दिल्ली, 1983, (रिप्रिन्ट 1993), पृ. 27-87
82. देखें, डॉ. प्रभा आप्टे, भारतीय समाज में नारी, क्लासिक पब्लिशिंग हाउस, जयपुर, 1996, पृ. 34-37
83. देखें, शिप्रा व्यास का आलेख, भारतीय पुनर्जागरण विशेष सन्दर्भ : पंडिता रमा बाई, भारतीय स्त्री सांस्कृतिक सन्दर्भ, सम्पा. प्रतिभा जैन, संगीता शर्मा, रावत पब्लिकेशन्स, जयपुर एवं दिल्ली 1998, 214-215
84. एस.एन. हेव, सोर्सेज ऑफ इंडियन ट्रेडीशन, पार्ट-7, पृ. 602
85. केशव चन्द्र सेन, फिलॉसफी एंड मेडनेस इन रिलीजन, पृ. 322-26
86. नेहरू, मेरी कहानी, पृ. 644
87. देखें, पवन कुमार वर्मा, भारतीय मध्यवर्ग की अजीब दास्तान, राजकमल प्रकाशन, 1999, पृ. 15 से 24 तक

88. एस.एन.हेव., सोर्सेज ऑफ इंडियन ट्रेडीशन, पार्ट-7, पृ. 653
89. हिन्दूइज़्म थ्रू एजेज़, पृ. 160
90. देखें, नेहरू, मेरी कहानी, पृ. 35
91. देखें, उत्तरा, विशेषांक आजादी की लड़ाई में महिलाएँ, जुलाई-दिसम्बर 1998
92. इलिना सेन, सम्पादकीय, अ स्पेस विदिन द स्ट्रगल : काली फॉर विमेन, नई दिल्ली, 1990, पृ. 10
93. देखें, कपिल कुमार, 'रूरल विमेन इन अवध,' सम्पादक-कुमकुम सांगरी और सुदेश वैद, पृ. 337 से 369 तक
94. देखें, उत्तरा, जुलाई-दिसम्बर 1998, पृ. 10
95. मधु किश्वर, गांधी ऑन वीमेन, पृ. 9
96. 1932 में, रोम में गांधी का वक्तव्य, उत्तरा, आजादी की लड़ाई में महिलाएँ, जुलाई-दिसम्बर 1998, पृ. 12
97. यंग इंडिया, 15 दिसम्बर, 1921
98. बार्बरा सदर्ड, 'द फेमनिज़्म ऑफ महात्मा गांधी,' गांधी मार्ग, अक्टूबर 1981, पृ. 124
99. यंग इंडिया, दिनांक 3.2.1927
100. यंग इंडिया, दिनांक 7.10.1926
101. देखें, गांधी, आत्म कथा, नवजीवन प्रकाशन मन्दिर, अहमदाबाद, पृ. 5-10, 100, 238-239
102. फ्रैंक मोरेस, इन पोलिटिकल लाइफ, सम्पादक-तारा ली बेग, विमेन ऑफ इंडिया, पब्लिकेशन डिविज़न, मिनिस्ट्री ऑफ इन्फरमेशन एंड ब्रॉडकास्टिंग, भारत सरकार 1998 में यत्रतत्र
103. जिराल्डिन फोबर्स, द पॉलिटिक्स ऑफ रेस्पेक्टबिलिटी, इंडियन विमेन एंड द इंडियन नेशनल कांग्रेस, सम्पादक डी.ए.लो., पृ. 83-84
104. कन्ट्रक्टिव प्रोग्रेस : इट्स मीनिंग एंड प्लेस, कलेक्टिव वर्क्स ऑफ महात्मा गांधी, खंड 75, पृ. 155, पुष्पा जोशी (सम्पादक) गांधी आफन वीमेन, कलेक्शन ऑफ महात्मा गांधीज़ स्पीचेज़ एंड रायटिंग्स, नवजीवन पब्लिशिंग हाउस, अहमदाबाद और सेन्टर फॉर वीमेन डेवलपमेन्ट स्टडीज़, नई दिल्ली, 1988, पृ. 323
105. कपिल कुमार, रूरल विमेन इन अवध सम्पादक–कुमकुम सांगरी एवं सुदेश वैद, पृ. 363
106. देखें, स्त्री संघर्ष का इतिहास, राधा कुमार, अनु. रमाशंकर सिंह, वाणी प्रकाशन, 2002, आलेख संगठन तथा संघर्ष, पृ. 119 से 158

अध्याय : चार

स्त्री : भारतीय सामाजिक संक्रान्ति

स्वतन्त्रता के पूर्व और स्वतन्त्रता के बाद एक दिन की विभाजन रेखा को स्त्री की स्थिति–गति के बदलाव का निर्धारक, परिवर्तनकारी बिन्दु घोषित नहीं किया जा सकता। यह सतत् प्रक्रिया द्वारा सम्भव हुआ है। स्वतन्त्रता प्राप्ति के उपरान्त संविधान द्वारा स्त्री-पुरुष समानता की घोषणा की गई, लोकतान्त्रिक व्यवस्था और संसदीय प्रणाली के अन्तर्गत आज़ादी की परिकल्पना साकार करने की योजनाएँ बनाई गईं। विगत अर्धशताब्दी में (स्वतन्त्रता प्राप्ति से सहस्त्राब्दी के अन्त तक) यह व्यवस्था विभिन्न क्षेत्रों में फैली है। लोकतान्त्रिक मूल्यों के विस्तार के साथ-साथ स्त्रियों में अपने अधिकारों के प्रति जागरूकता बढ़ी। स्त्री ने अपने अधिकारों के लिए संघर्ष किया। सामाजिक संक्रान्ति के इस युग में स्त्री की स्थिति को प्रभावित करनेवाले नियामक कारकों के विश्लेषण द्वारा बदलाव को पहचाना एवं चिह्नित किया जाना सम्भव हो सकेगा।

(क) भारतीय मध्यवर्ग का विकास

किसी भी समाज का मध्यवर्ग दृष्टिकोण सम्बन्धी परिवर्तन के लिए महत्त्वपूर्ण साबित होता है। यह वर्ग सामाजिक आदर्शों और लक्ष्यों को निश्चित करता है। मध्यवर्ग के स्तर पर सोची गई बातें प्रायः आगे चलकर धीरे-धीरे अन्य वर्गों में अपना स्थान बनाती हैं तथा सामाजिक परिवर्तन को गति देती हैं। यह अन्य वर्गों में होनेवाले भावी परिवर्तनों की सूचना भी होती हैं। भावी सामाजिक प्रवृत्तियों का विश्लेषण करने के लिए इस वर्ग के दृष्टिकोण को समझना प्रासंगिक व महत्त्वपूर्ण है। मध्यवर्ग एक ओर जहाँ नए मूल्यों का संधारक होता है, वहीं रिवाज भी सर्वाधिक मध्यवर्ग से ही जुड़े रहते हैं। उच्च वर्ग जहाँ सत्ता और समृद्धि के बल पर इन टेबूज को नकारता है। निम्न वर्ग मूल्यबोधों की नियन्त्रण शक्ति की सीमा

से परे होता है क्योंकि उन्हें खोने का भय नहीं होता। मध्यवर्ग पर समाज की जितनी नियन्त्रक शक्ति काम करती है उतनी ही तीव्रता मध्यवर्ग में उससे निकलने की भी होती है।

भारत में स्वतन्त्रता आन्दोलन एवं स्वतन्त्रता के बाद आधुनिक भारत के निर्माण में राष्ट्र के इस सर्वाधिक प्रभावशाली वर्ग ने अपने तत्कालीन आकार से कहीं अधिक महत्त्वपूर्ण भूमिका अदा की। स्वतन्त्रता के बाद आए परिवर्तनों से सर्वाधिक प्रभाव ग्रहण करनेवाला भी यही वर्ग था। भारत का आज का शक्तिशाली मध्यवर्ग राष्ट्र के सामाजिक, राजनीतिक, आर्थिक परिवर्तनों में महत्त्वपूर्ण भूमिका अदा कर रहा है। न केवल राष्ट्रीय वरन् अन्तर्राष्ट्रीय स्तर पर भारतीय मध्यवर्ग विश्व को आकर्षित व प्रभावित कर रहा है। स्वतन्त्रता के बाद की परिस्थितियों और अधिकारों के कारण आए सारभूत और उल्लेखनीय परिवर्तनों ने मध्यवर्ग के जिस महत्त्वपूर्ण तबके को सर्वाधिक प्रभावित किया वह था उसका स्त्री वर्ग। बदलती सामाजिक-आर्थिक परिस्थितियों ने स्त्रियों के लिए शिक्षा व रोजगार के अवसरों में वृद्धि की व समानता व प्रतिष्ठा के नए रास्ते खुल गए। उन्हें प्राप्त नई राजनीतिक-कानूनी सुविधाओं ने भावनाओं, विचारों, विवाह, प्रेम, सेक्स, आर्थिक स्वावलम्बन जैसे विषयों पर स्त्रियों की राय को प्रभावित किया। स्त्रियों को परम्पराग्रस्तता से मुक्ति के अवसर उपलब्ध हुए। स्त्रियों ने अपने आपको नई स्थिति व नई भूमिका में पाया। जैसा कि 'लीबरमान' जैसे समाजशास्त्रियों का मानना है कि 'भूमिका में परिवर्तन के कारण व्यक्ति के दायित्वों में परिवर्तन आता है, साथ ही उसके व्यवहार और कार्यों में भी बदलाव आता है जिसका असर उसके दृष्टिकोणों पर पड़ता है।'[1] मध्य वर्गीय स्त्री की भूमिका में आए परिवर्तन में मध्यवर्ग की परिस्थितियों के बदलाव का महत्त्वपूर्ण कारक रहा।

स्वतन्त्रता और विशेषकर नेहरू की मृत्यु के उपरान्त आर्थिक अवसरों और गतिशीलता में हुई बढ़ोतरी ने व्यक्ति को अपने गाँवों-कस्बों से बाहर आकर अपने लिए स्थान बनाने के अवसर उपलब्ध कराए। जिससे संयुक्त परिवार जैसी पारम्परिक संरचना में बिखराव आया। कुटुम्ब और उससे जुड़ी भावनाएँ कमजोर हुईं। संयुक्त परिवार का नियन्त्रण व्यक्ति पर कमजोर हुआ और उससे मिलनेवाला सुरक्षा बोध भी। महानगरों में गए लोगों ने दशकों में शताब्दियों के अन्तर को महसूस किया और झेला। परिणामतः 'नई मान्यता, नए कौशल, नई उम्मीदें और जीवन शैली का सामना किया।' बावजूद इसके मध्यवर्ग अपनी जड़ों से पूर्णतः कटा नहीं था। सुदूर अतीत के महिमामंडन के प्रति उसका भावुकतापूर्ण रूझान

सदैव बना रहा। साथ ही आधुनिकता की उपलब्धि भी उसका मकसद था। राष्ट्रीय स्तर के नेताओं ने भी अतीत की बेड़ियों को तोड़कर बुद्धिवादी और वैज्ञानिक नजरिए को अपनाने की बात कही। अतीत के सड़ चुके अंशों का बोझ हमारे जीवन पर लदा हुआ है। जो मर चुका है और अपना मकसद पूरा कर चुका है, उसे जाना ही चाहिए।[2] परन्तु नेहरू ने भारत की शानदार विरासत की प्रशंसा भी की।[3] सामान्य मध्यवर्ग ने इस सन्देश की बारीकी को नहीं समझा और मध्यवर्ग की मनोवृत्ति आधुनिकता का स्वागत एवं परम्पराग्रस्तता में विश्वास में सामंजस्य के अभाव के कारण खंडित मानसिकता वाली बनी। यह खंडित मानसिकता जहाँ सार्वजनिक जीवन में आधुनिकता की परियोजना को स्वीकार करती है वहीं निजी जीवन में इस अनुमोदन के खिलाफ जाकर रूढ़ियों और कर्मकांडों से चिपकी रहती है। स्त्री के सन्दर्भ में भी इसे परखा जा सकता है।

स्वतन्त्रता के उपरान्त संवैधानिक अधिकारों के तहत स्त्री को स्वतन्त्रता व समानता के अवसर मिले। शिक्षा, रोजगार व वैयक्तिक जीवन में उसे पुरुष के समान अवसर प्राप्त हुए। आधुनिकता के आदर्शों का अनुमोदन करते हुए मध्यवर्ग ने अपने परिवार की स्त्रियों के लिए उपर्युक्त सभी अवसर उपलब्ध कराए। स्त्री शिक्षा पर विशेष ध्यान दिया गया। अच्छा पढ़-लिखकर उन्होंने डॉक्टर, इंजीनियर, आर्कीटेक्ट, डिजाइनर और उन सभी क्षेत्रों में कदम जमाए जो अब तक पुरुष वर्चस्व के समझे जाते थे। लड़कियों को अंग्रेजी माध्यम से शिक्षा दी जाने लगी। शिक्षा से स्त्री में आत्मविश्वास, आत्मसम्मान और आत्म निर्भरता का भाव उत्पन्न हुआ है, परन्तु इस शिक्षा ने अच्छी हैसियतवाले वर तलाशने की सुविधा अधिक जुटाई है एवं आम भारतीय मध्यवर्ग ने इस आधुनिक स्त्री का पर्यवसन परम्परागत छविवाली पत्नी में होते देखना चाहा। घर के बाहर एक आधुनिका, सोसायटी वुमन और घर के अन्दर पारम्परिक स्त्री। यद्यपि आधुनिक मुद्रा स्त्री को बराबरी पर खड़ा रखने को मजबूर करती रही। भारतीय समाज में स्त्री का यह इच्छित रूपान्तरण जीवन में, साहित्य में, फिल्मों, टी.वी. सीरियल्स में आसानी से देखा जा सकता है। जो स्त्री को अन्ततः अधीनस्थ की भूमिका में रूपान्तरित करता है। जिस ढंग से परिवार में पुरुष व स्त्री का पालन-पोषण किया जाता है वह जिस स्त्री का बिम्ब प्रस्तुत करता है, वह भी इस बराबर में खड़ी स्त्री की छवि से मेल नहीं खाता है।

परम्परागत मध्यवर्ग से भिन्न (भले ही आर्थिक आवश्यकताओं के कारण यह सम्भव हुआ है) मध्यवर्ग स्त्री का नौकरी करना अब असम्मानजनक नहीं समझता। आर्थिक लाभ की ही भावना सही पति-पत्नियों से नौकरी कराना बुरा नहीं समझते। सन् '60 के आसपास हुए सर्वेक्षणों, अध्ययनों ने स्पष्ट किया है।[4] बड़े बूढ़े भी

चाहने लगे हैं कि उनकी बहुएँ परिवार की आमदनी बढ़ाने में योगदान दें। इन आर्थिक कारणों के अतिरिक्त प्रतिभा के सदुपयोग, अपने लिए उच्च दर्जा, आर्थिक स्वावलम्बन, व्यवसाय विशेष में रुचि जैसे मनोवैज्ञानिक कारणों ने स्त्री स्वावलम्बन को सम्भव बनाया है किन्तु विवाह के बाद मध्यम वर्गीय पति अपनी माँ की एकनिष्ठ सेवा की याद करता रहता है, पत्नी में भी यह अपराध बोध पैदा किया जाता है कि पारिवारिक दायित्वों का निर्वहन ठीक से नहीं हो रहा है। यह अन्तर्विरोध स्त्रियों को भी सताता रहता है। आर्थिक रूप से अपने पैरों पर खड़ी होने की प्रबल आकांक्षा के समानान्तर अपनी माताओं द्वारा घर की चारदीवारी में गुजारे सुरक्षित जीवन का आकर्षण कम नहीं होता है।[5] परम्परा ने स्त्री को अधीनस्थ की भूमिका दी है एवं आधुनिक मुद्रा उसे स्त्री-पुरुष की बराबरी स्वीकार करने पर मजबूर करतीं है। दफ्तरों में काम करनेवाली स्त्रियों की बढ़ती संख्या ने स्त्री-पुरुष के मेल-मिलाप के अवसर प्रचुर किए हैं जिसकी सम्भावना परम्परागत ढाँचे में असम्भव थी। स्त्री के प्रति आदर की सार्वजनिक मुद्रा धारण करते हुए भी व्यक्तिगत व्यवहार में उनके प्रति रवैया पुरुष प्रधान ही होता है।

सेक्स और उसकी सामाजिक भूमिका में यही खंडित मानसिकता काम करती है। अतीत की कामसूत्रीय परम्परा, मध्यकाल की विक्टोरियन मानसिकता एवं वर्तमान के संचार माध्यमों के खुले आकर्षण के मध्य सेक्स मध्यवर्गीय मानस पर छाया रहता है। कामना और अपराध बोध दोनों ही रूप में उसकी खुली अभिव्यक्ति वर्जनीय है। मध्यवर्ग स्त्री-पुरुष के मेल-मिलाप को लेकर अनुदार है। दूसरी ओर देखें तो संयुक्त परिवार, जाति व्यवस्था द्वारा यौन व्यवहार पर लगाई बन्दिशें शहरी जीवन में कमजोर होती गई हैं व पश्चिमी चेनलों द्वारा परोसे गए खुले यौन बिम्बों का आकर्षण भी कम नहीं है। परिणामतः मध्यवर्ग ने अपनी आकांक्षापूर्ति का पहला साधन अपने पारिवारिक सम्बन्धों में खोजा। यह वर्ग "पारिवारिक सम्बन्धों के दायरे में स्वैच्छाचार को एक सेफ्टीवाल्व की तरह इजाजत देता है। शर्त केवल उसके पूरी तरह गुप्त रखे जाने की होती है। वह आपत्ति स्वेच्छाचारिता पर नहीं, बल्कि उसके खुले दिखावे पर करता है।"[6] घर की चारदीवारी से बाहर यह रवैया पाखंड, अपराधबोध व आक्रामकता से भरा होता है। सम्बन्ध खुलेआम अस्वीकार्य होने के कारण पाखंड, अनुचित माने जाने के कारण अपराध बोध व अनुदार माहौल में सहज सम्बन्धों के विकास के अवसरों के अभाव में आक्रामक हो जाता है। स्त्री समानता और स्वतन्त्रता इस क्षेत्र में एक व्यंग्य बन जाती है जब संचार माध्यम द्वारा यह सन्देश प्रेषित होता है कि स्त्री उसी पुरुष को प्राप्त होती है जो उस पर हावी होता है। सार्वजनिक जीवन

में मध्यवर्ग यौन व्यवहार को वर्जित क्षेत्र की तरह अभिव्यक्त करता है और व्यक्तिगत जीवन में उसकी उपलब्धता के लिए लालायित रहता है। चोरी-छिपे पत्रिकाओं, ब्लू फिल्मों को देखनेवालों की संख्या बढ़ती जा रही हैं चूँकि सेक्स सम्बन्धों को औचित्य में लाया जाना सम्भव नहीं इसलिए इस विषय में अज्ञानता और गलत जानकारियों का बोलबाला सेक्स स्कैंडलों को बढ़ावा देता है।

इस खंडित मानसिकता के दर्शन विश्व सुन्दरी प्रतियोगिता में किए जा सकते हैं जहाँ परम्परा के नाम पर इन आयोजनों का विरोध किया जाता है एवं आधुनिकता स्त्री को सेक्स आब्जेक्ट के रूप में प्रस्तुत करती है। स्त्री को अधीनस्थ की भूमिका में देखनेवाले लोग ऐसे आयोजनों की कड़ी भर्त्सना करते हैं।

मध्यवर्ग की जिस मानसिकता की चर्चा यहाँ की गई है वह स्वतन्त्रता के समय युवा हुई पीढ़ी थी जो परतन्त्र भारत में बड़ी हुई थी। गुलामी की मानसिकता के साथ बड़ी हुई थी। परन्तु सत्तर के दशक के बाद जो पीढ़ी युवा हुई थी वह स्वतन्त्र भारत में ही पली-बढ़ी थी, स्वतन्त्रता का स्वाद लेती हुई बड़ी हुई थी, उसकी मानसिकता उस मध्यमवर्ग से भिन्न है जो परतन्त्र भारत में पैदा हुई। उसकी शिक्षा-दीक्षा ने उसे नए ढंग से सोचने-समझने की क्षमता दी, स्त्री के अधिकारों के प्रति सचेत किया। यही वह समय था जब गर्भ निरोधकों ने अपनी भूमिका निभाना शुरू की। जनसंख्या विस्फोट की समस्या से सुलझने के लिए राज्य द्वारा किया गया गर्भ निरोध का प्रयत्न स्त्री के हित में गया और उसने अप्रत्याशित रूप से स्त्री के पक्ष में अपनी भूमिका अदा की। इस नई स्त्री की स्थिति एवं भूमिका पर विस्तार से आगे चर्चा की जाएगी।

(ख) स्त्री शिक्षा

द्वितीय विश्वयुद्ध के बाद हुए आर्थिक और सामाजिक परिवर्तनों ने तथा वैज्ञानिक और तकनीकी विकास ने विश्व का ध्यान अपनी आधी आबादी की ओर आकर्षित किया। नीति निर्धारकों ने स्त्रियों की स्थिति का अध्ययन कर जिस समान तथ्य को रेखांकित किया, वह था–'किसी भी राष्ट्र का विकास उसकी सम्पूर्ण मानव क्षमता के ऊपर निर्भर करता है, और स्त्रियाँ विश्व की आधी आबादी हैं।' यदि यह आधी आबादी विकसित नहीं हुई तो आधी मानवीय क्षमता व्यर्थ चली जाएगी। चूँकि शिक्षा विकास के मूल आधारों में से एक है, अतः स्त्री शिक्षा पर विशेष ध्यान दिया गया। इस दिशा में स्वतन्त्र भारत में भी प्रयत्न किए गए।

स्वतन्त्र भारत में संवैधानिक रूप से स्त्री-पुरुष को समानता का दर्जा हासिल है। संविधान के अनुच्छेद 45 के तहत 14 साल तक के बच्चों को निःशुल्क एवं अनिवार्य शिक्षा का प्रावधान किया गया। स्त्रियों को उच्च से उच्च शिक्षा प्राप्त करने के अवसर उपलब्ध हैं। वे शिक्षा के सभी सम्भावित क्षेत्रों में उपलब्धि हासिल करने के लिए स्वतन्त्र हैं। पंचवर्षीय योजनाओं में स्त्री के विकास हेतु शिक्षा एवं व्यक्तित्व विकास पर विशेष ध्यान दिया गया एवं अनेक कमीशनों द्वारा स्त्रियों की बेहतरी हेतु बहुमूल्य सुझाव दिए गए। विश्वविद्यालय शिक्षा समिति, नारी-शिक्षा की राष्ट्रीय समिति, स्त्री शिक्षा सार्वजनिक सहयोग समिति, कोठारी कमीशन, राष्ट्रीय शिक्षा नीति परीक्षण समिति, केन्द्रीय सलाहकार समिति ने स्त्री-शिक्षा के प्रचार-प्रसार व उसकी गुणवत्ता में सुधार हेतु सुझावों के साथ-साथ स्त्रियों को शिक्षा की ओर आकर्षित करने के सुझाव भी दिए।

इन सुझावों के क्रियान्वयन हेतु 1988 में राष्ट्रीय साक्षरता मिशन प्रारम्भ किया गया, सरकार ने सन् 2000 तक सभी को शिक्षित करने की योजना बनाई जो पूरी नहीं हो सकी। ऑपरेशन ब्लैक बोर्ड, अनौपचारिक शिक्षा योजना, नवोदय व केन्द्रीय विद्यालयों में बारहवीं कक्षा तक निःशुल्क शिक्षा के साथ-साथ यह सुनिश्चित करने का प्रयास किया कि प्रत्येक नवोदय विद्यालय में एक तिहाई लड़कियाँ हों। स्कूली शिक्षा बीच में ही छोड़नेवाली लड़कियों की आवश्यकता पूर्ति के लिए 2 स्तर तक केन्द्र प्रायोजित कार्यक्रम के तहत व्यवसायिक पाठ्यक्रम तैयार किए गए ताकि उद्यमिता का विकास हो। महिलाओं को साक्षर बनाने के लिए 1989 में समाख्या योजना प्रारम्भ की गई। गैर-पारम्परिक क्षेत्रों में लड़कियों/महिलाओं की भागीदारी के प्रयास किए गए।

शिक्षा के लिए इन प्रयासों के कारण बालिका शिक्षा के प्रति बढ़ते रूझानों को आँकड़ों में देखा जा सकता है। साक्षर बालिकाओं की संख्या सन् 1950-51 में 5 लाख तीस हजार थी जो 1993-94 में चार करोड़ 43 लाख हो गई। उच्च शिक्षा संस्थानों में सन् 1950-51 में प्रवेश लेनेवाली महिलाओं की संख्या 40 हजार थी जो सन् 1993-94 में लगभग 16 लाख 64 हजार हो गई। तकनीकी और प्रौद्योगिक पाठ्यक्रमों में भी महिलाओं की संख्या में लगभग 13.1 प्रतिशत की वृद्धि हुई।[7]

भारत सरकार की राष्ट्रीय शिक्षा नीति 1986 के मुताबिक महिलाओं के स्तर में बुनियादी बदलाव लाने के लिए शिक्षा का इस्तेमाल एक औजार के रूप में किया जाएगा। शिक्षा के क्षेत्र में महिलाओं की स्थिति का आकलन करें तो पता चलता है कि 1991 की 39.19 फीसदी महिला साक्षरता-दर 1997 में 50.13 फीसदी तक पहुँच गई। इन्हीं वर्षों में प्राइमरी स्तर पर लड़कियों का नामांकन (प्रति लाख) 41

से 47.9 हो गया। प्राइमरी स्तर पर बीच में पढ़ाई छोड़नेवाली लड़कियों की संख्या में गिरावट आई है। यह आँकड़ा 60 फीसदी से घटकर 38.4 फीसदी हो गया है। इंजीनियरिंग व बी.ए. (प्रति हजार) करनेवाली छात्राओं का ग्राफ 26 से 49 फीसदी को छू गया है यानी 23 फीसदी की वृद्धि हुई है। मेडिसन कोर्स में भी लड़कियों की दिलचस्पी बढ़ने का प्रमाण यह है कि उनकी संख्या 28 से बढ़कर 43 फीसदी हो गई।

महिला साक्षरता-दर में हुई वृद्धि ने सामाजिक रूप से अलाभान्वित और दूसरे वर्गों के बीच के फासले को पाटा है। सामाजिक रूप से अलाभान्वित वर्गों में भी अनुसूचित जाति और जनजाति की लड़कियाँ व महिलाएँ ज्यादा लाभान्वित हुई हैं। 1998-99 में सारे भारत में 244.6 करोड़ छात्राओं ने उच्च शिक्षा के लिए नामांकन कराया। उल्लेखनीय है कि केरल, गुजरात और गोवा में उच्च शिक्षा में यह नामांकन 50 फीसदी से भी ज्यादा था। स्नातकोत्तर स्तर पर नामांकन में छात्राओं की भागीदारी 34 फीसदी थी।[7]

इस सबके बावजूद देश में करीब 24 करोड़ 50 लाख महिलाएँ निरक्षर हैं। विभिन्न राज्यों में महिला साक्षरता का आँकड़ा अलग-अलग है। राष्ट्रीय नमूना सर्वेक्षण 1997 के मुताबिक देश में सिर्फ दो राज्यों–केरल व मिजोरम–को ही पूर्ण साक्षर राज्य होने का गौरव प्राप्त है।

मिजोरम व केरल में महिला साक्षरता दर 95 व 90 फीसदी है। उसके बाद गोवा का नम्बर आता है जहाँ 79 फीसदी महिलाएँ पढ़-लिख सकती हैं। नागालैंड, मेघालय, सिक्किम, हिमाचल प्रदेश, त्रिपुरा, असम व मणिपुर में भी पढ़ने-लिखने वाली महिलाओं का आँकड़ा गौरतलब है। वहाँ क्रमवार 77, 74, 72, 70, 67, 66 और 66 फीसदी ऐसी महिलाएँ हैं। महाराष्ट्र और पश्चिम बंगाल में एक जैसी स्थिति है अर्थात् 63 फीसदी महिलाएँ साक्षर हैं तो पंजाब इनसे थोड़ा सा पीछे है। वहाँ 62 और तमिलनाडु में 60 फीसदी महिलाएँ साक्षर हैं। गुजरात, हरियाणा में यह आँकड़ा 57 व 52 फीसदी है। सूचना प्रौद्योगिकी की होड़ में शामिल कर्नाटक राज्य की आधी महिलाओं (50 फीसदी) के नाम साक्षरता के खाते में दर्ज हैं। अरुणाचल प्रदेश और जम्मू-कश्मीर, दोनों एक बिन्दु पर इस समय हैं अर्थात् दोनों राज्यों में महिला साक्षरता दर 48 फीसदी है। कम्प्यूटरीकरण के लिए विख्यात चन्द्रबाबू नायडू के प्रदेश में सिर्फ 43 फीसदी महिलाएँ ही पढ़ना-लिखना जानती हैं। मध्य प्रदेश और उत्तर प्रदेश में 41 फीसदी महिलाएँ इस सूची में आती हैं और उड़ीसा, राजस्थान व बिहार में 38, 35 व 34 फीसदी महिलाएँ साक्षर हैं। उड़ीसा, राजस्थान और बिहार का नाम राज्यों में महिला साक्षरता-दर की सूची में

सबसे नीचे है। यही नहीं, इन तीनों राज्यों में 41 फीसदी से कम प्रौढ़ महिलाएँ साक्षर हैं।[9]

स्त्री शिक्षा के सम्बन्ध में उपर्युक्त आँकड़ों की बाजीगरी स्त्री साक्षरता में उन स्त्रियों को शामिल कर लिया जाता है जो सिर्फ अपने हस्ताक्षर कर लेती हैं, थोड़ा बहुत अक्षर ज्ञान भी हो जाता है, परन्तु सतत् अभ्यास के अभाव में वे थोड़े ही दिनों में भूल भी जाती हैं। हस्ताक्षर कर पाना कई बार उपलब्धि के स्थान पर संकटों का रूप भी ले लेता है, जब हस्ताक्षर कर पाने के कारण उन्हें साक्षर समझ लिया जाता है कुछ भी लिखवाकर हस्ताक्षर करवा लेना खतरों को जन्म देता है। दूसरे उपलब्ध शिक्षा व्यवस्था स्त्रियों को अवसर नहीं सौंपती। आँकड़ों का दावा करने के स्थान पर यह भी अध्ययन का विषय होना चाहिए कि वर्तमान प्रतिस्पर्धा की स्थितियों में हम जिस शिक्षा को उपलब्ध करा रहे हैं वे उन्हें विकास के क्या अवसर उपलब्ध करा रहे हैं। बड़े सपने देखनेवाली लड़कियों के सामने अवसर कितने हैं और उनका उपयोग कर पाने के लिए स्थितियाँ कैसी हैं।[10] क्या उन्हें पैर जमाने की जगह मिल पाई है। रोजगार के सीमित साधनों के बीच आर्थिक विकास के अवसर अक्सर पारम्परिक शिक्षा नहीं जुटा पाती। गैर पारम्परिक उच्च रोजगारोन्मुख शिक्षा की उपलब्धता स्थान व साधन की दृष्टि से अति सीमित है।[11] गरीब तबकों में बेटी का समय छोटे भाई-बहन सम्हालने अथवा घर सम्हालने के लिए होता है, विभिन्न सरकारी हितकारी योजनाओं के बावजूद उसका फायदा लड़कियों को नहीं मिलता है। चेतना के अभाव में आज भी बहुसंख्य समाज स्त्री के जीवन में परिवार और विवाह को वरीयता देते हैं अतः स्त्री शिक्षा विवाह के लिए योग्यता जुटाने व विवाह की प्रतीक्षा के समय का उपयोग बनकर रह जाती है।[12] स्त्री शिक्षा के साथ आत्मनिर्भरता का तत्त्व इसलिए नहीं जुड़ पाता क्योंकि आज भी स्त्री का सबसे सुरक्षित कैरिअॅर विवाह माना जाता है। स्त्री आत्मनिर्भर होने पर भी जब तक विवाह नहीं करती, तब तक पूरे मानवीय अधिकार तथा सम्पूर्ण मानवीय गरिमा नहीं प्राप्त कर सकती।[13] बेटे के साथ भविष्य में परिवार के पोषण की भावना जुड़ी होती है अतः लड़की जो विवाह उपरान्त किसी दूसरे घर के पोषण में अपनी कमाई खर्च कर देगी,[14] पैसा खर्च करना व्यर्थ समझा जाता है। विवाहोपरान्त परिवार अब भी स्त्री की वरीयता मानी जाती है। शिक्षित होकर भी शिक्षा का उपयोग चूँकि आत्मनिर्भरता की दिशा में वे नहीं कर पाती अतः उच्च व तकनीकी शिक्षा की ओर विमुखता बढ़ जाती है। लड़कियों के विवाह पर होनेवाला खर्च अकसर अभिभावकों को उनकी शिक्षा पर खर्च करने से रोकता है, परिणामस्वरूप शिक्षा अथवा विवाह के खर्च में वे विवाह पर खर्च के विकल्प को

ही चुनते हैं। अच्छे रोजगारों से जुड़ी महँगी शिक्षा प्रतिभा और आर्थिक क्षमता की सीधी टक्कर होती है, अभिभावक अपने पुत्रों की शिक्षा पर खर्च करते हैं और पुत्रियों के विवाह पर। वर्तमान शिक्षा व्यवस्था इस मायने में भी अधूरी है कि स्त्रियों में शिक्षा के बावजूद अपने अधिकारों के प्रति जागरूकता नहीं आ पाई है, शिक्षा उन्हें अपने विरुद्ध होनेवाले अत्याचारों के विरुद्ध लड़ने की ताकत नहीं देती। आत्मविश्वास और साहस नहीं देती। वस्तुतः शिक्षा का उद्देश्य अक्षर ज्ञान नहीं, आर्थिक निर्भरता के साथ-साथ आत्मसम्मान जागृत करना भी होना चाहिए, शिक्षा उनकी अभिव्यक्ति क्षमता बढ़ाए और उन्हें प्रोत्साहित करे कि उन्हें गम्भीरता से सुना जाए। स्त्रियों में चुनौती स्वीकार करने की क्षमता विकसित हो सके तो अपने सामर्थ्य का विकास करना आसान हो जाता है।[15]

बावजूद सारी सीमाओं के भारतीय शिक्षित मध्यवर्ग ने स्त्री शिक्षा पर ध्यान दिया है। शिक्षा श्रेष्ठ वर जुटाने में सहयोगी हो रही है, पुरुषों के लिए पढ़ी-लिखी पत्नी स्टेटस सिम्बल है। स्त्रियों के लिए शिक्षा और नौकरी में बढ़ते आरक्षण के परिणामस्वरूप भी स्त्री शिक्षा पर ध्यान दिया जाने लगा है। यह परिवर्तन प्रारम्भिक स्थिति में है। आत्मनिर्भरता, आत्मसम्मान, समाज में उच्च वरीयता और पुरुषों की समकक्षता की कामना ने स्त्रियों में शिक्षा के प्रति रूझान में वृद्धि की है। प्रतिशत कम ही सही, स्त्री ने शिक्षा के क्षेत्र में अपने लिए स्थान सुरक्षित करना चाहा है, उच्च शिक्षा के लिए घर से बाहर निकलने के अवसर बढ़े हैं, शेष विश्व से सम्पर्क के अवसर उपलब्ध हुए हैं, और मुश्किलों का सामना करना स्त्री ने सीखा है। शिक्षा के लिए बाहर जाती बेटी के पास वाहन की उपलब्धता ने उसकी आत्मनिर्भरता (आर्थिक नहीं) के अवसर बढ़ाए हैं। शिक्षा के अपारम्परिक क्षेत्रों में भी स्त्री शिक्षा के अवसरों ने और उनके उपयोग ने स्त्री के व्यवसाय, व्यापार के अवसर भी उपलब्ध कराए हैं। पिछले बीस वर्षों में ऐसी लड़कियों की संख्या भी बढ़ी है जिन्होंने कैरिअॅर को विवाह की अपेक्षा वरीयता दी है, इस दृष्टिकोण ने भी स्त्री शिक्षा की दिशा में महत्त्वपूर्ण भूमिका अदा की है।

(ग) कामकाजी स्त्री का आविर्भाव

शिक्षा के प्रचार-प्रसार और राष्ट्रीय आन्दोलन में स्त्रियों की सक्रिय भागीदारी ने स्त्री का घर की चारदीवारी से निकलना सम्भव बना दिया था। स्थितियाँ स्त्रियों के पक्ष में जाने लगी थीं, परन्तु जैसा कि हमेशा से होता आया है आपात स्थितियाँ स्त्री को बाहर के क्षेत्र सम्हालने का अवसर देती हैं और अवसर बीतते ही उन्हें

सप्रयास घरों में, सुरक्षित खोलों में वापिस भेज दिया जाता है ताकि पुरुष अपना मोर्चा पुनः सम्हाल सकें। भारत में स्वतन्त्रता के उपरान्त भारतीय स्त्रियाँ ठीक उसी तरह घरों में वापिस भेज दी गईं जिस तरह रूसी क्रान्ति के बाद वहाँ स्त्रियों को घरों में लौटा दिया गया था। स्त्रियों का आर्थिक मजबूरी के अतिरिक्त घर से बाहर नौकरी के लिए जाना अपमानजनक समझा जाता रहा है। समाज कठोर आर्थिक संकट में ही स्त्री को अर्थोपार्जन की अनुमति देता है। परिस्थिति की विवशता में काम पर निकली स्त्री 'तरस' का पात्र होती है, बेचारगी का प्रतीक। क्योंकि उन्हें 'पालनेवाला' कोई नहीं होता अतः लम्बे अर्से तक कामकाजी स्त्रियों में अधिकांशतः विधवा या तलाकशुदा स्त्रियाँ ही शामिल थीं। ये स्त्रियाँ कम समय लेनेवाले व स्त्रियों के लिए सम्मानजनक समझे जानेवाले पेशों में–जैसे अध्यापिका, डॉक्टर, नर्स में ही जा रही थीं। परन्तु स्वतन्त्र भारत में पैदा हुई पीढ़ी ने अपने व अपने बच्चों के लिए नए विकल्प स्वीकार किए। "शिक्षा के प्रसार ने, विशेष रूप से शहरी क्षेत्रों में स्त्रियों के लिए शारीरिक श्रम की अपेक्षा रखने वाले कार्यों, अलग किस्म के रोजगारों–जैसे क्लर्क, प्रशासक, वकील, डॉक्टर आदि के कामों के अधिक अवसर सुलभ कर दिए हैं।"[16] नौकरी चाहनेवाली स्त्रियों की संख्या में तेजी से वृद्धि हुई। शिक्षित लड़कियों ने सफेदपोश नौकरियों के लिए आवेदन प्रस्तुत किए। 1966 में यह संख्या 15 प्रतिशत थी जबकि वास्तव में इन रोजगार में लगे व्यक्तियों में स्त्रियों की संख्या 2 या 3 प्रतिशत[17] ही थी।

स्वतन्त्रता प्राप्ति के आसपास स्त्री को नौकरी और विवाह में से एक चुनना था, विवाह प्रायः निर्विकल्प स्थिति थी, यदि पढ़-लिखकर स्त्री नौकरी करना चाहती थी तो विवाह और परिवार के दायित्वों की उसकी क्षमता पर शक किया जाता था। उस समय यह सामान्य मान्यता थी कि व्यावहारिक दृष्टि से नौकरी और परिवार के दायित्व एक साथ नहीं सम्हाले जा सकते, अतः स्त्रियों ने ज्यादातर विवाह के विकल्प स्वीकारे और जिन्होंने नौकरी के विकल्प स्वीकारे उनमें से अधिकांशतः विवाह और पारिवारिक जीवन से वंचित रहीं।[18] नौकरियों में महत्त्वपूर्ण पदों पर अविवाहित एवं बिना बच्चों वाली स्त्रियों की शर्त ने (आइ.एफ. एस. एयर होस्टेस आदि) भी कोई एक विकल्प चुनने की बाध्यता रखी। लेकिन सन् साठ और उसके आसपास हुए सर्वेक्षण स्थिति के दूसरे पक्ष को सामने रखते हैं। विशिष्ट नौकरियों में अविवाहित अथवा बच्चे न होने की अनिर्वायता व्यवहारिक कठिनाइयों को देखते हुए समाप्त की गई। (नर्गिस मिर्जा का केस) बाजार ने स्त्री के लिए घर से निकलने हेतु गृहस्थी के सुविधाजनक उपकरण जुटाए। जीवन की बढ़ती जरूरतों ने पुरुष की मानसिकता में परिवर्तन किया और

घर की आमदनी में पत्नी की भागीदारी सम्भव हो सकी। पहले असम्मानजनक समझी जानेवाली नौकरी परिवार की पद, प्रतिष्ठा, इज्जत बढ़ाने लगी। विवाह और नौकरी समानान्तर सम्भव हो सकी।[19] माता-पिताओं ने भी आर्थिक सहायोग हेतु अपनी बेटियों के कामकाजी होने को प्रोत्साहित किया। कई बार यह भी पाया गया कि अविवाहिता बेटियाँ अपने पिता के परिवार का पोषण कर रही हैं, और चाह कर भी विवाह संस्था में नहीं जा पा रही हैं। इन्हीं अध्ययनों में पाया गया कि परिवार ने जहाँ आर्थिक कारणों से स्त्री को कामकाजी होने के अवसर दिए, स्त्रियों की काम के प्रति मनोवृत्ति में भी फर्क आया। यह दृष्टि भी विकसित हुई कि पति या माता-पिता के भरण-पोषण में सक्षम होने पर भी शिक्षित स्त्रियों को आत्मनिर्भर होना चाहिए। गोल्डस्टीन (1972) ने अपने अध्ययन में विवाहिता और अविवाहिता दोनों ही प्रकार की स्त्रियों में इस मनोवृत्ति के प्रति आग्रह पाया। सत्तर के दशक तक कामकाजी स्त्री मुख्यतः 'सर्पोटिंग पोजीशन' में थी, परिवार की आय में बढ़ोतरी उसके कामकाजी होने का मुख्य कारण था। सुविधाजनक तथा तथाकथित सम्मानजनक क्षेत्रों में ही उसने प्रवेश किया था। परिवार की वरीयता इसका प्रमुख कारण था। उसकी नौकरी के कारण यदि परिवार टूटे तो वह अपराध बोध से ग्रस्त होती थी। वह अधिकांशतः ऐसे क्षेत्रों में कदम रखने से इनकार करती रही जो पूरा समय लेते हैं व असाधारण समझे जाते हैं, अधिक लाभ के हैं जो अब तक पुरुष वर्चस्व के क्षेत्र समझे जाते रहे हैं। सत्तर के दशक के आस-पास विकासशील देशों ने अपनी आधी श्रम शक्ति के नियोजन की ओर जागरूकता दिखाई। भारत में सातवें दशक में स्त्री 'कल्याण' से प्रेरित होकर योजनाएँ बनाई गईं। आठवें दशक में स्त्री के विकास में राष्ट्र के विकास की सम्भावना टटोली गई। स्त्री-शिक्षा के महत्व को समझा गया और माता-पिता ने अपनी बेटियों के रोजगार की सम्भावनाओं को देखते हुए गैर पारम्परिक क्षेत्रों में भी भेजना प्रारम्भ किया। तकनीकी एवं अन्य व्यवसायों हेतु स्त्री को उच्च शिक्षा दिए जाने का महत्त्व स्वीकारा गया। यह अनुभव किया गया कि स्त्रियों को पारम्परिक क्षेत्रों में बँधकर रहना अब पसन्द नहीं, वे उन क्षेत्रों में आना चाहती हैं जो आर्थिक दृष्टि से अधिक लाभ के हैं और अब तक पुरुष वर्चस्व के अधीन हैं। स्त्रियों ने अपने आत्म विकास और पहचान बनाने, आर्थिक रूप से सबल होने को वरीयता दी। इस हेतु अपने पिता के शहर से दूर नौकरी पर जाना भी सम्भव हो सका, अकेली आत्मनिर्भर स्त्री सम्भव हो सकी। आर्थिक आवश्यकता के कारण की जानेवाली नौकरी अब उच्च शिक्षा का उपयोग, पद प्रतिष्ठा, व्यावसायिक जीवन की आकांक्षा में परिवर्तित होने लगी। यद्यपि आर्थिक आवश्यकता और अविवाहित होने की स्थिति

में विवाह की प्रतीक्षा तक के समय का उपयोग भी स्त्री के कामकाजी होने का कारण बना रहा।

असाधारण व्यवसाय एवं निर्णायक भूमिकावाले पदों पर आई स्त्रियों ने एक नई स्त्री को जन्म दिया है जो पिछले पन्द्रह वर्षों में दृश्यमान हुई है। यह आर्थिक रूप से आत्मनिर्भर, अपनी उपलब्धियों पर गर्व करनेवाली, आत्मविश्वास, अधिकार और समृद्धि से भरी 'पावर वूमेन' है जो पुरुषों की भी बॉस हो सकती है। विश्व के मानव श्रम में 45 प्रतिशत स्त्री शक्ति के मध्य यह पावर वूमेन यद्यपि एक प्रतिशत से भी कम है किन्तु परिवर्तन की सम्भावना यदि इन स्त्रियों के माध्यम से कहीं दिखाई देती है तो भविष्य के लिए रास्ता बना रहता है। स्त्री की स्वतन्त्रता के सन्दर्भ में इन स्त्रियों की स्थिति भी परखी जाने योग्य है। इन स्त्रियों ने पैसा कमाने के साथ-साथ पैसा खर्च करने की हैसियत भी पाई है। उसका आत्मविश्वास बढ़ा है, अब परिवार में उसकी बात सुनी जाती है, बच्चों की शिक्षा एवं घर के रख-रखाव, व्यवस्था के बारे में भी पति की टीका-टिप्पणी कहीं कम हुई है। दूसरे शहर में नौकरी के लिए निकली स्त्री पति या पिता के घर से अलग घर (भले ही मजबूरी में) बनाती दृश्यमान हुई है। उसने अपने लिए भी सोचना और जीना सीखा है। पुरुष सहकर्मी के समान क्षमता साबित करने हेतु उसने कड़ी मेहनत की है और अपनी क्षमता को मात्र जैविक इकाई (स्त्री) से भिन्न 'व्यक्ति' के रूप में स्थापित करने हेतु जी-तोड़ मेहनत की है। समाज में पुरुष से समानता की आकांक्षी इस स्त्री ने अपने लिए जगह बनानी चाही है।[20]

स्त्री के कामकाजी होने और घर सम्हालने की परम्परागत भूमिका से भिन्न भूमिका ने स्त्री की स्थिति एवं समाज में उसके दर्जे को प्रभावित किया। परिवार और समाज में उसके सम्बन्धों को भी प्रभावित किया। स्त्री ने अपनी नई भूमिका स्वीकार की, उसके लिए कड़ा संघर्ष भी किया, परिवार एवं समाज की स्त्री की इस बदली हुई भूमिका के प्रति क्या दृष्टि रही, उसकी मानसिकता में बदलाव आया या नहीं, उसका दृष्टिकोण प्रभावित हुआ या नहीं, यह भी उतना ही महत्त्वपूर्ण है जितना कि स्त्री का बदला हुआ दृष्टिकोण।

परिवार के परिवेश और स्त्री की आर्थिक हैसियत की भिन्नता ने स्त्री को परिवार में भिन्न-भिन्न भूमिकाएँ सौंपी हैं और उसका दर्जा निर्धारित हुआ है। बदली हुई परिस्थितियों ने भी अपनी महत्त्वपूर्ण भूमिका अदा की है। सामान्यतः परिवार और विवाह के प्रश्न पर कामकाजी स्त्रियों को दोहरा संघर्ष करना पड़ा है। एक ओर पारिवारिक दायित्वों को वरीयताक्रम में स्त्री के जीवन में प्राप्त प्रथम स्थान और कार्यस्थल पर जगह बनाने की कशमकश ने स्त्री को दोहरे दायित्वों

में बाँधा। जहाँ कामकाजी होने पर स्त्री दोहरे काम का एकल वेतन पाती है, पुरुष इकहरे काम कर दो व्यक्ति के श्रम के बदले का वेतन पाता है। स्त्री के लिए पति-पत्नी के एक से प्रोफेशन में होने पर भी परिवार का दायित्व सर्वोपरि व महत्त्वपूर्ण रहा है वहीं पति का रिश्ता परिवार और घर से सुविधा और आराम का है। घरेलू स्त्री की वरीयता तो हमेशा से घर से बाँध दी गई थी परन्तु बाहरी क्षेत्रों में अपने लिए स्थान बनाकर भी पारिवारिक दायित्व स्त्री से छूटे नहीं हैं। पेप्सी कोला की हाल ही में नियुक्त महिला अध्यक्ष इन्दिरा नूई भारतीय मूल की हैं। उनकी सफलता की चर्चा के बीच यह बात पृष्ठभूमि में चली गई है कि सफल व व्यस्त जीवन के बीच उन्हें 'पावर वूमेन' का दर्जा रात को बिस्तर पर अपने बच्चों को सुलाने पर ही नसीब होता है।[21] पारिवारिक दायित्वों की पूर्ति न कर पानेवाली स्त्री पर अयोग्य माँ, पत्नी का आरोप लगता है, स्त्री में अपराध बोध जगाया जाता है। पति का घर-गृहस्थी के काम में हाथ बँटाना आपत्तिजनक ही नहीं, मनोबल तोड़नेवाला पुंसत्वविहीन स्वास्थ्य के लिए अहितकर भी माना जाता रहा है।[22] यही घरेलू कार्य (स्त्री के समझे जानेवाले कार्य) पुरुष जब रोजगार के रूप स्वीकार करता है तब कोई हीनताबोध नहीं जागता क्योंकि उसे उसका उत्पादक मूल्य प्राप्त होता है। बिना मूल्य का श्रम स्त्री का और मूल्यवान श्रम पुरुष के हिस्से में आता है। होटल मैनेजमेंट और कितने ही स्त्री के समझे जानेवाले कार्य व्यावसायिक रूप से पुरुषों द्वारा दक्षतापूर्वक अपनाए गए हैं। पारम्परिक विवाहिता और स्वावलम्बी बने रहने में स्त्री पर जिम्मेदारियों में वृद्धि होती है, बदले में उसे तनाव व थकान मिलती है। पुरुष प्रधान परिवेश में परवरिश स्त्री से 'अधिकारों का त्याग' माँगता है और स्वावलम्बन 'अधिकारों की चाह' इन दोनों के बीच बँटी हुई स्त्री निरन्तर तनाव झेलती है और टुकड़ा-टुकड़ा जीती हैं।[23] 'स्त्री घर और बाहर नट की तरह झूलती है लेकिन नट को कोई महान कलाकार कहाँ समझता है ! अविवाहिता बेटी को प्रायः स्वावलम्बन हेतु बड़ा नहीं किया जाता, इसलिए जिस समय परिवार का बेटा कैरिअॅर के लिए जी तोड़ मेहनत कर रहा होता है, बेटी सिर्फ समय काट रही होती है, उसे नौकरी के लिए तैयार नहीं किया जाता, परन्तु जब दहेज या अन्य कारणों से विवाह न होने पर उसे नौकरी करनी पड़ती है तो बेटी आई हुई परिस्थितियों का सामना करने के लिए मानसिक तौर पर तैयार नहीं होती और कठिनाइयों का सामना करती है। परिवार बेटे और बेटी को बड़ा करने, शिक्षित करने और उनकी नौकरी के सम्बन्ध में प्रायः पक्षपाती भूमिका अदा करता है। उन नौकरियों में जो ज्यादा समय की माँग करते हैं पारिवारिक दायित्वों के कारण कामकाजी स्त्री निपुणता प्राप्त नहीं कर पाती

क्योंकि रात को देर से घर आना या ओवरटाइम करना अब भी परिवार द्वारा शक की दृष्टि से देखा जाता है। पुरुष स्त्री के मुफ्त के श्रम पर अपने दावे को खतरे में नहीं डालना चाहता।[24] जहाँ स्त्रियों ने कार्यस्थल पर निपुणता प्राप्त कर ली है वहीं उसे प्राप्त आत्मविश्वास और कुशलता की परिवार में कोई कद्र नहीं होती वरन् परिवार में वैसा व्यवहार करने पर पत्नी के रूप में उसकी छवि धूमिल पड़ती है। कार्यस्थल में जहाँ उसमें निर्णायक क्षमता की अपेक्षा की जाती है, परिवार में पुरुष एक ऐसी खूबसूरत गुड़िया चाहता है जो हर निर्णय के लिए उस पर निर्भर करे। उच्च शिक्षित, कामकाजी स्त्री 'सोसायटी वूमेन' के रूप में पुरुष के लिए समाज में अपनी पद-प्रतिष्ठा दिखाने का साधन बन गई है परन्तु घर की कुलवधु की छवि पुरुष को अब भी प्यारी है। स्त्री दोनों छवियों में जीती द्वन्द्व झेलती है। कामकाजी स्त्री की बदली भूमिका तो स्वीकार की गई है लेकिन पत्नी की बदली भूमिका नहीं स्वीकारी गई है। पति ने न तो अपने दायित्व बदले हैं न उसका दर्जा बदला है। उसने स्त्री की अपनी अभिरुचि, इच्छा, दृष्टिकोण का सम्मान करना नहीं सीखा है। वह नहीं चाहता कि पत्नी में समानता, स्वतन्त्रता और स्वनिर्णय की भावना जागे। आर्थिक दृष्टि से महत्त्वपूर्ण पदों पर काम करनेवाली स्त्रियों ने घर-गृहस्थी के लिए उपादान जुटा लिए हैं। वहाँ पैसे के स्थान पर सुविधा महत्त्वपूर्ण हो गई है। घरेलू नौकरों के गृहस्थी के काम का मूल्य भी आँका जाने लगा है परन्तु वे स्त्रियाँ जो छोटी-छोटी नौकरियाँ कर रही हैं जहाँ पैसा बचाया जाना प्राथमिकता रखता है, स्त्री की स्थिति में खास परिवर्तन नहीं आया है, उसके तनाव और दबाव बढ़े हैं। अपने कमाऊपन के कारण जहाँ स्त्री की भागीदारी पारिवारिक निर्णयों में बढ़ी है ध्यान से देखने पर ज्ञात होता है कि स्त्री को बोलने का अधिकार तो मिला है परन्तु फैसले का अधिकार अब भी परिवार के पुरुषों के पास सुरक्षित है। उन परिवारों में जहाँ बेटे-बेटियों को एक सी परवरिश दी जाती है बेटी घर के साथ-साथ बाहरी कामों के लिए भी तैयार हो जाती है लेकिन विवाह के बाद यदि उसे नौकरी के अवसर नहीं मिलते और परिवेश ठीक नहीं मिलता तब भी उसे समायोजन में परेशानी उठानी पड़ती है। ससुराल की मानसिकता व अपेक्षा प्रायः परम्परागत बहू की होती है। "इसलिए स्त्री वही बोलती है जो ताकतवर संस्थाएँ निर्णय करना चाहती हैं।"[25] ये स्त्रियाँ अपने उपभोग की वस्तुएँ खरीदने के लिए अवश्य स्वतन्त्र हुई हैं परन्तु अपने लिए कोई सम्पत्ति बनाने की हकदार वे अभी भी नहीं हैं। ऐसे परिवारों में जहाँ पति-पत्नी दोनों कामकाजी हैं, एक का वेतन पारिवारिक खर्चों के लिए होता है। बचत की राशि के निवेश का अधिकार परिवार का पुरुष अपने लिए सुरक्षित रखता है, अतः स्त्री के पास अपनी सम्पत्ति या बैंक

बैलेंस का अभाव होता है। यदि सम्पत्ति या बैंक बैलेंस साझा भी होता है तब भी उसे संचालित करने का अधिकार परम्परागत रूप से पति के पास ही सुरक्षित होता है। अपने लिए सोचने पर स्त्री को कलह का सामना करना पड़ता है।[26] आत्म निर्णय में कुछ छूट तो स्त्री को मिली है किन्तु पूर्ण स्वतन्त्रता उसे अब भी प्राप्त नहीं है। उन स्थितियों में जहाँ कामकाजी स्त्री अपने पति से अधिक कमा रही हैं वहाँ पतियों को दया का पात्र माना जाता है। पति चूँकि परिवार में अपना वर्चस्व कायम रखना चाहता है, अपने से अधिक कमानेवाली अथवा बौद्धिक स्तर पर अधिक प्रतिभाशाली स्त्री से विवाह करने में हिचकता है, परिणामस्वरूप बहुत सी पावर वूमेन विवाह संस्था से बाहर खड़ी हैं या फिर परिवार में प्राप्त व्यवहार के कारण अपनी प्रतिभा का समुचित उपयोग नहीं कर पा रही हैं। एक कर्मठ बौद्धिक होकर वह पुरुषों की नजर में अनाकर्षक और अपनी अधिक सफलता के कारण पति या प्रेमी के हीनतावोध का कारण बनती हैं–इस कारण अपने कैरिअॅर को पूरी तरह नहीं सँवार पाती।[27] पारिवारिक दायित्वों, पति व समाज की मानसिकता के कारण जीवकोपार्जन ही उनके लिए महत्त्वपूर्ण उपलब्धि हो जाता है। इस क्षेत्र में भी स्त्रियों ने अब नए मुकाम तलाशे हैं। विवाह और कैरिअॅर के विकल्प में से यदि एक चुनना है तो उन्होंने कई बार कैरिअॅर को भी चुना है अथवा कैरिअॅर बनाने के बाद बड़ी उम्र में विवाह के बारे में सोचा है। उन स्थितियों में जहाँ पति और पत्नी में से किसी एक का स्थानान्तरण हो जाता है प्रायः पत्नियों को अपना कैरिअॅर छोड़ने का विकल्प स्वीकार करना पड़ता रहा है परन्तु अब जहाँ स्त्रियाँ महत्त्वपूर्ण पदों पर हैं उन्होंने अपने कैरिअॅर को महत्त्व दिया है और पति या पिता के घर से दूर अपने लिए रहने की व्यवस्था की है।

घर से काम के लिए निकली स्त्री का कार्यक्षेत्र में प्रायः स्वागत नहीं होता। उन्हें पुरुषों की नौकरी पर कब्जा करनेवाली प्रतिद्वन्द्वी के रूप में देखा जाता है। अधिकांशतः जहाँ महत्त्वपूर्ण पदों पर पुरुष ही कार्यरत होते हैं स्त्री की अधीनस्थ की भूमिका वहाँ भी देखने को मिलती है। स्टेनो, टाइपिस्ट, सेक्रेटरी, नर्स और ऐसे सैकड़ों पेशों में उनसे स्वामीभक्ति, कर्तव्यनिष्ठा, आज्ञाकारिता की अपेक्षा की जाती है। दक्ष स्त्री के स्थान पर आकर्षक स्त्री को वरीयता दी जाती है।[28] उन स्थानों पर जहाँ स्त्री पुरुष के समकक्ष स्थानों पर कार्य कर रही है अपनी क्षमता और योग्यता स्थापित करने के लिए उसे अधिक श्रम करना होता है तब भी उसकी कार्य कुशलता व क्षमता पर शक किया जाता है और उसे कम महत्त्व के पद सौंपे जाते हैं, सेना, प्रशासनिक क्षेत्रों में उच्च पदों पर कार्यरत स्त्रियों के अध्ययन गवाह हैं।[29] जहाँ स्त्रियाँ पुरुषों से ऊँचे पदों पर कार्य कर रही हैं वहाँ उनके व्यवहार की

नर्मी को कार्य कुशलता का अभाव एवं कठोरता को मर्द हो जाने का फतवा देकर नकारा जाता रहा है। उनके द्वारा लिए गए निर्णयों को पुरुष निष्पक्ष दृष्टि से देखने के बजाय पक्षपात मानते हैं, और उन्हें घरों में रहकर गृहस्थी सम्हालने की सलाह देते हैं।[30] निजी क्षेत्र में स्त्रियों को कई बार काम के अवसर नहीं दिए जाते। ऐसा माना जाता है कि स्त्रियों के प्रशिक्षण पर किया गया खर्च व्यर्थ चला जाता है। क्योंकि विवाह या पति के स्थानान्तरण के कारण स्त्रियाँ स्थान छोड़कर चली जाती हैं। मातृत्व अवकाश पर जाने के कारण एवं पारिवारिक कारणों से अनुपस्थित रहने के कारण तथा स्त्री हित कानूनों के कारण स्त्रियों को नौकरी देना खर्चीला पड़ता है। पुरुष स्त्री के मातहत कार्य नहीं करना चाहते इसलिए प्रमोशन के अवसर स्त्री के लिए हमेशा क्षीण होते हैं। मध्यप्रदेश में प्रमुख सचिव विजय सिंह की पत्नी किरण विजय सिंह अपने पति से वरिष्ठ होने के कारण प्रदेश के वरिष्ठ पद प्रमुख सचिव की अधिकारिणी हैं किन्तु उनके पति को यह पद प्रदान किया गया है।

कार्यस्थल पर स्त्रियों को जिस समस्या का सामना सर्वाधिक करना पड़ता है वह है छेड़छाड़ एवं यौन-उत्पीड़न। अमरीका में अनिता हिल के यौन उत्पीड़न के प्रकरण (अक्टूबर 1991) के पूर्व ऐसा माना जाता था कि मनोरंजन व्यवसाय से जुड़े क्षेत्र में काम करनेवाली स्त्रियों को ही यौन-उत्पीड़न झेलना पड़ता है और सफलता के लिए इसी रास्ते से गुजरना होता है, परन्तु अनिता हिल प्रकरण ने सारी दुनिया में जीवन के अन्य कार्य क्षेत्रों की सच्चाई सामने लाकर रख दी। कार्यस्थल में थोड़े निचले स्तर पर काम करनेवाली स्त्रियों को अपने सहकर्मियों की द्विअर्थी बातों और अश्लील संकेतों का सामना भी करना ही पड़ता है। अधिकारियों द्वारा किए जानेवाले यौन शोषण की शिकायतों के प्रकरण अब सामने आने लगे हैं। यद्यपि भारतीय दंड संहिता की धारा 292 और इंडिसेन्ट रिप्रेजेंटेशन ऑफ वूमेन एक्ट द्वारा यौन-उत्पीड़न मानवीय अधिकारों का हनन है और अपराध सिद्ध होने पर सजा का प्रावधान है परन्तु बदनामी के भय से स्त्रियाँ शिकायत करने से डरती हैं अथवा अपना नाम उजागर नहीं करना चाहतीं। पुरुषवादी मानसिकता इस बात को मानकर चलती है कि काम पर घर से बाहर निकली स्त्री छेड़े जाने को तैयार होकर ही बाहर निकलती है इसलिए कार्यस्थल पर स्त्री को छेड़ना अपना हक समझती है।[31]

इस विषय पर दूसरी तरह से देखना भी जरूरी हो गया है, जहाँ स्त्रियाँ मानसिक रूप से अपने बॉस के साथ इन सम्बन्धों के लिए तैयार होती हैं। वे मानने लगी हैं कि कैरिअॅर में सफलता और पदोन्नति के रास्ते यदि इस तरह

आसान होते हैं तो एतराज़ की बात नहीं है। सफलता के लिए उन्हें अपने शरीर को इस्तेमाल करने में एतराज नहीं है। घर से बाहर निकली स्त्री पर नैतिकता के बन्धन ढीले हुए हैं और यौन शुचिता का आग्रह कम हुआ है। सेक्स के प्रति दृष्टि में बदलाव ने स्त्री के लिए पति के अतिरिक्त रिश्तों की सम्भावना को जन्म दिया है, पति के और पितृसत्तात्मक व्यवस्था के शिकंजे कमजोर हुए हैं। उसने सेक्स को विवाह और प्रेम से अलग अपनी जरूरत के रूप में भी समझा है।[32] नौकरी के तनाव को कम करने में ऐसे सम्बन्ध कारगर साबित हुए हैं।

स्त्री ने कामकाजी होकर अपने दायित्वपूर्ति के लिए भूमिका बदली है, उसने घर और बाहर दोनों स्थानों पर सन्तुलन बिठाने की कोशिश की है परन्तु सांस्कृतिक पृष्ठभूमि रीति-रिवाज, सामाजीकरण की प्रक्रिया के फलस्वरूप पुरुष स्त्रियों को निम्न स्थिति में ही समझते हैं। वे यह भी मानकर चलते हैं कि स्त्रियाँ बुद्धि व शक्ति में उनसे हीन हैं। संविधान द्वारा स्त्री व पुरुषों को दी गई समानता व्यवहार में खोखली हो जाती है। अधिकांशतः आज भी यह माना जाता है कि स्त्रियों को परिवार की आय में सहयोग करने हेतु नौकरी करनी चाहिए, स्वतन्त्रवृत्ति के रूप में वे कैरिअॅर नहीं चुन सकतीं। कैरिअॅर को ही महत्त्व देने वाली स्त्रियों के प्रति संदेह से देखा जाना आम बात है। सफल स्त्री की सफलता के पीछे चरित्र को आधार बनाया जाता है। जितनी सफल स्त्री उतनी चरित्रहीन।[33] लेकिन प्रमाण प्रस्तुत करते वक्त पुरुष मौन हो जाते हैं। नैतिकता के मानदंड समाज ने स्त्री-पुरुष के लिए अलग-अलग रखे हैं। आज स्त्री इस दोहरी नैतिकता को चुनौती दे रही है और अपने लिए जगह बना रही है। फिर भी योग्य कामकाजी स्त्री से घर के दायित्व छूटे नहीं हैं। नए शोधों ने कामकाजी स्त्री के घर और बाहर के दोहरे दायित्वों के बीच निरन्तर झूलती जिन्दगी से उत्पन्न तनाव को कम करने के लिए फ्लर्ट करने को फायदेमन्द बताया है। यद्यपि ऐसे सम्बन्धों की अवधि सीमित होती है किन्तु स्त्री की सेहत के लिए फायदेमन्द और उनकी नौकरी और प्रमोशन को सहज बनानेवाली भी।[34] वे अपने बच्चों को जितना समय देती हैं सार्थक होता है परन्तु अक्सर उन पर बच्चों की उपेक्षा का आरोप लगता है। इस पावर वूमेन पर आरोप अब अन्य तरीके से भी लगने लगे हैं, स्त्री पर आरोप लगने लगा है कि वह स्त्रीत्व छोड़कर पुरुष की तरह हो गई है। चूँकि कार्यालयों में वे पुरुषवादी दृष्टि से निर्णय लेती हैं, पुरुष की तरह ही आक्रामक और कठोर हो गई हैं। यही कठोरता और आक्रामकता घर पर उनके व्यवहार में आ जाती है तब जिस स्थिति में अब तक स्त्री रह रही थी, पुरुष रहने लगा है। पुरुष की स्थिति दोयम दर्जे की व शोषित पुरुष की हो जाती है, स्त्री पुरुषों की सत्ता हथिया रही

है।[35] इस स्थिति में समाज में स्त्रियों की एवं पुरुषों की भूमिका में फर्क आता है परन्तु सत्ता और अर्थ के संस्थान स्त्री के पास स्थानान्तरित नहीं हुए हैं। हमारी पितृसत्तात्मक व्यवस्था में परिवार का मुखिया पिता, पति या पुत्र है। अतः सत्ता के स्रोत वही हैं। हाँ, यह अवश्य हुआ है कि अब स्त्री अपने खिलाफ होनेवाले अत्याचारों, षड्यन्त्रों के विरुद्ध आवाज लगाती हैं, विरोध प्रदर्शित करती है, अपनी अभिरुचियाँ इच्छा से व्यक्त करती है, पर प्रकाश में अब भी उन्हीं खबरों को आने दिया जाता है जहाँ स्त्री पति से पीटे जाने को पति के अधिकार और प्रेम करने के तरीके में शुमार करती है। प्रतिरोध करती स्त्री या तो खबर बनती ही नहीं, बनती भी है तो उसे 'पुरुषवादी' नारी का तमगा दे दिया जाता है और पुरुष को उत्पीड़ित मान लिया जाता है। शिक्षित और काम करती स्त्री ने प्रतिरोध करती स्त्री को सम्भव बनाया है। आत्मनिर्भर, अकेली, पितृसत्ता से बाहर जाती स्त्री की सम्भावना बढ़ी है। ये स्त्रियाँ जो स्वतन्त्रता के वक्त सिर्फ 4 प्रतिशत थी अब 36 प्रतिशत तक बढ़ गई है। आत्म निर्भरता व स्वविवेक ने नई स्त्री को जन्म दिया है। स्त्री के कामकाजी होने से स्त्री की समस्याएँ सुलझी नहीं हैं वरन् उसे अपने व्यक्तित्व निर्माण के अवसर प्राप्त हुए हैं। महत्त्वपूर्ण यह देखना है कि स्त्री ने इन अवसरों का उपयोग किस दिशा में किया है। आज भी कई कामकाजी स्त्रियाँ सिर्फ पैसा कमा रही हैं, परन्तु उनकी स्थिति में फर्क नहीं आया है। वे हर बात के लिए परिवार पर निर्भर और कई बार दोहरे कार्यभार के चलते तनावग्रस्त हैं, स्वनिर्णय के अवसर उन्होंने नहीं प्राप्त किए हैं। स्वविवेक उन्होंने विकसित नहीं किया है। वस्तुतः महत्त्वपूर्ण यह होता है कि मिले हुए अवसरों का स्त्री ने अपने पक्ष में कितना उपयोग किया है। बावजूद इसके ये कामकाजी महिलाएँ समाज में स्त्रियों की बदलती भूमिका व दर्जे को प्रभावित करने में महत्त्वपूर्ण रही हैं।

(घ) स्त्रीवादी आन्दोलनों की भूमिका एवं परिणति

स्त्री संघर्ष के अज्ञात लम्बे इतिहास के बावजूद ज्ञात इतिहास में स्त्री की स्थिति ने बार-बार आन्दोलनों के लिए ज़मीन तैयार की है एवं आन्दोलनों ने स्त्री की स्थिति के बदलाव में मदद की है। कई बार आन्दोलनों के प्रत्यक्षः स्त्रीवादी न होने पर भी स्त्रियों ने इन्हीं आन्दोलनों के मध्य अपने लिए जगह तलाश की है।[36] भारत में स्त्रीवादी आन्दोलनों का एक महत्त्वपूर्ण तथ्य उनका सचेतन आन्दोलन न होना है, बिना किसी पूर्व योजना एवं घोषणा-पत्र के ये आन्दोलन परिस्थितियों की त्वरित प्रतिक्रिया रहे हैं, इसीलिए आन्दोलनों के प्रत्यक्ष दूरगामी प्रभावों से बेखबर

भी रहे। नारीवाद के प्रचार-प्रसार की सोची-समझी रणनीति यहाँ देखने को नहीं मिलती। भारतीय नारीवादी आन्दोलनों पर पाश्चात्य आयातित दर्शन का आरोप लगते रहे हैं।[37] स्वतन्त्रता आन्दोलन में भी यह विवाद गहराया था, और मुथ्युलक्ष्मी रेड्डी ने स्वतन्त्रता आन्दोलन को महिला आन्दोलन स्वीकार करते हुए उसे सम्भावनात्मक रूप से अन्तर्राष्ट्रीय माना था,[38] लेकिन सरोजिनी नायडू ने इसे न केवल पाश्चात्य प्रभाव से मुक्त माना उसके स्त्रीवादी स्वरूप से भी इनकार किया।[39] स्वातन्त्र्योत्तर भारत में भी स्त्रीवादी आन्दोलन अपनी प्रकृति में इसी ज़मीन से जन्मे, पले, बढ़े, लेकिन शेष विश्व के आन्दोलनों की छायाएँ वहाँ अवश्य देखी जा सकती हैं। ये आन्दोलन उस ज़मीन को बनाने में कामयाब हुए जिसके कारण स्त्री के प्रति जवाबदेही बढ़ी, बिना जिम्मेदारी के स्त्री के विषय में कुछ भी कहा जाना सम्भव नहीं रहा। स्त्रीवादी आन्दोलनों की सशक्त पृष्ठभूमि स्वतन्त्रता आन्दोलन के दौरान तैयार हो चुकी थी, उन्नीसवीं शताब्दी में पुरुषों द्वारा स्त्रियों की स्थिति में सुधार से शुरू (जिसे शुरुआती तौर पर ब्रिटिश आकाओं की प्रसन्नता के लिए स्वीकारा गया था, देखें अध्याय तीन का (ग) आधुनिक काल) आन्दोलन बीसवीं शताब्दी के पूर्वार्ध में समानता के अधिकारों द्वारा स्त्री को समाज का उपयोगी सदस्य बनाने से होता हुआ बीसवीं शताब्दी के उत्तरार्ध में स्वनिर्णय के अधिकार तक विस्तृत हुआ।

उन्नीसवीं शताब्दी के उत्तरार्ध में कारखाना कानून बनाए जाने के लिए किया गया आन्दोलन जिन विषयों पर केन्द्रित था उनमें से एक स्त्रियों के अधिक काम के घंटे था जिससे बच्चों की उपेक्षा होती थी। इसी समय बाल-विवाह के विरुद्ध भी अभियान चलाया गया, बाल-विवाह को भारतीय मूल की कमजोरी का कारण निरूपित किया गया। बीसवीं शताब्दी के पूर्वार्ध में भी यही दृष्टि काम करती रही। स्त्रियाँ स्वस्थ नस्ल की पैदाइश के लिए जिम्मेदार हैं, क्योंकि लड़के बड़े होकर पुरुष बनते हैं और लड़कियाँ बड़ी होकर माताएँ बनती हैं।[40] बाद में विधवा विवाह आन्दोलन कानून में अवश्य परिणत हुआ लेकिन कानून पारित होने के बावजूद इसका क्रियान्वयन कारगर ढंग से नहीं हो सका, क्योंकि समाज में स्त्री से जुड़े यौन पावित्र्य पर यह प्रश्न चिह्न लगाता था। कुँआरी, विधवाओं के सम्बन्ध में कुछ सफलता अवश्य मिल सकी।[41] स्त्री शिक्षा आन्दोलन, स्त्री की स्थिति में सुधार लाने के लिए इसलिए प्रयत्नशील रहा कि स्त्री, भविष्य की पीढ़ी के निर्माण में माँ की महत्त्वपूर्ण भूमिका चूँकि उस समय स्वीकारी गई अतः भविष्य के पुरुषों एवं भविष्य की माताओं की बेहतरी के लिए स्त्री की स्थिति एवं शिक्षा पर ध्यान दिया गया। सरोजिनी नायडू के कथन, 'पालना झुलानेवाले हाथ ही विश्व पर शासन

करते हैं'[42] और मैडम कामा के कथन 'जो हाथ पालना झुलाते हैं वही चरित्र निर्माण करते हैं'[43] बेहद लोकप्रिय हुए। स्त्री शिक्षा स्त्री का जन्मसिद्ध अधिकार न होकर पुत्रों को उनकी माताओं से विरासत में मिलनेवाला गुण माना गया। अप्रत्यक्षतः ही सही शिक्षा आन्दोलन स्त्री की स्थिति सुधारने के पक्ष में गया। स्वतन्त्रता आन्दोलन में स्त्रियों की भागीदारी ने उनमें यह बोध पैदा किया कि उनके लिए एक नई जगह बन रही है। उन्हें राष्ट्र की स्वाधीनता के साथ-साथ स्त्री स्वाधीनता का अर्थ भी समझ में आया। 1920-21 के आसपास स्त्री-पुरुष समानता पर भी चर्चा हुई, स्त्रियों की इच्छाओं, ज़रूरतों और क्षमताओं के पुरुषों से समानता के आधार पर समान अधिकारों के हक की वकालत की गई।[44] लेकिन निर्णायक भूमिका न मिलने का क्षोभ भी बार-बार देखने को मिला। श्रमिक आन्दोलनों में नारीवादी संगठनों की भूमिका महत्त्वपूर्ण थी। वीमेंस इंडियन एसोसिएशन ने 1921 में महिला श्रमिकों के प्रसूति अवकाश का प्रश्न उठाया (जिसे 'एटक' द्वारा उनके प्रथम माँगपत्र में एवं बम्बई में एस. के. बोले द्वारा लेजिस्लेटिव कौंसिल द्वारा 1924 में विधेयक के रूप में रखा गया। 1929 में बम्बई, मध्यप्रान्त में 1930, अजमेर-मेवाड़ में 1933, मद्रास में 1935, दिल्ली में 1936, बंगाल में 1937, यू.पी. में 1938 में कानूनी मान्यता मिली।) जिसे कालान्तर में अन्य आन्दोलनों के माध्यम से कानूनी मान्यता मिली। 1920 के दशक के उत्तरार्ध में मज़दूर आन्दोलनों में स्त्रियों की न सिर्फ भागीदारी बढ़ी वरन् अनेक स्त्रियाँ ट्रेड यूनियन नेता भी बनीं, उनमें संगठित होने की जागरूकता बढ़ी। यद्यपि सक्रिय कार्यकर्ता बनने में स्त्री होने के नाते उन्हें अनुत्साहित भी कम नहीं किया गया।[45] 1930 के अखिल भारतीय महिला सम्मेलन में श्रमिक महिलाओं की बेहतरी के लिए महत्त्वपूर्ण 'श्रम प्रस्ताव' प्रस्तुत किए गए। औद्योगीकरण की वृद्धि के साथ जहाँ श्रमिक बाज़ारों की स्थापना और 'श्रमशक्ति की आरक्षित सेना' का गठन हुआ वहीं मन्दी के दौर में सबसे पहले छँटनी स्त्रियों की हुई। इस छँटनी ने स्त्रियों को जागृत एवं संगठित किंया, परन्तु इस मुद्‌दे पर समाज में कोई बहस नहीं हुई। 'महिलाओं के काम' पर उनके लिए जगह बनाई गई। स्वाधीनता प्राप्ति के प्रयत्नों के अन्तिम चरणों में स्त्री प्रश्न राष्ट्रीय आन्दोलन में समाहित किए गए क्योंकि स्त्री मुक्ति को भारतीय स्वाधीनता से जोड़कर देखा गया। स्वतन्त्रता के उपरान्त संवैधानिक घोषणाओं ने प्रथम दृष्ट्या स्त्रियों को सन्तुष्ट किया। आन्दोलन के दौरान महत्त्वपूर्ण संगठनात्मक पदों पर स्त्रियों की अनुपस्थिति ने स्वतन्त्रता के बाद भी उन्हें महत्त्वपूर्ण भूमिकाएँ नहीं सौंपी, परिणामतः आन्दोलन के समय की सक्रिय स्त्रियाँ घर लौट गईं अथवा समाज सुधार आदि की ओर उन्मुख हुईं। किन्तु

धीरे-धीरे उन्हें अपने छले जाने का अहसास हुआ। संविधान द्वारा प्रदत्त अधिकारों एवं कानूनों द्वारा संरक्षण के बावजूद कानूनों की प्रकृति एवं राज्य की भूमिका ने स्त्री को सशंकित किया, कानूनों की न्यायिक व्याख्या में अदालतों द्वारा दिखाया गया कौशल एवं कानूनों के कार्यान्वयन सुनिश्चित करने में स्वातन्त्र्योत्तर भारत में कोई कारगर तन्त्र निर्मित नहीं किया जा सका। परिणामतः कानून कमजोरों के लिए निराशाजनक और ताकतवर के लिए भरोसे का हथियार बना। स्वातन्त्र्योत्तर भारत में अधिकांश नारीवादी आन्दोलन इसी पृष्ठभूमि में सक्रिय हुए।

स्वतन्त्रता के तत्काल पश्चात भूमि पुनर्वितरण के महत्त्वपूर्ण तेलंगाना आन्दोलन स्त्रियों के जुड़ने से सुदृढ़ हुआ। यह आन्दोलन अप्रत्यक्ष रूप से पत्नियों की पिटाई जैसे स्त्री प्रश्न से भी जुड़ा। देवम्मा नामक स्त्री के बलात्कार व उसके पति की हत्या ने इसे बलात्कार के विरुद्ध मोर्चाबन्दी में बदला। आन्दोलन के भूमिगत होने पर सक्रिय महिला छापामारों को आन्दोलन के उपरान्त परिवार द्वारा यह कहकर अस्वीकार किया गया कि उन्होंने अपना स्त्रीत्व खो दिया है।[46] सर्वोदयी आन्दोलन में उत्तराखंड में जंगल की कटाई पर अंकुश के समानान्तर शराबखोरी के खिलाफ आन्दोलन में स्त्रियों ने बढ़-चढ़कर भाग लिया क्योंकि यह अप्रत्यक्ष रूप से स्त्रियों की पिटाई और पति की कमाई गँवाने से जुड़ता था। शहादा आन्दोलन में भी स्त्रियों की भागीदारी बढ़ने पर लिंग आधारित मुद्दे उठाए गए एवं पतियों की नशाखोरी को पत्नी उत्पीड़न का महत्त्वपूर्ण कारण स्वीकारा गया एवं पत्नी को पीड़ित करनेवालों की खुलेआम पिटाई आन्दोलनकारियों द्वारा की गई। घरेलू हिंसा जो अब तक निजी मामला माना जाता था, स्त्री आन्दोलनों ने उसे सार्वजनिक बनाया एवं पुरुष वर्चस्व के खिलाफ आवाज उठाई। 1973 में बम्बई में हुआ मूल्यवृद्धि आन्दोलन उपभोक्ता सुरक्षा का स्त्रियों का व्यापक आन्दोलन बना जो गुजरात में 1974 में नवनिर्माण आन्दोलन में बदल गया। इस आन्दोलन को जयप्रकाश नारायण की सम्पूर्ण क्रान्ति से बल मिला। आन्दोलन के दौरान समकालीन प्रगतिशील महिला संगठन ने स्त्रियों की सम्पूर्ण समस्याओं पर विचार किया एवं पितृसत्ता का विरोध समता मूलक विचारों के आधार पर किया। उन्होंने श्रम विभाजन के भेद-भाव में स्त्रियों को आर्थिक रूप से पुरुषों पर आश्रित रखने की मंशा का खुलासा किया। सामाजिक संरचना के स्त्री को दोयम दर्जे की भूमिका प्रदान करने का दोषी माना। उनके घोषणापत्र में स्त्री शोषण से मुक्ति की युक्तियों को रेखांकित किया गया। आर्थिक निर्भरता एवं घर के निजी कामों को स्त्री की हीन स्थिति का महत्त्वपूर्ण कारण स्वीकारा। सहभागिता और समानता के अधिकार के लिए वातावरण बनाने की आवश्यकता पर जोर दिया। इसी समय

दलित आन्दोलन और नारीवाद के मध्य सम्बन्ध स्थापित हुआ। दलित स्त्रियों द्वारा महिला समता सैनिक दल का गठन हुआ। जिसने स्त्री की जुझारू छवि विकसित करने पर बल दिया। जिसकी समानता अमेरिका के ब्लैक मूवमेन्ट से की जा सकती है। प्रगतिशील महिला संगठन एवं महिला समता सैनिक दल दोनों ने ही महिलाओं के यौन-उत्पीड़न का अपने घोषणा-पत्र में उल्लेख किया। स्त्री से अपेक्षित शुद्धता को स्त्री की कैद का कारण माना। 'पुरुषों ने केवल अपने यौन सुख के लिए स्त्रियों को आज़ादी तथा ज्ञान से वंचित रखते हुए उन्हें गुलाम बना रखा है।'[47] इसके कारणों को प्रगतिशील महिला संगठन ने श्रम विभाजन से जोड़ा एवं महिला समता सैनिक दल ने जैविक कारणों से। विश्वव्यापी नारीवादी आन्दोलन में भी यह प्रश्न विवादित रहा है। अधिसंख्य नारीवादियों में स्त्री के उत्पीड़न के कारणों पर बहस शुरू हुई कि पुरुषों के स्त्रियों पर नियन्त्रण अथवा स्त्री का परिवार से जुड़ा होना, पूँजीवादी व्यवस्था का सामन्ती सोच, अथवा वर्ग विभेद में इसके कारण खोजे जाएँ। स्त्री के अनुभवों में समरूपता किस धरातल पर खोजी जाए एवं नारीवादी आन्दोलनों की भूमिका क्या हो ? प्रश्न यह भी उठा कि स्त्रियों को अलग से संगठित होना चाहिए अथवा दलगत संगठनों की महिला समिति के रूप में कार्य करना चाहिए।[48] समय-समय पर उठनेवाली स्त्री विषयक समस्याओं ने स्त्री प्रश्नों को केन्द्र में स्थान दिया और वे नारीवादी आन्दोलनों की सक्रियता के कारण बनें।

दहेज विरोधी आन्दोलन–दहेज उत्पीड़न और दहेज हत्या के प्रति पारिवारिक मामलावादी दृष्टि जिसने इसे फलने-फूलने में मदद की, सामान्य बात रही है। पत्नी उत्पीड़न की यह घिनौनी करतूत मन लायक दहेज न मिलने की खीझ अथवा दहेज मिलने का लालच के साथ ही, दहेज हत्या के उपरान्त पुनः विवाह द्वारा नए दहेज की लालसा के कारण बलवती होती रही है। हमारी सामाजिक संरचना में स्त्री के विवाह हेतु वर पक्ष को दी जानेवाली निश्चित रकम सुविधा की गारन्टी नहीं बन पाती, सम्पत्ति प्राप्त करने का वर पक्ष का आसान तरीका एवं अदम्य लालसा होती है। पुरुष वर्चस्ववादी व्यवस्था विवाह को समानता के धरातल पर होनेवाला सम्बन्ध नहीं बनने देती। परिणामतः पत्नी उत्पीड़न दहेज हत्या के रूप में सामने आता है।

दहेज हत्या एवं उत्पीड़न के विरोध में लगातार स्त्रीवादी संगठन सक्रिय रहे हैं। महिला दक्षता समिति ने इस दिशा में सर्वप्रथम अभियान चलाया। नारी रक्षा समिति, स्त्री संघर्ष के अलावा स्थानीय नारीवादियों द्वारा देश भर में दहेज हत्या विरोधी अभियानों ने महत्त्वपूर्ण भूमिका अदा की है। दहेज हत्यारों के खिलाफ

प्रदर्शन, रैलियों, धरना, सामाजिक दबाव, सामाजिक बहिष्कार, नुक्कड़ नाटक द्वारा इस मुद्दे के पक्ष में जनमत तैयार किया गया और 'पारिवारिक मामला' सार्वजनिक समस्या का रूप ले सका। आत्महत्या लगनेवाले मामलों का हत्या के रूप में निरूपण, स्त्री के मृत्यु पूर्व बयान को साक्ष्य माने जाने की माँग की गई। 1980 में स्त्रियों को कानून की कागज़ी सुरक्षा प्राप्त हुई। परन्तु 'दहेज हत्या' के अपराधी को मृत्युदंड की सजा का प्रावधान शेष नहीं रहा जबकि दहेज हत्या उन्मूलन का सम्भवतः यही सबसे कारगर उपाय होता।[49] कालान्तर में तो दहेज हत्याओं पर हत्या से भिन्न अलग धारा (304 बी) के अन्तर्गत मामला दर्ज करने का प्रावधान आया जिनमें अधिकतम सजा ही आजीवन कारावास की है। सुप्रीम कोर्ट में आजीवन कारावास की सजा का क्रियान्वयन भी कितने मामलों में नहीं हो पाया है।[50] नारीवादी आन्दोलनों ने दहेज हत्या के साथ ही दहेज उत्पीड़न के खिलाफ भी आन्दोलन किए, परन्तु परिवार और पूँजी के बाहर अकेली स्त्री की सुरक्षा और जीवनयापन के साधनों के विकल्प के अभाव में कारगर परिणाम हाथ नहीं आए। बावजूद इसके इस अपराध के प्रति जन जागृति लाने का उद्देश्य इन आन्दोलनों ने पूरा किया और पितृसत्ता विरोधी, पूँजीवादी विरोधी, स्त्रियों से लेकर रूढ़िवादी एवं पितृसत्ता की पक्षधर सहित भिन्न-भिन्न दृष्टिकोणोंवाली स्त्रियाँ एकजुट हुईं। आन्दोलन में सक्रिय स्त्रियों ने दहेज हत्या और आत्महत्या को पूँजीवाद से उपजी समस्या से जोड़कर देखा, अन्य ने इसे पितृसत्ता से जोड़ा जिसे स्त्री की दशा के लिए अधिसंख्य स्थितियों में जिम्मेदार पाया गया।

बलात्कार के विरुद्ध आन्दोलन–बलात्कार भारत में स्त्री के प्रति होनेवाले अपराधों में सबसे बड़ा अपराध है। जिसके आँकड़े प्रति वर्ष अन्धी रफ्तार से बढ़ते हैं बावजूद इसके कि स्त्री के मन में बैठाए गए अपराध बोध के कारण अधिकांश अपराधों की रिपोर्ट नहीं की जाती। प्राप्त जानकारियाँ उत्तरोत्तर बढ़ते आँकड़ों से चिन्तित करती है वहीं ये आँकड़े सरकारी गैर जिम्मेदारी भी रेखांकित करते हैं। राष्ट्रीय अपराध ब्यूरो द्वारा प्रकाशित आँकड़ों का विश्लेषण करें तो पाएँगे कि 1990-1996 के आँकड़ों के प्रकाशन में की गई लापरवाही में 2,493 अपराधों के रिकार्ड में घपला साफ दिखाई देता है।[51]

इस सन्दर्भ में पृष्ठ 104 पर की तालिका दृष्टव्य है–

बलात्कार स्त्री पर पुरुष के आतंक को गहरा करता है। सूसन ब्राउन मिलर का इस सम्बन्ध में विचार है कि बलात्कार अपराध नहीं है, बल्कि पुरुषों द्वारा औरतों को इस खतरे का हौआ दिखाकर लगातार भयभीत रखना भर प्रतीत होता है।[52] कुछ व्यक्तियों ने बलात्कार करके समस्त स्त्री समाज को निरन्तर मुट्ठी में

उम्र वर्ग के अनुसार बलात्कार-वर्ष 1990-1996

वर्ष	10 वर्ष से कम	10-16 वर्ष	16-30 वर्ष	30 वर्ष से अधिक कुल बलात्कार	तालिका 7.4 के अनुसार	वार्षिक वृद्धि का प्रतिशत वृद्धि	1990 की तुलना में के अनुसार बलात्कार	तालिका 58.59 अन्तर	तालिका 7.4 57-59 में
1990	394	2,105	6,028	1,541	10,076	–	–	–	–
1991	1,099	2,630	5,377	1,319	10,425	3.54	3.54	–	–
1992	532	2,581	7,000	1,621	11,734	12.55	16.55	11,112	622
1993	634	2,759	7,038	1,792	12,223	416	21.40	11,292	981
1994	734	3,244	7,442	1,798	13,218	8.14	31.28	12,351	867
1995	747	3,320	7,752	1,955	13,774	4.20	36.80	13,754	20
1996	608	3,475	8,281	2,485	14,849	7.80	47.50	14,846	3
कुल	4,748	20,114	48,918	12,511	86,291	–	–	63,305	2,493
प्रतिशत	5.5	23.3	56.7	14.5	100	–	–		
1990	5.43	65.1	37.4	61.2	47.5	–	–		
की तुलना में 1996 में वृद्धि 1991 की तुलना में 1996	(-) 44.67	(+) 32.12	(+) 54.00	(+) 88.40	(+) 42.43	–	–		
अन्तर	(-) 9.63	(-) 33.00	+16.6	+27.2	(-) 5.07				

रखने का मानो षड्यन्त्र रचा हुआ है। बलात्कार प्रभुत्व दिखाने का माध्यम है। भूस्वामियों द्वारा बन्धुआ स्त्री श्रमिकों अथवा पुरुष श्रमिकों की स्त्रियों के प्रति, अधिकारी वर्ग का अपने अधीनस्थों के प्रति, मिल मालिकों का अधीनस्थ कर्मचारियों के प्रति, उच्च जातियों का निम्न जातियों के प्रति, रिश्तेदारों और सम्बन्धी द्वारा किया बलात्कार, सेना व पुलिस द्वारा किया बलात्कार असंख्य बलात्कारों को सूचीबद्ध करना आसान काम नहीं। पुरुष की सम्पत्ति मानी जानेवाली स्त्री के प्रति किया गया यह अपराध अक्सर पुरुषों की आपसी रंजिश का प्रतिफलन होता है। एक बार का बलात्कार स्त्री को जीवन खराब होने का अपराध बोध देता है। यौन शुचिता का आतंक आत्महत्या का विकल्प सौंपता है।

समकालीन नारीवादी आन्दोलनों में बलात्कार पर अन्तर्राष्ट्रीय स्तर पर विचार किया गया है। भारत में स्वतन्त्रता पूर्व भी ब्रिटिश शासकों द्वारा स्त्री के प्रति की गई ज्यादतियों के मुद्दे उठाए गए। स्वतन्त्रता के बाद विभिन्न आन्दोलनों के दौरान महिला प्रतिनिधियों को बलात्कार भोगना पड़ा। इसी प्रकार के बलात्कारों की रिपोर्ट भी अधिक हुई। भारत में बलात्कार के विरुद्ध आन्दोलन मुख्यतः पुलिस बलात्कार के खिलाफ चलाया गया। पुलिस द्वारा किए गए बलात्कारों की संख्या पर विचार करें तो बीस साल पुराने रिकार्डानुसार ग्रामीण और आदिवासी क्षेत्रों में प्रतिदिन एक-दो बलात्कार होते हैं।[53] जबकि रिपोर्ट कराने का प्रतिशत बहुत कम होता था। आज अपंजीकृत घटनाओं की खोज करने पर बलात्कार के जिस भयावह रूप से साक्षात् होगा वह विगत पंजीकृत आँकड़ों से कई गुना होगा।

पुलिस बलात्कार के खिलाफ यद्यपि माओवादी आन्दोलन के समय ही आवाज उठना शुरू हो गई थी परन्तु इस दिशा में सशक्त आन्दोलन 70 के दशक के उत्तरार्ध में हुए, जब हैदराबाद में रमीजा बी के साथ 1978 में पुलिस द्वारा सामूहिक बलात्कार की वीभत्स घटना हुई एवं विरोध करने पर उसके पति की हत्या की गई। इसकी भीषण प्रतिक्रिया सामने आई। बाईस हजार लोगों द्वारा थाने के समक्ष घेराव, रास्ता रोकना, टेलीफोन लाइनें काटना, पथराव आदि द्वारा अपना प्रतिरोध दर्ज किया गया। राज्य सरकार के इस्तीफे के साथ यह प्रतिरोध शान्त हुआ। परन्तु जाँच आयोग द्वारा दोषी ठहराए जाने के बावजूद सत्र न्यायालय ने पुलिसकर्मियों के पक्ष में न्याय दिया। नारीवादियों ने उच्च एवं उच्चतम न्यायालय की शरण ली। नारीवादी आन्दोलनों में वामपंथी दलों ने बलात्कार के मामले में लैंगिक और वर्ग अवधारणाओं को एकीकृत किया।

1979 में पुलिस तथा जमींदार/मालिक बलात्कार के विरोध में संगमनेर, परिमाला, कर्नाटक के मालूर गाँव एवं कामरूप में सेना द्वारा बलात्कार के विरुद्ध

आन्दोलन किए गए। संथाल परगना में झारखंड आन्दोलन के तहत सामूहिक बलात्कार के खिलाफ आवाज उठाई गई। पुलिस बलात्कार की एक और जघन्य घटना जिसने नारीवादियों को आन्दोलित किया मथुरा बलात्कार कांड था, जब सोलह-सत्रह वर्ष की लड़की के साथ स्थानीय पुलिसवालों द्वारा बलात्कार किया गया। ग्रामीणों और मथुरा के परिवार के दबाव में मुकदमा दायर किया गया किन्तु सत्र न्यायालय द्वारा बरी किया गया। उच्चतम न्यायालय ने मथुरा को उसके एक प्रेमी होने के कारण अनैतिक चरित्र की घोषित करते हुए बलात्कार स्वीकार नहीं किया। इस दलील के खिलाफ स्त्री मंचों ने आवाज उठाई, चार वरिष्ठ वकीलों ने विरोध में खुला पत्र लिखा, इस पत्र से प्रेरित होकर फोरम अगेन्स्ट रेप (अब फोरम अगेन्स्ट आप्रेशन ऑफ वीमेन) द्वारा देशव्यापी आन्दोलन का आह्वान महिला दिवस पर किया गया। बलात्कार के विरुद्ध आन्दोलनों में राजनीतिक पार्टियों ने भी आन्दोलन किया, बलात्कार देशव्यापी महत्त्व का मुद्दा बना। बागपत में माया त्यागी के साथ पुलिस हिरासत में हुए सामूहिक बलात्कार एवं नंगा किए जाने की घटना का जबरदस्त विरोध नारी संगठनों द्वारा किया गया। गृहमन्त्री द्वारा महिला सांसदों के साथ घटनास्थल के दौरे के बाद न्यायिक जाँच के आदेश दिए गए। सीमान्त गांधी द्वारा बलात्कार के खिलाफ अर्थ दंड द्वारा अंकुश की बात उठाई गई। संसद में बहस के दौरान बाबू जगजीवन राम ने बलात्कारी पर सबूत पेश करने की जिम्मेदारी का सुझाव दिया, बागपत बलात्कार के खिलाफ धरने दिए गए। हरियाणा के डबवाली में इसी समय शीला देवी के साथ हुए बलात्कार व हत्या के विरुद्ध आवाज उठाई गई। बलात्कार को महत्त्वपूर्ण मुद्दा स्वीकार करते हुए राष्ट्रीय राजनीतिक दलों ने आन्दोलन में हिस्सा लिया। इन आन्दोलनों ने लिंग आधारित शोषण को महिला के सम्मान के उल्लंघन में बदल दिया एवं स्त्री सुरक्षा की माँग की। नया बिल 1983 में पास हुआ जिसमें स्वतन्त्रता के पूर्व के कानून[54] विवाहित स्त्रियों के साथ पति द्वारा पन्द्रह वर्ष तक[55] एवं अविवाहितों के साथ सोलह साल तक की उम्र में किया गया सहवास बलात्कार यथावत रहा। बलात्कार को विविध श्रेणियों में संहिताबद्ध किया गया। मुकदमे के दौरान होनेवाले उत्पीड़न से स्त्री को बचाने के लिए कैमरे के सामने सुनवाई का प्रावधान एवं साक्ष्य प्रस्तुति का दायित्व अभियुक्त को सौंपा गया। बलात्कार की अधिकतम सज़ा दस साल की गई जिसे पर्याप्त और विशिष्ट कारणों से घटाया भी जा सकता है। नारीवादियों के अथक प्रयास के बाद बनाए गए बलात्कार के विरुद्ध कानून, जिसे नारीवादियों ने अपनी जीत समझा था, की धाराओं की मनमानी व्याख्या ने कानून का औचित्य बदल दिया, बलात्कार की शिकार स्त्री की कैमरा के सामने जाँच ने जहाँ

सार्वजनिक चौकसी के अवसर खत्म किए वहीं 'पर्याप्त' और 'विशिष्ट' कारण अभियुक्त के पक्ष में व्याख्यायित किए गए। बलात्कार के समय स्त्री की उम्र प्रमाणित न हो पाना, देर से की गई रिपोर्ट, बलात्कार के समय उपयोग किए गए वस्त्रों को साक्ष्य के रूप में सुरक्षित न रखना, स्त्री के खिलाफ गया। विवाहिता और अविवाहिता के उम्र का विरोधाभास कायम रहा। स्त्री के चरित्र पर प्रश्न लगाकर बलात्कार के आरोप से बरी होने के अवसर बढ़े। जैसा कि मणिमाला कहती हैं, 'यही चक्रव्यूह है हमारे समाज का, जो अपराधी है उसे ही अधिकार मिलता है। वही न्याय करता है। अपने लिए इन्साफ और अपराध करने का हक आरक्षित कर लेता है। अपनी पत्नी को बेचने का हक पा लेता है, दूसरे की बीवी को भोगने का हक पा लेता है।'[56] बलात्कार की सम्भोगीय परिभाषा के सीमित होने से यौन यन्त्रणाओं को बलात्कार में शामिल नहीं किया, प्रश्न अनुत्तरित रहे। बावजूद इसके हम आन्दोलनों की उपलब्धियों को नजरअन्दाज नहीं कर सकते। इन आन्दोलनों ने जहाँ बलात्कार सम्बन्धी कानूनों की सीमाओं की ओर ध्यान आकर्षित किया वहीं बलात्कार की स्त्री विरोधी मानसिकता के खिलाफ जनमानस बनाने में मदद की। रपट दर्ज कराने के मामले में बढ़ोतरी हुई। यह दृष्टि विकसित होने में मदद मिली कि 'बलात्कार से आहत व्यक्ति इंसान पहले होता है, किसी व्यक्ति या समुदाय की सम्पत्ति या मर्यादा नहीं–असली सवाल अस्मत का नहीं अस्मिता का है।'[57]

संरचनात्मक परिवर्तन के प्रयत्न–स्त्री हितवादी कानूनी लड़ाई स्त्रीवादियों ने दहेज व बलात्कार विरोधी आन्दोलन में लड़ी और पाया कि कानून बनाने के लिए किया गया संघर्ष तब व्यर्थ चला जाता है जब उसकी न्यायिक व्याख्या स्त्री के पक्ष में नहीं जाती, न ही उन कानूनों के क्रियान्वयन के औज़ार ही स्त्री के पास है। जब तक समाज में संरचनात्मक परिवर्तन नहीं आता स्थिति में बदलाव सम्भव नहीं। चूँकि स्वतन्त्रता दान की नहीं अर्जित करने की वस्तु है, अतः स्त्रियों को अपने अधिकारों से अवगत कराने की, उन्हें स्वास्थ्य, शिक्षा से जुड़ी समस्याओं के बारे में जानकारी देने के जरूरत महसूस की गई। अतः स्त्रीवादी संगठनों ने नए सिरे के कार्य प्रारम्भ किया। व्यक्तिगत मुद्दे उठाते हुए स्वास्थ्य, शिक्षा, सुरक्षा, सलाह सेवाएँ उपलब्ध कराने हेतु महिला केन्द्र खोले गए। मुफ्त कानूनी सलाह, रोज़गार प्रशिक्षण के कार्यक्रम भी ऐजेंडे में शामिल किए गए। ये योजनाएँ बीसवीं शताब्दी के प्रारम्भ में शुरू हुई योजनाओं से इस मायने में भिन्न थीं कि जहाँ शताब्दी के पूर्वार्ध में स्त्री हित चिन्ता के पीछे कारण समाज कल्याण के थे, उत्तरार्ध के प्रयत्न विशुद्ध स्त्री केन्द्रित थे। प्रयत्न परिवार बचाओ के स्थान पर स्त्री प्रश्नों

एवं उनके समाधान को समर्पित थे। सखीत्व की अवधारणा विकसित करते हुए, परस्पर एक दूसरे के सुख-दुख बाँटने के पारम्परिक स्त्री-मित्रता के स्वरूप को प्रयोग में लाया गया। ये संगठन सखी-संगठन थे। इनके नाम भी इसी आधार पर सखी, सहेली, साथिन रखे गए। सखी-सहेली के विनोदात्मक पहलू का भी उपयोग किया गया और स्त्री आन्दोलन स्त्री की बेचारी छवि, स्त्री शोषण पर ही केन्द्रित न रहकर उसके सकारात्मक पक्ष की ओर भी अग्रसर हुए। यह तथ्य ध्यान में रखा गया कि रचनात्मकता मुक्तिदायक होती है। रचनात्मक प्रतिभा के उपयोग हेतु गीत, नृत्य, नाटक, चित्रकारी आदि मनोरंजक माध्यमों का उपयोग आपसी एकता व घनिष्ठता बढ़ाने के लिए किया गया। इस हेतु कार्यशालाएँ आयोजित की गईं। समस्याओं को भी इन्हीं माध्यमों से उठाया गया। समाज द्वारा स्त्री को दोयम दर्जे का हीन साबित करने को रेखांकित किया गया। भारत में स्त्रियों की प्रतिरोधी क्षमता को इतिहास में खोजा गया एवं उनकी व्याख्या नए सन्दर्भों में हुई। 'ओम स्वाहा' एवं 'मुलगी झाली हो' जैसे नाटकों को लोकतत्त्व से जोड़कर जागृति लाने का प्रयास किया गया। पूर्व के आन्दोलनों को नारीवादी सन्दर्भों में व्याख्यायित किया गया। इन प्रयत्नों ने वर्गजन्य अवरोधों को दूर करने में मदद की। खेतिहर व श्रमिक महिलाओं ने नारीवाद में अपने योगदान के मूल्य को समझा। लोक संस्कृति को औपचारिक मान्यता मिली। सांस्कृतिक रीति-रिवाज़ों को नारीवादी सन्दर्भों में प्रयुक्त किया गया। निर्धन ग्रामीण स्त्रियों ने इन आयोजनों में जहाँ अपने लिए सम्मान खोजा, मध्यम वर्गीय महिलाएँ इसे कर्तव्य की सीमा में बाँधती रहीं। रचनात्मक प्रयत्नों से मिलनेवाले संकेतों को नहीं समझा गया, न ही उनके सम्वर्धन के कोई प्रयास हुए। मनोरंजक माध्यमों ने कार्यशालाओं-सम्मेलनों को उत्सव का रूप प्रदान किया। ये उत्सव कालान्तर में ऊपरी ताम-झाम से पहचाने जाने लगे। सम्मेलन की सफलता विश्लेषण माँगों, रणनीतियों के स्थान पर अभियान क्षेत्रों, उनके समय, भाषण, बैनर, जुलूस के मुद्दों में बदलने लगा। संगठन की उपलब्धियों और हितों के स्थान पर नारीवादी अपने कद बढ़ाने को प्रमुखता देने लगे। आयोजनों का आन्दोलनकारी स्वरूप धूमिल होता गया। नारीवादियों के प्रति समाज की दृष्टि भी सकारात्मक नहीं रही, उन्हें पाश्चात्य दृष्टि से प्रभावित, बड़े वर्ग के प्रतिनिधि की अपेक्षा, सीमित उच्च वर्ग के हितों का हिमायती माना गया। संगठनों को बड़ी-बड़ी संस्थाओं से अनुदान लेने का माध्यम माना गया, नारीवादियों के प्रति हिकारत से देखा गया फिर भी स्त्री सम्बन्धी मुद्दों को उठाने की ज्यादा जरूरत महसूस की गई। नारीवादी गतिविधियाँ अनेक शृंखलाओं में विभक्त हो गई, जैसे–झोपड़-पट्टी सुधार कार्य से सम्बन्धी साहित्य

का प्रकाशन, दृश्य श्रव्य सामग्री निर्माण, रोज़गार सृजन योजनाएँ, स्वास्थ्य शिक्षा एवं ट्रेड यूनियनों की स्थापनाएँ। राजनीतिक क्षेत्र में स्त्री मुद्दों को अपनी स्थिति मज़बूत करने के लिए उठाया गया। भारत ही नहीं, अमेरिका जैसे देश में भी आज किसी पार्टी की जीत उसके स्त्रियों के प्रति रवैये से प्रभावित होती है। महिला श्रमिक यूनियनों को पुनर्जीवित करने का प्रयास किया गया। यह महसूस किया गया कि गरीब स्त्रियाँ काम के स्थान के मुद्दों की अपेक्षा परिवार के जीवन स्तर सुधारनेवाले मुद्दों पर अधिक जुझारू थीं। छत्तीसगढ़ खान कर्मचारी श्रमिक संघ का उदाहरण देखा जा सकता है। नारीवादियों ने यह भी महसूस किया कि आन्दोलन से जुड़नेवाली स्त्रियाँ स्त्री के रूप में आनेवाली समस्याओं के प्रति परिवार में भी दृष्टि नारीवादी रखती है, व समस्याओं को उठाती है। इन अर्थों में नारीवादी आन्दोलनों ने अपनी सार्थकता प्रतिपादित की एवं प्रभाव के फलक को विस्तृत किया।

स्त्री आन्दोलन एवं व्यावसायिक समूह–स्त्रीवादी आन्दोलनों के विस्तार की एक दिशा व्यावसायिक एवं मुद्दा आधारित समूहों के रूप में भी विकसित हुई। जिसके परिणामस्वरूप शिक्षा, पत्रकारिता एवं चिकित्सा के क्षेत्र में स्त्रीवादी गतिविधियाँ विस्तृत हुईं। नारीवादी विषयों पर समाचार पत्रों एवं पत्रिकाओं में महिला विषयक कॉलम लिखने से लेकर स्त्रीवादी पत्रिकाओं तक स्त्री विमर्श हेतु प्रयत्न किए गए, महिला पत्रकारों की संख्या में आश्चर्यजनक प्रगति हुई। महिलाओं से जुड़ी घटनाओं के साथ-साथ उनके विश्लेषण, उद्देश्यपरकता, विचारों की ओर भी ध्यान दिया गया, खबरों को देखने की दृष्टि में बदलाव आया।

स्त्री-जीवन के महत्त्वपूर्ण पहलूओं से परिचित होने के लिए स्वतन्त्र अनुसन्धान संस्थान के माध्यम से स्त्री अध्ययन प्रारम्भ हुआ। अन्तरानुशासनात्मक अध्ययन के केन्द्र खोले गए, विश्वविद्यालय स्तर पर 'सेन्टर फॉर वीमेन्स डवलपमेन्ट स्टडीज़' खोले गए। मुम्बई के एस.एन.डी.टी. महिला विश्वविद्यालय द्वारा महिला अनुसन्धान एकांश स्थापित किया गया। महाविद्यालयीन स्तर पर महिला अध्ययन की योजनाएँ बनीं। नारीवादी गतिविधियों के लिए महत्त्वपूर्ण जानकारियाँ उपलब्ध हो सकीं किन्तु नारी आन्दोलन की गतिविधियाँ पृष्ठभूमि में चली गईं। सिद्धान्त और व्यवहार परस्पर दूर होते गए।

नारीवाद का उपयोग चिकित्सा के क्षेत्र में भी किया गया। नारीवादियों के साथ मेडिको फ्रेंड्स सर्किल एवं वालंटरी हेल्थ एसोसिएशन ऑफ इंडिया ने मिलकर भारत जैसे देशों को दवाइयों के 'डम्पिंग जोन' बनाने का विरोध एवं बालिका भ्रूण हत्या के दोषी एमिनोसेण्टोसिस जाँच प्रणाली को अवैध घोषित कराने हेतु प्रयत्न

किए। अन्य चिकित्सा संगठनों द्वारा महिलाओं को स्वास्थ्य सम्बन्धी जानकारी उपलब्ध कराने के अभियान चलाए गए।

नारीवादी आन्दोलन एवं राजनीतिक दल–नारीवादियों के सामने यह प्रश्न लगातार खड़े रहे कि उन्हें अपनी पहचान बनाने के लिए अलग नारीवादी संगठन बनाने चाहिए या राजनीतिक दलों का हिस्सा बनना चाहिए। आर्थिक सबलता एवं अनुभव बाहुल्य के आधार पर पार्टी का हिस्सा बनने की वकालत की जाती रही है। 1979 में दलगत आधार पर सिर्फ महिला दक्षता समिति कार्य कर रही थी जो जनता पार्टी की सहयोगी थी। कुछ नारीवादी राजनीतिक दलों में सुधार की सम्भावना देखते हुए नारीवादी लक्ष्यों पर राजनीतिक दलों के साथ काम करना चाहते थे। परन्तु कुछ परम्परागत दृष्टिवाले दलों के साथ इस आधार पर काम नहीं करना चाहते थे कि राजनीतिक दलों की रचना स्त्री हितवादी उद्देश्यों को पूरा नहीं कर सकती। अतः कई नारीवादी संगठन के सदस्यों से यह अपेक्षा की गई कि वे किसी दल से न जुड़ें। दल से जुड़ा होना सदस्यता हेतु अयोग्यता मानी गई। 'समता' और 'स्त्री संघर्ष' जैसे संगठन ऐसे ही थे, राजनीतिक दलों का विस्तार बनने मात्र से स्त्री प्रश्न किस प्रकार पृष्ठभूमि में चले जाते हैं, बार-बार चेतावनी दी गई।[58] दलगत राजनीति का हिस्सा बनने पर दल के पुरुष प्रभुत्व के सम्मुख स्त्रियों को कम महत्त्व दिया जाना एवं शारीरिक स्तर शोषण की सम्भावना से इनकार नहीं किया जा सकता।[59] राजनीतिक दल बलात्कार जैसे विषयों से 'पारिवारिक मामला' कहकर बचते रहे हैं, स्त्री कार्यकर्ताओं द्वारा ऐसे विषय उठाए जाने पर उन्हें पार्टी की सदस्यता से हाथ भी धोना पड़ा है।[60] नारीवादी आन्दोलनों द्वारा सक्रिय रूप से स्त्री विषयों का निरन्तर उठाया जाना, स्त्रियों के पक्ष में तो गया ही, इन विषयों को स्त्री स्वातन्त्र्य के खिलाफ भी जोर-शोर से उठाया गया। लगभग उन्हीं नारों और वैसी ही भाषा का उपयोग स्त्री विरोधी आन्दोलनों के लिए किया गया। सती प्रथा के समर्थन में महिमामंडन करते हुए सती होने के 'अधिकार' के लिए स्त्रियों को एकजुट किया गया। स्त्री के पक्ष में उठाए गए अधिकांश मुद्दे चूँकि परिवार में स्त्री की अधीनस्थ की भूमिका के खिलाफ थे, स्त्री के शोषण में परिवार को महत्त्वपूर्ण कारक मानते थे अतः स्त्री का अपने लिए उठ खड़ा होना परिवार के विपक्ष में गया, स्त्रीत्ववादी स्त्री को परिवार तोड़नेवाली के रूप में, घृणा की दृष्टि से देखा गया। और एक बार फिर उन्हें उन्हीं विशेषणों से नवाजा गया जिनसे उन्नीसवीं शताब्दी के पूर्वार्ध में नवाज़ा गया था, परम्परागत भारतीय समाज के लिए ये आन्दोलन व आन्दोलनरत स्त्रियाँ विदेशी आयात सिद्ध की गईं।

बावजूद उपर्यूक्त स्थितियों के स्त्री विषयों का उपयोग सभी राजनीतिक दलों ने अपने-अपने पक्ष में अपने-अपने दृष्टिकोण से किया और भारतीय स्त्री के पक्ष में अपनी दावेदारी पेश की। परिणामतः दलों के आधार पर स्त्री हित टुकड़ों में बँट गए। इस बन्दरबाँट का विकृत रूप महिला आरक्षण में जातिगत आरक्षण की माँग के दौरान देखने में आई। स्त्री के हित स्त्री के हित न होकर हिन्दू स्त्री, मुस्लिम स्त्री, ईसाई स्त्री, दलित स्त्री के हित में रूपान्तरित हो गए।

समान नागरिक संहिता

संविधान के अनुच्छेद 14 के द्वारा कानून के सामने और कानून द्वारा समानता की घोषणा की गई है। अनुच्छेद 15 के द्वारा जाति, लिंग, धर्म और जन्म स्थान के आधार पर किसी से कोई भेदभाव नहीं किया जाएगा।

- संविधान के प्रथम संशोधन के माध्यम से 1951 में ही अनुच्छेद 21 बी में यह प्रावधान कर दिया गया है कि संविधान के नौवें परिशिष्ट में बने कानूनों (उत्तराधिकार सम्बन्धी) की संवैधानिक वैधता को इस आधार पर चुनौती नहीं दी जा सकती कि वे मौलिक अधिकारों का हनन करते रहे हैं। (देखें, अरविन्द जैन, न्याय क्षेत्र, पृष्ठ क्र. 269)
- भारत के समस्त राज्य क्षेत्र में नागरिकों के लिए राज्य एक समान व्यवहार संहिता प्राप्त करने का प्रयास करेगा। (संविधान के निर्देशक तत्त्वों के अन्तर्गत अनुच्छेद 44)

संविधान द्वारा प्रदत्त व्यवस्थाओं के मध्य 'समान नागरिक संहिता' को संवैधानिक मंशा, सामाजिक सन्दर्भ, राजनैतिक उद्देश्य और साम्प्रदायिक पैंतरेबाजियाँ, अपने-अपने ढंग से विश्लेषित और व्याख्यायित करते रहे हैं। संविधान की मंशा, कि भारत के सभी नागरिकों के साथ समान व्यवहार किया जाए, निजी कानूनों (पर्सनल लॉ) के आगे घुटने टेक देती है। संविधान सभा में मोहम्मद इस्माइल साह, जो मद्रास के मुस्लिम सम्प्रदाय के प्रतिनिधि थे, की दलील–किसी भी सम्प्रदाय या वर्ग का निजी कानून या उस वर्ग या सम्प्रदाय के मूल अधिकार में से एक है, यह कानून उनके जीवन का भाग, उनके धर्म का भाग, उनकी संस्कृति का भाग है, उसमें हस्तक्षेप उनकी जीवन प्रणाली में हस्तक्षेप करने के बराबर है–अब तक बदली नहीं है। यद्यपि कार्ल मार्क्स यह स्वीकार करते हैं कि निजी कानून का वास्तविक स्थान राज्य नहीं, नागरिक समाज है। निकट अतीत में देखें तो भारतीय नवजागरण काल में धार्मिक सुधार का आन्दोलन सामाजिक संस्थाओं और

सम्बन्धों के पुनर्निर्माण में अपनी महत्त्वपूर्ण भूमिका अदा कर चुका है और सती प्रथा विधवा विवाह स्त्रियों का सम्पत्ति में अधिकार जैसे विषय सामाजिक विमर्श तथा नए कानूनों की आधारशिला बन चुके हैं तथापि इस सच्चाई से भी मुँह नहीं मोड़ा जा सकता कि अंग्रेजों ने एक ऐसी नीति अपनाई जिसमें पारिवारिक सम्बन्धों के मामले में हिन्दू-हिन्दू कानूनों द्वारा चालित होंगे और मुसलमान-मुसलमान कानूनों द्वारा। अंग्रेजों की फूट डालो राज करो की नीति की सफलता के तहत दोनों सम्प्रदाय के समाजसुधारकों ने साथ मिलकर कार्य नहीं किया। (टू वर्ड्स इक्वेटिली, रिपोर्ट आनन्द कमेटी आनन्द स्टेट्स ऑफ वीमेन पृ. 101-103)

यहाँ यह भी उल्लेखनीय है कि ब्रिटिश सरकार द्वारा विरासत में हमें ऐसे कई कानून मिले हैं जो प्रत्येक भारतीय पर समान रूप से लागू होते हैं। इंडियन पीनल कोड, क्रिमनल प्रोसीजर कोड, सिविल प्रोसीजर कोड, इंडियन एवीडेन्स एक्ट, ट्रांसफर ऑफ प्रापर्टी एक्ट, लेकिन आश्चर्य की बात तो यह है (यह आश्चर्य डॉ. बी.आर. अम्बेडकर का भी है) कि मानवीय सम्बन्धों के लगभग प्रत्येक क्षेत्र में कानूनों की एकविध संहिता होने के बावजूद ऐसा क्यों है कि सिर्फ विवाह और उत्तराधिकार का क्षेत्र निजी कानूनों के रहमों करम पर जिन्दा है। ये वे क्षेत्र हैं जिनका सीधा प्रभाव स्त्रियों की स्थिति पर पड़ता है और यह प्रश्न महत्त्वपूर्ण स्त्री प्रश्नों में सम्मिलित हो जाता है। तकलीफदेह बात यह है कि निजी कानून न सिर्फ पुरुष और स्त्री के प्रति भेदभावपूर्ण रवैया अपनाता है वरन् अलग-अलग धर्मों के निजी कानून धर्म के आधार पर स्त्री के लिए अलग-अलग कानून मुहैया कराते हैं, ये कानून स्त्री को धर्म के आधार पर न केवल विभाजित करते हैं वरन् स्त्री के विपक्ष में भी खड़े हैं।

"विवाह परिवार एवं स्त्री-पुरुषों के अन्तर्सम्बन्ध ऐसे सामाजिक घटक हैं जिन्हें किसी काजी, पंडित या पादरी या अन्य धर्म सत्ता के निर्णय द्वारा नहीं, लोकतान्त्रिक कानून के शासन एवं समतावादी समाज व्यवस्था द्वारा लागू किया जाना चाहिए।" (के.एम. मुंशी); हिन्दू कानून हो अथवा मुस्लिम, सूक्ष्म विश्लेषण से ज्ञात होता है कि वे स्त्रियों के विरुद्ध हैं अतः यदि निजी कानूनों को लागू करते हुए स्त्री पुरुषों की समानता के कानून बनाए जाएँ, तो संभव नहीं है। संविधान के अनुच्छेद 35 पर चर्चा करते हुए संविधान सभा ने 'विवाह और उत्तराधिकार' के प्रश्न पर एकरूपता लाने का प्रयत्न किया था किन्तु सदस्यों के मत वैभिन्य के बाद इसे नीति निर्देशक तत्त्वों के अन्तर्गत डाल दिया गया। ''यह अनुच्छेद सिर्फ एक सुझाव है कि राज्य देश के नागरिकों के लिए समान व्यवहार संहिता के निर्माण का प्रयत्न करेगा।'' इस प्रयास को कार्य रूप में परिणत करने का एक प्रयत्न हिन्दू कोड बिल

के रूप में स्वतन्त्रता पश्चात किया गया था जिसे संसद के अन्दर (खुद सरकार के भी अन्दर) और संसद के बाहर तीव्र विरोध झेलना पड़ा। यहाँ तक कि तत्कालीन राष्ट्रपति डॉ. राजेन्द्र प्रसाद की भूमिका इस दिशा में प्रतिगामी रही और हिन्दू कोड बिल इतिहास की वस्तु बनकर रह गया जिसमें उत्तराधिकार, भरण-पोषण, विवाह और तलाक, अभिभावकत्व, संयुक्त परिवार की सम्पत्ति, महिलाओं की सम्पत्ति, विरासत और दत्तक के विषयों पर एक संहिता का मसविदा तैयार किया था। स्त्रीहितवादी विचार 'धर्म खतरे में है' के उद्घोष के नीचे दफन हो गया।

कालान्तर में हिन्दू विवाह अधिनियम 1955, हिन्दू उत्तराधिकार अधिनियम 1956, हिन्दू दत्तक और भरण-पोषण अधिनियम 1956 तथा हिन्दू अप्राप्तवयता और संरक्षकता अधिनियम, 1956 के नाम से टुकड़ों-टुकड़ों में हिन्दू कोड बिल की मुख्य-मुख्य बातें कानूनी रूप पाईं।

इस प्रकार समस्त नागरिक संहिता का प्रश्न न तो धर्म निरपेक्ष सन्दर्भों में स्त्री के पक्ष में उठाया जा सका और न ही निजी कानूनों को एकरूपता देने के सन्दर्भ में। निजी कानूनों की तलवार से पैदा की गई फाँक स्त्री के प्रति कैसी दृष्टि रखती है, यह इन कानूनों के विहंगावलोकी आकलन से भी साफ हो सकती है।

स्त्रियाँ और हिन्दू निजी कानून

हिन्दू उत्तराधिकार अधिनियम 1956 पुत्र-पुत्री को बराबर का वारिस मानता है। किन्तु मिताक्षरा सह-उत्तराधिकारी प्रणाली समाप्त नहीं होने के कारण संयुक्त परिवार की सम्पत्ति में पुत्री को उसके पिता की सह-उत्तराधिकारी (संयुक्त परिवार) सम्पत्ति में हिस्सा दिया गया, परन्तु उसको उसके भाई के साथ बराबर का हिस्सेदार नहीं बनाया गया, जो जन्म से अपने पिता के समान हिस्से का उत्तराधिकारी होता। इस तरह कृषि लायक जमीन के विभाजन को रोकने का प्रावधान करने अथवा हदबन्दी का निर्धारण करने के लिए अधिनियम के लागू होने से छूट दे दी गई। चूँकि भारत में अधिकांश जमीन विरासत से प्राप्त सम्पत्ति में है अतः स्त्रियों के साथ न्याय नहीं हो सका। स्त्री को ससुराल की सम्पत्ति में हिस्सा विधवा होने के बाद मिलता है। विरासत में प्राप्त मकान में परिवार के अन्य सदस्य यदि रह रहे हों तो स्त्री को बँटवारा कराने का अधिकार नहीं है। अविवाहित अथवा तलाकशुदा होने की स्थिति में ही वह उस घर में रह सकती है। इस अधिनियम की धारा 30 के अधीन हिन्दू पुरुष अपनी पैतृक सम्पत्ति अथवा स्वअर्जित सम्पत्ति के सम्बन्ध में वसीयत करने के लिए भी स्वतन्त्र है। इन प्रावधानों में स्त्री को विरासत

से प्राप्त सम्पत्ति के वास्तविक अधिकारों का लाभ नहीं लेने दिया।

हिन्दू विवाह अधिनियम 1955 जिसमें 1976 में संशोधन किया गया था। एक विवाह और तलाक के अधिकार व्यावहारिक रूप में स्त्री के पक्ष में नहीं गए। हिन्दू पुरुषों द्वारा दो विवाह किए जाने पर दूसरा विवाह साबित करना मुश्किल होता है कि दूसरा विवाह हिन्दूओं के सभी आवश्यक रीति-रिवाज के साथ, अग्नि के सात फेरों के साथ सम्पन्न हुआ है। यद्यपि भारतीय दंड संहिता में यह दंडनीय अपराध है। तलाक का कानून पर्याप्त आर्थिक सुरक्षा के अभाव में रूप ही नहीं ले पाता। गुजारा भत्ता की राशि पत्नी और बच्चों के पालन-पोषण के लिए प्रायः अपर्याप्त होती है। वैवाहिक जीवन में बनाई गई सम्पत्ति पर स्त्री का बराबर से अधिकार नहीं होना 'छत' के अभाव में स्त्री को तलाक की हिम्मत नहीं देता। स्त्री यदि कामकाजी है और सम्पत्ति में अपने लगाए धन का प्रमाण प्रस्तुत कर सकती है तभी उसे लाभ मिल सकता है। परिवार द्वारा मिली शारीरिक और मानसिक यंत्रणा के बावजूद 'तलाक' का लाभ लेने से आर्थिक स्वावलम्बन, सम्पत्ति के अभाव में वंचित रह जाती हैं।

हिन्दू दत्तक और भरण-पोषण अधिनियम में व्यवस्था है कि हिन्दू सिर्फ हिन्दू को गोद ले सकता है। पति यदि सन्तान गोद लेना चाहता है तो वह पत्नी की सहमति से (जो प्रायः मिल जाती है) ले सकता है किन्तु विवाहिता स्त्री को गोद लेने का अधिकार नहीं दिया गया है। यही नहीं यदि किसी अविवाहिता स्त्री ने बच्चा गोद लिया है तो विवाह के बाद वह पति का सौतेला बच्चा माना जाता है। स्त्री के पक्ष में इस कानून में एकमात्र व्यवस्था यह है कि यह 'बालिका' को गोद लेने की अनुमति देता है। बालक गोद लेने पर पिता को उसको प्राकृतिक संरक्षता सौंपी गई है, बालिका के बारे में अधिनियम कोई संकेत नहीं देता। हिन्दू अप्राप्तवयता और संरक्षकता अधिनियम पुराने कानूनों पर ही आधारित है। यह स्त्री को अपने बच्चों को प्राकृतिक संरक्षण हेतु बराबर का अधिकार नहीं देता। स्त्री को अपने बच्चों का संरक्षकत्व पति के बाद प्रदान किया गया है। यही अधिनियम नाबालिग पति को नाबालिग पत्नी का प्राकृतिक संरक्षक बनाता है, यद्यपि बाल विवाह गैर कानूनी है।

स्त्रियाँ और मुस्लिम निजी कानून

दूसरे समुदायों की भाँति ही मुस्लिम समाज में भी वर्ग भेद और लिंग भेद स्त्री के पक्ष में नहीं गया है। यद्यपि इस्लामी फिका या न्यायशास्त्र में विभिन्न विचार

सम्प्रदाय हैं और उनमें पाए जानेवाले भेद इस बात को साबित करने के लिए काफी हैं कि मुस्लिम निजी कानूनों को 'खुदा का फरमान' नहीं माना जा सकता। महत्त्वपूर्ण बात यह भी है कि विश्व के अन्य इस्लामिक देशों में विवाह और उत्तराधिकार से जुड़े कानूनों को सामयिक दृष्टि से देखा और संशोधित किया जा चुका है। तुर्की, इराक, सीरिया, ट्यूनिशीया, इंडोनेशिया, पाकिस्तान, बंगलादेश ने कई प्रकार के सुधार लागू किए हैं। अपने पड़ोसी देश पाकिस्तान की ही बात करें तो हम पाएँगे कि वहाँ मुतल्लिका दफ्तरों या अदालतों में कार्यवाही किए बगैर कोई पुरुष अपनी पत्नी को तलाक नहीं दे सकता एवं निकाह के वक्त औरत को भी तलाक का अधिकार दिया जा सकता है।

मुस्लिम निजी कानून भारत में एकमात्र निजी कानून है जिसमें बहुविवाह को मान्यता प्राप्त है। इसके कारण भारतीय मुस्लिम स्त्रियों को जिन समस्याओं का सामना करना पड़ रहा है उसे दूर करने के लिए कुछ नहीं किया गया है। मेहर की राशि देने की व्यवस्था इस रूप में स्त्रियों के खिलाफ जाती रही है कि मेहर की राशि न देना पड़े इसलिए तलाक नहीं दिया जाता और बहुविवाह के प्रावधान के तहत नया विवाह कर लिया जाता है। स्त्री तलाक पाए बिना दूसरा विवाह करने की हकदार नहीं। स्त्री को दोयम दर्जे की स्थिति में रहना पड़ता है। आर्थिक पर निर्भरता स्त्री को पुरुष से बाँधे रखती है जो एक से अधिक पत्नियों का पति है।

मुस्लिम निजी कानून का तीन तलाक का विधान स्त्री के पक्ष में नहीं जाता। भारत में तलाक-ए-बिदअत् (तीन तलाक) तलाक का सबसे प्रचलित रूप है। यद्यपि तलाक-ए-एहसान और तलाक-ए-सुन्नत भी भिन्न-भिन्न फिरकों में प्रचलित हैं किन्तु तलाक-ए-बिदअत् स्त्री के लिए सर्वाधिक बेरहम साबित हुआ है। तीन तलाक की दहशत में स्त्री लगातार आतंक में रहती है और जुल्म बरदाश्त करती है। इसका ग़लत इस्तेमाल स्त्री को दबाकर रखने के लिए किया जाता है। ऐसे समय में जब विश्व के अधिकांश मुस्लिम देश तलाक़-ए-बिदअत् पर प्रश्न चिह्न लगा रहे हैं और तलाक में न्यायालय की भूमिका सुनिश्चित कर रहे हैं, भारत में इस दिशा में कोई ठोस कार्य नहीं किया जा रहा है। दूसरी ओर ऐसे प्रकरण भी देखने में आते हैं कि पति-पत्नी के न चाहते हुए भी यदि नशे या गुस्से में तलाक बोल दिया जाए तो समुदाय के लोग हलाला के बिना उनके पुनः साथ रहने की गुंजाइश नहीं बनने देते। स्थितियाँ कई बार स्त्री के वेश्या बनने तक पहुँच जाती है। 'खुला' तलाक की सुविधा मुस्लिम कानून देता है किन्तु आर्थिक परावलम्बन स्त्री को ऐसे निर्णय नहीं लेने देता, दूसरी ओर स्त्री की ओर से तलाक देने पर पुरुष का गुनाह साबित होने पर भी स्त्री को मेहर सहित अपने सभी अधिकारों

से हाथ धोना पड़ता है। मुस्लिम स्त्रियों के पास गुजारा भत्ता की कोई व्यवस्था नहीं होती। शाहबानो की भाँति इस दिशा में उनके प्रयत्न 'समुदाय को कमजोर करनेवाले घोषित होते रहे हैं।' 'उत्तराधिकार के अधिकार मुस्लिम निजी कानून में यद्यपि हिन्दू निजी कानून से बेहतर है किन्तु पुरुषों के समान, बराबर के अधिकार उन्हें भी प्राप्त नहीं हैं।'

ईसाइयों एवं आदिवासियों के अपने निजी कानून हैं, विविध जनजातियों का इतना बाहुल्य है और उनके कानून भी भिन्न-भिन्न हैं, सभी सम्प्रदायों के निजी कानून और समान नागरिक संहिता लागू करने के प्रयास हमेशा परस्पर विरोधी रहे हैं, धर्म के ध्वजाधारियों ने समान नागरिक संहिता को 'हिन्दुत्व खतरे में है' अथवा 'इस्लाम खतरे में है,' कहकर नकारा है। वोटों की राजनीति ने इस अलगाव को और भड़काया है, परिणामतः स्त्री के पक्ष में निर्णय होते नहीं हैं; तथापि बार-बार ऐसी घटनाएँ उपस्थित हुई हैं जब समान नागरिक संहिता की आवश्यकता पर विचार विमर्श किया गया, बहस की गई और संविधान की मंशा के अनुसार इस दिशा में 'प्रयास' किए गए। चूँकि इसके पीछे किसी बाध्यता की गुंजाइश नहीं है, अतः प्रयासों में न सच्चाई दिखाई देती है न गहराई और धर्म के ठेकेदार यथावत प्रश्नों को, समस्याओं को छोड़ देते हैं अथवा एकजुट होकर स्त्री अधिकारों का विरोध करते हैं अथवा राज्य को उसके अधिकारों की सीमा दिखा देते हैं।

समान नागरिक संहिता–विमर्श के नए सन्दर्भ

टूवर्डस इक्वेलिटी, रिपोर्ट ऑफ द कमेटी ऑन द स्टेट्स ऑफ वीमेन–समान नागरिक संहिता के कार्यान्वयन की दिशा में किए गए प्रयासों में महिलाओं की स्थिति जानने के लिए 1971 में एक कमेटी बनाई गई, जिसका सबसे पहला मुद्दा था कि 'यह कमेटी उन संवैधानिक कानूनी और प्रशासनिक प्रावधानों की जाँच करेगी जिनका महिलाओं की सामाजिक स्थिति, शिक्षा तथा रोजगार पर असर पड़ता है। इस स्टेट्स कमेटी ने अपनी रिपोर्ट अन्तर्राष्ट्रीय महिला वर्ष (1975) की पूर्व सन्ध्या में प्रस्तुत की, जिसमें नागरिक संहिता के बारे में महत्त्वपूर्ण विचार प्रस्तुत किए गए। निजी कानून के लूप होल्स की ओर से उँगली दिखाते हुए, भारतीय स्त्री की कानूनी स्थिति की दिशा में महत्त्वपूर्ण भूमिका अदा की। समान नागरिक संहिता के प्रश्न में महिलाओं के प्रति न्याय, समानता का अधिकार तथा उनकी सामाजिक स्थिति में सुधार की तरह के प्रश्न बुनियादी तौर पर निहित हैं। इसलिए निजी कानूनों को धार्मिक प्रश्न के स्थान पर सामाजिक प्रश्न के रूप में

स्वीकार और व्याख्यायित किया गया। इस रिपोर्ट में जोर देकर कहा गया कि यह एक ऐसा सामाजिक प्रश्न है जिसका सीधा सम्बन्ध हमारी आबादी के आधे हिस्से, स्त्रियों की स्थिति से है। स्टेट्स कमेटी ने निजी कानूनों के अध्ययन के बाद उनमें अलग-अलग सुधार के सुझाव पेश किए। बहुविवाह रिपोर्ट की राय थी कि उन सुधारों से उस दिशा में बढ़ा जा सकता है, जिससे एकसमान नागरिक संहिता के लक्ष्य को हासिल किया जा सके। कमेटी ने भारत के किसी भी निजी कानून को आदर्श नहीं पाया, साथ ही किसी एक सम्प्रदाय के निजी कानूनों को दूसरे सम्प्रदाय पर लादने को अस्वीकार किया। समान नागरिक का एकमात्र उद्देश्य सभी निजी कानूनों को ऐसा स्वरूप प्रदान करना होना चाहिए जिससे एक नागरिक के रूप में महिला समाज को समानता के अधिकार प्राप्त हो सकें, उसके प्रति भेद-भाव समाप्त हो सके, ताकि सभी सामाजिक कार्यों में महिलाओं की समान भागीदारी सुनिश्चित किया जा सके। कमेटी की सिफारिश थी कि वर्तमान कानूनों में संशोधनों के बारे में हमारी सिफारिशें सिर्फ उस दिशा का संकेत देती हैं, जिससे समानता को हासिल किया जा सकता है, इसलिए हम समान नागरिक संहिता लागू करने के बारे में संवैधानिक निर्देश पर शीघ्रता से अमल करने की सिफारिश करते हैं। (टूवर्डस इक्वैलिटी, पृ. 142) स्टेट्स कमेटी की रिपोर्ट इस मायने में अत्याधिक महत्त्व की है कि इसने भारत के नारी आन्दोलन और महिलाओं के प्रति सामाजिक और कानूनी दृष्टिकोण की दिशा में महत्त्वपूर्ण भूमिका अदा की थी (समान नागरिक संहिता, सरला महेश्वरी पृ. 83)

बहुविवाह, विवाह की आयु, दहेज, तलाक, अभिभावकता, भरण-पोषण, विरासत और दत्तक फौजदारी कानून, नागरिकता जैसे विषयों पर महत्त्वपूर्ण विमर्श प्रस्तुत किया गया।

सुप्रीम कोर्ट और समान नागरिक संहिता

समान नागरिक संहिता विकसित करने की संवैधानिक मंशा को पूर्ण करने में सुप्रीम कोर्ट की महत्त्वपूर्ण भूमिका है। वह न्यायिक प्रकरणों में निर्णय देते हुए, सरकार के कार्य की समीक्षा करते हुए एवं कार्यपालिका को सुझाव देते हुए इस दिशा में महत्त्वपूर्ण भूमिका निभाता रहा है (निभा सकता है)। दो महत्त्वपूर्ण प्रकरणों के विवेचन से इसे स्पष्ट किया जा सकता है।

शाहबानो प्रकरण में 1985 में सुप्रीम कोर्ट ने अपनी राय दी कि शाहबानो मुस्लिम सम्प्रदाय की होने के बावजूद तलाक देनेवाले अपने पति से फौजदारी

कानून की धारा 125 के अन्तर्गत भरण-पोषण का अधिकार प्राप्त कर सकती है, बशर्ते कि वह दूसरा विवाह न करे, तथा यह कि यह प्रावधान मुस्लिम निजी कानून के खिलाफ इसलिए नहीं है, क्योंकि पवित्र कुरान की 241 और 242 आयत इस निष्कर्ष का समर्थन करती हैं। मुख्य न्यायाधीश चन्द्रचूड़ की अध्यक्षता में गठित खंडपीठ ने अपने ऐतिहासिक फैसले के अन्त में, इस बात पर दुख प्रकट किया कि हमारे संविधान की धारा 44 मृत अक्षरों की तरह पड़ी हुई है। सरकारी गतिविधियों का ऐसा काई प्रमाण नहीं मिलता कि वह देश के लिए एकसमान नागरिक संहिता तैयार कर रही है।'' एक समान नागरिक संहिता परस्पर विरोधी विचार धाराओं के कानूनों के प्रति बिखरी हुई वफादारियों को समाप्त करके राष्ट्रीय अखंडता के हित में सहायक होगी। इस सन्दर्भ में मुस्लिम तत्त्ववादियों, उलेमाओं आदि ने कड़ा विरोध किया, परिणामस्परूप सुप्रीम कोर्ट की जो राय औरतों को समानता दिलाने की दिशा में एक महत्त्वपूर्ण कदम हो सकती थी, उसकी ओट में केन्द्रीय सरकार ने एक ऐसा कानून बना दिया जिसने तलाकशुदा मुस्लिम स्त्रियों के भरण-पोषण के अधिकार प्राप्ति के रास्ते में अवरोध खड़े कर दिए। (शाहबानो प्रकरण पर विस्तार से चर्चा स्त्री की साम्प्रदायिक छवि शीर्षक अन्तर्गत देखी जा सकती है।)

सुप्रीम कोर्ट में कल्याणी संस्था की अध्यक्ष सरला मुद्‌गल तथा मीना माथुर द्वारा याचिका प्रस्तुत की गई। जिसमें एक हिन्दू विवाहित पति ने अपनी पत्नी से तलाक लिए बिना इस्लाम कुबूल किया। मुस्लिम निजी कानून का लाभ उठाते हुए उसने दूसरा विवाह किया, और चार विवाह के अपने अधिकार की पैरवी की। सरला मुद्‌गल ने अपनी याचिका के माध्यम से प्रश्न उठाया कि क्या कोई हिन्दू धर्मावलम्बी, जिसने हिन्दू कानून के तहत विवाह किया हो, पहली शादी तोड़े बगैर दूसरा विवाह कर सकता है ? क्या दूसरा विवाह वैध होगा जबकि हिन्दू पत्नी से तलाक नहीं लिया गया है, और वह जिन्दा है। न्यायमूर्ति कुलदीप सिंह और न्यायमूर्ति आर.एन. सहाय की खंडपीठ ने हिन्दू पति पर इस्लाम कुबूल करके दूसरी शादी को गैर कानूनी घोषित करने के साथ ही, प्रसंगवश इस ओर इशारा किया था कि 41 वर्ष बाद भी आज के शासक संविधान की धारा 44 को ठंडे बस्ते से निकालने की मानसिकता में नहीं है, जहाँ वह 1949 से पड़ी है। अदालत ने भारत सरकार के कानून और न्याय मन्त्रालय के सचिव के माध्यम से भारत सरकार से अगस्त 1996 तक हलफनामे के रूप में यह स्पष्ट करने का निर्देश दिया कि वह समान नागरिक संहिता हासिल करने की दिशा में किए गए प्रयासों का लेखा-जोखा प्रस्तुत करे। विवाह और उत्तराधिकार के प्रश्नों को अदालत ने धर्मनिरपेक्ष प्रकृति

का बताया। अन्य इस्लामिक देशों का उदाहरण देते हुए धर्मनिरपेक्ष भारत के इन धर्माधारित राज्यों से पिछड़े होने के तथ्य को दोहराया गया। अदालत ने संकेत किया कि संविधान की धारा 44 इस अवधारणा पर आधारित है कि किसी भी सभ्य समाज में धर्म और निजी कानून के बीच कोई अनिवार्य रिश्ता नहीं है। धारा 25 धार्मिक स्वतन्त्रता को सुनिश्चित करती है, जबकि धारा 44 सामाजिक सम्बन्धों और निजी कानूनों से धर्म को अलग करती है। इसी प्रसंगवश न्यायमूर्ति कृष्ण अय्यर ने अपने लेख (अंग्रेजी दैनिक 'हिन्दू' 22 एवं 23 अगस्त) में लिखा कि हम महिलाओं को समान दर्जा तथा मानव अधिकार दिए जाने के लिए और प्रतीक्षा नहीं कर सकते। तत्त्ववादी या राजनीतिक रणनीति कुछ भी क्यों न सोचे, किसी भी धर्म का कोई मूल्य नहीं रह जाता यदि वह असमानताओं को समाप्त नहीं करता तथा महिलाओं और बच्चों के लिए हर दृष्टि से समान दर्जा दिलाने की बात नहीं करता। केन्द्रीय सरकार के कानून मन्त्रालय की ओर से 29 अक्टूबर 1996 को जो हलफनामा प्रस्तुत किया गया, वह सरकारी मंशा को साफ-साफ प्रस्तुत करता है। केन्द्रीय सरकार ने संविधान सभा का जिक्र करते हुए इसकी बाध्यकारिता से इनकार किया, उसे एक लगातार प्रक्रिया माना। अतः रातो-रात कोई परिवर्तन नहीं किए जा सकते। सरकार ने स्वीकार किया कि अल्पसंख्यक समुदायों के निजी कानूनों को वह नहीं बदल पाई है, क्योंकि सम्प्रदायों के निजी कानूनों में हस्तक्षेप न करना सरकार की हमेशा नीति रही है। परिवर्तन की पहल सम्प्रदायों के अन्दर से आनी चाहिए। संविधान सभा की बहस की मूल भावना के विपरीत केन्द्रीय सरकार के हलफनामे में कहा गया कि संयुक्त मोर्चा सरकार विवाह, तलाक और उत्तराधिकार की तरह के प्रश्नों को मूलतः धार्मिक प्रश्न मानती है, और धर्म की स्वतन्त्रता सुनिश्चित करनेवाली संविधान की धारा 25 का आदर करती है।

समग्रतः यदि विचार करें तो पाएँगे कि विवाह, तलाक और उत्तराधिकार कानूनों को अन्य कानूनों की तरह एकविध कानूनों के अन्तर्गत नहीं रखा गया है। जब-जब समान नागरिक संहिता की बात उठाई गई है तो या तो किसी एक सम्प्रदाय के कानूनों को दूसरे सम्प्रदायों पर लागू करने का विचार रखा गया है अथवा सभी निजी कानूनों से अच्छी-अच्छी बातों को लेकर नई नागरिक संहिता बनाने की पेशकश की गई है। प्रश्न यह उठता है कि जब सभी सम्प्रदायों के निजी कानून स्त्री हित की चिन्ता नहीं करते तो उनमें से आदर्श स्थितियाँ कैसे खोजी जा सकेंगी ? निजी कानून भले ही अपने-अपने दृष्टिकोण रखते हों, उनके शोषण की तकनीक भिन्न-भिन्न हो किन्तु स्त्री शोषण और अत्याचार के प्रश्न पर सभी

निजी कानून एक ही भूमिका निभाते हैं। दूसरे, परम्परागत दृष्टिकोण का पोषण करनेवाले ये कानून आज की परिस्थितियों, प्रगतिकामी स्त्रियों का हित संवर्धन किस प्रकार कर सकेंगे ? तीसरे, समान नागरिक संहिता की संविधान की धारा 44 के साथ जुड़ा 'प्रयास' शब्द साम्प्रदायिक शक्तियों को अपने अपने हित में व्याख्या की सुविधा प्रदान करता है और स्त्री प्रश्नों पर, स्त्री के हित में किसी भी ठोस कदम की कोई गुंजाइश नहीं बनती। अन्ततोगत्वा झेलने की स्थिति, हार की स्थिति का सामना स्त्री को ही करना पड़ता है। नए भारत की नागरिक संहिता से अपेक्षा तो यही की जानी चाहिए कि वह भारत की, नई स्त्री जो जागरूक है, प्रगतिशील है, लोकतान्त्रिक पद्धति में विश्वास करती है, उसकी आकांक्षाओं, इच्छाओं का ध्यान रखे। स्त्री-पुरुष समानता की पक्षधरता के अनुरूप समान काम, समान अधिकार समान कानून का लक्ष्य रखा जाना वरेण्य होगा। यह कैसे न्यायसंगत हो सकता है कि स्त्री के हिस्से में हमेशा त्याग आए और पुरुष के हिस्से में अधिकार ? एक पति/पत्नी विवाह, वैवाहिक जीवन में बनाई गई सम्पत्ति का तलाक के समय बराबर का बँटवारा, विवाह की समान आयु, सम्पत्ति, शिक्षा, विकास के समान अवसरों के साथ ही उनका क्रियान्वयन भी इन समानता की दिशा में आवश्यक है। ऐसी स्थितियों के अभाव का परिणाम है कि अविवाहित, तलाकशुदा स्त्रियों की तादाद निरन्तर बढ़ती जा रही है, और विवाह संस्था में आने से कतरानेवाली स्त्रियों की संख्या 36 प्रतिशत तक बढ़ गई है। समान नागरिक संहिता समस्त भारतीयों की एकरूपता की दिशा में आज की जरूरत है, राजनीति और सम्प्रदाय की रोटी सेंकने वालों के लिए यह चेतने का वक्त है।

स्त्री की साम्प्रदायिक पहचान (1)–सामूहिक रूप से स्त्री प्रश्नों का उठाया जाना स्त्री को शक्ति प्रदान करता, अतः स्त्री प्रश्नों को जातिगत आधार पर विखंडित करने में 'पर्सनल लॉ' को प्रयुक्त किया गया। हिन्दू स्त्री के प्रश्न मुस्लिम स्त्री के प्रश्नों से भिन्न हुए और उसके उत्तर भी। जिसे शाहबानो प्रकरण के दौरान गहराई से महसूस किया गया। विभिन्न सम्प्रदायों के लिए भिन्न-भिन्न पारिवारिक कानूनों ने स्त्री के लिए न्याय के अलग-अलग पैमाने तय किए जबकि संविधान समानता की पैरवी करता है तब 'समानता का कानून' समानों के लिए समान कानून हो जाता है।[61] शाहबानो प्रकरण में उठाए गए गुजारे भत्ते के प्रश्न को (जो मात्र पाँच सौ रुपए की अपर्याप्त राशि का है) शाहबानो के मुस्लिम होने एवं विवाह व तलाक सम्बन्धी कानूनों हेतु पर्सनल लॉ की सत्ता ने विवाद का विषय बनाया। अपराध प्रक्रिया संहिता की धारा 125 के द्वारा निराश्रयता एवं मोहताजी की स्थिति में तलाकशुदा स्त्रियों को पति से गुजारा भत्ता मिलने का अधिकार 75 वर्षीय बूढ़ी

शाहबानो को मिलना चाहिए अथवा मुस्लिम पर्सनल लॉ के अनुसार इद्दत की मुद्दत (तीन माह का समय तलाक के बाद) के बाद पति का तलाक शुदा पत्नी के प्रति कोई जिम्मेदारी नहीं होती–का प्रश्न कालान्तर में स्त्री अधिकारों के लिए आन्दोलन का विषय बना। जबकि शाहबानो के वकील द्वारा कुरान की आयतों का भी हवाला देकर इस्लाम में सक्षम व्यक्ति के लिए गुजारा भत्ता देने के फर्ज का उल्लेख भी किया गया। सर्वोच्च न्यायालय ने धर्म के नाम पर स्त्रियों के प्रति होनेवाले अत्याचारों के प्रति कठोर रूख अपनाया एवं सरकार को 'समान नागरिक संहिता' बनाने का सुझाव दिया। उच्चतम न्यायालय ने आयातों के हवाले से मुस्लिम पर्सनल लॉ के अन्तर्गत ही गुजारे भत्ते के प्रावधान को कायम रखा[62] एवं धारा 125 को धार्मिक बन्धन से मुक्त माना। परम्परागत रूप से स्त्री के प्रति किए जानेवाले अन्याय की आलोचना करते हुए उसे संविधान की 'समानता की मंशा' के खिलाफ़ पाया। सरकार से समान नागरिक संहिता के निर्माण का अनुरोध किया गया। धारा 125 के आधार पर पूर्व में भी मुस्लिम महिलाओं को गुजारा भत्ता देने के निर्णय उच्चतम न्यायालय कर चुका था। परन्तु धारा 125 को मुस्लिम पर्सनल लॉ से उच्च स्थिति प्रदान करना, मुस्लिम समुदाय पर हमला समझा गया।[63] नारीवादियों ने स्त्री प्रश्नों से ध्यान हटाकर मुस्लिम लॉ पर केन्द्रित करने के कारण इस का विरोध किया तो मुस्लिम सम्प्रदाय वादियों ने 'इस्लाम खतरे में है' के नारे दिए। अगस्त 1985 में मुस्लिम महिलाओं को धारा 125 की परिधि से निकालने की नीयत से संसद में एक विधेयक आया। विधेयक सर्वोच्च न्यायालय के निर्णय के एक दिन पहले प्रस्तुत किया गया। मुस्लिम उदारवादियों, नारीवादियों, समाज सुधारकों द्वारा धारा 125 के पक्ष में अभियान शुरू किया गया। वहीं विधेयक के समर्थन में भी व्यापक अभियान चलाया गया। धारा 125 के पक्ष में अभियान चलानेवालों को हमलों, काले झंडों, धमकियों, पत्थरों का सामना मिराज/नांदेड़/जलगाँव में करना पड़ा। शरीयत की अदालतों में जाने की सलाह लखनऊ में मुस्लिम पर्सनल लॉ बोर्ड द्वारा दी गई। शाहबानो प्रकरण ने बाबरी मस्ज़िद प्रकरण के साथ मिलकर साम्प्रदायिक शक्ल अख्तियार की, और इसे हिन्दू साम्प्रदायिकता के हमले के रूप में देखा गया। 25 फरवरी 1986 को प्रस्तुत इस विधेयक ने इद्दत की मुद्दत के बाद स्त्री के अनुरक्षण के दायित्व को माता-पिता एवं उसके विफल रहने पर वक्फ बोर्ड को सौंपा। इस सिलसिले में हुए नारीवादी आन्दोलनों ने बलात्कार और दहेज विरोधी आन्दोलनों की भाँति एक बेनर के तले संघर्ष नहीं किया। समान नागरिक संहिता के पूर्व में समर्थन करनेवाले अनेक मुसलमानों ने अब विधेयक का स्वागत किया। विशेष रेखांकन योग्य बात यह हुई कि मुस्लिम स्त्री के हित

की लड़ाई में 'मुस्लिम महिला अधिकार संरक्षण समिति' ने अपनी सदस्यता को मुस्लिम पुरुषों तक सीमित किया। स्त्री के लिए लड़ाई में स्त्री सदस्यता से वंचित कर दी गई।[64] महिलाओं के मुद्दों को परिभाषित करने का अधिकार उनके धार्मिक समुदाय को मिलना, स्त्री को जाति, सम्प्रदाय, धर्म के नाम पर विभाजित किए जाने के पक्ष में गया। स्त्री एकजुटता का आधार कमजोर करने की दिशा में यह महत्त्वपूर्ण कदम था। अन्ततः 6 मई 1986 को विधेयक पारित कर दिया गया। व्यक्तिगत कानूनों की वरीयता ने स्त्री-पुरुष असमानता को बरकरार रखने में मदद की और संविधान की मंशा से खिलवाड़ किया गया। शाहबानो ने शपथपूर्वक गुजारे भत्ते के त्याग की घोषणा की, क्योंकि उसे सच्ची मुस्लिम औरतों की सच्ची भावनाओं के खिलाफ घोषित किया गया। 'व्यक्तिगत औरत' के खिलाफ 'सच्ची औरत' की छवि को प्रोजेक्ट करने का कार्य भी इन्हीं सन्दर्भों मे किया गया जिसका असर सती प्रसंगों में खुलकर सामने आया। समकालीन सन्दर्भों में शिवानी भटनागर के प्रसंगों तक 'सच्ची औरत' और 'व्यक्तिगत औरत' की प्रतिद्वन्द्विता की छायाएँ गहरी होती देखी जा सकती हैं।

स्त्री की साम्प्रदायिक पहचान (2)–नारीवादी आन्दोलनों के इतिहास और वर्तमान स्वरूप के बावजूद भारत में स्त्री सम्बन्धी सामाजिक परिवर्तन की वास्तविकता का बोध सती (रूपकुँवर जैसे) प्रकरण कराते हैं। सती प्रथा को हमारे स्त्री इतिहास की आत्म बलिदानी 'गौरवशाली' परम्परा का वारिस घोषित करते हुए इसके खिलाफ आवाज उठानेवालों को पश्चिम परस्त, उपनिवेशवादी, प्रकारान्तर से पूँजीवादी विचारधारा का पोषक सिद्ध किया जाता रहा है।[65] यह उस वक्त किया गया जब सती प्रथा को हत्या के अपराध के रूप में स्वीकृति मिलने लगी थी। देवराला में रूपकुँवर का सती होना सती होने की पहली घटना नहीं थी, परन्तु रूपकुँवर प्रकरण इसलिए महत्त्वपूर्ण सिद्ध हुआ क्योंकि इसने सती समर्थकों के बाज़ारवादी मन्तव्यों को व्यक्त किया। सती मन्दिर, सती स्मृति में मेलों का आयोजन के साथ ही सती होने के स्त्री के अधिकार हेतु आन्दोलनों और 'सच्ची स्त्री' का प्रमाण-पत्र देने की मंशा ने सती परम्परा पर विचार की आवश्यकता पैदा की। रूपकुँवर प्रकरण के पूर्व पाली जिले के बागड़ा गाँव में पुलिस ने सती प्रथा के विपक्ष में अपना रोल अदा किया था।[66] मार्च 85 में सती की एक अन्य घटना को पुलिस द्वारा रोका गया था।[67] पुलिस हस्तक्षेप के खिलाफ कोई आन्दोलन नहीं हुए थे। रूपकुँवर प्रकरण जहाँ पुलिस का प्राथमिक हस्तक्षेप नहीं हुआ था सती प्रथा के पक्ष-विपक्ष में आन्दोलन का कारण बना। घोषणापूर्वक रूपकुँवर का सती आयोजन दर्शनीय घटना के रूप में प्रस्तुत हुआ। हत्या के तमाम साक्ष्यों के मध्य

रूपकुँवर 'सती' के रूप में महिमा मंडित 'अच्छी स्त्री' के रूप में स्थापित की गई।[68] इस 'अच्छी स्त्री' की हत्या को समारोहित किया गया आनन-फानन में सती स्थल को लोकप्रिय तीर्थ स्थल में तब्दील करके और तीर्थ स्थल बाजार में बदल गया। चढ़ावे का सामान, रूपकुँवर की फोटो, भक्ति के कैसेट, सती स्थल के रख-रखाव व चन्दा बटोरने का ट्रस्ट स्थापित किया गया। जिसे रूपकुँवर के ससुरालवालों व गाँव के महत्त्वपूर्ण लोगों ने निर्मित किया। जिसकी कमाई के आँकड़े चौंकानेवाले हैं।[69] इस तरह 'सती व्यवसाय' फायदे का सौदा साबित हुआ।[70] रूपकुँवर की मृत्यु के दसवें दिन होनेवाले चुनरी महोत्सव के रोक हेतु नारीवादियों ने उच्च न्यायालय में याचिका दायर की। चुनरी महोत्सव पर रोक की घोषणा सामूहिक आवा-जाही पर रोक तक सीमित रही, महोत्सव सम्पन्न होता रहा।[71] समुदाय विशेष के प्रभावशाली व्यक्तियों से जुड़े इस मुद्दे को कार्यवाही में नहीं बदला गया, जबकि सती विरोधी कानूनों का सौ सालाना प्रावधान विद्यमान है। दुख की बात यह भी थी कि सती समर्थक आन्दोलनों में स्त्री भागीदारी बड़ी संख्या में थी और नारीवादियों पर असली भारतीय स्त्रियों के विरुद्ध छवि पोषित करने का आरोप लगा। सती परम्परा के प्रति निष्ठा ने हिन्दुओं की राजनीति ठीक उसी तरह की जैसी शाहबानो प्रकरण ने मुस्लिमों की और लैंगिक प्रश्न दरकिनार होकर साम्प्रदायिक प्रश्न बन गए। इस्लाम खतरे में है और हिन्दुत्व खतरे में है की तर्ज में कोई फर्क नहीं था। धार्मिक कट्टरता का उन्माद स्त्री उत्पीड़न के नियामक की भूमिका हमेशा की भाँति बखूबी निभा सका। सरकार सती प्रथा के सम्बन्ध में जो विधेयक लाई उसने सती होने को आत्महत्या निरूपित किया और दंड की पहली अधिकारिणी स्त्री बनी।

पर्यावरण संरक्षण और स्त्रीवादी आन्दोलन

प्रकृति से सीधे जुड़े प्रश्नों का सर्वाधिक असर ग्रामीण निर्धन स्त्रियों के दैनिक क्रिया कलापों पर पड़ता है। रोजमर्रा की घरेलू जरूरतों को पूरा करने के लिए उन्हें कठोर श्रम करना होता है। पर्यावरण के असन्तुलन से सर्वाधिक प्रभावित भी वही स्त्रियाँ होती हैं। पर्यावरण से जुड़े प्रश्न स्त्री श्रम से जुड़कर महत्त्वपूर्ण स्त्री प्रश्न बन जाते हैं। ईंधन, चारा और पानी जैसे रोजमर्रा के समय साध्य कार्य अन्य ऐसे ही कार्यों की भाँति स्त्री के हिस्से में आते हैं। पानी, ईंधन, चारा लेने जाने इन्हें दो से आठ किलोमीटर तक पैदल चलना होता है। इन कार्यों में लगनेवाला समय उनके मजदूरी के घंटे कम करता है, उनके श्रम समय को 14-15 घंटे तक बढ़ा

देता है जिसका प्रभाव उनके स्वास्थ्य पर पड़ता है। इसीलिए पानी, ईंधन, चारे की उपलब्धता से जुड़े पर्यावरणिक प्रश्नों ने स्त्रियों की आन्दोलनकारी भागीदारी सुनिश्चित की।

वृक्ष बचाने के लिए किया गया चिपको आन्दोलन 1973 में प्रारम्भ हुआ, स्त्रियों की भागीदारी 1974 में जोशी मठ के निकट रैनी गाँव के जंगलों की कटाई के समय हुई। यद्यपि उन्हें चिपको आन्दोलन की जानकारी थी, परन्तु उन्हें आन्दोलन में शामिल नहीं किया गया था। जिस समय चंडी प्रसाद भट्ट के साथ गाँव के पुरुष विरोध प्रदर्शन कर रहे थे, स्त्रियों ने स्वतन्त्र कार्यवाही के तहत पचास वर्षीय गौरा देवी के नेतृत्व में रास्ता जाम किया, और ठेकेदार के लोगों को लौटने पर विवश किया। 1975 में गोपेश्वर के निकटवर्ती गाँवों में इसी प्रकार का आन्दोलन हुआ। धीरे-धीरे यह आन्दोलन चमोली जिले और टिहरी गढ़वाल में स्त्री नेतृत्व में फैल गया एवं इस विश्वास का जन्म हुआ कि प्राकृतिक स्रोतों के विनाश की जगह उनका संरक्षण इसलिए जरूरी है क्योंकि वे उनके अपने हैं। इस आन्दोलन में स्त्रियों को सफलता तो मिली किन्तु गाँव के पुरुषों द्वारा प्रताड़णा भी मिली। जिसका स्त्रियों ने डटकर सामना किया क्योंकि वे जानती थीं कि जंगल उनके लिए कितने महत्त्वपूर्ण हैं।

खीराकोट में स्त्रियों की पर्यावरणवादी लड़ाई पहाड़ों को काटने के खिलाफ हुई। पहाड़ों को काटने से जहाँ खेती पर धूल जाकर उसे नष्ट करती थी वहीं जंगल जाने के उनके रास्तों को अवरुद्ध भी। स्त्रियों के विरोध पर ठेकेदारों द्वारा अपनाए सभी हथकंडे विफल रहे। इस बीच अदालती कार्यवाही होती रही एवं स्त्रियाँ फैक्ट्री बन्द करवाने में सफल रहीं। उन्होंने अपनी खेती बचाने के लिए दीवारें खड़ी कीं, देवदार के वृक्ष लगाए। उन्होंने पिथौरागढ़ और झिरौली के आन्दोलन को प्रेरणा दी।[72] खीराकोट में ही चीड़ के वृक्षों की रक्षा द्वारा पशुओं के बिछौने हेतु पत्ती एवं ईंधन की लकड़ी की व्यवस्था हेतु चीड़ के जंगल विकसित किए गए (राधा भट्ट) चिपको आन्दोलन के समानान्तर स्त्रियों ने शराब विरोधी आन्दोलन भी चलाए क्योंकि शराब का सीधा सम्बन्ध पुरुषों की कमाई गँवाने और स्त्रियों की पिटाई से जुड़ता है। स्त्रियों ने शराब विक्रेताओं को शर्मसार करने हेतु उनके मुँह काले किए, शराब की भट्टियाँ एवं बर्तन तोड़े, पत्नियों की पिटाई करनेवाले पुरुषों की झाड़ू से पिटाई की। उनकी सार्वजनिक अवमानना की।

आन्दोलनों द्वारा स्त्रियों ने अपनी चारा, ईंधन, पानी की समस्या के हल हेतु खुद की लड़ाई को पहचाना, उसमें सफलता भी अर्जित की।

आरक्षण और राजनैतिक सत्ता का संघर्ष–आरक्षण स्त्री संघर्ष का वह

समसामयिक मुद्दा है जो राजनीतिक सत्ता प्राप्ति के प्रयत्नों से जुड़ता है। इस सम्बन्ध में लाए विधेयक ने न केवल राजनीति में स्त्री की स्थिति पर प्रकाश डाला है वरन् स्त्री के प्रति समाज की सांस्कृतिक संरचना और पुरुष के स्त्री के प्रति रवैए को भी रेखांकित किया है। संविधान सभा के महिला सदस्यों ने अपने लिए आरक्षण के प्रस्ताव को अपनी योग्यता पर विश्वास के कारण अस्वीकार किया था किन्तु स्वतन्त्रता के अर्धशतक में उन्हें भिन्न अनुभव प्राप्त हुए। स्वतन्त्रता आन्दोलन की ही भाँति निर्णायक भूमिकाओं में स्त्रियों की भागीदारी न्यूनतम रही। राजनीति में सक्रिय महिलाएँ चूँकि राजनीतिक, पारिवारिक पृष्ठभूमिवाली अथवा वे स्त्रियाँ थी जिन्हें पुरुष लाना चाहते थे अतः उनका होना पुरुषों के पक्ष में गया एवं स्त्रियों के पक्ष में कोई महत्त्वपूर्ण भूमिका वे नहीं निभा पाईं, साथ ही पार्टी में भी उन्हें निचले दर्जे का ही स्थान प्राप्त हुआ। राजनीति में आने की इच्छुक महिलाओं के पास 'अपने पैसे' का अभाव एवं चरित्र हनन की सम्भावना ने भी स्त्रियों की संख्या लगातार कम की। आज चुनाव जाति, वर्ग, समुदाय के आधार पर लड़े जाते हैं स्त्री के हितों के खिलाफ रहे हैं, अतः राजनीति में विचारशील महिलाओं की संख्या न्यूनतम होती गई। राजीव गांधी के विजय अभियान में महिलाओं के बीच उनकी लोकप्रियता के महत्त्व को आँका गया, स्त्रियाँ एक नए वोट बैंक के रूप में उजागर हुई। विश्व में भी कमोबेश ऐसी ही स्थिति देखने में आई और विजय के लिए एजेंडे में स्त्री हितवादी प्रस्तावों को रखना अनिवार्य हुआ। अमरीकी आँकड़ों के अनुसार बिल क्लिंटन अमेरिका के राष्ट्रपति इसलिए बने क्योंकि उन्हें महिलाओं का अधिक समर्थन प्राप्त था। उन्होंने अपने कार्य काल में नारीवादी लगनेवाले कदम उठाए।[73] 1992 से चौथे विश्व महिला सम्मेलन की तैयारी के दौरान सभी देशों ने अपने राजनीतिक एजेंडे में स्त्री की सत्ता में भागीदारी के प्रस्ताव रखे गए। 1996 के लोकसभा चुनाव में महिला आन्दोलन के सभी संगठनों एवं बीजिंग सम्मेलन से निकले संगठनों ने राजनीतिक दलों को अपने प्रतिवेदन सौंपे जिसमें स्त्रियों के लिए चुनाव में 33 प्रतिशत आरक्षण को घोषणा पत्रों में शामिल करने की माँग एवं इतनी ही या इससे कुछ कम सीटों पर चुनाव हेतु टिकिट की माँग की गई। दलों ने घोषणा-पत्रों में चुनाव जीतने के लिए इसे स्वीकार किया पर टिकट नहीं दिए। इस धोखे ने संसद के भीतर और बाहर स्त्रियों को संगठित होने और आरक्षण बिल संसद में पेश करने के लिए प्रयत्नशील किया। उन्होंने महसूस किया कि सत्ता में भागीदारी के बिना सामाजिक, आर्थिक, प्रशासनिक बदलाव नहीं होंगे। राजनीतिक सत्ता के बिना राष्ट्रीय एवं अन्तर्राष्ट्रीय स्तर पर स्त्री हितों की रक्षा सम्भव नहीं है। राजनीतिक

सत्ता बिना आरक्षण के उन्हें किसी भी तरह प्राप्त नहीं हो सकती।

पंचायतों में किए गए आरक्षण का विधेयक बिना किसी विवाद के पास हो गया था, किन्तु विधानसभा और लोकसभा में विधेयक का हश्र भिन्न हुआ। पंचायतों के चुनाव में एक ओर पंचपतियों और सरपंच पतियों की भूमिका ने सत्ताधीशों को आश्वस्त किया था, वहीं कुछ पंचों, सरपंचों का सुचारू ढंग से सत्ता संचालन एवं स्त्रियों के हितों के पक्ष में लिए गए निर्णयों ने उन्हें चौकन्ना भी किया। एक ओर बलकटी (विधेयक पर चर्चा के दौरान 16 मई 1997 को शरद यादव का बयान) और संसद में बहुत बोलनेवाली[74] के रूप में स्त्री शक्ति को निरूपित किया गया तो दूसरी ओर उनकी शृंगार प्रियता पर सांकेतिक व्यंग्य किए गए।[75] सभी महिला सांसदों की दलगत वैभिन्न के बावजूद एकजुटता ने विधि-विधाताओं को चौकन्ना किया कि स्त्रियाँ पार्टी की राजनीति छोड़कर लैंगिक आधार पर यदि एकजुट हो गई तो पुरुषों को सत्ताच्युत होना होगा। सत्ता एक बार हाथ से गई तो वापिस आना सम्भव नहीं। यदि स्त्रियाँ पुरुषोचित कार्य करने लगेंगी तो पुरुष क्या करेंगे ? इस एकजुटता ने उन्हें आगाह किया और स्त्रियों को बाँटने की प्रक्रिया प्रारम्भ हुई–जाति के आधार पर आरक्षण के अन्दर आरक्षण की माँग की गई। इस तथ्य के बावजूद कि स्तर, वर्ग, सम्प्रदाय, जाति के बावजूद स्त्रियों के बहुत से हित समान हैं और लिंग आधारित शोषण भी स्त्रियाँ सभी जातियों में भोगती हैं। इस शोषण से मुक्ति एवं सबलीकरण हेतु राजनीतिक सत्ता की प्राप्ति प्रस्थान बिन्दु है। इसी धरातल पर स्त्रियों को विश्रृंखलित करने हेतु अगड़ों और पिछड़ों के आरक्षण की बात की गई।

राजनीतिक सत्ता प्राप्ति का एक परिणाम स्त्रियों का घर से निकलना एवं परिवार और प्रकारान्तर से संस्कृति के नष्ट होने से जोड़ा गया। राजनीतिक सत्ता को वर्चस्व के माध्यम से जोड़कर देखने पर ज्ञात हुआ कि यदि 'सत्ता में तिहाई हिस्सा इन्हें देंगे तो सारी सम्पत्ति, शिक्षा, समाज, संविधान और संसद से लेकर स्वर्ग तक हमें सब कुछ छोड़ना पड़ेगा। समझो स्त्रियों का सत्ता-विमर्श वरना'[76] इसलिए न के182वल संसद में वरन् बाहर भी भारत के प्रबुद्ध विचारकों, नेताओं, पत्रकारों, शिक्षा शास्त्रियों एवं समाज शास्त्रियों की राय में स्त्रियों को आरक्षण, सत्ता के स्थान पर नौकरी में देना प्रस्तावित किया गया। स्त्रियों को सक्षम बनाने की पैरवी की गई कि वे स्वयं आगे बढ़कर राजनीति में खुलकर हिस्सा लेने लगें।[77] अर्थात् नियामक स्थिति पुरुषों के हाथों में रखने की वकालत की गई। परिणामतः विधेयक बार-बार प्रस्तुत किया गया किन्तु अपने मृत्युदंड के वारंट

पर दस्तखत नहीं किए गए।[78] आरक्षण प्रस्ताव अब तक पारित नहीं हो सका। मई 2003 में एक बार फिर संसद के पटल पर आकर ठंडे बस्ते में चला गया।

यह सच है कि आरक्षण प्रस्ताव अब तक पारित नहीं हो सका है किन्तु उसने जो चेतना जागृत की है, जिस बहस को जन्म दिया है वह महत्त्वपूर्ण है। पंचायतों में स्त्रियों की भागीदारी और बिना पढ़ी-लिखी होने के बावजूद स्त्री समस्याओं के निपटाने के जैसे परिणाम सामने आए हैं–भले ही संख्या में वे कम हों–ने हमें इस दिशा में सही ऐप्रोच के साथ सोचने पर विवश किया है। यदि स्त्रियों को आरक्षण दिया गया तो स्त्रियों के ख़िलाफ़ होनेवाले अन्याय के खिलाफ आवाज उठ सकेगी। स्त्री के प्रति शासन के रवैए के संवेदनशील होने में मदद मिलेगी एवं सत्ता के संतुलन में मदद मिलेगी। स्त्री के भास्वर होने के लिए आरक्षण एक महत्त्वपूर्ण भूमिका अदा करेगा।

भारत में स्त्रीत्ववादी आन्दोलन स्त्री शोषण के खिलाफ एवं स्त्री अधिकारों के पक्ष में ज़मीन तैयार करने में सफल रहे हैं। बावजूद समाज में अपनी परिवार भंजक, स्वार्थी, पश्चिम परस्त छवि के उन्होंने स्त्री के पक्ष में बदलाव को सम्भव बनाया। स्त्री की स्थिति के कारक–परिवार में स्त्री की पर निर्भर छवि, यौन पावित्र्य, सत्ता और सम्पत्ति से दूरी, धर्म और सम्प्रदाय की स्त्री के सम्बन्ध में निर्णायक भूमिका ने स्त्री को 'व्यक्तिगत स्त्री' नहीं बनने दिया है। घरेलू हिंसा, यौन उत्पीड़न, दहेज, गुजारा भत्ता की समस्या, दैनिक आवश्यकताओं के लिए संघर्ष में उभरी शोषित स्त्री की छवि के प्रति संवदेना जुटाने के उद्देश्य के साथ ही उनमें अधिकारों के प्रति सजगता पैदा करने का महत्त्वपूर्ण कार्य भी नारीवादी आन्दोलन ने सम्भव बनाया। उन्होंने इस सम्बन्ध में स्त्री हितवादी कानून बनाने हेतु दबाव समूह का कार्य किया। यद्यपि हमारी सामाजिक संरचना ने उन कानूनों के क्रियान्वयन के रास्ते अभी साफ नहीं किए हैं। स्त्रियों के बारे में सामाजिक सोच में आए बदलाव में इन आन्दोलनों की भूमिका को नकारा नहीं जा सकता।

अन्तिम दशक तक आते-आते आन्दोलनकारियों की दृष्टि में व्यापक परिवर्तन आया है। अब स्त्री के रूप में अपनी हक की लड़ाई को उन्होंने व्यक्ति के रूप में लड़ाई को समझा है। आन्दोलन की दिशा को पुरुष के स्थान पर पुरुष श्रेष्ठता ग्रंथि पर आधारित व्यवस्था की ओर मोड़ा है, स्त्री के शक्ति सम्पन्न होने की दिशा में सत्ता और सम्पत्ति में भागीदारी को महत्त्वपूर्ण माना है। क्योंकि इसी के माध्यम से आत्म निर्भरता और सुरक्षा प्राप्त की जा सकती है, सामाजिक परिवर्तन भी। आज नारीवादी होने का मतलब स्त्री होने के साथ-साथ इंसान होना भी है और इंसान के रूप में स्त्री होने के नाते उन्हें भेदभाव से ऐतराज़ है। वे

'अच्छी स्त्री' की छवि से मुक्त व्यक्तिगत स्त्री बनना चाहती है जो अच्छा/बुरा का समन्वय है क्योंकि यही छवि व्यवहारिक है।[79] समाज ने उनके 'वोट' और 'पोस्ट' के महत्त्व को समझा है। उनकी उपस्थिति को अब आसानी से नकारा नहीं जा सकता। भले ही कारण बाजार, अर्थव्यवस्था, राजनीतिक स्थितियाँ भी हो। ऐसी स्त्रियों का प्रतिशत कम होने के बावजूद परिवर्तन की दिशा में यह महत्त्वपूर्ण संकेत है।

(ङ) बाजार और स्त्री

वस्तु विनिमय के स्थान पर मुद्रा के चलन ने अर्थ को जीवन में महत्त्वपूर्ण स्थान दिया। व्यक्ति की क्रय क्षमता को तौलने का अधिकार बाज़ार को मिला। बाज़ार पर अधिकार की क्षमता व्यक्ति को ताकतवर बनाने में महत्त्वपूर्ण भूमिका अदा करती है। पूँजी पर अधिकार का अनुपात मालिक और क्रीत दास की स्थिति का निर्णय करता है।

उत्पादक श्रम और स्त्री–विश्व की पूँजी का मात्र दो प्रतिशत स्त्री के पास होने के कारण[80] अर्थ जगत में स्त्री की स्थिति नगण्य हो जाती है। यू.एन.आई. की रिपोर्ट कहती है कि औरतें राष्ट्र का दो तिहाई उत्पादन करती हैं। वे कुल श्रम शक्ति का एक चौथाई भाग है। ध्यान दें, उनका योगदान दो तिहाई है।[81] महत्त्वपूर्ण बात यह भी है कि लकड़ी बीनने वाली, ढोर डाँगर चलानेवाली, पापड़ बड़िया बनानेवाली, घर में बैठकर कपड़े सिलती, रोटी पकाती, तटों पर मछली पकड़ती, कपड़ों पर काम करती, कढ़ाई करती, घर-घर जाकर सामान बेचती, राजस्थान में लाख की चूड़ियाँ बनाती, कोल्हापुर में चप्पल बनाती, लखनऊ में चिकन वर्क करती, बस्तर में रेशम के कीड़े पालती स्त्री की उत्पादकता और कार्य क्षमता विचार के बाहर होती है, स्त्री की इस उत्पादकता में उत्पादन बेचनेवाला या तो पति होता है या कोई बिचौलिया इसलिए 'मधुप' का विचार है कि "उत्पादक दास और बेचनेवाले मालिक बन गए हैं।"[82] बाज़ार में स्त्री की भूमिका पर विचार करते हुए इस तथ्य को नकारा नहीं जा सकता। संगठित और गैर संगठित क्षेत्र में स्त्री उत्पादकता किस प्रकार अदृश्यमान हो जाती है, का खुलासा 'परिधि पर स्त्री' में मृणाल पांडे[83] एवं स्त्री देह के विमर्श में सुधीश पचौरी[84] विस्तार से करते हैं। अन्याय का विहंगम दृश्य–असमान वेतन, शोषण, पर्याप्त स्वास्थ्य सुविधाओं के अभाव, ठेकेदारों द्वारा को-ऑपरेटिव न बनने देना, लोन न ले पाना आदि पर यदि गम्भीरतापूर्वक विचार करना अपेक्षित हो तो वह

ऐतिहासिक रिपोर्ट अवश्य देखी जानी चाहिए जिस आयोग में इला भट्ट, अर्मेती देसाई, थामा राजश्री, मृणाल पांडे और जया अरुणाचलम ने 'औरतों की दुख की महागाथा को एक पल के लिए भी ओझल नहीं' होने दिया था।[85]

नई स्त्री छवि–उपर्युक्त यथार्थ के समानान्तर स्त्री के दृश्य श्रम और बाज़ार पर विचार करें तो परम्परा बताती है कि बाज़ार से स्त्री का सम्बन्ध वेश्या बनकर सम्भव होता रहा है। आज स्त्री ने बाज़ारू हुए बिना बाज़ार में प्रवेश की कोशिश की है। यह स्त्री बाज़ार में अपनी आत्मनिर्भरता के पैर जमा रही है, नई स्त्री छवि के निर्माण में अपना योगदान दे रही है 'उसकी नई छवि धन उपार्जित करती है, वह समूची अर्थव्यवस्था को गति देनेवाली है।' छवि उद्योग में, मीडिया के उद्योग में, नए सांस्कृतिक उद्योग में पैदा होनेवाली स्त्री अभी मर्दों के बराबर न सही, लेकिन उसके आसपास पैसा बनाती है[86] और यह स्त्री वेश्या नहीं है। अर्थ के क्षेत्र में स्त्री की सक्रियता ने स्त्री के अर्थ और सत्ता बदलने में महत्त्वपूर्ण भूमिका अदा की है।[87] सुधीश पचौरी के विचार से मत वैभिन्न रखते हुए अरविन्द जैन का विचार है कि स्त्री की हैसियत ''मनोरंजन और सौन्दर्य उद्योग में एक श्रमिक की है जिसे सिर्फ मजदूरी (वो भी पूरी नहीं) मिलती है और मुनाफा मालिकों की तिजोरी में। 'उसकी नई छवि धन उपार्जित करती है' पर मनोरंजन और सौन्दर्य उद्योग के स्वामियों के लिए। 'अर्थ क्षेत्र में सक्रिय होने में स्त्री के अर्थ बदल जाते हैं लेकिन क्या सिर्फ स्त्री के अर्थ ही बदलते हैं ? अर्थ के साथ स्थिति (आर्थिक, सामाजिक, राजनीतिक) क्यों नहीं बदल रही है ?[88]

विक्रेता स्त्री–बाज़ार पर अधिकार, स्वामित्व जिन घरानों/प्रतिष्ठानों का रहा है उनमें परिवार की स्त्री की हैसियत सक्रिय भागीदारी की कम ही रही है। उत्तराधिकार में पुत्राधिकार की वरीयता और सम्पत्ति के टूटने/बिखरने की आशंका (बेटी विवाह के बाद दूसरे परिवार में जाती है) के कारण व्यावसायिक घरानों में/'पूँजी-पेलेस' में स्त्री की हैसियत दहेज लेकर बिदा होने की है। व्यापार, सम्पत्ति, और प्रबन्ध पर पुरुषों का एकाधिकार है। 'एंड संस' या 'एंड ब्रदर्स' की व्यापार संस्कृति से निकलकर जो घराने पब्लिक लिमिटेड कम्पनी बनाकर 'कॉरपोरेट हाउस' हो गए हैं, वहाँ पढ़ी-लिखी स्त्रियाँ थोड़ा आसानी से डायरेक्टर या मैनेजिंग डायरेक्टर हो पाई हैं। हालाँकि ऐसे घरानों में भी स्त्रियों को यह अधिकार और पद स्वेच्छा से नहीं सौंप दिए गए।[89] उपलब्ध अधिकारों और परिस्थितियों के मध्य स्त्री ने अपने लिए अवसर तलाशे हैं। 'पर्सन ऑफ द ईयर' में अब वे पुरुषों के साथ-साथ अपने लिए भी जगह बना पाई है।[90] अत्यन्त अल्प होने के बावजूद यह उपलब्धि रेखांकन योग्य है।

बाजार में स्त्री की हैसियत के आधार पर बाजार और स्त्री के सम्बन्धों के प्रति विचारकों में मत वैभिन्य है। सौन्दर्य उद्योग की गिरफ्त में फँसती स्त्रियों के बारे में समरेन्द्र सिंह का विचार है कि 'पढ़ी-लिखी लड़कियाँ जो कि स्त्री मुक्ति का झंडा बुलन्द कर सकती थीं और समाज में व्याप्त स्त्री शोषण के कुचक्र को खत्म करने का प्रयास कर सकती थीं, आज सड़कों, चौराहों और पदों पर अपने बदन की नुमाइश से किसी उत्पाद को बेचती या इन्हीं उत्पादों को खरीदती नज़र आती हैं।[91] विज्ञापन जगत में स्त्री की भूमिका औजार की है, पुरुष उपभोक्ता को ढेर करने के लिए स्त्री का उपयोग चारे की तरह किया जाता है, पुरुषों के उपयोग की वस्तुओं में स्त्री की उपस्थिति के अन्य क्या अर्थ हो सकते हैं। जहाँ स्त्री उपभोक्ता है वहाँ यह तर्क दिया जाता है कि स्त्री खरीददार को स्त्री ही अच्छी तरह समझा सकती है। इस सन्दर्भ में सुधीश पचौरी का विचार है कि विज्ञापनों ने स्त्री को एक नए सौन्दर्य शास्त्र का औजार बनाते हुए उसके शोषण के नए आयाम खोले हैं किन्तु यह भी सत्य है कि समाज में स्त्री की दावेदारी को बढ़ाया है। हर तरफ दिखनेवाली स्त्री की छवि, स्त्रियों को चौकों-चूल्हों से बाहर निकालने में किसी हद तक मददगार भी हुई है।[92]

उपभोक्ता स्त्री–बाज़ार में स्त्री की हैसियत जहाँ विक्रेता की है, खरीददार की भी है। शहरी परिवेश में काम काजी स्त्री एवं ऐसे परिवारों में जहाँ पति के कार्य के घंटे अधिक हैं, बाज़ार से स्त्री का सम्पर्क खरीददार की हैसियत में बढ़ा है। नितान्त वैयक्तिक सामान की खरीददारी के अवसर जो कभी मेले-ठेले में जाने को उत्सव में बदल दिया करते थे (आज भी ऐसे अवसर अधिसंख्य भारतीय स्त्री के हैं) शहरी मध्यवर्ग की स्त्री ने अपनी पसन्द की खरीददारी के अवसर जुटाए हैं, वह न सिर्फ अपने लिए, बच्चों और पति के वैयक्तिक उपयोग के सामान खरीद रही है वरन् परिवार के उपयोग में आनेवाली वस्तुओं की खरीददारी में उसकी निर्णायक क्षमता को बाज़ार ने पहचाना है, विज्ञापनों में इस 'सुपर बायर' स्त्री को केन्द्र में रखा जाना, इस तथ्य का समर्थन करता है। वह माँ है जो बच्चों की सेहत का खयाल रखती है, बहू है जो सारे परिवार की इच्छाओं को मिनटों में पूरा करती है, (घरेलू उपकरणों के उपयोग द्वारा) वह घर की दीवारों के रंगों का चयन करती है, रेजर और शेविंग क्रीम के बाद के 'स्मूथ टच' का रिश्ता भी स्त्री से जुड़ा दिखाया जाना उपभोक्ता स्त्री को प्रभावित करता है। स्त्री अपनी इस क्रय क्षमता को लेकर प्रसन्न है, विशेष रूप से तब जब वह काम काजी है। उसने अपने पैसे का उपयोग खुद करना सीखा है। उसका हाथ अपने गहने, कपड़ों, सौन्दर्य प्रसाधनों के लिए खुला है। उपर्युक्त तथ्यों को सम्मुख रखकर विचार किया जाए

तो देखना यह भी महत्त्वपूर्ण होना चाहिए कि स्त्री क्या खरीद रही है, उसे क्या खरीदने का अधिकार (छूट) मिली है। एक ओर स्त्री का पैसा 'गहने बनवाओ, गहने तुड़वाओ' में रमे रहने में व्यर्थ हो रहा है। वहीं दूसरी ओर ये वस्तुएँ 'यूज़ एंड थ्रो' शैली की है। स्थायित्व या स्त्री की आर्थिक हैसियत सुदृढ़ करने में उनकी भूमिका कितनी है यह शोध का विषय है। स्थायी सम्पत्ति की खरीददार स्त्री का प्रतिशत अभी भी नगण्य है। स्त्री अपनी क्रय क्षमता पर मुग्ध जय ललिता के वॉर्ड रोब को अपना सपना समझने को विवश है। 'उपभोक्ता क्रान्ति के दबाव में उनकी आमदनी अनिवार्य और दीर्घकालीन हित के काम में खर्च होने के बजाय फौरी किस्म की शॉपिंग में बरबाद हो रही है।'[93] दूसरी ओर निम्न मध्यवर्ग, निम्नवर्ग की स्त्री हैं, जिसके लिए बाज़ार का अर्थ जीने के लिए अपरिहार्य सामान जुटाना सारे जीवन को संघर्ष में बदल देता है। बस्तर के जंगलों में अब भी बाज़ार की दृश्यमानता मीलों सफर के बाद उपस्थित होती है जहाँ स्त्रियाँ नमक जैसी चीज़ों के लिए 'हाट' करने मजबूर है।

स्त्री और सौन्दर्य बाज़ार–मृणाल पांडे 93-94 के बजट का हवाला देते हुए लिखती हैं–''93-94 का बजट प्रस्तुत करते हुए केन्द्रीय वित्त मंत्री ने पुर मज़ाक लहज़े में कहा कि बंगाल में लोकप्रिय बंगलादेश की बेशकीमती जामदानी साड़ियों पर लगा आयात शुल्क घटा रहे हैं, उम्मीद है इससे बंगाल की सरकार खुश होगी। सदन में अपेक्षित ठहाके लगे और भारतीय स्त्री की शृंगार प्रिय छवि एक बार फिर पुष्ट हुई। सिन्दूर और बिन्दी की कीमतों को घटाने को महिलाओं को खुश करनेवाला कदम कहकर खूब प्रचारित-प्रसारित किया गया था।[94] स्त्री की शृंगार प्रिय छवि को बाज़ार अनेक तरीकों से भुनाता रहा है। बाज़ार ने इस हेतु सौन्दर्य को औजार की तरह प्रयुक्त किया है। इस सौन्दर्य के मानकों का निर्धारण का अधिकार स्त्री के पास नहीं रहा है। ''स्त्री चूँकि अपने रूप के मानकों की स्वामिनी नहीं रहने दी गई है, इसलिए उसकी छवि के कोई भी फैसले उसके नहीं होते। स्त्री छवि मूलतः मर्दों की दुनिया द्वारा लगातार गढ़ी गई और लगातार बरती गई छवि है और यह धन्धा सदियों से जारी है।''[95] ''प्रसाधन उद्योग के पीछे सक्रिय बहुराष्ट्रीय कम्पनियाँ, केमिकल उद्योगों के सेठों और मेडिकल साइन्स के सर्जनों एवं सर्जरी उद्योग में भी उसी मर्दवादी दृष्टि का बोलबाला है जो तय करती है कि स्त्री का चेहरा मोहरा कैसा हो ? उसकी खाल, उसके बाल, उसकी चाल, उसके जूते, उसके गहने कैसे हों ?''[96] मध्यकालीन इतिहास को आधार बनाएँ तो देखेंगे कि वहाँ भी देह के 'पुरुष कथन' है–'स्त्री कथन' नहीं। रचनाकारों ने जिस स्त्री की कल्पना की है वह उसे स्वयं भी उपलब्ध नहीं सिर्फ राजाओं के हरम में उनके

होने की कल्पना की जा सकती है।[97] साहित्य के माध्यम से हम इतिहास में गढ़ी गई स्त्री छवि को नायिका भेद और उपमानों द्वारा व्यक्त स्त्री में परख सकते हैं। उपमानों में कैद और नाक, कान, आँख, स्तन, कमर में बँटी स्त्री में न तो वास्तविक स्त्री से साक्षात होता है और न ही सम्पूर्ण स्त्री से। यह सुन्दर स्त्री की छवि है, जो स्त्री को अन्य स्त्रियों से विशिष्ट बनाती है, विशिष्ट लोगों के लिए भी।

आज बाजार स्त्री को इसी विशिष्ट सुन्दर स्त्री का प्रलोभन देता है। विशिष्ट स्थिति प्राप्त उन्हीं स्त्रियों को प्राप्त हो सकती है जो सुन्दर हैं। स्त्री, सौन्दर्य के आकर्षण में, विशिष्ट स्थिति प्राप्त करने के प्रलोभन में बाज़ार के चंगुल में है, गिरफ्त में हैं। और इसी कुचक्र के चलते 'सौन्दर्य मिथक' एक सशक्त हथियार[98] बन जाती है। निओमी वुल्फ भी 'ब्यूटी मिथ' में सुन्दरता के नए मानकों को स्त्री के खिलाफ पाती हैं। ब्यूटी मिथ स्त्री को देह में केन्द्रित करता है। देह के सौन्दर्य का मानक इस प्रकार पेश किया जाता है मानो इसी रास्ते मुक्ति मिलेगी लेकिन ऐसा है नहीं। निओमी वुल्फ का मानना है कि 'ब्यूटी मिथ' एक नया नियन्त्रण है। घर से बाहर निकली स्त्री 'ब्यूटी मिथ' में फँस जाती है यह एक सामाजिक नियन्त्रण है जो उन स्त्रियों को बाँधता है जो परिवार के बन्धन से बाहर जाना चाहती हैं, सौन्दर्य का यह मिथ स्त्री के खिलाफ और पूँजीवादी उद्योग को टिकाऊ और आकर्षक बनाता है।[99] सुधीश पचौरी का मानना है कि 'पूर्व की ही भाँति सौन्दर्य प्रसाधन का व्यवसाय' औरत को छाती, जाँघ, नितम्ब, आँख, नाक, कान, त्वचा में 'विखंडित' करके चलते हैं। ब्राण्डों के विज्ञापन औरत को इन्हीं कुछ इन्द्रियों में, अवयव में बदल डालते हैं।'[100] बाज़ार स्त्री की प्रतिभा पर सौन्दर्य को वरीयता प्रदान करता है। 'उसे मानवीय अधिकार और सम्मान से युक्त व्यक्ति के स्थान पर आकर्षक वस्तु मान लिया जाता है।' बाज़ार स्त्री को सुन्दर और आकर्षक बनने की ज़रूरत समझाकर अपने माल की खपत का रास्ता तलाश करता है। सौन्दर्य ईश्वर प्रदत्त है किन्तु आकर्षक बना जा सकता है। इसलिए आकर्षक दिखाना/बनाना बाज़ार सौन्दर्य प्रसाधनों, वस्त्रों, कॉस्मेटिक सर्जरी से सम्भव बनाने का दावा करता है। आकर्षण सौन्दर्य की जगह हथिया चुका है। आकर्षण की ललक पैदा करने के लिए स्त्री को मोटे-पतले, काले-गोरे चमकीले-बेजान बालों में बाँटा जाना जरूरी है, मोटा, काला, बेजान बाल के माध्यम से स्त्री को हीन साबित करने की कोशिश की जाती है। "ब्यूटी मिथ सबसे पहले 'स्त्री' को, असुन्दर बनाता है, जिसे उपभोक्ता बनाना होता है। हीन बनाकर ही वह स्वयं को पुनरूत्पादित कर सकता है।"[101] और सौन्दर्य प्रसाधन के उपयोग

से आत्म विश्वास की प्राप्ति, कभी नौकरी तो कभी प्रेमी, कभी जन्म कुंडली मिलने के 'ईनाम' की घोषणा इस व्यापार का अहम हिस्सा है।[102] गोरी त्वचा, पतली टाँगे, रेशमी बाल, स्तनों का एक जैसी 'फिनिश' कॉस्मेटिक सर्जरी प्रसाधनों से प्राप्त एक जैसी नाक, आँख, होंठ 36×26×36 की देह यष्टि बाजार की दृष्टि से स्त्री सौन्दर्य के मानक तैयार करते हैं और स्त्री को 'एकरूपता' प्रदान कर उसका व्यक्तित्व छीनने का काम भी करते हैं। बार्बी डॉल को स्त्री सौन्दर्य/देह का मानक बना देती है। इस प्रकार माँग का बाजार पूर्ति का बाज़ार बन जाता है। इस पूर्ति के बाज़ार के लिए उपभोक्ताओं की संख्या का अन्दाजा इन आँकड़ों से लगाया जा सकता है। कई सौ करोड़ के डाइटिंग और कॉस्मेटिक सर्जरी के उद्योग को छोड़ भी दें तो सिर्फ 'कॉस्मेटिक उद्योग ही 1500 करोड़ रुपए का है जिसमें लक्मे का 200 करोड़ और पोण्ड्स का 450 करोड़ रुपए का सालाना कारोबार है।'[103] (ये आँकड़े सन् 2000 के हैं) ''भारत में त्वचा मूलक क्रीमों का तेरह हजार करोड़ रुपए का कारोबार बनाया जाता है, यह गॉव, शहर सर्वत्र है।''[104]

बाज़ार और सौन्दर्य प्रतियोगिताएँ–बाज़ार के इस कारोबार में सौन्दर्य प्रतियोगिताओं विश्व/ब्रह्माण्ड सुन्दरियों की अपनी भूमिका है। प्रतियोगिताओं में विजयी 'ब्यूटी विद ब्रेन' अन्ततः बहुराष्ट्रीय कम्पनियों के लिए उपभोक्ता तैयार करने में मदद करती है। बहुराष्ट्रीय कम्पनियों के इकरारनामें के अनुसार ये सुन्दरियाँ साबुन, शेम्पू, नेपकीन के लिए 'सेल्स गर्ल' का काम करती हैं, और विश्व सुन्दरी बनने की 'कामना' लाखों स्त्रियों में पैदा कर बहुराष्ट्रीय कम्पनियों के लिए बाजार बनाती हैं। यह अकारण नहीं कि भारत जैसे बड़े बाज़ार को हस्तगत करने के लिए लगातार पाँच विश्व/ब्रह्माण्ड सुन्दरियाँ भारत से खोज लीं गई हैं। इन इकरारनामों का दूसरा पक्ष भी नज़र अन्दाज करने योग्य नहीं। ये सौदे 50,000 डॉलर से लेकर 1,50,000 डॉलर तक के होते हैं और सर्वोच्च पन्द्रह विश्व सुन्दरियों को कमाई के बहुमूल्य अवसर उपलब्ध कराते हैं। विश्व प्रसिद्ध होने की, सेलीब्रेटी होने की दावेदारी भी यहाँ है। अपनी उपस्थिति दर्ज करने, आत्म विश्वास जगाने और पैसा कमाने के ये अवसर स्त्री के खिलाफ नहीं ही जाते, उसके पक्ष में कुछ तर्क रखते हैं। इसीलिए यह स्वीकार करते हुए भी कि ये बहुराष्ट्रीय कम्पनियाँ अपना बाज़ार बनाने के लिए सुन्दरियों का शोषण करती हैं, सुधीश पचौरी सौन्दर्य प्रतियोगिताओं को स्त्री के पक्ष में खड़ा पाते हैं। इसने स्त्री को घर से बाहर निकलने के, मुकाबला करने के, विवाद करने, नारे लगाने और बोलने के अवसर दिए हैं। बाज़ार में आई स्त्री यह जान सकी है कि ''घर में मरने से बेहतर है, बाहर मुकाबला करना।''[105] अरविन्द जैन भी सौन्दर्य उद्योग में स्त्रियों की

भागीदारी को 'जोखिम भरे काम में' 'ग्लेमरस स्पेस' पाने का प्रयास मानते हैं एवं पूँजी के बाज़ार में देह की पूँजी के निवेश में स्त्री के 'अपने होने की तलाश-तराश स्वीकार करते हैं।'[106]

सेक्स क्रान्ति, स्त्री और बाज़ार–स्त्री की स्थिति के परिवर्तन में बाज़ार की भूमिका सेक्स से जुड़े सवालों के सन्दर्भ में महत्त्वपूर्ण रही है। जनसंख्या नियन्त्रण के लिए बाज़ार में आए गर्भ निरोधकों की भूमिका अपने मूल उद्देश्य छोटे परिवार को लेकर प्रारम्भ हुई। आबादी के मध्य सबके लिए शिक्षा, भोजन, आवास, स्वास्थ्य तभी सम्भव था जब आबादी नियोजित हो। आबादी के नियोजन में विकास की सम्भावनाएँ खोजी गईं। किन्तु बाज़ार ने नियोजन के साधनों की सीमित भूमिका को विस्तृत किया। सेनेटरी नेपकीन और स्त्री अन्तःवस्त्रों के विज्ञापनों ने स्त्री के गोपन समझे जानेवाले सन्दर्भों को शर्म के बन्धन से मुक्त किया। इन विज्ञापनों ने उन बातों को सार्वजनिक चर्चा में लाना सम्भव बनाया जिनके विषय में स्त्रियाँ प्रायः आपस में संकेतों में बात किया करती थीं, इन विषय का स्त्री की शर्म से जोड़कर वर्जित घोषित किया जाना, स्त्री के पक्ष में नहीं गया था। सेनिटरी नेपकीन के विज्ञापनों ने स्त्री की सुविधा को ही ध्यान में नहीं रखा उसे स्त्री की आजादी से भी जोड़ा और उन कष्टप्रद दिनों के बहाने घर में कैद स्त्री का बाहर आना सम्भव बनाया। इसी भाँति निरोधकों की भूमिका सेक्स सम्बन्धों के प्रति गोपनीयता भंग करने की रही, जिस पर परम्परावादियों की हाय-तौबा लम्बी चली। दोहरी मानसिकता वाले मध्यवर्ग के लिए सेक्स सार्वजनिक और वैयक्तिक जीवन में अलग-अलग ढंग से व्यक्त होता रहा है। सार्वजनिक जीवन में सेक्स के प्रति उदासीनता दिखाने और मौका मिलते ही लार टपकाने की प्रवृत्ति पर पवन वर्मा लम्बी चर्चा करते हैं।[107] सेक्स से जुड़े अपराध बोध पाप भावना से मुक्त कर मुक्त सम्बन्धों को गर्भ निरोधकों ने/उनके विज्ञापनों ने सम्भव किया, स्त्री को यौन शुचिता के आतंक से मुक्ति प्रदान की। गर्भ के भय से जो सम्बन्ध बदनामी का भय सौंपते थे, स्त्री और पुरुष दोनों के लिए आनन्द के सम्बन्धों में बदल गए और कालान्तर में देह-सुख में। विज्ञापनों ने नियोजन के उद्देश्य से बनाए गए निरोधकों को एड्स के डर से मुक्ति, अपराध बोध से मुक्ति, निर्द्वन्द्व अन्तरंग सम्बन्धों से आगे देह-सुख के प्रचारक के रूप में स्थापित किया और निरोधकों का बाज़ार समृद्ध किया।

मीडिया, बाज़ार और स्त्री छवि–मीडिया ने बाज़ार के हित में स्त्री छवि का भरपूर उपयोग किया। समरेन्द्र सिंह का विचार है कि 'उस खबर की कीमत सर्वाधिक आँकी गई जो अधिकाधिक लोगों को अपनी ओर आकर्षित करे। ऐसे

माहौल में स्त्री के अर्धनग्न उत्तेजक मांसल शरीर की तस्वीरों एवं उनसे सम्बन्धित सनसनीखेज खबरों को समाचार पत्रों में व्यापक स्पेस' दिया जाने लगा। स्त्री शरीर एक प्रोडक्ट के रूप में विकसित हुआ।[108] अरविन्द जैन का विचार है कि समाचारों, विचारों, शीर्षकों और तस्वीरों के प्रकाशन तक में स्त्री के प्रति अवांछित और लिंग भेदी भाषा का प्रयोग किया जाता है। किसी अज्ञात मॉडल के फोटो के शीर्षक 'रूप का जादू, रूप और काया का जलवा, आदि स्त्री मॉडल को मात्र एक सुन्दर शरीर और कमनीय उपभोग की वस्तु मानने-समझने और वैसे ही रूप में बदलने की भी भाषा है। पत्र-पत्रिकाओं को बिकाउ माल बनाने के लिए प्रायः स्त्री-खिलाड़ियों (विशेषकर टेनिस) के उन्हीं फोटो का प्रकाशन के लिए चयन किया जाता है जिसमें कपड़े अस्त-व्यस्त हों।[109] सृजनात्मक साहित्य में भी स्त्री देह का उपयोग सस्ती लोकप्रियता और बाज़ार जुटाने के लिए किया जाता है, दुखद है कि कई पत्रिकाएँ कुछ लेखिकाओं की देह रो इतर विषयों पर लिखी रचनाओं को सधन्यवाद वापिस करने के लिए चर्चित रही हैं, गम्भीर भूमिकाओं का अस्वीकार ठीक-ठीक इस विज्ञापन की भाषा से समझा जा सकता है ''परफ्यूम के लिए निर्वस्त्र हुई सोफी ने पहना स्वेटर'' मानो एक बार निर्वस्त्र हुई स्त्री को शालीन होने का हक नहीं।[110]

बाज़ार ने स्त्री का एक ओर शोषण किया है तो उसे बाहर निकलने के अवसर भी दिए हैं, निरोधकों के बाज़ार ने उसे देह में बदला है तो देह से मुक्ति भी दी है, सौन्दर्य प्रतियोगिताओं ने स्त्री को सेल्स गर्ल बनाया है तो पैसे कमाने के अवसर भी सौंपे हैं। स्त्री इस संक्रमण काल का उपयोग पूँजी के साम्राज्य में सेंध लगाने के लिए कर रही है। बाज़ार में आकर स्त्री ने परम्परागत संरचना से मुक्ति के रास्ते जुटाए हैं, भविष्य की स्त्री बाज़ार के शोषण से मुक्ति के रास्ते भी खोज लेगी। बाज़ार की नियामक शक्तियों के हाथ का खिलौना स्त्री नियमों को अपनी शर्तों पर बना-बदल भी रही है। बाज़ार में अपनी जगह बनाने के लिए स्त्री को जानना होगा कि देह पर अधिकार और नियन्त्रण के लिए विवेकी मस्तिष्क पर नियन्त्रण और अधिकार की स्वतन्त्रता जरूरी है। 'स्त्रियाँ अब आपके बेडरूम से होकर नहीं, बल्कि सीधे बोर्डरूम जाने का निर्णय ले रही हैं।'[111] स्त्री के बोर्डरूम में प्रवेश पर सत्ता का तिलमिलाना लाजिमी है। व्यवस्था को समझना होगा कि दिमागी सौन्दर्य, स्निग्ध विचार के दम पर भी जगह बनाई जा सकती है। ''शक्ति और साहस के लिए अब तक कोई क्रीम नहीं बनी है।''[112] स्त्री को जंग जीतनी है, वह चाहे घरेलू अत्याचार से हो या बाहरी विश्व के शोषण से उसे आत्म विश्वास, साहस और हिम्मत की जरूरत है।

अपनी लड़ाई अपने दम पर लड़नी है, स्त्री का संघर्ष जारी है। सुधीश पचौरी को आशा है कि एक दिन स्त्री बाज़ार की संरचना से भी अपने को मुक्त कर लेगी।[113]

(च) विवाह और उससे जुड़े प्रश्न

समाज परम्परागेत स्वरूप स्त्री की परिभाषा विवाह के परिप्रेक्ष्य में सम्भव मानता है। विवाहित, अविवाहित, विधवा, तलाकशुदा, वेश्या, रखैल जैसी श्रेणियों में स्त्रियों का विवाहाधारित विभाजन परम्परा मान्य है। नाम के आगे लगनेवाला कुमारी और श्रीमती भी उसकी वैवाहिक स्थिति को सम्मुख रखता है, जबकि पुरुष के साथ जुड़ा 'श्री' उसकी वैवाहिक स्थिति की घोषणा नहीं करता। यहाँ तक कि भारत में न केवल उपनाम वरन् स्त्री का प्रथम नाम बदलने की परम्परा कई समाजों में आज भी है, विवाह पूर्व वजूद को शीघ्रता पूर्ण नकारता हुआ नए परिवेश में सामंजस्य स्त्री से अपेक्षा करता है कि वह अपने अतीत, अपनी अभिरुचियाँ, अपने व्यक्तित्व का विरोभाव नए परिवेश के लिए करें। विवाह भारतीय परिप्रेक्ष्य में ही नहीं विश्व परिप्रेक्ष्य में भी स्त्री की अनिवार्य नियति रही है। जीवन में स्थिति बदलने का एक भाग अवसर भी। किन्तु इस अवसर के उपभोग का, चयन का अधिकार स्त्री के पास नहीं। विवाह हेतु चयन कार्य का सिलसिला दो राज्यों, दो कबीलों, दो कुटुम्बों, दो परिवारों से होता हुआ स्त्री के पिता और पति के बीच सम्भव होता रहा है। (कम से कम पराधीनता के चयन का अधिकार तो स्त्री को होना ही चाहिए : जे. एस. मिल)[114] आज भी जब स्त्री को पति के चयन के अवसर मिले हैं इनका प्रतिशत एवं क्षेत्र सीमित है। पितृसत्तात्मक व्यवस्था, सम्पत्ति पर स्त्री की अधिकारहीनता, आर्थिक परनिर्भरता स्त्री जीवन का उद्‌देश्य विवाह तक सीमित करते हैं। माता-पिता की जिम्मेदारी अपनी बेटियों के विवाह पर खत्म हो जाती है। एक उम्र विशेष के बाद लड़कियाँ अपने मायके में अनचाही बन जाती हैं।[115] आर्थिक अधिकार के अभाव में चयन का अधिकार भी था। स्त्री के चयन के अधिकार को भारतीय समाज में व्याप्त दहेज प्रथा भी सीमित करती है। माता-पिता की क्रय क्षमता पर वर की योग्यता निर्धारित होती है। इस क्रय के बावजूद दामाद पर पुत्री या उसके पिता का अधिकार नहीं होता। न ही मात्र अधिक दहेज पुत्री को ससुराल में सम्मानजनक स्थिति दिलाता है। दहेज का उद्‌देश्य बेटी को अपने घर में रखने के लिए रिश्वत के तौर पर दिया जाता है। दहेज न मिलने पर दी जानेवाली प्रताड़ना अधिकांशतः दहेज का लालच भाग न

होकर वधुओं को अधीनस्थ और परवशता कुबूल कराने की साज़िश भी होती है। 'ससुराल में पैर जमाने की प्रक्रिया में हर औरत को परवश बनाए जाने के इस प्रशिक्षण से गुज़रना होता है।[116] बेटियों को प्रायः कमतरी के अहसास के साथ बड़ा किया जाता है, अन्याय के प्रति आवाज उठाने पर उन्हें दबाया जाना, अस्मिता विहीन व्यक्तित्व को विकसित करता है।

स्त्री और पुरुषों के मध्य स्त्री अनुपात के कमी के बावजूद कन्या विवाह की समस्या बनी हुई है। अर्थशास्त्र की माँग और पूर्ति का सिद्धान्त यहाँ विफल होता है। स्त्रियों की संख्या कम होने पर भी उनकी माँग में वृद्धि नहीं होती। सामाजिक दृष्टि से निम्नतर स्थिति एवं निर्णय के अधिकार का अभाव इसे सम्भव बनाता है। बचपन से मनोवैज्ञानिक रूप से अधीनस्थ की भूमिका के लिए तैयार करना स्त्री के अपने निर्णय दूसरों को सौंपने पर विवश करता है और विवाह जैसे महत्त्वपूर्ण निर्णय स्त्री के हिस्से में नहीं आते। शिक्षा एवं रोजगार के बढ़ते अवसरों ने सीमित क्षेत्र में स्त्री को चयन की क्षमता सौंपी है एवं अपनी अपेक्षाओं के बारे में वे विचार व्यक्त करने लगी हैं।

परम्परागत भारतीय परिवेश में विशेष रूप से हिन्दू धर्म में विवाह को संस्कार के रूप में मान्यता प्राप्त है। स्त्रियों के लिए एकमात्र संस्कार विवाह है 'जिसे दो परिवारों को जोड़नेवाला,' 'स्त्री पुरुष के सम्बन्ध को मान्यता प्रदान करनेवाला' ग्रहस्थाश्रम में प्रवेश के लिए स्त्री-पुरुष के साहचर्य व सहधर्माचरण की भूमिका तैयार करनेवाला[117] माना जाता रहा है। विवाह संस्कार के साथ विवाह के स्थायित्व की भावना भी जुड़ी होती है। सम्बन्ध विच्छेद की सम्भावना क्षीण होती है। 18 मई 1955 से लागू हिन्दू विवाह अधिनियम ने हिन्दू विवाह की अवधारणा को बदला है। जन्म-जन्मान्तर का बन्धन जिसे स्त्री द्वारा तोड़े जाने की सम्भावना नहीं थी इस अधिनियम द्वारा सम्भव हुआ है। हिन्दू पति-पत्नी के लिए यह व्यभिचार, पाशविकता, बलात्कार, अत्याचार, धर्म परिवर्त्तन, परित्याग, असाध्य पागलपन और आपसी सहमति के आधार पर 1976 के संशोधन द्वारा यह एक दूसरे से मुक्ति का अधिकार है। यह स्त्री के चयन के अधिकार को पुनः अवसर प्रदान करता है। इस दृष्टि से विवाह अब संस्कार के साथ ही समझौता अथवा अनुबन्ध भी हो गया है। "1955 के हिन्दू विवाह अधिनियम के लागू हो जाने के उपरान्त हिन्दू विवाह की प्रकृति में महत्त्वपूर्ण परिवर्तन आए हैं। अब विवाह न तो पवित्र बन्धन रह गया है न अखंडनीय सम्बन्ध। हिन्दू विवाह पाश्चात्य विधि के अनुरूप एक संविदा से अधिक कुछ नहीं रह गया है, किन्तु इसे अब भी संस्कार माना जाता है और विवाह के रूढ़िगत कृत्यों को भी किया जाता है।"[118]

विवाह विच्छेद की व्यवस्था हो जाने से यह संविदा भी हो गया है अतः अब हिन्दू विवाह निर्विवाद रूप से संस्कार और संविदा दोनों है। (रवीन्द्रनाथ, हिन्दू विधि) मुस्लिम एवं ईसाई धर्म तो विवाह को अनुबन्ध के रूप में ही स्वीकारते हैं एवं विवाह से मुक्ति के अवसर भी प्रदान करते हैं। यद्यपि स्त्री से यह अपेक्षा सभी समाजों में की जाती है कि वह विवाह को बचाने का प्रयत्न करे, पति के प्रति ईमानदारी निभाते हुए पातिव्रत्य धर्म का पालन करे। विवाह आज भी पारम्परिक रूप में विद्यमान है और स्त्री के पास विवाह के अतिरिक्त विकल्प सीमित है।

विवाह और यौन सम्बन्ध–विवाह स्त्री को सेक्स और सेवा के एवज़ में सुविधाएँ प्रदान करता रहा है इसलिए स्त्री से अपेक्षा की जाती रही है कि सेक्स और सेवा प्रदान करने में वह ईमानदारी बरते। शरीर वह पूँजी है जिसके माध्यम से स्त्री को परिवार में आर्थिक संरक्षण प्राप्त होता है। इसे 'लेव टाल्स्टॉय क्रूजर सोनाटा' में इस तरह व्यक्त करते हैं "सब उन स्त्रियों को घृणा की दृष्टि से देखते हैं जो थोड़ी देर के लिए वेश्याएँ बनती हैं, पर उन स्त्रियों का (ही) आदर और मान करते हैं जो उम्र भर वेश्यावृत्ति करती हैं।"[119] "सामाजिक परम्परा द्वारा स्त्री को अब भी यौन स्वतन्त्रता नहीं दी गई है। आज भी समाज में स्त्री का स्वतन्त्र प्रेम या विवाहित स्त्री का विवाह के बाहर प्रेम व्यभिचार एवं एक बड़ा अपराध है, यदि वह किसी से प्रेम करती है तो यह ज़रूरी है कि वह उससे विवाह करे।"[120] इसीलिए प्रायः साहित्य में भी एवं जीवन में भी 'इज्जत' बचानेवालों के प्रति अहसान का प्रत्युत्तर स्त्रियाँ प्रायः विवाह द्वारा चुकाते देखी गई है एवं विवाह के उपरान्त यह दायित्व उसके पति को सौंपा जाता रहा है। (स्त्री को आत्मरक्षा के लिए तैयार होना नहीं सिखाया जाता) विवाह को हमेशा स्त्री के सम्मान से जोड़कर देखा जाता है, इसीलिए आत्मनिर्भर स्त्री भी विवाहित होना चाहती है। क्योंकि अविवाहित स्त्री को शंका की दृष्टि से देखा जाता है एवं सबके लिए उपलब्ध समझा जाता रहा है। विवाहित स्त्री से परपुरुष का सेक्स सम्बन्ध सज़ा का कारण बनता है, अविवाहित, विधवा व तलाकशुदा से विवाहित पुरुष का सेक्स सम्बन्ध तलाक का आधार प्रदान करता है, सज़ा का कारण नहीं। यह तथ्य विवाह को स्त्री के सम्मान से जोड़ता है व विवाह से बाहर स्त्री के सम्बन्धों में स्त्री के सम्मान पर प्रश्न चिह्न लगता है।[121] बावजूद इसके स्त्री के घर से बाहर आने, शिक्षा और नौकरी के माध्यम से पुरुषों से सम्पर्क के अवसर बढ़े हैं एवं विवाह से जुड़ी यौन शुचिता पर स्त्रियों ने पुनर्विचार किया है। पुरुषवादी मानसिकता यद्यपि विवाह के लिए एवं सम्बन्धों के लिए आज भी दोहरे मानदंडों को स्वीकार करती है। आज स्त्री ने यदि अपने लिए विवाह में यौन शुचिता को स्वीकारा है, तो उसके

प्रश्न पुरुष के कौमार्य के प्रति भी बढ़े हैं। एक सर्वे के अनुसार सभी वर्ग की लगभग 55 प्रतिशत स्त्रियाँ कुँवारे पुरुषों के पक्ष और 27 प्रतिशत विपक्ष में हैं। 18 प्रतिशत स्त्रियों ने उत्तर नहीं दिए।[122] परम्परागत दृष्टि विवाह के अन्दर यौन सम्बन्धों को नैतिक और विवाह के बाहर सम्बन्धों को अनैतिक मानती रही है। राधा का कार्य साहित्य में भले काम्य हो, जीवन में उसे उपेक्षा और अपमान ही मिलता है। विचारक आक्षेप लगाते हैं कि "जिन चीजों को समाज में अच्छी निगाह से नहीं देखा जाता, उनके लिए साहित्य में जगह नहीं होगी तो और कहाँ होगी।"[123] विवाह संस्था के अन्दर के विषम और क्रूर होते सम्बन्धों ने स्त्री को विवाह के बाहर प्रेम आधारित रिश्तों की ओर आकृष्ट किया है। विवाह से जुड़े यौन-एकाधिकार स्त्री को सम्पत्ति या पूँजी की तरह देखता है अथवा वस्तु की तरह। पैसे, धर्म या विवाह की मज़बूरी से जुड़े यौन सम्बन्धों की नीयत पर पुनः सोचा जा रहा है। आज भी यद्यपि विवाह पूर्व सम्बन्ध पुरुष के लिए क्षम्य और स्त्री के लिए विवाह की अयोग्यता माने जाते रहे हैं परन्तु एक ओर यौन शुचिता के लिए स्त्री-पुरुष के लिए एक से मानदंडों की माँग कर रही है तो दूसरी ओर यौन स्वातन्त्र्य के लिए पुरुष के दोहरे मानदंडों का विरोध भी।[124] जन्म विरोध और गर्भपात के साधनों ने शारीरिक सम्बन्धों के जैविक और मानवीय उद्देश्यों पर अलग-अलग ढंग से सोचने की दृष्टि भी प्रदान की है। गर्भाधान के भय से मुक्ति ने यौन सम्बन्धों पर स्त्री ने अपनी दृष्टि और अपनी तुष्टि के लिए विचार किया है। गर्भपात के अधिकार ने स्त्री की जैविक आवश्यकताओं की ओर उसका ध्यान आकृष्ट किया एवं इस बहुप्रचारित तथ्य पर विचार का सामर्थ्य भी कि विवाह पुरुष के प्रति स्त्री की 'यौन-सेवा' है जिसके बदले उसे रोटी, कपड़ा और मकान मिलता है अथवा स्त्री निष्क्रिय यौन साथी है। इस रूप में विवाह के प्रति स्त्री के दृष्टिकोण में बदलाव आया है एवं स्त्री की यौन तृप्ति का महत्त्व भी रेखांकित हुआ है। पितृसत्तात्मक दृष्टिकोण की फुफकार स्त्री के इस 'जारकर्म' के विरुद्ध कलमबद्ध बहस में जुटा हुआ है।[125]

विवाह एवं प्रेम–विवाह का उद्देश्य समाज के स्वार्थ की सिद्धि के लिए स्त्री और पुरुष का यौन तथा आर्थिक गठबन्धन होता है[126] उसका प्रेम पर आधारित होना अनिवार्य नहीं। इसीलिए कई विचारक प्रेम में विवाह और विवाह में प्रेम का निषेध देखते हैं। विवाह संस्था कामनात्मक आवश्यकताओं की अपेक्षा भौतिक सुख-सुविधा की ज़रूरतों को अधिक महत्त्वपूर्ण मानती है इसीलिए फ्रायड कहते हैं कि पति प्रेमी का सम्पूरक तो हो सकता है किन्तु वह प्रेमी पुरुष नहीं हो सकता।[127] प्रेम जीवन में स्वतः स्फूर्त आता है जबकि विवाह एक निर्णय होता है,

अतः विवाह में साहचर्यजन्य सामंजस्य आ सकता है परन्तु उन्हें आपस में प्रेम करने के लिए विवश नहीं किया जा सकता। चूँकि विवाह का परम्परागत स्वरूप स्त्री की अधीनस्थ की भूमिका स्वीकार करता है अतः उसके व्यक्तित्व विकास की सम्भवना और व्यक्ति के रूप में उसकी सत्ता से इनकार करता है। स्त्री की वैयक्तिक अभिरुचियों के अनुसार विवाह संस्था के अन्तर्गत सम्भावना नहीं होती, स्वतन्त्र वरण की सम्भावना भी नहीं अतः स्त्री के लिए विवाह वासनात्मक सम्बन्धों की पूर्ति हो जाता है, वैयक्तिक कामनाओं की पूर्ति विवाह संस्था के अन्दर ही हो, अनिवार्य नहीं। विवाह द्वारा प्राप्त रूढ़ सम्बन्धों में पति-पत्नी के दैहिक रिश्ते रूटीन होने के नाते बासी हो जाते हैं और उनसे ताज़गी और भरे पूरेपन की अपेक्षा कम हो जाती है। चूँकि विवाह का मुख्य उद्‌देश्य सन्तानोत्पत्ति, उनका पालन, घर की आर्थिक व्यवस्था एवं स्त्री पर पुरुष का एकाधिकार होता है, इसलिए प्रेम जैसी कामनाओं को द्वितीयक और कभी-कभी नगण्य स्थान प्राप्त हो जाता है और स्त्री के लिए कई बार यौन सम्बन्ध बलात्कार जैसे त्रासद हो जाते हैं। शारीरिक क्रियाएँ तब अमानवोचित और अपमानजनक लगने लगती हैं। स्त्री और पुरुष जब एक दूसरे का व्यक्ति के रूप में सम्मान करते हुए सम्बन्ध स्वीकारते हैं तब इन सम्बन्धों से शक्ति एवं गरिमा प्राप्त होती है, मात्र कर्तव्यपूर्ति द्वारा यह सम्भव नहीं। दूसरी ओर विवाह संस्था के पक्ष में सभी तर्क व्यवस्था की हिमायत में अब भी दिए जाते हैं, विवाह का विकल्प न होने और विवाह संस्था की दीर्घजीविता के आधार पर विवाह संस्था के अभाव में अराजकता के तर्क आज भी दिए जाते हैं। कई विचारक विवाह के अन्तर्गत प्रेम को सम्भव ही नहीं प्रगाढ भी मानते हैं।[128] "विवाह संस्था द्वारा आरोपित तमाम एकतरफा तानाशाहियों के बावजूद स्त्री-पुरुष के बीच सबसे प्रगाढ सम्बन्ध अभी तब वैवाहिक जीवन में ही देखा गया हैसाधारण आदमी प्रेम दिए और प्रेम पाए बिना जीवित नहीं रह सकता, इसलिए कई बार वह अपने शासक से भी प्रेम सम्बन्ध बनाने के लिए बाध्य हो जाता है।"[129] शासक और शासित के बीच का असमान रिश्ता प्रेम की परिभाषा के अन्तर्गत कैसे आ सकता है, विचार किया जाना अपेक्षित है।

विवाह और स्वतन्त्र व्यक्तित्व–विवाह से जुड़ी एकाधिकार की भावना स्त्री एवं पुरुष दोनों को ही निरंकुश शासक के रूप में बदलती एवं स्त्री-पुरुष के विवाह के बाहर स्वस्थ सम्बन्धों की सम्भावनाएँ सीमित करती हैं। पुरुष के पुरुष के साथ बिना भूमिकाओंवाले सम्बन्धों को सम्भव बनानेवाली व्यवस्था स्त्री-पुरुष के भूमिकाविहीन रिश्तों को मुश्किल बनाती है एवं स्त्री-पुरुषों के एक दूसरे के साथ संवाद के अवसर सीमित करती है। समाज में स्त्री के लिए पुरुष एवं उसके

मनोजगत, परिवेश को समझने का माध्यम मात्र एक पुरुष रह जाता है ऐसी ही स्थिति पुरुष के लिए भी होती है। इसी कारण इन विमर्शों को बल मिलता है कि स्त्री को सिर्फ स्त्री समझ सकती है पुरुष नहीं और स्त्री का साहित्य उसके सीमित अनुभवों का दोषी बन जाता है।

"स्त्री के व्यक्तित्व की चर्चा नई है यद्यपि उसकी यह पीड़ा पुरानी है।" स्त्री शिक्षा, रोज़गार, स्त्री प्रतिभा के साक्षरता के अवसर बढ़ने के साथ स्त्री के स्वतन्त्र व्यक्तित्व की चर्चा विवाह संस्था के अन्तर्गत सम्भव हुई है। स्त्री-पुरुषों की समानान्तर भूमिकाओं और घर से बाहर निकलने के अवसरों ने स्त्री को अपने बारे में सोचने के अवसर भी दिए हैं। यद्यपि 35-40 वर्ष की उम्र तक स्त्री के परम्परागत दायित्व ही प्राथमिक स्थान प्राप्त करते हैं। पति एवं परिवार के लिए स्त्री की अनिवार्यता 40 की उम्र तक आते-आते सीमित हो जाती है। इस दिशा में जहाँ परिवार नियोजन के साधन द्वारा बच्चों की सीमित संख्या महत्त्वपूर्ण भूमिका निभाती हैं वहीं एकल परिवार का भी महत्त्व है। घरेलू कामकाज के लिए उपलब्ध वैज्ञानिक उपकरण एवं स्त्री का कमाऊ होना भी स्त्री को अपने लिए अवसर उपलब्ध कराता है। बावजूद इसके कि ऐसे अवसर पानेवाली स्त्रियों की संख्या न्यूनतम है। फिर भी सामाजिक परिदृश्य में इन अवसरों की उपस्थिति सकारात्मक दिशा देती है। 35-40 वर्ष की उम्र के बाद स्त्री अपने व्यक्तित्व विकास के अवसरों का मिलना, विवाह पूर्व की उसकी अभिरुचियों, योग्यताओं, क्षमताओं के उपयोग का एक और अवसर स्त्री को देता है, एवं अपने व्यक्तित्व अथवा विवाह में किसी एक विकल्प चुनने की बाध्यता से मुक्ति की आशा को भी जन्म देता है। 70 के दशक के उपरान्त यह परिवर्तन तेजी से देखा जा सकता हैं।

विवाह एवं मातृत्व–विवाह के परम्परागत एवं मुख्य उद्देश्यों में सर्वाधिक महत्त्वपूर्ण कार्य सन्तानोत्पत्ति है। स्त्री के मातृत्व को उसकी पूर्णता और गरिमा से जोड़ा जाता है। स्त्री का समस्त अभिनन्दन उसके मातृ रूप में संस्थित होने का अर्चन है।[130] स्त्री को भी अपनी सार्थकता पुरुष की काम-लालसा की तुष्टि के अतिरिक्त मातृत्व में समझ में आती है। स्त्री के मातृत्व को धरती और बीज़ जैसे रूपकों से जोड़कर उसकी सार्थकता को मातृत्व तक सीमित किया गया है।[131] बाँझ स्त्री और बंजर धरती किसी काम की नहीं होती। (स्त्री की सार्थकता मातृत्व में है–जैनेन्द्र कुमार)

मातृत्व की अवधारणा को प्रायः जैविक आधार पर गर्भाशय से समझा जाता रहा है जबकि उसके सामाजिक, आर्थिक, सामाजिक सरोकार भी महत्त्वपूर्ण हैं।

स्त्री के पास गर्भाशय होने के कारण स्त्री का माँ बनना उसे पुरुष से अलग अवश्य करता है किन्तु सामाजिक संरचना उसके मातृत्व को सम्मानित करने के स्थान पर उसके पति के पितृत्व को सम्मानित करती है। उसकी सन्तान भी उसके पति पुरुष के नाम से जानी जाती है। सन्तान का प्राकृतिक संरक्षक पति के न होने पर ही वह बन सकती है। विवाह संस्था के अन्तर्गत मातृत्व का महिमा मंडन होता है और विवाहेतर मातृत्व कलंक और कलुष। "महिमा मंडन मातृत्व का नहीं, विधिवत पिता बनने, मातृत्व से सम्भावित स्त्री की सत्ता पर नकेल डालने का है।"[132]

मातृत्व स्त्री पर अतिरिक्त भार डालता है एवं उसके कार्य समय को लगभग तिगुना कर देता है। यह अतिरिक्त कार्य स्त्री के कामकाजी होने पर समस्या को बढ़ा देता है। कैरिअॅर और आत्म विकास की दृष्टि से जो वर्ष महत्त्वपूर्ण होते हैं उन्हीं वर्षों को वैज्ञानिक दृष्टि से माँ बनने के लिए उपयुक्त माना जाता है। मानव शिशु की परनिर्भरता की अवधि लम्बी होती है। नई वास्तविकताओं के मध्य जब स्त्री अपनी प्रतिभा का लोहा मनवा रही है, कैरिअॅर में अपनी भूमिका और परिवार में माँ की भूमिका में ताल-मेल स्त्री की अद्यतन समस्या बन रही है। पावर वूमेन अपनी पारम्परिक जिम्मेदारियों से मुक्त नहीं हो पाई है। आर्थिक दबाव, महँगाई, व्यक्तित्व विकास की महत्वाकांक्षा, शिक्षा के उपयोग की कामना उसे घर में नहीं बैठने देती। यद्यपि वह जानती है कि जन्म के बाद पहले तीन वर्ष बच्चों की देखभाल के महत्त्वपूर्ण वर्ष होते हैं।[133]

विवाह और मातृत्व में से एक का चुनाव भी स्त्री के नए प्रश्नों में सम्मिलित है। यद्यपि स्त्री की परिपूर्ण छवि 'अच्छी माँ' ने कई बार स्त्री से उसके अपने लिए जीवन के अवसर लुप्त किए हैं, नई स्त्री ने सन्तान के प्रति पति के दायित्वों को भी रेखांकित किया है। स्तनपान के अतिरिक्त बच्चों के पालने में पति की सहभागिता बड़े शहरों एवं कामकाजी दम्पतियों में न्यूनाधिक दिखाई देने लगी है। वहीं स्त्रियाँ बच्चों को पति के पास छोड़कर तलाक भी ले रही हैं। इसे अपवाद ही स्वीकारा जा सकता है। कैरिअॅर के लिए कई बार विवाह के स्वीकार्य के साथ मातृत्व का स्थगन गर्भपात की कानूनी मान्यता एवं गर्भ निरोधकों की महत्त्वपूर्ण भूमिका के कारण सम्भव हो सका है। वहीं विवाह के बन्धनों के अस्वीकार के साथ मातृत्व का स्वीकार भी सम्भव हुआ है। पर आज का नारीवाद मातृत्व को व्यापक सन्दर्भ में भी देखने लगा है। पोषक तत्त्व के रूप में मान्यता देकर, उसे स्त्री का सहजात गुण (भी) बतला रहा है। गर्भ गिराने के साथ-साथ बिला विवाह ही नहीं, बिला पुरुष संसर्ग, गर्भ धारण करने का अधिकार माँग रहा है।[134]

कानून द्वारा सहजीवन एवं विवाह संस्था से मुक्त मातृत्व को मिली मान्यता ने इसे सम्भव बनाया है जहाँ बच्चों को सिर्फ माँ के नाम से जाना जा सकता है परन्तु यह मातृत्व सम्माननीय अब भी नहीं। मातृत्व हेतु जैविक क्रियाओं से बचने के अवसर भी विज्ञान ने सम्भव किए हैं और 'सेरोगेट मदर' की कल्पना साकार हो सकी है। किसी अन्य स्त्री की कोख में निषेचित भ्रूण का पल्लवन अब सम्भव हो सका है। कानून ऐसे मातृत्व की वैधता का निर्धारण शुक्राणु एवं डिम्ब के आधार पर करता है। गर्भाशय के द्वारा नहीं, परन्तु गर्भाशय और डिम्ब की भूमिकाओं के द्वन्द्व एवं उसके मनोवैज्ञानिक प्रभावों ने इस प्रश्न को विवादित बनाया है एवं स्त्री के गर्भाशय के माध्यम से बाजारवाद के अवसर भी उपलब्ध कराए हैं।[135]

विवाह और घरेलू श्रम–विवाह संस्था में श्रम का असमान बँटवारा पुरुष को अर्थलाभ के श्रम और स्त्री को अलाभकारी श्रम से जोड़ता और अधीनस्थ की भूमिका सौंपता रहा है। नए सन्दर्भों में जब स्त्री की भागीदारी लाभकारी श्रम से जुड़ने लगी है, घरेलू श्रम का बँटवारा उसी सन्दर्भ में नहीं हुआ है। पुरुष का अहं स्त्री के अर्थोपार्जन को तो आर्थिक दबावों के तहत स्वीकार कर लेता है किन्तु बदले में घरेलू श्रम में अपनी भागीदारी सुनिश्चित नहीं करता। घरेलू श्रम के प्रति हीनता का भाव विश्व स्तर पर प्रचलित है एवं पुरुष स्वास्थ्य के लिए कदाचित् हानिकारक भी घोषित होता रहा है।[136] पुरुष, स्त्री के गृह प्रबन्धन में एक साथ बहुत सारी भूमिका के निर्वाह में स्त्री की योग्यता और क्षमता को कमतर आँकता है और अपने लिए अस्वीकार्य भूमिका मानता है। घर और बाहर की बढ़ती भूमिकाओं के मध्य सन्तुलन बिठाना स्त्री की बदलती स्थितियों में महत्त्वपूर्ण प्रश्न खड़ा करता है।

अकेली स्त्री–प्रजनन और स्तनपान के अतिरिक्त कोई भी ऐसा कार्य नहीं जो सिर्फ स्त्री ही कर सकती हो किन्तु रूटीन के उबाऊ कामों में पुरुषों की भागीदारी अब भी न्यूनतम है। महानगरों और कामकाजी दम्पतियों में बहुत थोड़े पुरुषों ने इस दिशा में सकारात्मक भूमिका निभाई है, जो रेखांकन योग्य है।

स्त्री स्वातन्त्र्य की चाह ने स्त्री को विवाह संस्था से बाहर अकेले रहने की प्रेरणा दी है। उसने सुविधाओं को त्याग कर स्वतन्त्रता का वरण भी किया है। विवाह को कैरिअॅर मानने से इनकार किया है। यह स्थितियाँ कई बार परिस्थितिवश भी उत्पन्न हुई हैं जब पिता के परिवार को पालने का दायित्व बेटियों पर आया है। ऐसे परिवारों में बेटियों की कमाई की प्रत्याशा में उसके विवाह के बारे में दहेज व अन्य कारणों से सोचा नहीं जाता। विवाह न होने ने भी अकेली

स्त्री को सम्भव बनाया है। ऐसी अकेली स्त्री विवशतावश अकेली है और पिता के परिवार पर बोझ है। छोटी-मोटी नौकरी और परिवार के तानों के मध्य जीवनयापन करनेवाली स्त्री से भिन्न स्थितियाँ उन लड़कियों की है जिन्होंने अपने जीवन का उद्‌देश्य कैरिअॅर और व्यक्तित्व विकास को माना है, वस्तुतः 'विवाह पूर्णकालिक व्यवसाय है जो स्त्री को अपने लिए वक्त नहीं देता।' धीरे-धीरे उससे उसकी अभिरुचियाँ, नाम और अन्ततः उसका वजूद भी छीन लेता है। जहाँ विवाहिता स्त्री कामकाजी है वहाँ विवाह और कामकाज दोनों स्थानों पर न्याय कर पाना सम्भव नहीं होता अतः शीर्ष स्थानों पर स्थापित अधिकांश स्त्रियों ने विवाह के विकल्प के स्थान पर कैरिअॅर को प्राथमिकता दी है। महाश्वेता देवी, लता मंगेशकर, मेधापाटकर, सीता वैधलिंगम, फातिमा की 'क्रॉनिक बेचलर, महादेवी वर्मा, रानी जेठ मलानी विवाह संस्था से बाहर आई हैं एवं इंदिरा गांधी, मेनका गांधी, सोनिया गांधी विधवा होकर ही अपनी जगह बना पाई हैं। शीर्ष पर पहुँचने के लिए 'अकेली स्त्री' नियति बन गई है स्त्री की। वे स्त्रियाँ जो विवाह संस्था में हैं भी व पति के परिवार से दूर 'अपनी घर-गृहस्थी' बना रही हैं, अपने बच्चे का भविष्य भी। केवल स्त्री परिवार सम्भव हुए हैं। यद्यपि सामाजिक स्तर पर उन्हें परेशानियाँ झेलनी पड़ती हैं। सुरक्षा एवं जैविक आवश्यकताओं से जुड़े सवाल अभी भी खड़े हैं।[137] जैविक आवश्यकताओं और साहचर्य की कामना में सहजीवन का विकल्प भी कानूनी तौर पर सम्भव हुआ है एवं सहजीवन की कालावधि में उत्पन्न हुई सन्तानों को वैधता भी प्राप्त हुई है। ऐसे बच्चों को अपनी माँ के नाम से जाने जाने की पात्रता है और पिता से भरण-पोषण का अधिकार भी। परन्तु भारतीय परिवेश में सहजीवन भी स्त्री को पुरुष प्रभुत्व से मुक्ति नहीं दिलाता और एक पुरुष से विलग होने पर उस स्त्री के प्रति सामाजिक दृष्टिकोण 'तलाकशुदा' अथवा यौन शुचिता के मिथक के कारण बुरी स्त्री का बनता है। अतः भारत के महानगरों में भी ऐसे दृष्टान्त सीमित हैं।[138]

विवाह से जुड़े महत्त्वपूर्ण प्रश्नों में विधवा एवं तलाकशुदा स्त्रियों एवं उनके पुनर्विवाह का है। यौन शुचिता एवं विवाह बाज़ार में स्त्रियों की दोयम दर्जे की स्थिति ने स्त्रियों के पुनर्विवाह को असम्भव तो नहीं परन्तु मुश्किल अवश्य बनाया है। लड़कियों के विवाह में आनेवाली कठिनाइयों के कारण विवेकानन्द ने कभी विधवा विवाह की समस्या पर इसलिए विचार करने से इनकार किया था क्योंकि उन्हें एक बार अवसर मिल चुका है, कुँआरी अविवाहिताओं को एक अवसर मिलना चाहिए।[139] यौन शुचिता के मिथक, पति परमेश्वर एवं सतीत्व की अवधारणा ने विधवा स्त्रियों के पुनर्विवाह के अवसर सीमित किए हैं। बावजूद

इसके कुछ स्त्रियों ने पुनर्विवाह किए हैं। जहाँ स्त्री पुनर्विवाह में गई है, पहले विवाह से उत्पन्न बच्चों और दूसरे पति के मध्य स्त्री को पेंडुलम बनाया है। कानूनी तौर पर सौतेले पिता से (सौतेला पिता भारतीय सन्दर्भ में नई अवधारणा है।) सौतेले बच्चों को भरण-पोषण तो मिलता है परन्तु सम्पत्ति का उत्तराधिकार नहीं। यह दृष्टिकोण एक ओर पितृत्व की अवधारणा को पुष्ट करता है, दूसरी ओर स्त्री को पुनर्विवाह में जाने से रोकता है।[140]

भारतीय न्याय व्यवस्था ने स्त्री को पुरुष से मुक्ति के अवसर प्रदान किए हैं। उबाऊ, थकाऊ और घर बिकाऊ न्याय व्यवस्था के मध्य यद्यपि तलाक पाना स्त्री के लिए सहज नहीं है। तलाक की लम्बी प्रक्रिया स्त्री से जीवन के वे महत्त्वपूर्ण वर्ष छीन लेती है, जो वैवाहिक जीवन के लिए महत्त्वपूर्ण हैं। साथ ही तलाक के प्रति सामाजिक दृष्टिकोण स्त्री के पक्ष में नहीं जाता, सारी गलती स्त्री की मानी जाती है और उसके पुनर्विवाह के अवसर क्षीण करता है। कुमारी कन्या से विवाह की इच्छा भी स्त्री को अवसर नहीं देती। इसके बावजूद कानूनी एवं सामाजिक दृष्टि से पुनर्विवाह सम्भव हुए हैं। इन पुनर्विवाहों ने कई नए प्रश्नों को जन्म दिया है। पुरुष के सौतेले बच्चों की अवधारणा तलाक और स्त्री के पुनर्विवाह के कानून के बाद जन्मी / कानूनी स्थितियाँ स्त्री के बच्चों के प्रति अनुकूल नहीं हैं। सौतेले पिता से भरण-पोषण का अधिकार मिलने पर भी उन्हें सम्पत्ति में कोई अधिकार प्राप्त नहीं होता।[141] उन बच्चों के प्रति सौतेले पिता का रवैया भी सौतेली माँ के रवैए से अलग नहीं होता। ये स्थितियाँ स्त्री को पुनर्विवाह के प्रश्न पर पुनर्विवाह के लिए प्रेरित करती है और अकेली स्त्री को सम्भव बनाती है। अकेली स्त्री की अवधारणा विवाह संस्था के खिलाफ जाती है। स्वतन्त्रता के समय 4 प्रतिशत अकेली स्त्रियाँ अब बढ़कर 36 प्रतिशत हो गई हैं एवं विवाह के पक्षधरों के सामने प्रश्न रखती हैं। यद्यपि यह विवाह का बेहतर विकल्प नहीं रखतीं परन्तु विवाह के वर्तमान ढाँचे पर पुनर्विचार के लिए प्रेरित अवश्य करती हैं क्योंकि स्त्री के जीवन का, व्यक्तित्व का सर्वाधिक निर्णायक प्रश्न विवाह आज भी है।

उपर्युक्त विश्लेषण द्वारा रेखांकित परिवर्तनों के मध्य देखा जा सकता है कि उपर्युक्त कारकों ने स्त्री की स्थिति देह, श्रम और विवाह के धरातल पर बदलने में मदद की है। जहाँ स्थिति बदली है, वहाँ परिवर्तन के प्रति चेतना भी जाग्रत हुई है। बावजूद इसके भारत की आधी आबादी का बहुत बड़ा हिस्सा 'चौके और शयन कक्ष के वध स्थल' की दुनिया के बाहर की दुनिया से अपरिचित और

'वधस्थल' के यथार्थ का अपनी नियति स्वीकार रहा है, परिवर्तन के परिणाम व्यापक बनाने के लिए इस स्त्री तक पहुँचना ज़रूरी है।

सन्दर्भ सूची

1. लीबरमान, 195 6, पृ. 385-402, प्रमिला कपूर, कामकाजी भारतीय नारी, बदलते जीवन मूल्य और सामाजिक स्थिति, राजपाल एंड संस, 1976, पृ. 15 पर उद्धृत
2. नेहरू, डिस्कवरी ऑफ इंडिया, पुनर्मुद्रित 1980, पृ. 29
3. विस्तार के लिए देखें–पवन कुमार वर्मा, मध्यवर्ग की अजीब दास्तान, राजकमल प्रकाशन, 1999, पृ. 45-52 तक
4. रोज, 1961 एवं कापड़िया, 1959 के अध्ययन
5. दृष्टव्य–आउटलुक, 19 जून 1996, पवन वर्मा, भारतीय मध्यवर्ग की अजीब दास्तान, पृ. 155 पर उद्धृत
6. नीरद सी. चौधरी, श्री हॉर्समेन ऑफ द न्यू अपोकलिप्स, लन्दन, 1997,' इंडिया टुडे के 28 जुलाई, 1997 के अंक में प्रकाशित अंशों से
7. देखें, आधी दुनिया, सम्पादक जी.बी. सिंह, बी.एम.एन. प्रकाशन, लखनऊ 2001, पृ. 59
8. स्रोत : शिक्षा विभाग, भारत सरकार
9. हंस, मार्च 2001, भूमंडलीकरण विशेषांक, पृ. 203
10. मधु किश्वर, दैनिक भास्कर, 14.06.2002
11. देखें–भारत के मध्यवर्ग की अजीब दास्तान, पवन कुमार वर्मा, राजकमल प्रकाशन, 2001, पृ. 62
12. देखें–शादी से पेश्तर, शर्मिला वोहरा, राजकमल प्रकाशन, 2001
13. सिमॉन द बाउवा, स्त्री उपेक्षिता, पृ. 179
14. मंजू जैन, कार्यशील महिलाएँ एवं सामाजिक परिवर्तन, प्रिंटवेल, जयपुर, पृ. 34
15. डॉ. सुशीला गुप्ता, जरूरत है ऐसी शिक्षा की जो जीवन जीना सिखाए, इक्कीसवीं सदी की ओर, सम्पादक-कृष्णकान्त, राजकमल प्रकाशन, 2001, पृ. 71-72
16. राष्ट्रीय श्रम आयोग की रिपोर्ट, रिपोर्ट ऑन द पेटर्न ऑफ ग्रेजुएट एम्प्लायमेन्ट, भारत सरकार के श्रम मंत्रालय का रोजगार एवं प्रशिक्षण महानिदेशालय 1963, 27.8, पृ. 380
17. प्लानिंग कमीशन की रिपोर्ट 1966
18. देखें–हाटे-1946, देसाई-1945 एवं नारायण-1967 के सर्वेक्षण, प्रमिला कपूर, कामकाजी भारतीय नारी, राजपाल एंड संस, 1976, पृ. 16
19. देखें प्रमिला कपूर-1960, 1970, देसाई-1957, हाटे-1969, कारमैक-1961, सेनगुप्ता-1960, रानाडे एवं रामचन्द्रन-1970, रामानुज-1972 एवं गोल्डस्टीन-1972 के अध्ययन, प्रमिला कपूर, कामकाजी भारतीय नारी, पृ. 52
20. सूत्र, हंस, मार्च 2001, अभय दुबे का आलेख, पितृसत्ता के नए रूप
21. देखें, हंस, मार्च 2001, पृ. 39
22. 1969 वेनकुअर सन के मुख्य पृष्ठ पर प्रकाशित रिपोर्ट–ब्रिटिश पुरुषों के स्वास्थ्य चौपट होने का कारण अधिक घर-गृहस्थी का काम–स्त्री मुक्ति का राजनीतिक अर्थशास्त्र, मार्गरेट बेंसटन, दायित्वबोध, जु-सि. 2000, पृ. 41 से उद्धृत

23. सिमॉन द बोउआ, स्त्री उपेक्षिता, पृ. 325
24. देखें 7.9.1969 को न्यूज ऑफ द वर्ल्ड, में शर्ली एन्टीकनैप की स्त्रियों के काम के घंटों पर अपना नियन्त्रण न रह पाने पर पुरुष मजदूर संघ के नेताओं के एतराजों की चर्चा
25. मणिमाला, दो में से क्या, स्वतन्त्रता या सुरक्षा, 'इक्कीसवी सदी की ओर' सम्पा. सुमन कृष्णकान्त, में लेख, पृ. 66
26. देखें, प्रमिला कपूर का अध्ययन 1970
27. सिमॉन द बोउआ, स्त्री उपेक्षिता, पृ. 328
28. देखें, जर्मेन ग्रीयर, विद्रोही स्त्री, पृ. 108-125
29. देखें हंस, भूमंडलीकरण विशेषांक, मार्च 2001, पृ. 37
30. हंस, भूमंडलीकरण विशेषांक में उद्धृत, लिंडसे कुक के प्रति जेम्स हयू–ऑनस्लो की प्रतिक्रिया, पृ. 39
31. सुधीश पचौरी, स्त्री देह के विमर्श, आत्माराम एंड संस 2000, पृ. 81
32. देखें, इंडिया टुडे का जून 2002 का अंक
33. किडाओं का अध्ययन 1973, पृ.29
34. देखें, दैनिक भास्कर दि. 14.6.2002, महिलाओं की सेहत के लिए फायदेमन्द है फ्लर्ट करना
35. देखें, हंस, भूमंडलीकरण विशेषांक, मार्च 2001, पृ. 44
36. देखें–स्त्री संघर्ष का इतिहास, राधा कुमार, वाणी प्रकाशन, दिल्ली, 2002, पृ. 210 एवं यत्र-तत्र
37. देखें–जनसत्ता, 29.7.87 में बनवारी का आलेख, इंडियन एक्सप्रेस 5.10.87 में आशीष नंदी का आलेख एवं स्टेट्समेन, 5.11.87 में पैट्रिक डी. हेरीगन का आलेख
38. मुथ्युलक्ष्मी रेड्डी, पेपर्स, स्पीचेज एंड राइटिंग्स, एनस्म एल. एल. खंड-II, पृ. 593
39. गैल पियरसन, रिजर्व्ड सीट्स–वीमेन एंड वोट इन बॉम्बे–'आई ई एस एच आर' वर्ष 20: अंक:1 पृ. 53-54 पर उद्धृत सरोजिनी नायडू का कथन
40. इस आशय की खबर, बॉम्बे क्रॉनिकल, 16 अप्रैल, 1913
41. देखें–राधा कुमार, स्त्री संघर्ष का इतिहास, वाणी प्रकाशन, दिल्ली, 2002, पृ. 49
42. सरोजिनी नायडू 'स्पीचेज एंड राइटिंग्स,' मद्रास जी.ए. नेटसन, 1904, पृ. 18-20
43. मनमोहन कौर 'रोल ऑफ वीमेन इन द फ्रीडम मूवमेंट' 1850-1947, स्टरलिंग पब्लिकेशन, 1968, पृ. 111 पर उद्धृत
44. देखें–राधा कुमार, स्त्री संघर्ष का इतिहास, वाणी प्रकाशन, 2002, पृ. 142
45. सुशीला जैन का 'मानुषी' में प्रकाशित मृदुला मुखर्जी द्वारा लिया गया साक्षात्कार
46. लाइफ स्टोरीज़ ऑफ वीमेन इन दि तेलंगाना पीपल्स स्ट्रगल, दिल्ली, काली फॉर वीमेन 1987
47. गैल ओमवेट पूर्वोक्त, पृ. 174
48. नारीवादी आन्दोलन एवं राजनीतिक दल, पृ. 300 पर उद्धृत
49. देखें–माछी सिंह बनाम पंजाब राज्य, ए.आई.आर., 1983 सुप्रीम कोर्ट 957 में सर्वोच्च न्यायालय द्वारा निर्धारित निर्देश, अरविन्द जैन, न्याय क्षेत्रे, अन्याय क्षेत्रे, राजकमल प्रकाशन 2002, पृ. 117 पर उल्लेख
50. विस्तृत अध्ययन के लिए दृष्टव्य सुधा गोयल एवं शशिबाला की दहेज हत्या का केस, औरत होने की सजा, अरविन्द जैन, राजकमल प्रकाशन, 1999, पृ. 140-147 तक
51. अरविन्द जैन, न्याय क्षेत्रे : अन्याय क्षेत्रे, राजकमल प्रकाशन, दिल्ली 2002, यौन हिंसा और आँकड़ों का आतंक लेख, पृ. 203
52. सूसन ब्राउन मिलर, अगेंस्ट आवर विल मेन, विमेन एंड रेप, 1975

53. पुलिस अनुसन्धान एवं विकास ब्यूरो, दिल्ली द्वारा 1983 में दर्ज भारत में बलात्कार के आँकड़े
54. भारतीय दंड संहिता, 1860 की धारा 375 के अपवाद द्वारा
55. भारतीय दंड संहिता 1860 की धारा 375(6) द्वारा
56. 'एक सफर–बसमतिया से भंवरी बाई तक,' हंस, नवम्बर-दिसम्बर, 1994, पृ. 175-79
57. बलात्कार का सवाल अस्मत नहीं अस्मिता का,' साप्ताहिक हिन्दुस्तान, 15-21 जुलाई 1990
58. स्त्री शक्ति संगठन, 'दि वार अगेन्सूट रेप' मिराण्डा डैविस की पुस्तक, 'थर्ड वर्ड, सेकेण्ड सेक्स' लन्दन जेड बुक्स, 1984, पृ. 199-200
59. देखें–संघर्ष वाहिनी कार्यकर्ता चेतना से लिया गया मधु किश्वर का साक्षात्कार मानुषी, अंक 27, मार्च–अप्रैल, 1985, पृ. 12
60. माकपा की कार्यकर्ता नीलम चतुर्वेदी का साक्षात्कार, स्त्री संघर्ष का इतिहास, राधा कुमार, वाणी प्रकाशन, दिल्ली 2002, पृ. 300 पर उद्धृत
61. अरविन्द जैन, न्याय क्षेत्रे अन्याय क्षेत्रे, राजकमल प्रकाशन, 2002
62. देखें–राधाकुमार, स्त्री संघर्ष का इतिहास, वाणी प्रकाशन 2002, पृ. 336
63. मानुषी , वर्ष 6, अंक 2, जनवरी-फरवरी 1986 में प्रकाशित मधु किश्वर का लेख–शाहबानो विवाद महिला पक्षधर या मुस्लिम विरोधी
64. देखें–राधा कुमार, स्त्री संघर्ष का इतिहास, पर्सनल लॉ और साम्प्रदायिक पहचान, पृ. 331
65. देखें जनसत्ता–बनवारी, जनवरी 29.9.87, इंडियन एक्सप्रेस–आशीष नन्दी, 5.10.87, स्टेट्समेन–पैट्रिक डी. हेरीगन, 5.11.87
66. इंडियन एक्सप्रेस, 10.5.1987
67. हिन्दुस्तान टाइम्स, 6.3.1985
68. स्टेट्समेन–18-20.9.1987
69. टाइम्स ऑफ इंडिया–17.9.1987, लगभग पचास लाख रुपए की कमाई का अन्दाजा पत्र लगाता है
70. विस्तार के लिए देखें–कुमकुम संधारी का सेमिनार सं. 342, फरवरी 1988 में प्रकाशित लेख–परपेट्रेटिंग द मिथ
71. हिन्दुस्तान टाइम्स, 17.9.1987
72. सी.एस.आई. रिपोर्ट ऑन द एनवायरमेंट, दिल्ली, पर्यावरण अध्ययन केन्द, 1987, पृ. 178
73. देखें–हंस, मार्च 2001, पृ. 72
74. देखें–सुधीश पचौरी, स्त्री देह के विमर्श, में सुधीश पचौरी का लेख, सिर्फ तैंतीस फीसदी और परेशान लोग, पृ. 94
75. देखें–सुधीश पचौरी, स्त्री देह के विमर्श, में सुधीश पचौरी का लेख, सिर्फ तैंतीस फीसदी और परेशान लोग, पृ. 112
76. अरविन्द जैन; न्याय क्षेत्रे : अन्याय क्षेत्रे, पृ. 274
77. दूसरा शनिवार, 8 मार्च, 1997, में प्रसिद्ध विचारक मस्तराम कपूर का लेख, पृ. 10-11)
78. माया, 15 जून, 1997
79. देखें, निओमी वुल्फ की पुस्तक 'फायर विद फायर,' द न्यू फीमेल पावर एंड हाउ इट विल चेंज द ट्वेंटीफस्ट सेन्चुरी
80. अन्तर्राष्ट्रीय श्रम संगठन, संयुक्त राष्ट्र संघ (आई.एल.ओ.) की रिपोर्ट, देखें, उत्तराधिकार बनाम पुत्राधिकार, अरविन्द जैन, राजकमल पेपर बैक्स, 2001, पृ. 23
81. सुधीश पचौरी, देखें, स्त्री देह के विमर्श, पृ. 20

82. उपभोक्ता नहीं है स्त्री, मधुप, दैनिक नवज्योति, 9 जून 2001
83. मृणाल पांडे, परिधि पर स्त्री, राधाकृष्ण प्रकाशन, 1996 में गरीबी का महिलाकरण, पृ. 19 से 23
84. सुधीश पचौरी,स्त्री देह के विमर्श, आत्माराम एंड संस, दिल्ली, पृ. 18 से 23
85. देखें, औरत : अदृश्य श्रम की कथा, सुधीश पचौरी, जनसत्ता, 29 जनवरी 1989
86. स्त्री की बदलती छवि, सुधीश पचौरी, हिन्दुस्तान, 22 दिसम्बर 1996
87. स्त्री की बदलती छवि, सुधीश पचौरी, हिन्दुस्तान, 22 दिसम्बर 1996
88. देह हथियार नहीं, अधिकार है स्त्री का, अरविन्द जैन, राष्ट्रीय सहारा, 26 जनवरी 2003
89. औरत अस्तित्व और अस्मिता, अरविन्द जैन, सारांश प्रकाशन, 2000 में आलेख, परम्परा, पूँजी और पहचान का आत्म संघर्ष, पृ. 56-57
90. देखें, बहुप्रतिष्ठित 'टाइम' पत्रिका का जनवरी 2003 का अंक
91. नाच गोरी नाच, मुझे मिलेगा पैसा, समरेन्द्र सिंह, हंस, जनवरी-फरवरी, 2000, पृ. 170
92. सुधीश पचौरी, स्त्री देह के विमर्श, आत्माराम एंड संस 2002, पृ. 74
93. पितृसत्ता के नए रूप, अभय कुमार दुबे, हंस, मार्च 2001, भूमंडलीकरण विशेषांक, पृ. 45
94. मृणाल पांडे, परिधि पर स्त्री, में आलेख नारी, तुम केवल उपभोक्ता हो, पृ. 53
95. सुधीश पचौरी, स्त्री की बदलती छवि, हिन्दुस्तान, 22 दिसम्बर 1996
96. सुधीश पचौरी, स्त्री की बदलती छवि, हिन्दुस्तान 22 दिसम्बर 1996
97. सुधीश पचौरी, स्त्री देह के विमर्श, आत्माराम एंड संस, 2000, पृ. 13
98. समरेन्द्र सिंह, नाच गोरी नाच मुझे पैसा मिलेगा, हंस, जनवरी-फरवरी 2000, पृ. 173
99. देखें, सुधीश पचौरी, समकालीन संस्कृति में एक लड़की, साक्षात्कार, जुलाई-अगस्त 1996
100. देखें, सुधीश पचौरी, स्त्री देह के विमर्श, आत्माराम एंड संस, 2000, पृ. 58
101. सुधीश पचौरी, समकालीन संस्कृति में एक लड़की, साक्षात्कार, जुलाई-अगस्त 1996, साक्षात्कार
102. देखें, सुधीश पचौरी, फेयर एंड लवली, राष्ट्रीय सहारा 9 मार्च 2003, एवं बाज़ार की चपेट में महिलाएँ सुभाषिणी अली, दैनिक जागरण, 7 मार्च 2003, गोरापन का दावा करनेवाली एक क्रीम के विज्ञापन के खिलाफ की गई कार्यवाही पर टिप्पणियाँ
103. सन्दर्भ सूत्र–समरेन्द्र सिंह, नाच गोरी नाच मुझे पैसा मिलेगा, हंस, जनवरी-फरवरी, 2000, पृ. 172
104. सुधीश पचौरी, फेयर एंड लवली, राष्ट्रीय सहारा, 9 मार्च 2003
105. सुधीश पचौरी, असली औरत का बयान, दैनिक नव ज्योति, 25 अप्रैल 1997
106. अरविन्द जैन, देह हथियार नहीं, अधिकार है स्त्री का, राष्ट्रीय सहारा, 26 जनवरी 2003
107. देखें, पवन कुमार वर्मा, भारत के मध्यवर्ग की अजीब दास्ताँ, पृ. 147 से 153 तक
108. समरेन्द्र सिंह, नाच गोरी नाच, मुझे पैसा मिलेगा, हंस, जनवरी-फरवरी 2000, पृ. 173
109. अरविन्द जैन, शालीनता के स्वेटर जल रहे हैं, राष्ट्रीय सहारा, 2 फरवरी 2003
110. देखें, अरविन्द जैन, शालीनता के स्वेटर जल रहे हैं, राष्ट्रीय सहारा, 2 फरवरी 2003
111. अरविन्द जैन, देह हथियार नहीं, अधिकार है स्त्री का, राष्ट्रीय सहारा, 26 जनवरी 2003
112. उजले रंग का मोह, मनीषा, राष्ट्रीय सहारा, 29 मार्च 2003
113. सुधीश पचौरी, देखें, स्त्री देह के विमर्श, पृ. 136
114. देखें, स्त्रियों की पराधीनता, पृ. 29
115. मधु किश्वर मानुषी, अंक 34, 1986, पृ. 3
116. मधु किश्वर–पूर्वोक्त

117. विद्यानिवास मिश्र, हिन्दू धर्म जीवन में सनातन की खोज, राधाकृष्ण प्रकाशन, नई दिल्ली, पृ. 43
118. उषा महाजन, उठो अन्नपूर्णा साथ चलें, हिमाचल पुस्तक भंडार, 1998 में आलेख हिन्दू विवाह, पृ. 77-83
119. अरविन्द जैन, न्याय क्षेत्रे : अन्याय क्षेत्रे, पृ. 23
120. सिमॉन द बोउवा,स्त्री उपेक्षिता, अनु. प्रभा खेतान, हिन्द पॉकेट बुक, पृ. 179
121. विस्तार के लिए देखें–अरविन्द जैन, न्याय क्षेत्रे : अन्याय क्षेत्रे, में आलेख व्यभिचारी कौन, राजकमल प्रकाशन, नई दिल्ली 2002, पृ. 143-147
122. देखें–आउटलुक, अक्टूबर 2002, पृ. 45
123. राजकिशोर, जो है पर दिखता नहीं, जनसत्ता, दिल्ली, 16 दिसम्बर 2001, पृ. 7
124. देखें, आउटलुक–अक्टूबर 2002 वॉट वूमन वॉन्ट–सर्वेक्षण, पृ. 45
125. विस्तार के लिए देखें–डॉ. धर्मवीर, अस्मितावाद बनाम वर्चस्ववाद, कथादेश, अप्रैल 2003, पृ. 73 से 82
126. सिमॉन द बोउवा, स्त्री उपेक्षिता, अनु. प्रभा खेतान, पृ. 181
127. सिमॉन उ बोउवा, स्त्री उपेक्षिता, पृ. 181
128. साहित्य का आस्वाद, नन्दकिशोर आचार्य की पुस्तक पर डॉ. राधा वल्लभ त्रिपाठी की समीक्षा
129. राजकिशोर, जो है, पर दिखता नहीं, जनसत्ता, 16 दिसम्बर 2001, पृ. 7
130. राजेन्द्र यादव, आदमी की निगाह में औरत, पृ. 14
131. नारद सूत्र–लीला दुबे के लेख–धरती और बीज़, स्त्री के लिए जगह, सम्पादक राजकिशोर, वाणी प्रकाशन, पृ. 51 पर उद्धृत
132. मृदुला गर्ग, प्रज्ञा और गर्भाशय के बीच अतीत होती सदी और स्त्री का भविष्य, राजकमल प्रकाशन, पृ. 273
133. ब्रिटिश लेखिका पैने लोप लीच की पुस्तक चिल्ड्रन फर्स्ट से
134. मृदुला गर्ग, अतीत होती सदी और स्त्री का भविष्य, पृ. 273
135. देखें, सुधीश पचौरी, स्त्री देह के विमर्श, आलेख–कोख, पृ. 147 से 149 तक
136. देखें, 1969 वेनेकुलर सन के मुख्य पृष्ठ पर प्रकाशित रिपोर्ट, दायित्व बोध, जु.-सि. 2000, पृ. 41 पर उद्धृत
137. विस्तार के लिए देखें–जयन्ती का आलेख, शक्लोंवाली जिन्दगी अकेली स्त्री का सच, अतीत होती सदी और स्त्री का भविष्य, राजकमल प्रकाशन, 2001, पृ. 151-158
138. विस्तार के लिए देखें–अरविन्द जैन का आलेख, सहजीवन, व्याभिचार और कानून
139. देखें–विवेकानन्द का आलेख, आधी दुनिया, बी. एम.एन. प्रकाशन, पृ. 23
140. देखें, सौतेले होने का अर्थ, अरविन्द जैन, दैनिक भास्कर (मधुरिमा)
141. देखें–धारा 125 का विश्लेषण, अरविन्द जैन, न्याय क्षेत्रे : अन्याय क्षेत्रे, पृ. 103

अध्याय : पाँच

स्त्री : वाद, विवाद और संवाद

किताबों की अपनी उम्र होती है, जो मनुष्य की उम्र की तरह अपने नियन्ता के हाथों निर्धारित होती है। यह कथन चौंकानेवाला हो सकता है, क्योंकि माना तो यह जाता है कि किताबों की उम्र का निर्धारण उसके पाठकों के हाथों में होता है। लेखक की यह कामना, कि कभी तो, किसी समय में मेरी तरह सोचनेवाला पैदा होगा, जो मेरी बात को समझ सकेगा, इस पीड़ा को शिद्दत से व्यक्त करती है कि कई बार लेखक के अपने जीवन में उसे समझा नहीं जाता, उसे वह मान्यता नहीं मिल पाती जिसका हकदार वह अपने को समझता है। यह पीड़ा तब और बुलवाती हो जाती है, जब पैसा, पहचान, प्रचार, गॉड फादर और मीडिया पर पकड़, हर कीमत का भुगतान, विचार के स्तर पर औसत पुस्तकों को शिखर का सम्मान देता है और इसके अभाव में गम्भीर विमर्श गुमनामी का जीवन जीता है; सस्ती लोकप्रियता के लिए चटकारेदार साहित्य संस्करणों का रिकॉर्ड बनाने में कामयाब होता रहा है। जरा रुककर तात्कालिक मुनाफे से मुक्त होकर सोचा जाए, तो ज्ञात होगा कि जिस विचार में दम होगा वह गुमनामी का जीवन लम्बे समय तक नहीं जी सकता। इतिहास हमेशा से अपनी छन्नी लगाता रहा है। पैसा, पहचान और प्रचार आज शोहरत दिला सकता है, किन्तु कल आप इतिहास के डस्टबिन में नहीं डाले जाएँगे इसकी गारन्टी वक्त के पास नहीं है। यह किताबों के नियन्ता (रचनाकार) की क्षमता पर निर्भर है कि उसकी रचना की उम्र पाँच सौ या हजार वर्ष होगी, सौ-दो सौ वर्ष होगी या पाँच-दस वर्ष। सिर्फ आज के लिए लिखनेवालों को यह समझ लेना जरूरी है; कि आज के लिए सिर्फ अखबार काफी है किताबों की ज़रूरत वहाँ नहीं।

स्त्री चिन्तन पिछली शताब्दी के उत्तरार्ध में गम्भीर विचार का केन्द्रीय मुद्दा रहा है, किन्तु शुरुआती दौर में इस विषय पर लिखना वर्जना का शिकार रहा। एक ओर स्त्रीत्ववाद की व्यवस्था भंजक छवि और दूसरे ध्रुव पर एकदम विपरीत

इसे फेशुनेबल शगल मानो जानो (जो अमीर औरतों का वक्त काटने का साधन था) ने स्त्री चिन्तन के प्रति अपने दायित्व गम्भीरता से नहीं निभाए। स्त्री विषय पर वाद, विवाद और संवाद की सम्भावना को विदेशी आयात कहकर बार-बार खारिज किया जाता रहा। बावजूद इसके वक्त ने बता दिया कि भारत में स्त्री चिन्तन की अपनी ज़मीन है और विवाद का यह अंकुरण अपनी धरती की छाती फोड़कर वट वृक्ष की कामना के साथ बड़ा हो रहा है।

हिन्दी में स्त्री चिन्तन की परम्परागत दृष्टि से मुक्त वाद, विवाद और संवाद की शुरुआत 'शृंखला की कड़ियाँ' से मानी जाती है, किन्तु महादेवी वर्मा के समकालीन निराला के स्त्री केन्द्रित आलेखों पर विचार किया जाना भी जरूरी है। निराला स्वकीया, कला और देवियाँ, समाज और स्त्रियाँ, हिन्दू-अबला, राष्ट्र और नारी, रूप और नारी, सरदा बिल का विरोध, नौकरशाही का महिलाओं पर हमला, वर्तमान आन्दोलन में महिलाएँ, विवाह के विचार पर बनॉर्ड शॉ, हमारी महिला प्रगति, हिन्दू-विधवाओं पर अनधिकार-चर्चा, सौन्दर्य और विवाह, विवाह की उम्र, चीनी महिलाओं का भारतीय आदर्श, साड़ी की महिमा, रूस की स्त्रियों जैसे आलेखों के माध्यम से (देखें निराला रचनावली, भाग 6, राजकमल प्रकाशन 1992) उस वक्त न केवल स्त्री से जुड़े विविध आयामों पर चर्चा कर रहे थे वरन् वे अपने समय से बहुत आगे आकर भी बात कर रहे थे। इसी तरह से विश्वनाथ काशीनाथ राजवाड़े यद्यपि विचार भारतीय विवाह संस्था के इतिहास पर कर रहे थे (निधन 1922), किन्तु उनकी दृष्टि आनेवाले वक्त की नब्ज पर लगातार जमी रही। सिलसिलेवार स्त्री पर चिन्तन का अबाध रस्म अस्सी के आसपास से देखने मिलता है। उनमें से महत्त्वपूर्ण पुस्तकों के परिचय के माध्यम से स्त्री चिन्तन पर उसके विविध आयामों पर वाद, विवाद, संवाद की गुंजाइश बन सकती है। इन पुस्तकों में इस अवधि में विश्व साहित्य से हिन्दी में अनूदित होकर आई कुछ महत्त्वपूर्ण पुस्तकें भी शामिल हैं।

1. नारी शोषण, आइने और आयाम, आशारानी व्होरा नेशनल पब्लिकेशन हाउस, नई दिल्ली 1982, मूल्य : 50 रुपए।

   पुस्तक स्त्री शोषण के विविध आयामों पर विस्तार से विचार करती है। शोषण के मूल में हमारे नैतिक मूल्यों को पाती है। लेखक स्त्रियों को भी इस स्थिति के लिए बराबर का जिम्मेदार पाती है। सदियों की कंडीशनिंग के बाद स्त्रियाँ यह समझ ही नहीं पाती कि वे अपने खिलाफ क्या कार्य कर रही है।
2. देह की राजनीति से देश की राजनीति तक, मृणाल पांडे, राधाकृष्ण

प्रकाशन, नई दिल्ली 1987।
पुस्तक इस विचार को केन्द्र में लाती है कि विश्व की अधिकांश आबादी चूँकि महिलाएँ और बच्चे हैं इसलिए राजनीतिक, सामाजिक, आर्थिक किसी भी क्षेत्र के असन्तुलन का ब्योरा स्त्री और बच्चों की अवहेलना करके नहीं बिठाया जा सकता। मृणाल पांडे घर, परिवार, श्रमजीवी स्त्री, वेश्या, स्त्री शिक्षा, स्त्री हिंसा, खबरों में स्त्री, अश्लीलता का विरोध करती स्त्री, की स्थितियों और उनके दृष्टिकोण पर चर्चा करती है।

3. स्त्री उपेक्षिता, सिमॉन द बॉउवार, अनु.प्रभा खेतान, हिन्द पॉकेट बुक, 1989, संस्करण 1998 मूल्य : 95 रु.।
सिमॉन द बॉउवार की विश्वचर्चित कृति 'द सेकेण्ड सेक्स' का हिन्दी रूपान्तर स्त्री प्रश्नों पर विश्वस्तरीय महत्त्वपूर्ण पुस्तक है। सामान्य स्त्री को केन्द्र मे रखकर उनसे संवाद करती हैं, सिमॉन। स्त्री पैदा नहीं होती, बना दी जाती है, कहनेवाली सिमॉन स्त्री के सामाजीकरण के प्रत्येक पहलू पर अपनी गहरी नजर रखती है। पूर्व में वर्तमान व्यवस्था की टूट-फूट के बीच सुधार की सम्भावना स्वीकार करनेवाली सिमॉन अपने परवर्ती समय में व्यवस्था में आमूल-चूल परिवर्तन की हिमायती हो गई थीं। स्त्री चिन्तन पर बात करते हुए सिमॉन द बॉउवार को अलग रखकर बात करना सम्भव नहीं है, यद्यपि आज स्त्रीत्ववादी चिन्तन बहुत आगे निकल गया है किन्तु सिमॉन के वक्त का स्त्री के बारे में इतना प्रमाणिक चित्रण दूसरा उपलब्ध नहीं। स्त्री की अधीनस्थ की भूमिका को तथ्य और मिथ तथा आज की स्त्री उपखंडों के माध्यम से प्रभा खेतान ने अनुवाद में प्रस्तुत किया है।

4. आज की आम्रपाली, सरला मुद्गल, नेशनल पब्लिशिंग हाउस, नई दिल्ली 1993, मूल्य : 150 रु.।
आज की आम्रपाली देह व्यापार की त्रासदी पर केन्द्रित पुस्तक है, जिसमें गहन शोध, साक्षात्कारों एवं विशद अध्ययन के आधार पर वेश्यावृत्ति के प्रश्न को महत्त्वपूर्ण ढंग से रेखांकित किया गया है। ऐतिहासिक सर्वेक्षण के माध्यम से गणिकाओं के इतिहास से लेकर आज की कॉलगर्ल तक ही पुस्तक सीमित नहीं, पुरुष वेश्या, हिजड़ों पर चर्चा के साथ ही, वेश्याओं की सन्तानों के पुनर्वास को भी वे अपनी कलम का विषय बनाती है।

5. औरत होने की सजा, अरविन्द जैन, विकास पेपर बैक्स, मेन रोड, गांधी नगर, दिल्ली-31, 1994 वर्ष मूल्य : 50 रु. एवं राजकमल पेपर बैक्स,

1-बी नेताजी सुभाष मार्ग, नई दिल्ली-2, 1996 मू. : 50 रु.।

स्त्री केन्द्रित इस पुस्तक के अब तक बारह संस्करण आ चुके हैं। कानून (लॉ) को लॉ अगेन्सूट वीमेन माननेवाले अरविन्द जैन की इस पुस्तक में कानूनी प्रावधानों की चीर-फाड़ करते और अदालती फैसलों पर प्रश्नचिह्न लगाते लेख हैं जो कानूनी अन्तर्विरोधों और विसंगतियों का प्रमाणिक खोजी दस्तावेज हैं। गम्भीर अध्ययन, मौलिक चिन्तन और गहरे मानवीय सरोकारों के बिना सम्भव नहीं (अरुण प्रकाश)। पन्द्रह आलेखों की मात्र सौ पृष्ठोंवाली यह पुस्तक भीतर तक प्रहार करते हुए कानूनी लूप होल्स का खुलासा करती है। जिनसे स्त्री का निकल पाना लगभग असम्भव है।

6. स्त्री के लिए जगह, सम्पादक राजकिशोर, वाणी प्रकाशन, नई दिल्ली-02, 1994, मूल्य : 100 रु.।

   पुस्तक अपने लिए रास्ता बनाती, स्त्री और शोषण का शिकार होती स्त्री, स्त्री स्वातन्त्र्य के तात्पर्यों और गुलामी की जंजीरों पर विचार करती हुई इस बात को केन्द्र में लाती है कि स्त्री क्या चाहती है। महत्त्वपूर्ण स्त्री प्रश्नों पर घरेलू स्त्रियाँ, बलात्कार, धरती और बीज, शूद्र पशु नारी, हिन्दू विवाह की तानाशाही, पुरुष के कब्जे में स्त्री कानून विषय पुस्तक भिन्न-भिन्न कोण से विचार करती है।

7. औरत के हक में, तसलीमा नसरीन, वाणी प्रकाशन, 1994, मूल्य : 100 रुपए।

   स्त्री होने को 'चरम लज्जा' समझनेवाले पितृसत्तात्मक समाज में स्त्री की स्थिति देश, काल, वातावरण बदल जाने पर भी नहीं बदली है। बांगलादेश के दिक् काल के मध्य स्त्री के शास्वत प्रश्नों को तसलीमा नसरीन ने दैनिक जीवन के छोटे-छोटे तल्ख अनुभवों के माध्यम से व्यक्त किया है।

8. परिधि पर स्त्री, मृणाल पांडे, राधाकृष्ण प्रकाशन, नई दिल्ली, 1996 मूल्य : 95 रु.।

   'परिधि पर स्त्री' स्त्री से जुड़ी विभिन्न समस्याओं पर लिखे लेखों का संकलन है। मृणाल पांडे का विचार है कि हमारे समय में एक या अनेक लोग नारीवाद का गलत इस्तेमाल करते हुए उसे भले ही अपने अहंकार प्रक्षेप या उपभोक्तावादी स्वार्थ-साधना या फिर सीधे वोट की उगाही का जरिया क्यों न बनाते रहें, इस विचारधारा को मात्र एक चमत्कार के रूप में ही अंगीकार करनेवाले ज्यादातर मौकापरस्त गुट या लोग समय की कसौटी पर कुछ समय बाद नारीवाद के स्वस्थ प्रतिनिधि नहीं, बल्कि हीन

भावना से ग्रस्त अराजक और मौकापरस्त अहंवादी ही साबित होते हैं। मृणाल पांडे के ये लेख गरीबी, महिला वोटर, असमानता, पुलिस और लोकतन्त्र, भंवरी, महिला शरणार्थी, नारी का टारगेट बन जाना, छोटे पर्दे, अपराध के महिमा मंडन, आबादी नियन्त्रण, आत्मनिर्भरता और सहकारिता जैसे विषयों पर केन्द्रित हैं।

9. समान नागरिक संहिता, सरला महेश्वरी, राधाकृष्ण प्रकाशन, 1997, मूल्य : 125. रु.।

पुस्तक का केन्द्रीय विषय समान नागरिक संहिता है, जिसे बार-बार निजी कानूनों के सामने घुटने टेकने पड़े हैं। अन्य विषयों पर एकविध कानून बनने के बावजूद सिर्फ विवाह और उत्तराधिकार से जुड़े प्रश्न, जो सीधे-सीधे स्त्री प्रश्न हैं, को निजी कानून की गिरफ्त से बाहर न निकालने की पितृसत्ता और साम्प्रदायिक तत्त्ववादियों की मंशा का खुलासा है। भेदभावपूर्ण निजी कानून, सुप्रीम कोर्ट और सरकारों की भूमिका पर तथ्य परक विमर्श प्रस्तुत है।

10. आधी जमीन, उपेन्द्रनाथ अश्क, नीलाभ प्रकाशन, 1997, मूल्य : 150 रुपए।

अपनी पूरी पुस्तक में स्त्री के लिए–आधी सदी के कथा क्षेत्र में कार्य कर रही कहानी लेखिकाओं के 'सरसरी जायजे' के बाद अश्क प्रश्न उठाते हैं कि कृष्णा सोबती के अलावा कोई और ऐसी कहानी लेखिका क्यों नहीं हैं जो प्रतिष्ठित हिन्दी पुरुष लेखकों की भाँति जिन्दगी भर लिख सकतीं। उनका मानना है कि लेखिकाएँ परिवार से बँधी हैं, कुट यथार्थ की अभिव्यक्ति का निर्मम साहस उनमें नहीं है। लेखन को समर्पित लेखक जहाँ माता-पिता, घर-द्वार छोड़ देते हैं, इसके अभाव में स्त्रियाँ अच्छी रचनाकार नहीं बन पाती। अश्क मानते हैं कि सीमित अनुभव और कुंठाएँ लेखिकाओं को महान कथाकार नहीं बना पाई हैं।

11. दुर्ग द्वार पर दस्तक, कात्यायनी, परिकल्पना प्रकाशन, लखनऊ 1997, मूल्य : 120 रु.।

'दुर्ग द्वार पर दस्तक' में कात्यायनी स्त्री के श्रम और शोषण को केन्द्र में लाती है। पूँजी पर पुत्राधिकार को स्त्री की हीन स्थिति का जिम्मेदार मानती है। वे बहुराष्ट्रीय कम्पनियों के आगमन और भूमंडलीकरण के समय को स्त्री के पक्ष में नहीं पाती। विश्व बैंक को तीसरी दुनिया के खिलाफ पाती हैं कात्यायनी।

12. अश्लीलता का हमला, सम्पादक : राजकिशोर, वाणी प्रकाशन, नई दिल्ली, 1998, मूल्य : सौ रु.।

'आज के प्रश्न' शृंखला की यह पुस्तक अश्लीलता, मुक्त देह के आखेट, कामुकता की संस्कृति, सौन्दर्य का षड्यंत्र, इलेक्ट्रॉनिक तरंगों की मनमानी, प्रिंट मीडिया, कला, अर्थनीति, सौन्दर्य और उत्तर संस्कृति के माध्यम से अश्लीलता के हमलों का साक्षात कराती है। सम्पादक का विचार है कि हमारे समय में अश्लीलता समस्या न होकर हमला है। एक अश्लील संस्कृति लगातार हमारी संवेदना पर चोट कर रही है। इसके मूल में यौन क्रान्ति को पाते हैं राजकिशोर।

13. नारी प्रश्न, सरला माहेश्वरी, राधाकृष्ण प्रकाशन, 1998, मूल्य : 175 रुपए।

पुस्तक नारीवादी आन्दोलन की अन्तर्राष्ट्रीय पृष्ठभूमि और उसके आधार पर निर्मित दृष्टि की रौशनी में नारी जीवन से जुड़े प्रश्नों पर गम्भीर विमर्श प्रस्तुत करती है। नारीवाद की परस्पर विरोधी धाराओं के बावजूद स्त्री मुक्ति से जुड़े महत्त्वपूर्ण समान प्रश्न जैसे नारीवाद का पश्चिमी सन्दर्भ, विवाह, तलाक और मार्क्स, नवम्बर क्रान्ति, औरतों की कम होती आबादी, राष्ट्रीय महिला आयोग, महिला आरक्षण, नौकरशाही, सती महिमा मंडन जैसे विषय पुस्तक के केन्द्र में हैं।

14. उठो अन्नपूर्णा साथ चलें, उषा महाजन, हिमाचल पुस्तक भंडार, 1998, मूल्य : 100 रु.।

'उठो अन्नपूर्णा साथ चलें' बदलते दाम्पत्य सम्बन्धों को रेखांकित करती महत्त्वपूर्ण पुस्तक है। दाम्पत्य सम्बन्धों को प्रभावित करनेवाले महत्त्वपूर्ण कारकों पर उँगली रखती यह कृति उन सुलगते सवालों को विमर्श का मुद्दा बनाती है, जो दाम्पत्य सम्बन्धों को प्रभावित और परिचालित करते हैं। दहेज, दहेज सम्बन्धी कानून, हिन्दू विवाह, हिन्दू विवाह का बदलता स्वरूप, बदलता सामाजिक परिदृश्य, साथ रहते अविवाहित जोड़े, (लिव इन टुगेदर) विवाह की बेड़ियों, एड्स जैसे विवाह से जुड़े सभी प्रश्नों पर दाम्पत्य की विकट स्थितियों से गुजर रहे पति-पत्नियों के केस अध्ययनों, न्यायाधीशों, वकीलों, मनोवैज्ञानिकों, मनोचिकित्सकों, यौन विशेषज्ञों, पुलिस अधिकारियों एवं महिला संस्थानों के संचालकों से साक्षात्कारों, पत्र-पत्रिकाओं में छपी सामग्री के सहारे विचार विमर्श प्रस्तुत किया गया है।

15. चुकते नहीं सवाल, मृदुला गर्ग, सामयिक प्रकाशन, 1999, मूल्य : 150 रुपए।

पुस्तक मूलतः स्त्री केन्द्रित नहीं है किन्तु इसके कुछ आलेख, स्त्री प्रश्नों पर बात करते हैं। साहित्य में स्त्री छवि, कहानी में नारी चेतना, सत्ता और स्त्री, देसी फेमिनिस्ट और मैं और मेरी समझ (आत्मकथ्यपरक आलेख) वर्गों में बाँट दी गई स्त्री की साहित्य में किस रूप में प्रस्तुति, स्वीकृत हुई है, विविध रचनाओं के माध्यम से भिन्न-भिन्न और बदलती छवियों पर विचार किया गया है। स्वचेती स्त्री को कहानी में नारी चेतना के माध्यम से देखा-परखा गया है। बदलती हुई स्त्री के पास विकास के जो प्रतिमान हैं क्या उसे मर्द बना रहे हैं ! सजा पाकर क्या स्त्री पुरुष हो रही है, पितृसत्तात्मक और मातृसत्तात्मक व्यवस्था के क्या गुण-दोष हैं पर विचार करती हुई मृदुला गर्ग देसी फेमिनिज्म को भी अपने विमर्श में शामिल करती हैं, जमीन से जुड़ी स्त्रियों और उनके प्रश्नों के माध्यम से वे साबित करना चाहती हैं कि भारत में फेमिनिज्म का अर्थ अन्नपूर्णा और शक्ति का समन्वय है, वे इसे नारीमुक्ति के स्थान पर नारी दृष्टि के रूप में देखती हैं।

16. स्त्रीत्व का मानचित्र, अनामिका, सारांश प्रकाशन, दिल्ली, 1999, मूल्य : 280 रुपए।

'स्त्रीत्व का मानचित्र' स्त्री चिन्तन पर प्रकाशित उन विरली हिन्दी पुस्तकों में से है, जो स्त्रीवादी आन्दोलन को पौराणिक, ऐतिहासिक, सामाजिक और दार्शनिक परिप्रेक्ष्य में देखने-परखने का गम्भीर प्रयत्न करती है। परम्परागत नारी छवि को पुख्ता करनेवाली रचनाओं से भिन्न यह समय से संवाद करती पुस्तक है। स्त्रीवादी आन्दोलन की राजनीतिक यात्राओं से प्रारम्भ होकर पश्चिमी दार्शनिक निकायों, भारतीय आर्षग्रन्थ, लोक साहित्य, स्त्रीत्ववादी चिन्तन एवं आलोचनाओं की धाराओं पर विचार करते हुए अनामिका स्त्रीत्व और भाषा, स्त्री कथाकारों की स्त्रियाँ, तीसरी दुनिया की स्त्रियों, संक्रमण काल में भारतीय स्त्री, उत्तरवाद और साहित्याध्ययन की चुनौतियों के माध्यम से स्त्री प्रश्नों पर अनेक कोणों से विचार करती हैं। इस पुस्तक में महत्त्वपूर्ण यह भी है कि स्त्री केन्द्रित विश्व साहित्य की अंग्रेजी में सूची तथा पश्चिमी दार्शनिक निकायों पर परिशिष्ट संलग्न है, जो महत्त्वपूर्ण दस्तावेज है।

17. स्त्री का समय, क्षमा शर्मा, मेधा बुक्स, 1998, मूल्य : 125 रुपए।

'स्त्री का समय' में भयावह रूप से हिंसक और अमानवीयता की हद तक खतरनाक हो गए–स्त्री के समय की बात करते हुए क्षमा शर्मा का विचार है कि किसी भी अन्य अधिकार से पहले लड़कियों को जीवित रहने का अधिकार मिलना चाहिए। पुस्तक में देश की प्रमुख पत्र-पत्रिकाओं में समय-समय पर लिखे लेख और टिप्पणियाँ हैं इसलिए किसी एक तारतम्य को खोजना यहाँ व्यर्थ होगा। हमारे समय के गम्भीर और जटिल मुद्दों–कन्या भ्रूण, हत्या, दहेज-हत्या, सती-प्रथा, बलात्कार, पारिवारिक हिंसा, शोषण, उत्पीड़न, नैतिकता, मर्यादा, संस्कार, फैशन, सौन्दर्य प्रतियोगिता, परिवार और विवाह संस्था पर केन्द्रित ये आलेख बदलती स्त्री छवि को देखने समझने की दृष्टि में समर्थ है।

18. हव्वा की बेटी, दिव्या जैन, वाग्देवी प्रकाशन, बीकानेर, 2000 मूल्य : 120 रुपए।

    पुस्तक के बारे में सुधा अरोड़ा का विचार है कि औरत जात के इस तथाकथित 'अछूत' तबके के बीच जाकर उनके दर्द से रूबरू होते हुए स्याह अक्षरों का यह त्रासद यथार्थ दिव्या जैन की किताब 'हव्वा की बेटी' में बेहद प्रामाणिक और सशक्त रूप में उभरा है। इसे पढ़ना एक घुटन और सीलन के तहखाने से गुजरना है, जहाँ हवा के लिए कोई सुराख नज़र नहीं आता। 'हव्वा की बेटी' देह व्यापार से जुड़ी स्त्रियों के साक्षात्कार पर आधारित लेख है, जिन्हें पास से देखने का मौका दिव्या जैन को इंडियन हैल्थ अर्गनाइजेशन और 'सहेली' संस्था से जुड़कर प्राप्त हुआ। *जनसत्ता* के कॉलम के रूप में पूर्व प्रकाशित इन स्तम्भों को बहुत लोकप्रियता प्राप्त हुई थी, इन आलेखों की विशेषता है कि ये उन कारणों पर भी प्रकाश डालते हैं, जो स्त्रियों को वेश्यावृत्ति की ओर प्रवृत करते हैं। गरीबी के कारण बेटियों को बेच देनेवाले माता-पिता तो यहाँ हैं ही, प्यार और विवाह के झाँसे में बरगलाई जाकर बेच दी किशोरियों के अनुभव सर्वाधिक हैं; ज्यादातर स्त्रियाँ या तो वेश्याओं की बेटी होने के कारण वेश्याएँ बनी हैं या कोई और उन्हें यहाँ अपने फायदे के लिए छोड़ गया है, इस जीवन से निकलने की छटपटाहट अवश्य है किन्तु पुनर्वास के सीमित साधनों, सरकारी तन्त्र और लालफीताशाही, कानून का साधनहीनों के लिए उपलब्ध न होना पुस्तक के महत्त्व के साथ रेखांकित है।

19. औरत, अस्तित्व और अस्मिता, अरविन्द जैन, सारांश प्रकाशन, 2000, मूल्य : 160 रुपए।

पुस्तक की पीठ पर उद्धृत अरविन्द जैन का वक्तव्य समकालीन स्त्री चिन्तन में पुरुष की भूमिका पर महत्त्वपूर्ण टीप प्रस्तुत करता है। मैंने महसूस किया है कि मैं भोक्ता नहीं हूँ तो क्या हुआ, साक्षी और अधिवक्ता तो हूँ। हो सकता हूँ। अगर इस समय और समाज में मेरी (हमारी) भूमिका एक स्त्री के (विश्वास पात्र) अधिवक्ता की ही है तो क्या उसकी हार, मेरी अपनी हार नहीं ? उसकी जीत ही मेरी जीत नहीं। मैंने संकल्प ले कहा, 'आई हैव टू जस्टिस विद माई ब्रीफ एंड रोल देअर इज नो अदर वे। यस माई लार्ड्स !' 'औरत के हक में' मैं (भी) बहस करने की इजाजत चाहता हूँ। कृपया बिना दलील सुने ही, अपील का फैसला न करें। प्रभा खेतान इसे महिला लेखन पर साहित्य की ऐसी पुस्तक मानती है जिसे लाँघकर समकालीन साहित्य जगत में स्त्री विमर्श के सन्दर्भ में कुछ कहना असम्भव नहीं तो कठिन जरूर होगा। अरविन्द जैन महिला लेखन के समाजशास्त्रीय अध्ययन में स्त्री केन्द्रित साहित्य उपन्यास, आत्मकथ्य, विचारपरक पुस्तकों पर विचार करते हुए उसमें उपस्थित स्त्री से संवाद स्थापित करते हैं। उनकी मूल स्थापना पूँजीवाद और विवाह संस्था के माध्यम से पितृसत्ता स्त्री का शोषण करती है। सभी कृतियों के अध्ययन की आधार भूमि बनती है। इस पुस्तक में पुरुष लेखन के स्त्री लेखन 'मर्द वादी स्त्री विमर्श' पर भी विचार किया गया है। जिन पुस्तकों को अरविन्द जैन ने चुना है उसमें केन्द्रीय विषय अस्मिता की तलाश, संघर्ष अथवा उसे सम्पादित करती स्त्री है अथवा उससे इनकार करना पितृसत्ता। अपनी अन्य रचनाओं की भाँति यहाँ भी अधिवक्ता अरविन्द जैन अपने लेखन को तीन धरातलों पर जीते हैं–साहित्य, कानून और जीवन। विषयानुसार यहाँ साहित्य मुख्यधारा और कानून अन्तर्धारा की तरह बह रही है।

20. स्त्री देह के विमर्श, सुधीश पचौरी, आत्माराम एंड संस, दिल्ली, लखनऊ, 2000, मूल्य : 200 रुपए।

सुधीश पचौरी यह मानते हैं कि ये टिप्पणियाँ स्त्रीत्व के पक्ष में एक सत्तामूलक विमर्श हैं। जिनमें स्त्रीत्व के सवालों को जैव और स्त्री देह के सवालों की तरह पढ़ा गया है। सभी आलेख त्वरित टिप्पणियाँ हैं, जिन्हें दैनिक और तात्कालिक आकुलता से लिखा गया है। सौन्दर्य प्रतियोगिता, स्त्री श्रम, समकालीन संस्कृति में माधुरी दीक्षित बनने की चाहवाली लड़की, स्त्री देह के कथन, स्त्री लेखन, सेक्स क्रान्ति और बाजार, विज्ञापन

और उसके पीछे की बहुराष्ट्रीय कम्पनियों की मंशा, स्त्री को त्वचा में बदलने का बाजारी षड्यन्त्र, छेड़छाड़, आरक्षण, स्त्रियों के लिए लागू ड्रेस कोड, इलेक्ट्रानिक मीडिया के सांस्कृतिक प्रभाव, देह और राजनीति, कंडोम कल्चर, स्त्रीत्ववाद में पुरुष की जगह जैसे विषयों पर उत्तर आधुनिक दृष्टि से विचार किया गया है एवं विखंडन के माध्यम से स्त्री विषयों का पाठ प्रस्तुत किया गया है।

21. आदमी की निगाह में औरत, राजेन्द्र यादव, राजकमल प्रकाशन, 2001 मूल्य : 200 रुपए।

राजेन्द्र यादव भूमिका में स्वीकार करते हैं, कि ये 40 वर्ष के समयकाल में फैले आलेख हैं, कि स्त्री हमारा अंश और विस्तार है जिसे हमने अपना उपनिवेश बना लिया है। बीसवीं शताब्दी के उत्तरार्द्ध में दुनिया-भर के जो उपनिवेश भौतिक और मानसिक रूप से स्वतन्त्र हुए उनमें 'स्त्री' नाम का उपनिवेश भी है। स्त्री हमारे भीतर है इसलिए उसका संघर्ष ज्यादा जटिल है, कि विचारों की दुनिया में नितान्त मौलिक कुछ नहीं होता। जाने-अंजाने विचारों का समाहार होता चलता है जिसे हम अपनी तरतीब देते हैं। पुस्तक विमर्श और लेखन दो भागों में विभाजित है। लेखन खंड में महादेवी वर्मा, कृष्णा सोबती, जैनेन्द्र की 'सुनीता,' फणीश्वरनाथ रेणु, राजी सेठ, नासिरा शर्मा, जया जादवानी पर केन्द्रीय लेख हैं वहीं समग्र महिला उपन्यास लेखन पर केन्द्रित अभिलेख भी हैं। लोलिता, ओ की कहानी, कॉल्ड यू ये बियेत्रिस पर लिखकर राजेन्द्र यादव फलक को विस्तार देते है। विमर्श खंड में स्त्री से जुड़ी तात्कालिक घटनाओं पर टिप्पणियाँ हैं। प्रायः सभी लेख हंस के सम्पादकीय हैं। इनमें वह विवादित आलेख 'होना/सोना एक खूबसूरत दुश्मन के साथ' भी हैं, जिनमें राजेन्द्र यादव अपनी समस्त विकृतियों को 'आयरनी' का जामा पहनाकर जस्टीफाई करते नज़र आते हैं।

22. बन्द गलियों के विरुद्ध–सम्पा. मृणाल पांडे एवं क्षमा शर्मा, 2001, मूल्य : 300 रुपए।

बन्द गलियों के विरुद्ध महिला पत्रकारिता की यात्रा पर आधारित है। 33 स्त्री रचनाकारों के एक एवं स्त्री केन्द्रित और एक-एक इतर विषय पर केन्द्रित लेख को स्थान दिया गया है, यह स्थापना देने के लिए कि पत्रकारिता के क्षेत्र में आई स्त्री-इतर विषयों पर लिखने में उतनी ही सक्षम है। आलेख महत्त्वपूर्ण है किन्तु प्रायः पूर्व प्रकाशित हैं। बन्द गलियों के

चक्रव्यूह के विरुद्ध कलम चलाना स्त्री के लिए कैसे नए क्षितिज खोलता है, की ओर संकेत करना सम्पादकों का मन्तव्य है।

23. इक्कीसवीं सदी की ओर, सम्पादक–सुमन कृष्णकाल, राजकमल प्रकाशन, 2001, मूल्य : 295 रुपए।
सम्पादक की स्त्री जगत से अपेक्षा है कि यदि महिलाओं को नई सहस्त्राब्दि का परिवर्तनकारक प्रतिनिधि बनना है, तो उन्हें बदलते हुए समय की चुनौतियों को स्वीकार करना होगा तथा इस दिशा में स्वयं सक्रिय भूमिका निभानी होगी। स्त्री और पुरुष रचनाकारों के भेदभाव के बिना इस सम्पादित पुस्तक में स्त्री केन्द्रित 33 आलेखों को लिया गया है। विशेष बात यह है कि सभी सामयिक प्रश्न नई सहस्त्राब्दि को केन्द्र में रखते हैं। कुछ स्त्री शोषण और संघर्ष पर केन्द्रित हैं तो कुछ आलेख बेहतर कल की संभावना के लिए जगह तलाशते हैं। स्त्री विषयों पर एक अच्छी पुस्तक है।

24. संघर्ष के बीच : संघर्ष के बीज, सम्पादक–इलीना सेन, सारांश प्रकाशन, 2001, मूल्य : 250 रुपए (अनुवाद)।
जन आन्दोलनों में स्त्रियों की भागीदारी पर यह पुस्तक अंग्रेजी से हिन्दी में अनुवाद है (अ स्पेस विदिन द स्ट्रगल, सम्पा. इलीना सेन, कॉली फॉर वूमेन, नई दिल्ली, 1990) वायनाड, श्रीकाकुलम, महँगाई विरोधी आन्दोलन, बोधगया का भूमि संघर्ष, चिपको आन्दोलन, उत्तराखंड की जागृत महिलाएँ, धूलिया में आदिवासी संघर्ष, छत्तीसगढ़ के मजदूर आन्दोलन, केरल के मछुआरों का संघर्ष, निपाणी के बीड़ी कामगार, तमिलनाडू निर्माण मजदूर संगठन, असम का आन्दोलन, महाराष्ट्र का किसान आन्दोलन, भोपाल में गैस पीड़ित महिलाओं का संगठन, सेवा संगठन ही नहीं आन्दोलन भी। विषय और क्षेत्र का वैविध्य रेखांकन योग्य है। महत्त्वपूर्ण बात यह है कि ये जनान्दोलन प्रत्यक्षतः स्त्री केन्द्रित प्रश्नों को लेकर नहीं हुए हैं किन्तु ये आन्दोलन महिला आन्दोलन को समृद्ध करते हैं। परम्परागत नारीवादी मानदंडों से इन आन्दोलनों को नहीं परखा जा सकता किन्तु महिलाएँ अपनी उपस्थिति से अपने लिए जनाधार बनाने में सफल हुई हैं। जन आन्दोलन के बहाने स्त्री की महत्त्वपूर्ण भागीदारी और प्रश्नों पर उनके हस्तक्षेप जन आन्दोलनों एवं इस पुस्तक की महत्त्वपूर्ण उपलब्धि है।

25. विद्रोही स्त्री, जर्मेन ग्रीयर, अनु. मधु.बी. जोशी, राजकमल प्रकाशन, 2001, मूल्य : 295 रुपए।

(सर्वप्रथम प्रकाशन मैकगिब्बन एंड की लि. ग्रेट ब्रिटेन, 1970) इक्कीसवें संस्करण के प्राक्कथन में जर्मेन ग्रीयर लिखती है कि 'बीस साल पहले द फीमेल यूनक' के परिचय में मैंने लिखा था कि मेरे विचार से यह किताब जल्दी ही डेटेड होकर गायब हो जाएगी। मुझे आशा थी कि धरती पर औरतों की एक ऐसी नस्ल आ जाएगी जिसके लिए बीसवीं सदी के उत्तरार्द्ध में विकसित जगत के यौन दमन का मेरा विश्लेषण एकदम असंगत होगा। संसार की ज्यादातर औरतें अब भी डटी हुई हैं, अब भी भूखी, अब भी गूँगी और धर्म द्वारा तमाम तरह की बेड़ियों से जकड़ी हैं, उनके चेहरे पर नकाबें हैं, मुँह पर मुँहासे उनके अंगभंग हैं, वे पिटी हुई हैं।' स्त्री के प्रश्न आज भी कहाँ बदले हैं, इस दृष्टि से ग्रीयर की पुस्तक आज भी प्रासंगिक है। स्त्री प्रश्नों को यह पुस्तक देह, आत्मा और प्रेम के उपशीर्षकों में विभाजित करती है। स्त्री से जुड़े जैविक, पारिवारिक, मनोवैज्ञानिक और आर्थिक प्रश्नों पर सामयिक दृष्टि से विचार किया गया है।

26. नारीवादी विमर्श, राकेश कुमार, आधार प्रकाशन, पंचकूला, हरियाणा, 2001, मूल्य : 200 रुपए।

    विगत दशक में साहित्य के केन्द्र में रहे हैं, स्त्री प्रश्न और जीवन में हाशिए पर है स्त्री। साहित्य की अनवरत धारा के मध्य स्त्री विमर्शवादी साहित्य की भूमिका की तलाश यह पुस्तक करती है। हिन्दी में स्त्री लेखन की दशा और दिशा पर विचार के साथ-साथ स्त्रियों की दोयम दर्जे की स्थिति के लिए जिम्मेदारी राकेश कुमार पितृसत्तात्मक समाज की दोहरी मानसिकता पर डालते हैं। कृष्णा सोबती और उदय प्रकाश के कृतित्व का स्त्रीत्ववादी परिप्रेक्ष्य में विश्लेषण करते हैं।

27. न्याय क्षेत्रे : अन्याय क्षेत्रे, अरविन्द जैन, राजकमल प्रकाशन 2002, मूल्य : 250 रुपए

    'न्याय क्षेत्रे : अन्याय क्षेत्रे' अरविन्द जैन की तीन पूर्व पुस्तकों 'औरत होने की सजा,' 'उत्तराधिकार बनाम पुत्राधिकार,' यौन हिंसा और न्याय की भाषा' के आलेखों को एक साथ देखने का सुख प्रदान करता है। कानून की दृष्टि से स्त्री से जुड़े लगभग सभी सवाल उठाने की ईमानदार कोशिशें भी। पुरुष वर्चस्व, लिंग परीक्षण, सत्ता संस्थानों की भूमिका, बाल विवाह, कन्यादान, कामकाजी स्त्री, उनका यौन शोषण, बच्चे पर माँ का अधिकार, कोख सम्बन्धी कानून और क्रूरता, गुजारा भत्ता, दूसरी औरत, सौतेला

होना, पितृत्व परीक्षण, आत्महत्या, वधु दहन, अश्लीलता, व्यभिचार, देह शोषण, कैबरे, बलात्कार, यौन हिंसा, धर्मान्तरण, उत्तराधिकार सभी प्रश्नों के कानूनी पक्षों को उसकी तमाम कमजोरियों के साथ उघाड़ते हैं। अपने समर्थन में कोई की नजीरे पेश करते हैं, जीवन से सन्दर्भ उठाते हैं और साहित्य से समर्थन जुटाते हैं।

28. जीवन की तनी डोर पर ये स्त्रियाँ, नीलम क़ुलश्रेष्ठ, मेधा ब़ुक्स, 2002, मूल्य : 150 रुपए।
स्त्रियों के आत्मकथ्यपरक आलेख हैं जिनमें कचरा बीननेवाली स्त्रियों से लेकर रानियों तक के अनुभव हैं। स्त्री जीवन के विस्तृत फलक और विविध आयाम यहाँ देखे जा सकते हैं। यहाँ वृन्दावन की विधवाएँ हैं, सर्कस में काम करनेवाली लड़कियाँ हैं, मछुआरिनें हैं। विवाह के स्थान पर सेवा करार करती स्त्रियाँ हैं, कल की रानियाँ हैं और आज की कचरा बीनती लड़कियाँ। देवी से मानवी में तब्दील होती स्त्री यहां देखी जा सकती है। जीवन के अनजाने, अनछुए पहलुओं से साक्षात करती यह महत्त्वपूर्ण पुस्तक है।

29. स्त्री संघर्ष का इतिहास, राधा कुमार, (अनुवाद) वाणी प्रकाशन, 2002, मूल्य : 400 रुपए।
इलीना सेन की पुस्तक से भिन्न यह पुस्तक विभिन्न आन्दोलनों के माध्यम से स्त्री प्रश्नों की उठाती पुस्तक है। राधा कुमार का मानना है कि आन्दोलनों के बीच उठे कई स्त्री प्रश्नों और स्त्री का अपने लिए सोचने का विचार इन आन्दोलनों के माध्यम से क्रमशः गति पकड़ता गया है। स्वतन्त्रता आन्दोलन से पूर्व के आन्दोलनों से स्त्री संघर्ष के इतिहास का प्रारम्भ करते हुए स्त्री केन्द्रित आन्दोलनों, दहेज, बलात्कार, स्त्री की साम्प्रदायिक छवि–रूपकुँवर, शाहबानो प्रकरण, पर्यावरण, आरक्षण सभी प्रश्नों पर शोधपूर्ण सामग्री प्रस्तुत करती है यह महत्त्वपूर्ण पुस्तक।

30. स्त्रीत्ववादी विमर्श : समाज और साहित्य, क्षमा शर्मा, राजकमल प्रकाशन, 2002, मूल्य : 195 रुपए।
क्षमा शर्मा का मानना है कि स्त्रीत्ववादी विमर्श समग्र आर्थिक, राजनीतिक, सामाजिक, भाषिक और सांस्कृतिक विमर्श है। पुस्तक में संकलित सभी आलेख समय-समय पर की गई टिप्पणियाँ हैं। जो एक जागरूक, पढ़ी-लिखी, स्वयंचेती स्त्री की स्वाभाविक प्रतिक्रियाएँ हैं। कुछ आलेख विचारपरक हैं और कुछ समीक्षात्मक। क्षमा शर्मा जहाँ एक ओर बचपन,

मातृत्व, बेटियों, स्त्री-पुरुष भेदभाव पर बात करती हैं वहीं मुस्लिम औरतों, पत्रकारिता, पंचायत, विज्ञापन, स्त्री छवि के प्रश्नों को भी केन्द्र में लाती है। अपने आसपास उठ खेड़े हुए दैनिक प्रश्न और उन पर सजग स्त्री की प्रतिक्रियाएँ यहाँ देखी जा सकती हैं।

31. स्वागत है बेटी, विभा देवसरे, मेधा बुक्स, 2002, मूल्य : 750 रुपए। 'स्वागत है बेटी' बालिकाओं से जुड़े प्रश्नों पर एक आधिकारिक पुस्तक है जो बालिका विषय पर समाज शास्त्रीय समीक्षा और साहित्यिक संवेदना के साथ विचार करती है। एक ओर वर्तमान सन्दर्भों में बालिका की अधिकारहीनता को रेखांकित करती है तो भविष्य की संभावनाओं पर भी उँगली रखती है। बालिकाओं की सामाजिक स्थिति, बालश्रम, स्वास्थ्य, शिक्षा, विकास, संरक्षण, यौन शोषण, को उनके सामाजिक, सांस्कृतिक और आर्थिक सन्दर्भों से संयुक्त करके देखती है, विभा देवसरे। आँकड़ों, रपटों के माध्यम से आलेखों को प्रमाणिकता मिलती है वहीं लोकगीतों, प्रचलित रीति-रिवाजों के इस्तेमाल से भी कोई परहेज नहीं करतीं। संवैधानिक, कानूनी, योजना सम्बन्धी प्रावधानों, कार्यक्रमों का निष्पक्ष मूल्यांकन पुस्तक में सम्भव हो सका है।

32. हम सभ्य औरतें, मनीषा, सामयिक प्रकाशन, 2002, मूल्य : 250 रुपए। मनीषा के 'कॉलम' 'हम सभ्य औरतें' की शक्ल में एक पुस्तक का आकार पा सके हैं। जिसमें लगभग 74 त्वरित टिप्पणियाँ हैं। इस बीच लिखी गई अधिकांश पुस्तकें इसी प्रकार के संकलनों की शक्ल में आ रही है। किसी एक पुस्तक का विचार रखकर तारतम्य और प्रत्येक कोण से प्रश्नों पर विचार या तो समयाभाव के कारण सम्भव नहीं हो पाता है अथवा रचनाकार इतने लम्बे समय मीडिया से दूरी अफोर्ड नहीं कर पाता है। कॉलम लिखने की अपनी सीमाएँ हैं किन्तु ये सीमाएँ एक सामर्थ्यवान, सम्भावना मुक्त रचनाकार का समुचित दोहन करने में समर्थ नहीं होती। यह सिर्फ मनीषा के साथ नहीं है, किन्तु मनीषा से अपेक्षाएँ हैं, इसलिए यहाँ यह बात उठकर आई है। मनीषा की भाषा जिस गुस्से को व्यक्त करती है वह जानती है कि शालीन भाषा अपना प्रभाव खो चुकी है। वह हर उस संस्था पर उँगली उठाती हैं जो स्त्री के शोषण पर चुप है। वह स्त्रियों की कमजोरियों की बात करती हैं, पुरुषों को आत्मनिरीक्षण के लिए उकसाती हैं। वे रो-पीटकर चुप हो जानेवाला विमर्श नहीं खड़ा करतीं, बाकायदा लड़ने और डटे रहने का आस्वान करती हैं। विचार और भाषा

की आक्रामकता के मध्य मनीषा आसानी से पहचानी जा सकती है।

33. स्त्रियों की पराधीनता, जॉन स्टुअर्ट मिल, (अनुवाद) राजकमल पेपर बैक, 2002, मूल्य : 50 रु.। (मूलतः द सब्जेक्शन ऑफ विमेन, 1861 में लिखित एवं 1869 में प्रकाशित)

स्त्री की पराधीनता में जॉन स्टुअर्ट मिल उन सभी रूढ़ मान्यताओं, संस्कारों को अस्वीकार करते हैं जो पुरुष वर्चस्ववाद के लिए कार्य करती हैं। प्रचलित कानून, परिवार और विवाह संस्था का स्त्री विरोधी, स्त्री उत्पीड़क रूप मिल बेनकाब करते हैं। वे इस दोहरी मानसिकता पर उँगली उठाते हैं जो स्त्री से पवित्रता और निष्ठा की माँग करती है और पुरुष को अपनी रंगरेलियों के असीम अवसर सौंपती है। वे स्त्री-पुरुष समानता की तरफदारी करते हैं और पुरुष वर्चस्ववाद को पुरुष और स्त्री को मनुष्य बनने की दिशा में अवरोधक पाते हैं।

34. औरत के लिए औरत, नासिरा शर्मा, सामयिक प्रकाशन, 2003, मूल्य : 200 रुपए।

नासिरा शर्मा अपने आरम्भिक वक्तव्य में ही यह साफ कर देती हैं कि सभी पुरुष बुरे नहीं हैं और सभी स्त्रियाँ अच्छी नहीं। वे मुद्दों पर विचार करते हुए स्त्री-पुरुष को खाँचों में बाँटने के बजाय अत्याचार के विरुद्ध, स्वतन्त्रता के समर्थन में रूढ़िवादिता और जड़ता पर प्रहार करना चाहती हैं। आज की जटिल समस्याओं का हल सामूहिक प्रयासों में खोजती हैं। औरत के लिए औरत का एक खंड आलेखों का और दूसरा अपेक्षाकृत छोटा खंड साक्षात्कारों का है। प्रेमराग में औरत, रिश्तों के बीच औरत, घरेलू औरत के तेवर, औरत के प्रति अपराध, मेहनतकश औरतें, कबीले में औरत, कानून और औरत, सियासत में औरत, समाज और स्वतन्त्रता, मर्द का बदलना जरूरी, भारतीय नारी और नई औरत शीर्षकों के अन्तर्गत नासिरा शर्मा अपना विमर्श प्रस्तुत करती है। वे मानती हैं कि साहित्य में स्त्री विमर्श शब्द नया है कि स्त्री के प्रति चिन्ता पुरानी है।

35. उपनिवेश में स्त्री, प्रभा खेतान, राजकमल प्रकाशन, 2003, मूल्य : 250 रुपए।

उपनिवेश में स्त्री मुक्ति कामना की दस 'घोषित' वार्ताएँ हैं। प्राक्कथन में नव-उपनिवेशवाद पर चर्चा के बाद श्रम और भूमंडलीकरण, स्त्रीलेखन की जगह और आलोचना के भीष्म पितामह, बौद्धिक सरोकार, राष्ट्रवाद, नारीवाद की जमीन, संस्कृतिवाद के छल-कपट, नारीवादी ज्ञान मीमांसा के

छल-कपट, स्त्रीत्व का सारतत्त्व, यौनिकता की राजनीति, सामाजिक सरोकार उर्फ आक्रामकता की खोज, क्रान्तिचेतना के नारी रूप, भाषा विमर्श और विमर्श का संजाल। भारी-भरकम शीर्षकों के साथ उतना ही भारी-भरकम विमर्श 231 पृष्ठों में बिखरा है। नए शब्दों को गढ़ने और विषय को क्लिष्ट बनाकर प्रस्तुत करने से ही क्या विद्वता का प्रदर्शन हो सकता है। मुझे लगता है कि बड़ी से बड़ी बात, गहरी से गहरी बात आसान शब्दों में कही जानी चाहिए, ताकि वह अधिक से अधिक लोगों तक पहुँच सके। परन्तु स्त्री केन्द्रित इन लगभग चालीस पुस्तकों में से सिर्फ यही पुस्तक गरिष्ठ साबित हुई। हो सकता है कि चूँकि प्रभा खेतान ने उन दार्शनिक विचारधाराओं के सहारे स्त्री प्रश्नों पर बात करना चाहा है जिनका प्रभाव उन पर बचपन से पड़ा, ऐसी स्थितियाँ निर्मित हुई हों। प्रभा खेतान एक ओर व्यवस्था के स्त्री रचनाकारों के खिलाफ षड्यन्त्रकारी भूमिका पर बात करती हैं, वहीं हर बार घर से बाहर निकली स्त्री को मौका मिलते ही या काम निकल जाने पर वापिस घर लौटनेवाली पुरुष सत्ता पर सवालिया निशान लगाती है। नारीवाद पर लगी परिवार भंजक की छवि की काट में प्रभा खेतान का विचार है कि परम्परागत समाज व्यवस्था में स्त्री परिवर्तन चाहती है, पर बदलाव को टूटना नहीं कहा जा सकता। अर्थात् प्रभा खेतान आमूलचूल परिवर्तन के स्थान पर रिपेयरिंग से काम चलाना चाहती हैं। वे परम्पराओं को इस बात के लिए दोष देती हैं कि उसने स्त्री को स्वास्थ्य, शिक्षा, राजनीतिक स्वतन्त्रता और राजनीतिक भागीदारी यहाँ तक कि व्यक्ति बोध जैसे मौलिक अधिकारों से भी वंचित रखा।

36. परिवार निजी सम्पत्ति और राज्य की उत्पत्ति, फ्रेडरिख एंगेल्स, प्रकाशन संस्थान, 2003, मूल्य : 160 रुपए।

    प्रस्तुत पुस्तक एवं एंगेल्स का सम्पूर्ण कार्य का अध्ययन एक ऐसी अन्तर्दष्टि प्रदान करता है जिससे सामाजिक, राजनीतिक, आर्थिक जीवन एवं इतिहास के अनेक प्रश्नों पर नई रोशनी डाली जा सकती है। यह पुस्तक संस्कृति की प्रागैतिहासिक अवस्थाओं, परिवार, (इसके अन्तर्गत स्त्री से जुड़े अनेक प्रश्नों) इरोक्वा गोत्र, यूनानी गोत्र, एथनी राज्य के उदय, जर्मनी के राज्य निर्माण, बर्बरता और सभ्यता के माध्यम से परिवार निजी सम्पत्ति और राज्य की भूमिका पर विचार किया है।

37. ओ उब्बीरी, मृणाल पांडे, राधाकृष्ण प्रकाशन, 2003, मूल्य : 95 रुपए।

मृणाल पांडे की प्रस्तुत पुस्तक स्त्री स्वास्थ्य पर केन्द्रित महत्त्वपूर्ण पुस्तक है। यह पुस्तक स्त्री के यौन व प्रजनन स्वास्थ्य पर केन्द्रित होते हुए भी, स्त्रियों की गर्भ, स्त्री-पुरुष शारीरिक सम्बन्ध, जन्म देने के सुख, बाँझपन और उसके डर, गैरकानूनी गर्भपात, विषयक अवधारणाओं, विश्वासों की आधारशिला पर तैयार यह पुस्तक सरकारी विकास योजनाओं, उनके क्रियान्वयन पर विचार करती है साथ ही स्वयंसेवी संस्थाओं की भूमिकाओं से आश्वस्त बेहतर भविष्य की गुंजाइश भी तलाशती है।

हिन्दी में स्त्री चिन्तन पर केन्द्रित पुस्तकों का यह मात्र सामान्य सा परिचय है। मेरा ऐसा कोई दावा नहीं है कि यह पूर्ण सूची है। यदि विवेचन और विश्लेषण का प्रयत्न किया जाए तो एक सम्पूर्ण पुस्तक के कलेवर की आवश्यकता होगी। सम्भवतः इसे 'सूचना' माना जा सकता है कि इन दिनों स्त्री प्रश्नों पर कहाँ-कहाँ क्या-क्या लिखा जा रहा है। इन पुस्तकों में से कुछ पुस्तकें स्त्री प्रश्नों को किसी विशेष कोण से स्त्री जीवन के किसी विशिष्ट पक्ष से नहीं देखतीं, रेशे नहीं खोलती, न ही गम्भीर विमर्श प्रस्तुत करती हैं। त्वरित टिप्पणियों का संकलन मात्र हैं, जहाँ विषय की तह तक जाने के प्रयत्न नहीं, फौरी प्रतिक्रियाएँ हैं। समयाभाव है, मीडिया से अधिक समय की दूरी, परिदृश्य से गायब न कर दे, यह डर भी है, जिस मेहनत और शोधपरक ढंग से विमर्श पर बात की जानी चाहिए, वह स्त्रीत्ववादी चिन्तन से दूर है। अरविन्द जैन, सुधीश पचौरी, कात्यायनी, मृणाल पांडे, विभा देवसरे, दिव्या जैन, सरला मुद्गल, अनामिका, सरला माहेश्वरी, राजकिशोर द्वारा सम्पादित पुस्तकें, उषा महाजन, इलीना सेन, राधा कुमार, नीलम कुलश्रेष्ठ की पुस्तकें विशेष मोर्चों पर अपना दायित्व बखूबी निभा रही हैं। इन्हीं पुस्तकों के माध्यम से स्त्री प्रश्नों पर आगे भी बहस जारी रहेगी, संवाद की सम्भावना जीवित रहेगी।

अध्याय : छः

स्त्री : चिन्ता, चिन्तन और चुनौतियाँ : स्त्री लेखन

(क) माई : गीतांजलि श्री

स्त्री की अस्मिता और विस्तार का प्रश्न–'माई' स्त्री को परम्परागत दृष्टि से भूमिकाओं से परिभाषित करने, नई नैतिकता के माध्यम से व्यक्तित्व के विस्तार को समझने/न समझने के द्वन्द्व का उपन्यास है। यह शाश्वत स्त्री को पहचानने के क्रम में स्वयं को पहचाने का, परम्परा में शामिल होने/न होने की कशमकश का आख्यान है और पितृसत्ता के मध्य स्त्री की अपनी जगह की तलाश भी है।

पहचान का संकट–उपलब्ध व्यवस्था में स्त्री की पहचान का संकट स्त्री-विमर्श का महत्त्वपूर्ण आयाम है। यद्यपि नई नैतिकता के परिप्रेक्ष्य में 'नई स्त्री' ने अपने व्यक्तित्व अपनी अस्मिता को पहचान देने का प्रयत्न किया है, पर अब भी व्यक्तित्व को भूमिकाओं में तलाशने का सिलसिला थमा नहीं है। विशेषकर पिछली पीढ़ी की स्त्री को हम आज भी भूमिकाओं में परिभाषित करते और रिश्तों में जीते हैं। 'माई' में यह प्रश्न शिद्दत से उठाया और विचारा गया है। 'माई' की नेरेटर उसकी बेटी सुनैना बहुत बाद में–माई की मृत्यु के बाद महसूस कर पाती है कि 'अब कहाँ से फिर शुरू करें माई के संग जीना कि वह हमारे नहीं, अपने ही रूप में हमें दिखाई दें ?' एक अलग माई, न बाबू दादा की गढ़ी, न हमारी गढ़ी। अपनी ही साँसों में भीजी-भीजी[1] परन्तु पूरे उपन्यास में 'माई' को समझने की कोशिश रिश्तों में बाँधकर की गई है। उसकी तय भूमिका में ही की गई है। बाबू की पत्नी, दादा-दादी की सेवारत न बोलनेवाली बहू और सुबोध, सुनैना की बेहद कमजोर 'माई' है, रज्जो नहीं। भूमिका से मुक्त किए बिना सुनैना 'माई' को ड्योढ़ी से मुक्त करना चाहती है, सुनैना माई को 'माई' के रूप में पहचानती है 'रज्जो' के रूप में नहीं। (पिछली पीढ़ी ऐसे ही अमू (ऐ लड़की), सुन्नर पांडे की पतोह, बाँझ माँजी (नर-नारी) में तब्दील होती रही है, व्यक्ति के स्थान पर रिश्तों में बदल दी गई

है।) उसके रूप और सन्दर्भों में नहीं पहचान पाना माई को न समझ पाने का महत्त्वपूर्ण कारक है। माई को हमेशा उसकी भूमिकाओं के 'धड़' से पहचानने की कोशिश की गई, उसके सिर को (व्यक्तित्व, पहचान, अस्मिता) उसके धड़ से जोड़ने की कोशिश नहीं की गई।[2] इसीलिए 'माई' को बचाने की सारी ईमानदार कोशिशें नाकामयाब रहीं। उसका अस्तित्व 'फ्रेम के पीछे दबे चूर होनेवाले पत्र' की तरह पृष्ठभूमि में चला गया, जिसे चूर-चूर हो जाने दिया गया। रज्जो को अपने अतीत से काट दिया परिवार ने। धड़ बनकर जीती रही 'रज्जो।' रज्जो का सिर लगाने की किसी की न तो इच्छा रही और न कोशिश। इस झुके हुए धड़ को 'ड्योढ़ी नकाने' की कोशिश की सुबोध और सुनैना ने। इस धड़ पर रज्जो की पहचान का सिर यदि लगाया जाता तो सम्भवतः ड्योढ़ी के बाहर आज़ादी खोजने की ज़रूरत रह नहीं जाती जैसा कि माई के न रहने पर सुनैना समझ पाती है। 'कुहासे में एक सिर था, एक धड़ था, जो मैंने भूले से फेंक दिए थे, जिन्हें मुझे खोजना था, जी-जी के, मर-मर के, कि कभी तो मिलेंगे और तब तो सिर धड़ पर लगा ही पाऊँगी। इस सिर और धड़ को अरविन्द जैन विवेक बुद्धि और देह से जोड़कर देखते हैं जबकि माई के धड़ और सिर के न जुड़ पाने में देह और दिमाग के न जोड़े जाने के कोई संकेत उपन्यास में नहीं है।[3] भूमिकाओं में और भूमिकाओं से पहचानने के मुख्य कारण तलाशती है सुनैना 'हम अपनी ही शख्सियत के घेरे में कुछ ऐसे पड़े थे कि जो देखते उस घेरे के गुबार के बीच देखते, फिर वही अक्स प्यारा लगता जिस पर उस गुबार कर रंग चढ़ गया हो या जो अक्स प्यारा लगता था उस पर उस गुबार का रंग चढ़ा लेते। तो कभी जब माई का अक्स मानो ज़िद करके फर्क दिखने लगता तो हम हिल जाते।[4] माई की कोई अपरिचित झलक देखी तो आँखें कौतुक से झपकाकर हम फिर अपनी परिचित छवि का अंकन कर डालते। या यों कह दें कि देखा जो भी, सुना जो भी, जाना वही–माई फँसी है, दुखी है, सितम की हारी है और हम हैं, उसे सम्हालने पैदा हुए।[5] इस 'सिलेक्टिव विज़न' के कारण ही सुबोध और सुनैना महसूस करते रहे कि 'माई' कमज़ोर है उसकी 'रीढ़ की हड्डी' कमज़ोर है, वह सताई हुई है। इंसान होने की शर्तें पूरा नहीं करती तब सुनैना की सारी कोशिशें 'इंसान नहीं' (माई) को इंसान बनाने की होने लगीं। उसके भीतर के इंसान को जो सुनैना सुबोध के फ्रेम से कहीं बाहर था लम्बे समय तक अस्वीकार करते रहे। वे उसे 'खोखल' समझकर उसमें इंसान भरने का दम भरते रहे, माई को उसके अपने फ्रेम में नहीं देख पाए। और 'माई' को बचाने के लिए उसे 'माई' से लड़वाते रहे।[6] यह नहीं देख पाए कि खोई रज्जो को तलाशा जाए। 'माई की पहचान उनकी अपनी पहचान के फेर में'[7] मिटती रही।

'वह कठपुतली थी, इतनो की डोरों पर फिरकते हम उसे देखते बड़े हुए। पर इतनों के खिंचने के बाद भी वह टुकड़ों में छितरी नहीं, साबुत रही, और खिंचती रही, अपने संचालन की डोर खुद भी थामें। बस पीठ झुक गई[8] इसलिए नेरेटर यह बहुत बाद में समझ पाई कि बिना खुला विरोध किए भी माई ने सुनैना और सुबोध को अपनी आड़ में सुरक्षा दी है। 'बस हो गया' की मुद्रा में अपनी स्थिर ठवन से उसने निर्णय लिए हैं, हमलों से बचाया है, बच्चों के स्वतन्त्र निर्णयों में साथ दिया है। माई ने अपने लिए निर्णय भले ही न लिए हों पर चुप रहकर भी उनके लिए रास्ते साफ किए हैं। परिवार में अल्पसंख्यक होने के नाते वह उन्हें गड्ढ़े में गिरने से भले ही न रोक पाए पर सीढ़ी अवश्य डाल देती है, उबारने के लिए, लड़खड़ाकर फिर उठ खड़े होने के लिए[9] "अपनी अथाह कमजोरी के पीछे छिपी ताकतवर आड़ से सुनैना की बेड़ियाँ खुलने दी हैं, आग लहकने दी"[10] और अपने अन्दर की आग को अपने अन्दर खींचकर ऐसे छिपा लिया कि बाहर निकलती शीतलता में अंगारों का कोई आभास नहीं रह गया।"[11] खुले विद्रोह की हिमायती नई पीढ़ी जिसे माई की कमजोरी समझती रही, वह प्रतिरोध का तरीका था, नए रास्तों की तलाश थी। माई जिन परिस्थितियों में जी रही है वहाँ इस तरह बचा लेना, रास्ता निकाल लेना माई के व्यक्तित्व को नया आयाम देता है। संघर्ष हमेशा परिस्थिति सापेक्ष होता है। प्राप्त परिस्थितियों में हम क्या कदम उठाते हैं, और उन पर कैसी प्रतिक्रिया करते हैं यह महत्त्वपूर्ण है। सीधी भिड़न्त न करते हुए भी अवसर आते ही अपनी सृजनात्मक प्रतिभा से ड्योढ़ी का काया कल्प करती है, अपने सम्पर्कों को विस्तार देती है।

माँ-बेटी की परम्परा : विस्तार और अतिक्रमण का द्वन्द्व–प्रत्येक व्यक्ति में तीन पीढ़ियों की सम्भावना होती है। एक माता-पिता के माध्यम से परम्परा से मिलती है, दूसरी जिसे अपने परिवेश के साथ मिलकर बनाता है, तीसरी जो वह नहीं बन पाता अपनी अगली पीढ़ी को बनाने में हस्तान्तरित करता है। स्त्री अपनी परम्परा अपनी बेटी के माध्यम से शाश्वत बनाती है। कई बार वह अगली पीढ़ी को अपनी उर्जा देती है तो कई बार अपने लिए भी ताकत खींचती है।[12] "अपनी समरूपा उत्पन्न करना माँ के लिए बड़ा महत्त्वकारी है। पुण्य है। बेटी के पैदा होते ही माँ सदाजीवा हो जाती है। वह कभी नहीं मरती। हो उठती है वह निरन्तरा। वह आज है कल भी रहेगी। माँ से बेटी तक, बेटी से उसकी बेटी से भी अगली बेटी। अगली से भी अगली। वही सृष्टि का स्रोत है।"[13] इस दृष्टि से देखा जाए तो बेटी माँ का विस्तार है, उसे चिरजीविता प्रदान करती है। परन्तु बेटी माँ की समरूपा होकर भी माँ नहीं होती, उसका विस्तार होकर भी उन सीमाओं का

अतिक्रमण करती है जो माँ को बाँधती है। 'माई' इसी विस्तार और अतिक्रमण का द्वन्द्व है। 'माई' और 'माई नहीं' का द्वन्द्व है।

सुनैना 'माई' को बेचारी समझती है, उसे ड्योढ़ी से बाहर निकल आने का दर्प है, जबकि बाहर निकलने की ताकत वह माई से लेती है। परम्परा और नई नैतिकता के द्वन्द्व में उलझी सुनैना समझ नहीं पाती कि वह माई बने या न बने। परम्परा ने उसमें माई का असर भरा था 'जो दूसरों के लिए सहकर' उन्हें सफलता दिला के, अपनी सफलता जानती है। पर सुनैना तो हर देने में शामिल नहीं होना चाहती है, वह देना चाहती है पर पहले अपने लिए लेना चाहती है। वह त्याग के महिमामंडन के बहाने होनेवाले शोषण की सच्चाई जानती है, उस शोषण से माई को भी निकालना चाहती है। उसे इस षड्यन्त्र की वास्तविकता का पता चल चुका है, परन्तु परिवेश, व्यवस्था उसे परम्परागत माई बनाने पर तुला है। मुझे माई नहीं बनना, मैं माई वैसे भी नहीं बनूँगी, माई खुद मुझे माई नहीं बनाती, मैं चाहूँ तो भी माई नहीं बन सकती मुझे त्याग बुरा लगता है क्योंकि वही माई का बोझिल इतिहास है, मुझे उसकी तरह नम्रता और उदारता को अपराध नहीं बना देना है, उसके इतिहास से लड़ना है, उसे नकारना है, और इसीलिए लेना है, लेके पाना है, उसके बाद दूँगी। लेने के साथ दूँगी, पर तब तक लड़ूँगी, उसी से लड़ूँगी, माई जो शाश्वत है, जो मुझमें है, जो आग में राख में हमेशा रहेगी, जिसके आगे मैं शीश नवाती हूँ, उससे लड़ूँगी। हर नई पीढ़ी का पुरानी पीढ़ी से यही द्वन्द्व है। 'माई' में यह द्वन्द्व बेटी के कोण से व्यक्त हुआ है तो ऐ लड़की में माँ के कोण से। माँ अपनी बेटी में–आत्मनिर्भर बेटी में–अपनी कमजोरियों से मुक्ति देखती है, पर आत्मनिर्भर अकेली लड़की के जीवन के अकेलेपन को लेकर चिन्तित भी होती है, प्रश्न भी खड़े करती है। संग साथ के सुख की पहचानती है। 'किसी का साथ पाकर हस्ती कुछ और भी हो उठती है'[14] पर निर्भरता स्त्री के जीवन को नर्क में तब्दील कर देती है, बेटी को बताना नहीं भूलती ''घर का स्वामी कमाई से परिवार के लिए सुविधा जुटाता है साथ ही अपनी ताकत बनाता है, इसी प्रभुताई के आगे गिरवी पड़ी रहती है बच्चों की माँ। उसका वक्त तब सुधरेगा जब वह अपनी जीविका आप कमाने लगेगी।''[15] त्रिशंकु (मन्नू भंडारी) में यह द्वन्द्व भिन्न कोण से व्यक्त होता है। वहाँ माँ अधिक आधुनिक दृष्टि रखते हुए भी अपनी पिछली पीढ़ी से आक्रान्त है। वह माँ जो अपने लिए 'बोल्ड निर्णय' ले सकी अपनी बेटी के समय में अपने अतीत और वर्तमान के बीच उलझती-सुलझती है, और बेटी के लिए निर्णय के रास्ते न खोल स्वयं निर्णायिका की भूमिका अख्तियार कर लेती है। तीनों माँओं में यह सबसे ताकतवर माँ है परन्तु अपनी बच्ची के मामले में

प्रतिगामी और कमजोर साबित होती है।

'माई,' 'ऐ लड़की' और 'त्रिशंकु' तीनों की माँ पितृसत्तात्मक व्यवस्था के दबाव के बीच जीती माँ है, जो अपने-अपने तरीके से अपने और अपनी बेटी के लिए रास्ता बनाती हैं, परन्तु इस सत्ता के दबाव से मुक्त कोई भी नहीं। त्रिशंकु की माँ में जहाँ परिवेश के दबाव से बार-बार उसका पिता जागता है, वह बेटी को आत्म निर्णय का अधिकार नहीं दे पाती जो अपने लिए अपने पिता से छीन पाई थी, 'ऐ लड़की' की अमू अपने मृत्यु पूर्व बयान में लगातार बेटी की वकालत करते हुए, बेटी में पूर्णता तलाश करते हुए भी, अपने अन्तिम वक्तव्य के अन्त में व्यवस्था से मुक्त नहीं हो पाती। बेटी में शाश्वतता तलाशनेवाली अमू अन्ततः अपने अन्तिम संस्कार के लिए बेटे की प्रतीक्षा करती है। 'पुरानी परिवारी निभाने को भाई तुम्हारा पहुँच तो जाएगा न ? कुल की सरदारी बेटियों को नहीं जाती।'[16] 'माई' की रज्जो किंचित भिन्न है, माई अधिक समकालीन और आधुनिक है। वह 'हमजात' होने के नाते जहाँ अपनी सास की गलतियों को माफ करती है वहीं अपनी बेटी के लिए 'शिक्षा से सहजीवन' तक के पतली गली से रास्ते खोलती है। बेटी को दुनिया के बारे में जानना चाहिए, इसलिए वह बेटी के हर निर्णय में उसके साथ है। उसकी सफलता में अपनी सफलता खोजती है, परन्तु सहजीवन के सवाल पर माई बेटे-बेटी के साथ एक सी दृष्टि नहीं रख पाती। परिवेश का दबाव कहें या पितृसत्ता का। माई इस बार रास्ते नहीं निकालती। "हो सके तो यहाँ एक साथ, इस तरह मत रहा करो।"

अपनी बेटियों के लिए संघर्ष करती ये माँएँ अन्ततः उसी व्यवस्था का हिस्सा बन जाती हैं, जिससे अपनी बेटियों को निकालना चाहती हैं।

(ख) परछाईं अन्नपूर्णा : क्षमा शर्मा

घर-बाहर के बीच तनी रस्सी पर चलने का रोमांच–'परछाईं अन्नपूर्णा' स्त्री-प्रश्नों को कामकाजी स्त्रियों के परिप्रेक्ष्य में उठाता उपन्यास है। भूमिका में ही क्षमा शर्मा इस प्रश्न को बहस में लाती हैं कि स्त्री पैसा कमाने के लिए नौकरी करती है या आत्म विकास के लिए।[17] आर्थिक आवश्यकता और आत्म विकास के प्रश्न के साथ ही घर से बाहर निकली स्त्री 'घर और बाहर' के जिन प्रश्नों का सामना करती है, उन प्रश्नों पर बहस भी इस सन्दर्भ में अपने लिए जगह बनाती है। यह प्रश्न एक ओर स्वतन्त्रता और सुरक्षा से जुड़ता है तो घरेलू श्रम और आर्थिक स्वावलम्बन से भी। यह घरेलू हिंसा और काम के स्थान पर मानसिक व

यौन उत्पीड़न पर चर्चा को केन्द्र में लाता है। पुरुष वर्चस्व के घरेलू और कार्यस्थलीय विमर्श की भी गुंजाइश बनाता है। कामकाजी स्त्री को मिली आजादी और हैसियत के मध्य कार्यस्थल पर उसकी कार्य दशाओं और घर में काम का परम्परागत विभाजन, स्त्री की बदलती भूमिका और स्थिति के सन्दर्भ में, विश्लेषण को महत्त्वपूर्ण बनाता है।

घर-बाहर के प्रश्नों में विवाह या कैरिअॅर का चुनाव स्त्री के लिए शाश्वत प्रश्न रहा है। सामाजिक एवं पारिवारिक स्थितियों के परिणामस्वरूप विवाह करने और सन्तानोत्पत्ति के बाद घर-परिवार के लिए खुद कैरिअॅर छोड़कर जाती स्त्रियों की संख्या कम नहीं है। बड़े पैमाने पर कामकाजी स्त्रियों में यह प्रवृत्ति देखी जा रही है।[18] स्त्री शिक्षा और प्रशिक्षण पर खर्च किया गया श्रम एवं धन तथा स्त्री की प्रतिभा का व्यर्थ जाना महत्त्वपूर्ण प्रश्नों को जन्म देता है, साथ ही महत्त्वपूर्ण नौकरियों में महिला प्रत्याशियों के प्रति अरुचि भी उत्पन्न करता है। इस प्रकृति से भिन्न 'परछाईं अन्नपूर्णा' कामकाजी विवाहिता/कामकाजी माँ के जीवन संघर्ष को चर्चा में लाता है। जैसा कि अरविन्द जैन का विचार है 'कामकाजी महिलाओं के संकट, संघर्ष और सामाजिक स्थितियों के सन्दर्भ में यह 'लघु' उपन्यास सचमुच एक गम्भीर बहस है। शिक्षित, स्वावलम्बी और सचेत स्त्री की यह अपने आप से भी बहस है और समाज से भी।'[19]

ऐसे समय में जब आज भी समाज की मानसिकता स्त्री के लिए घर और बाहर में से एक के चुनने की है–'स्त्री को घर और नौकरी में से एक चुनना चाहिए'[20] एवं कैरियरिस्ट होना स्त्री के लिए गाली की तरह इस्तेमाल होता रहा है। 'कैरियरिस्ट यानी एक छोटे लाभ के लिए सब कुछ दाँव पर लगाने वाली'[21] 'परछाईं अन्नपूर्णा' की विभा घर से बाहर अपने लिए जगह तलाशना चाहती है, यह जानते हुए भी कि घर से सड़क पर आई स्त्री चरित्रहीन घोषित कर दी जाती है। तसलीमा नसरीन की कविता इस सन्दर्भ में पढ़ी जानी चाहिए :

यह अच्छी तरह याद रखना,
तुम जब घर की चौखट लाँघोगी,
लोग तुम्हें टेढ़ी-मेढ़ी नज़रों से देखेंगे।
जब तुम गली से होकर गुज़रोगी,
लोग तुम्हारा पीछा करेंगे, सीटी बजाएँगे,
जब तुम गली पार करके मुख्य सड़क
पर पहुँचोगी लोग तुम्हें चरित्रहीन कहकर गालियाँ देंगे।

तुम व्यर्थ हो जाओगी, अगर पीछे लौटोगी,
वरना जैसी जा रही हो, जाओ।[22]

'परछाईं अन्नपूर्णा' कामकाजी स्त्री से जुड़े महत्त्वपूर्ण प्रश्न कार्यस्थल पर होनेवाली यौन-यन्त्रणा, यौन शोषण को केन्द्र में लाता है। घर से बाहर काम करनेवाली स्त्री का चरित्र दाँव पर लगा होता है। सहकर्मी पुरुष के मस्तिष्क की चीर-फाड़ विभा अपनी सखी विनिता के साथ विचार-विमर्श में करती है 'औरत की बात आते ही हमें उसके अन्दरूनी हिस्से याद आते हैं।'[23] कार्यालय का समय अर्थात् स्त्री सहकर्मियों के साथ द्विअर्थी संवाद, अन्य स्त्रियों के चरित्र का इतिहास मंथन, बॉस की बेटी के साथ इसका-उसका सम्बन्ध जोड़ना, फब्तियों में स्त्री की देह को केन्द्र में लाना और स्त्री कर्मियों को 'सेक्स' में बदलने की येन-केन प्रकारेण कोशिश–विभा जानती समझती है।[24] अपना आक्रोश भी व्यक्त करती है। स्त्री कार्यालय में उपस्थित हो अथवा नहीं, 'उसका रूप एक सहकर्मी का न होकर एक ऐसी सामग्री के रूप में होता है जो सिर्फ शारीरिक उपयोग का ही नहीं बल्कि वैचारिक उपयोग का भी शिकार बनती है।[25]

कार्यालयों में स्त्री के साथ होनेवाले यौन अत्याचारों पर चर्चा वस्तुतः सहस्त्राब्दि के अन्तिम दशक की महत्त्वपूर्ण चर्चा है। 1991-92 में ओकला होमा की प्रोफेसर अनिता हिल ने सीनेटर बॉब पेकवुड पर यौन उत्पीड़न का अभियोग लगाया, उसकी गवाही ने स्त्री-पुरुष के बीच लिंग-भेद की उस गहरी खाई को उघाड़कर रख दिया जो बरसों से अनेक सामाजिक-आर्थिक कारणों के बोझ तले दबी-दबी साँस ले रही थी।[26] अनिता हिल प्रकरण के पूर्व ऐसा माना जाता था कि मनोरंजन से जुड़े व्यवसाय में ही स्त्रियों को यौन प्रताड़ना और यौन शोषण का सामना करना पड़ता है किन्तु इस प्रकरण के बाद विश्व के विकसित और विकासशील देशों में कार्यस्थलों पर बढ़ती कामकाजी महिलाओं की उपस्थिति के प्रति पुरुष दृष्टि व उनके शोषण की घटनाएँ सामने आईं। ब्रिटेन में किए गए सर्वेक्षणों ने साबित किया कि कार पार्किंग, बॉस की डेस्क पर, कैंटीन में और क्लॉक रूप में 28 प्रतिशत महिलाओं को यौन क्रिया करनी पड़ी।[27] दफ्तरों, कार्यालयों में स्त्री सहभागिता ज्यों-ज्यों बढ़ रही है, स्त्री के प्रति उत्पीड़न भी उसी अनुपात में बढ़ रहा है। मर्दवादी लोगों ने छेड़ने के अपने शास्त्र के नए-नए संस्करण गढ़े हैं।[28] हमारे यहाँ यौन-शोषण वातावरण की तरह स्वीकृत हैं, वह हवा में घुला-मिला है।[29] हमारे दफ्तरों, कार्यालयों, चाहे वे बाबू वर्ग के हों, विश्वविद्यालय हों, अखबारों के कार्यालय हों या प्रधानमंत्री सचिवालय हों, स्त्रियों को नौ से पाँच बजे तक जो भोगना पड़ता है वह लम्पटता और यौनातिकार के

अलावा कुछ नहीं होता।[30] 'परछाईं अन्नपूर्णा' की विभा दफ्तरों में स्त्री को अंग विशेष से व्याख्यायित करने एवं स्त्रीकर्मियों की चरित्र हत्या पर आक्रोश व्यक्त करती है, अपना विरोध भी दर्ज करती है, 'आप लोगों के पास औरतों के बारे में अक्सर ऐसी ही जानकारी क्यों रहती है।'[31] अपने गुस्से को कभी मर्दाना तो कभी स्त्री-गालियों से व्यक्त भी करती है पर आम स्त्रियों की तरह ही इसके खिलाफ कोई मुहिम नहीं चलाती, न ही आई.पी.सी. की धारा 509 के तहत शिकायत करती है। राष्ट्रीय महिला आयोग के ताजा सर्वेक्षण के अनुसार कामकाजी 50 प्रतिशत महिलाओं को पुरुषों की 'बुरी दृष्टि' का सामना करना होता है जिनमें से 40 प्रतिशत महिलाएँ इसे सहन करती हैं। यह सहन करना ही ऐसे घटनाओं को बढ़ावा देना है।[32] एवं[33] यदि वह कानून का सहारा लेना चाहती है तो माध्यम स्त्री के पक्ष में नहीं होता, लज्जा स्त्री को रोकती है, बिना अपराध किए डराती है। स्त्री स्वयं को मात्र चरित्र के मानक से तौले जाने से घबराती है।[34] वस्तुतः भारतीय मध्यवर्ग में (जिसका प्रतिनिधित्व विभा कर रही है) स्त्री को बाहरी संघर्ष के लिए तैयार करते हुए बड़ा नहीं किया जाता, इत्तेफाक से या आर्थिक कारणों से जब स्त्री नौकरी करने बाहर निकलती है तब उन औजारों और हथियारों के साथ नहीं, (आत्मविश्वास, और संघर्ष क्षमता) जिनके साथ उसे बड़ा किया जाना चाहिए था, दूसरे वह अपनी चरित्र हत्या से डरती है, इस दृष्टि से विश्लेषण करें तो हम पाएँगे कि विभा एक डरपोक लड़की है। प्रेम पत्रों के माध्यम से परेशान करनेवाले पुरुष की उपस्थिति मात्र से विचलित होती है, डरती है, बुरे सपने देखती है, छुटकारा पाने का रास्ता आत्महत्या के विचार में खोजती है।[35] स्त्री, पुरुष द्वारा फैलाए जानेवाले प्रवाद की सम्भावना मात्र से डरती है। वह सोचती है क्या मालूम इस दुनिया में औरतों को कोई बेकसूर मानता है,[36] जैसा कि सुधीश पचौरी मानते हैं, ''मर्दों के समाज में स्त्री लज्जा को हथियार नहीं बना सकती, उसे अधिक निर्लज्ज होकर मर्दों को लज्जित करना होगा, तभी शायद कोई सम्मान उसे मिल सकेगा।''[37]

क्षमा शर्मा कार्यालयीन संस्कृति की उस मानसिकता से भी परिचित हैं जो यह मानती है कि स्त्रियाँ पुरुषों का हक छीनती हैं और उनके चयन में प्रतिभा के स्थान पर उनकी सुन्दरता का योग अधिक होता है। 'वे कुछ काम नहीं करतीं।' 'वे तो सिर्फ दफ्तर की शो-पीस होती हैं, इसीलिए चुनाव के वक्त उनकी सुन्दरता का ध्यान रखा जाता है।' स्त्री सहकर्मी यदि 'फैशनेबुल स्मार्ट हो तो' माना जाता है कि वह 'अपनी मुस्कान के जादू में दुनिया के मर्दों को पटाने निकली है।'[38] 'लोग इस बात का मज़ाक भी उड़ाते हैं कि औरतें सिर्फ साड़ी-लिपिस्टिक में गड़गच्च

रहती हैं, लेकिन चाहते यही हैं कि सिवाय इनके वे और कुछ न करें, न सोचें।'[39] इस दृष्टि से विभा की मानसिकता का विश्लेषण करें तो विभा विचार के स्तर पर अपनी प्रतिभा का प्रदर्शन करती है, लम्बी-लम्बी बहसों में अपने 'सचेत' होने को व्यक्त करती है, परन्तु काम की जगह उसके अपनी क्षमता विकसित करने, प्रतिभा का साक्षात्कार कराने के अवसर नहीं दिखाई देते, कार्यालय में कार्य संस्कृति का लोप किसी सृजन का, योग्यता प्रदर्शन का अवसर नहीं देता, उसके कार्य के प्रकार, पद, योग्यता के कोई संकेत नहीं, कार्यालय इस तरह विभा के लिए पैसा कमाने की जगह मात्र है और पैसा कमाना घर में तनाव कम करने का साधन है।[40] आत्म विकास के अवसर वहाँ नहीं, वह उन आम मध्यवर्गीय स्त्रियों की तरह है जो काम पर, पैसा कमाने और अपने लिए थोड़ा-सा वक्त बटोरने घर से बाहर निकलती हैं, क्योंकि घर के दायित्व तो इतना अवसर भी नहीं देते कि अखबार भी पढ़ा जा सके।[41] विभा अपने लिए वक्त और जगह तलाशती है। कार्यालय के लंच टाइम में, वह जब कभी विनिता और कभी बिन्दु के साथ पालिका बाजार, कभी सेमीनार और कभी रेस्तराँ में वैचारिक विमर्श करती देखी जाती है। सरकारी कार्यालयों की बाँझ संस्कृति की झलक 'परछाईं अन्नपूर्णा' में देखी जा सकती है जहाँ स्त्री का कामकाजी होना ही मात्र उपलब्धि बन जाता है, उसके आगे कुछ पाने के अवसर नहीं होते हैं। (यह बात पुरुष कर्मियों पर भी उतनी ही लागू होती है) आज जब स्त्री, पुरुष कार्य जगत में अपने लिए जगह बनाने की जी तोड़ कोशिश में लगी है, चुनौतीपूर्ण व्यवसाय स्वीकार कर रही है। एक टी.वी. पत्रकार का विचार है कि हमें पुरुषों से दुगुना, तिगुना काम इसलिए करना पड़ता है कि हम सिद्ध कर सकें कि हम महज सुन्दर और मूर्ख (बिम्बों) नहीं हैं। हमारे पास भी दिमाग है, बुद्धि है।[42] 'परछाईं अन्नपूर्णा' की विभा की उपलब्धि कमाऊ होने में सिमट गई है।

कामकाजी स्त्री को जहाँ बाहर अपने को स्थापित करने का संघर्ष झेलना है घर और बाहर का तालमेल भी बिठाना है, विशेषकर तब जब वह विवाहिता एवं माँ है। समय और कार्य के समायोजन में वह नट की तरह रस्सी पर झूलती है। 'जीवन के इतने अच्छे वर्ष क्या ऐसे ही बिताने के लिए थे। न कभी घर सँभला ठीक से, न बच्चों को ही देख पाए ठीक से, न नौकरी ही हो सकी। बाहर से सब कितना निर्मल, कितना आकर्षक लगता है।'[43] परम्परा ने उसे परिवार और बच्चों को प्राथमिकता देना सिखाया है। बच्चों को दिया जानेवाला वक्त जब ऑफिस में देना होता है तो स्त्री अपराधबोध से ग्रस्त होती है विशेष तौर पर जब बच्चा बीमार हो, माँ का सानिध्य चाह रहा हो, स्त्री अपने आपको अपराधी समझती है।[44] कामकाजी होने के नाते परिवार को पूरा समय देना स्त्री के लिए सम्भव नहीं, साथ

ही परम्परागत कार्य विभाजन से मुक्ति की सम्भावना न होने पर दोहरे भार का शिकार होती है। इस दृष्टि से विभा का संघर्ष उतना त्रासद नहीं, घर और बाहर के इस संघर्ष में पति का सहयोग उसे मिलता है। विभा खुशनसीब है, पति पारिवारिक दायित्वों में सहयोग देता है, वह पति के पास बच्चा छोड़कर ऑफिस जा सकती है, पति की परिवर्तित मानसिकता उसका रास्ता थोड़ा आसान करती है, कामकाजी स्त्री के घर के स्तर पर संघर्ष का विकल्प भी प्रस्तुत करती है। किन्तु समाज की मानसिकता ऐसे पतियों की सहयोग वृत्ति के प्रति बेचारगी की होती है। 'अरे यार, वैसे भी इसे बच्चों से क्या। मिल तो गया है, वह सीधा-सादा। यह बड़ी-बड़ी बातें करती घूमती है और वह बेचारा बच्चों के गू-मूत धोता फिरता है।'[45]

'परछाईं अन्नपूर्णा' घरेलू हिंसा के प्रश्न को भी विचार की परिधि में लाता है। काम पर जानेवाली स्त्रियों की आर्थिक आत्मनिर्भरता के बावजूद क्षमा शर्मा प्रश्न उठाती हैं कि 'आज की पढ़ी-लिखी विश्वविद्यालय में पढ़ानेवाली औरत, नौकरीशुदा अच्छी स्मार्ट पति के हाथ से पिट रही थी (है)। किस औरत की मुक्ति और प्रतिरोध की बात करते हैं हम[46] 'बाहर हजारों भेड़ियों का शिकार' बनती है स्त्री और 'घर में जंगली के नाखून दाँत सहना' होता है। स्त्री घर की हिंसा सहन करने का विकल्प स्वीकार करती है। एक अन्य उपन्यास 'एक पत्नी के नोट्स' (ममता कालिया) में भी स्त्री कविता अपनी अच्छी नौकरी और कैरिअॅर के बावजूद पति के 'अति-आचारों' को प्यार की निशानी समझती है और पुरुष द्वारा की जा रही हिंसा को जायज ठहराती है।[47] स्त्री अपने व्यक्तित्व के विकास की क्षमता पुरुष के प्रतिरोध के लिए प्रयोग में नहीं लाती। स्त्री का यह सहन करना, पुरुष को अपनी गलती महसूस नहीं कराता, अत्याचारों को बढ़ावा देता है, स्त्री के पक्ष में कोई विकल्प नहीं सौंपता और पुरुष सोचता है कि औरत तभी काबू में आती है जब पिटती है।[48] स्त्रियों द्वारा घरेलू हिंसा को उचित ठहराए जाने के सन्दर्भ में विधि विशेषज्ञ और स्त्रीवादी लेखक अरविन्द जैन सोचते हैं कि 'अकादमिक शिक्षा भी स्त्री-जीवन को संचालित नहीं करती। घर के संस्कार, मर्यादा और परम्परा का जो पाठ वह माँ के दूध से ही पीती आ रही है वही उसके मानस को तैयार करती हैं। आज भी सीता-सावित्री स्त्रियों का आदर्श हैं।' 'अरविन्द जैन कामकाजी स्त्री की घरेलू हिंसा के लिए स्त्री की अपनी कमाई पर उसके हक का न होना स्वीकार करते हैं।' महिलाएँ पढ़ी-लिखी, कामकाजी हों या गृहणी अपने घर में प्रथमतः और अन्ततः वह है 'डोमेस्टिक स्लेव'।[49]

समग्रतः 'परछाईं अन्नपूर्णा' कामकाजी स्त्री का सम्पूर्ण विमर्श प्रस्तुत करने का प्रयास है, यह कामकाजी स्त्रियों के जीवन के विविध पक्षों का उद्घाटन, उनकी

समस्याओं के संकेत करता है। रोने-धोने, डरने-खीझने, डिप्रेशन, गाली, गुस्सा, आक्रोश व्यक्त करता हुआ, आत्महत्या में समस्याओं का विकल्प खोजती स्त्री के जीवन को सामने रखता है, परन्तु उससे उबरने का रास्ता भी खोजता है, जीने का रास्ता भी ढूँढ निकालता है। अज्ञेय की कहानी 'रोज की स्त्री' घर में रहनेवाली वह स्त्री थी जिसकी रूटीन दिनचर्या ने जिन्दगी को रुकी हुई जिन्दगी में बदल दिया था, 'परछाईं अन्नपूर्णा' कामकाजी स्त्री की रूटीन दिनचर्या और किसी बड़े लक्ष्य के अभाव में व्यर्थ गए जीवन के सुन्दर वर्षों का अफसोस मनाकर चुप नहीं रह जाती, अपनी सद्यजात बेटी को अपने से भिन्न ताकतवर बेटी बनाने की मुहिम में जुटकर अपनी और अपनी अगली पीढ़ी के लिए बेहतर कल की सम्भावनाओं का पता देती है। 'ऐ लड़की' 'माई,' 'नदी को याद नहीं,' की तरह बेटी में भविष्य तलाशती है। अरविन्द जैन ठीक ही कहते हैं, यह आत्महत्या के विरुद्ध जीवन से मुठभेड़ का उपन्यास है।

(ग) छिन्नमस्ता : प्रभा खेतान

अर्थसत्ता बनाम राजसत्ता–अन्तर्राष्ट्रीय श्रम संगठन (संयुक्त राष्ट्र संघ) की एक रिपोर्ट के अनुसार 'पुरुषों के बराबर आर्थिक और राजनीतिक सत्ता पाने में औरतों को अभी हजार वर्ष लगेंगे,' क्योंकि 'दुनिया की 98 प्रतिशत' पूँजी पर पुरुषों का कब्जा है।[50] स्त्री के 'अपने पैसे' कमाने पर अलका सरावगी की टीप है 'ऐ औरत, तूने जब भी किसी भी कोने में पुरुष से अलग अपना कुछ बनाया है, तो तुझे इसकी कीमत देनी पड़ी है। लेकिन तुम इस 'अपने' पैसे की, जो कभी तुम्हारा नहीं था और न कभी तुम्हारे हाथ में था, आखिर कितनी कीमत चुकाओगी ?'[51] इसी तारतम्य में उच्चतम न्यायालय के सर्वोच्च न्यायाधीश, न्यायमूर्ति श्री रंगनाथ मिश्र का सार्वजनिक भाषण में व्यक्त विचार भी देखा जाए कि महिलाओं को आर्थिक आत्मनिर्भरता या अपनी प्रतिभा की पहचान जैसी ओछी बातों में पुरुषों से होड़ लेकर अपनी गरिमा से नीचे नहीं उतरना चाहिए–नारी तो महान देवी गुण सम्पन्न और ईश्वरीय शक्तियों की स्वामिनी है, उसे घर की चारदीवारियों के भीतर ही अपने इस देव दुर्लभ प्रकाश को फैलाना चाहिए। वरिष्ठ जज की हैसियत से भी ऐसे ही विचार वे पूर्व में व्यक्त कर चुके हैं। उन्होंने स्त्रियों की आर्थिक रूप से स्वतन्त्र होने की प्रकृति को लताड़ा और महान भारतीय संस्कृति का गुणगान करते हुए स्त्री को पराशक्ति घोषित किया।[52] स्त्री स्वातन्त्र्य पर तुलसीदास की टीप भी महत्त्वपूर्ण है, 'जिमि स्वतन्त्र होई बिगरहिं नारी।'[53]

प्रभा खेतान का उपन्यास 'छिन्नमस्ता' का विश्लेषण करते हुए उपर्युक्त सन्दर्भ अपनी विशिष्ट भूमिका निभा सकते हैं, अपने होने का अर्थ खोजती प्रिया के जीवन के माध्यम से स्त्री विमर्श के इस महत्त्वपूर्ण प्रश्न से साक्षात् सम्भव है। प्रिया का परिवार जिस वित्त वर्ग का प्रतिनिधित्व करता है वहाँ पैसे की कमी नहीं, करोड़ों का व्यवसाय है, हीरे-जवाहरात हैं, मौज-मस्ती के लिए विदेश यात्राएँ हैं, महँगी शॉपिंग के अवसर हैं। ऐसे परिवार में स्त्री का आर्थिक स्वावलम्बन परम्परागत मस्तिष्क में प्रश्न खड़े करता है–"और माँहम लोगों को रुपयों की तो ज़रूरत नहीं।" प्रिया के दृष्टिकोण को भी समझना होगा–"मुझे तो है बेटा।"[54] सत्तर-अस्सी के दशक के (प्रिया के अपने लिए संघर्ष के यही वर्ष हैं) समाज शास्त्रीय अध्ययन बतलाते हैं कि अब परिवार को आर्थिक सहयोग देने की भावना मात्र स्त्री को आर्थिक स्वावलम्बन की ओर प्रेरित नहीं करती वरन् उसके पीछे सामाजिक और मनोवैज्ञानिक कारण भी महत्त्वपूर्ण हैं। अपनी प्रतिभा का उपयोग, अपने लिए पद-प्रतिष्ठा प्राप्त करना, अपनी अलग पहचान बनाने की दृष्टि भी महत्त्वपूर्ण भूमिका अदा करती है, जो इससे पूर्व कम देखने में आती थी।[55] स्त्री यदि असाधारण व्यवसायों के प्रति आकृष्ट हो (जो परम्परागत रूप से पुरुष व्यवसाय के क्षेत्र रहे हैं) तो उसका संघर्ष बढ़ जाता है। अधीनस्थ की भूमिकावाले कार्य स्त्री सदियों से कर रही है, कभी मूल्य लेकर कभी मुफ्त में। स्त्री की इस स्थिति से व्यवस्था में गड़बड़ी नहीं होती, अतः समाज द्वारा स्वीकार्य रही है किन्तु जब स्त्री स्वयं का व्यवसाय करना चाहती है, अपना पैसा बनाना चाहती है, पूँजी की बनी-बनाई व्यवस्था को तोड़ती है–प्रश्न खड़े करती है। प्रिया ने जब अपने लिए पैसा कमाना चाहा, सज़ा उसके हिस्से में आनी ही थी। उसे दो में से एक चुनने का विकल्प मिला–परिवार अथवा व्यवसाय और प्रिया ने व्यवसाय चुना। स्त्री को 'महत्त्वाकांक्षी होने के' अपराध की सज़ा मिलती है–"मैं सीरियस हूँ। फिर कहता हूँ, यदि आज तुम लन्दन गईं तो मेरे घर में तुम्हारी जगह नहीं। यह भी साली कोई जिन्दगी है, जब देखो तब बिजनेस।"[56] घर नरेन्द्र का है, उसमें प्रिया रहे या नहीं, यह निर्णय नरेन्द्र का अधिकार क्षेत्र है। "फिर सुन लो, यहाँ मत आना। आओगी तो मैं धक्के देकर बाहर निकलवा दूँगा।"[57] अति महत्वाकांक्षा के सन्दर्भ में जनमानस कभी भी स्त्री के पक्ष में वक्तव्य नहीं देता। नैना साहनी, जैसिका लाल, शिवानी भटनागर की हत्या को न्याय संगत घोषित किया जाता रहा है, स्त्री की महत्वाकांक्षा के अपराध में। प्रिया को कैरिअॅर के लिए नहीं बड़ा किया जाता। स्त्री को विवाह के लिए बड़ा किया जाता है। विवाह उसका तय भविष्य है। उसका व्यक्तित्व 'काली लड़की' से पहचाना जाता है। पढ़ने-लिखने

की उसकी अभिरुचि का कोई मूल्य नहीं, विवाह के बाज़ार में उसकी बौद्धिक क्षमता नहीं, उसकी चमड़ी का रंग महत्त्वपूर्ण भूमिका अदा करेगा, इसलिए माँ को चिन्ता है। 'काली लड़की' के प्रति समाज के रवैये का विश्लेषण तुम्हारा सुख में राजकिशोर भी करते हैं, काली देह के प्रति हीनता बोध तुम्हारा सुख की मालविका में जहाँ स्त्री को सिर्फ़ देह में स्थित करता है।[58] प्रभा खेतान उसे प्रिया में हीनता ग्रंथि के रूप में पनपने नहीं देती। हाँ, विवाह के बाजार में उसके ऋणात्मक मूल्य की विवेचना अवश्य करती है। प्रिया सिर्फ काली नहीं, अनचाही बेटी भी है, अतः उसके व्यक्तित्व के विकास के कोई अवसर नहीं, वह किसी बड़े सपने के साथ बड़ी भी नहीं होती, परन्तु अपने लिए रास्ते हमेशा निकाल लेती है। भले ही प्रिया अपने को कमजोर समझती रहे, दब्बू समझती रहे, पर रास्ते निकाले हैं उसने। दाई माँ ने तो उसे भाई द्वारा होनेवाले बलात्कार के खिलाफ आवाज उठाने से मना किया, किसी से कहना नहीं, 'मन्दा' को भी तो 'इदन्नमम' में कुसुमा भाभी से यही सलाह मिली थी।[59] सदियों से स्त्री को बलात्कार के खिलाफ चुप रहने की शिक्षा दी जाती रही है। चुप रहना बलात्कार से लड़ने का विकल्प नहीं। बच्ची प्रिया अपने बड़े भाई से घर में चुप रहकर किस तरह बच सकती थी ? वह भाई को आत्महत्या की धमकी देती है और बार-बार की बलात्कार की यातना से मुक्ति का रास्ता खोजती है। कॉलेज के प्रेम प्रसंग में भी वह टूटती है, पर उठ खड़ी होती है, साबुत। स्त्री का देह प्रसंगों के प्रति निस्संग होना ज़रूरी है अन्यथा इससे जन्मे अपराधबोध स्त्री के भविष्य को प्रभावित करते हैं। इस सन्दर्भ में पवन करण की अद्यतन कविता 'उसे कहना ही पड़े तो' विशेष महत्त्व की है।[60]

पति के धनाढ्य परिवार में पति के नाम से जाना जाना प्रिया को स्वीकार्य नहीं, उच्च वर्ग के दिखावटी जीवन के मध्य वह सहज नहीं होती, बचपन व किशोरवास्था में माता-पिता के परिवार का उसके प्रति उपेक्षापूर्ण व्यवहार और रवैया भी कहीं इसके लिए जिम्मेदार हैं। प्रभा खेतान उच्चवर्गीय सामन्ती परिवेश के कच्चे-चिट्ठे खोलती हैं जहाँ स्त्री के पास पैसा है, जेवरात हैं, महँगी पार्टियाँ हैं जिसमें पैसा खर्च किया जा सकता है, ब्लू फिल्म देखी जा सकती है, जेवर पहने जा सकते हैं। यदि व्यवसाय के लिए उन जेवरों को बेचनी चाहे तो संयुक्त परिवार की सम्पत्ति होने के कारण कोई सम्भावना नहीं। व्यक्ति के निजी कोने पर उसका कोई अधिकार नहीं, उसकी अभिरुचियों का कोई सम्मान नहीं, वह कपड़ों पर खर्च कर सकती है, किताबों पर नहीं। चूँकि कमाती नहीं इसलिए गरीब नौकर की मौके पर मदद का हक उसे नहीं। अपने सिद्धान्तों के क्रियान्वयन, मानवीयता

की भावना के तहत यदि कुछ करना चाहे तो स्त्री को कमाना होगा अथवा गुलाम की तरह पति की दया पर जीवित रहना होगा।[61]

प्रिया कैरिअॅर के प्रति सचेत प्रारम्भ से नहीं, पति का उच्च वित्तवर्गीय होना भी प्रिया के पक्ष में नहीं जाता। अनायास जब उसे पति के व्यवसाय में 'डमी पार्टनर' (स्लीपिंग पार्टनर) बनने का मौका मिलता है तो वह अपने लिए रास्ता निकाल लेती है। 'अपना व्यवसाय' 'अपना पैसा' बनाने के लिए खून-पसीना एक करती है और देश-विदेश में अपना व्यवसाय फैलाने में सफल होती और राष्ट्रपति पुरस्कार से नवाजी जाती है। अरविन्द जैन स्वीकार करते हैं कि ''शायद पहली बार हिन्दी उपन्यास की नायिका परिवार, पूँजी और परम्परा की चौखट लाँघ देशी-विदेशी सभी सीमाओं के उस पार तक 'स्त्री के पक्ष में वकालत' के साथ-साथ एक खतरनाक बौद्धिक विमर्श का जोखिम भी उठाती है।''[62]

व्यक्ति के तौर पर बड़ा होना और हर एक का अपनी प्रतिभा का भरपूर दोहन करने का तर्क परम्परागत परिवारों में समझा या समझाया नहीं जा सकता। बौद्धिक क्षमता का उपयोग होना चाहिए अथवा 'काम' स्त्री के लिए जीवनी शक्ति हो सकता है।[63] यह न प्रिया के पिता का परिवार समझता है न पति का। नरेन्द्र तो यह स्वीकार करने को भी तैयार नहीं कि प्रिया में कोई प्रतिभा है, वह जीनियस है।[64] स्त्री यदि जीनियस नहीं है, तब भी क्या साधारण औरत का अपनी तरह से जीने का अपने लिए रास्ता खोजने का अधिकार नहीं। नरेन्द्र यह भी नहीं स्वीकार करना चाहता कि व्यवसाय प्रिया के लिए आइडेन्टी का विषय है,[65] वह प्रिया के व्यवसाय को या तो रुपए की हवस समझता है अथवा अकेले मौज-मस्ती करने का साधन।[66] प्रिया की उद्दाम महत्वकांक्षाओं में वह सेक्सुअल फ्रस्टेशन खोजता है।[67] जब तक प्रिया नरेन्द्र के अधीन रहती है, सब स्वीकृत था किन्तु कार्य जगत में जब वह स्वतन्त्र निर्णय लेने लगी, पत्नी की भूमिका नहीं निभा सकी, तब पत्नी में खामियाँ नजर आने लगती हैं।[68] स्त्री की चेतना जहाँ विकसित होने लगती है, परम्परागत व्यवस्थाएँ चरमराने लगती हैं, स्त्री की महत्वाकांक्षाएँ अस्वीकार्य होने लगती हैं। यदि स्त्री अपने व्यवसाय में व्यस्त है, घर में समय नहीं दे रही, पति की दैहिक जरूरतों को पूरा नहीं कर रही, तब बिजनेस का औचित्य परिवार नहीं समझता। अच्छी स्त्री की परम्परागत भूमिका से भिन्न स्त्री छवि न परिवार को स्वीकार्य है न ही समाज को। अपने लिए जगह बनाती स्त्री से व्यवस्था को भी खतरा है इस 'घरफोड़' स्त्री से अपने परिवार को बचाकर रखना चाहता है समाज। 'घृणा से जलती हुई आँखें' इस औरत को हम कैसे अपने घर बुलाएँ ? कैसे सम्मान दें ? कल हमारी भी बहू-बेटियाँ ऐसे ही कदम उठाएँगी।[69] नरेन्द्र की

पत्नी बिल्कुल आवारा हो गई है।[70] 'ऐसी घरफोड़ औरत को सज़ा मिलनी चाहिए। एक औरत लड़कर कुछ हासिल कर लेती है तो दूसरी औरतें भी तो उन्हीं रास्तों पर चलेंगी'[71] स्त्री का अपनी प्रतिष्ठा और आत्मसम्मान, सामाजिक स्वीकृति का विषय नहीं बनता, अच्छी पत्नी, अच्छी माँ, अच्छी बहू न बन पाने का अपराधबोध लगातार स्त्री के मन में पैदा किया जाता है कि परिवार के मोर्चे पर सफल होना ही स्त्री के जीवन का उद्देश्य है। प्रिया जानती है कि व्यवस्था तोड़नेवाली स्त्री को समाज सौ कोड़े लगाता है।[72] यह सच है कि इस अपराधबोध से निकलने में प्रिया को वक्त लगता है किन्तु वह इस अपराधबोध से बाहर आने को सम्भव बनाती है और इस सत्य को प्राप्त करती है कि "मृत सम्बन्धों को ढोने में जितनी ताकत लगती है, उससे एक चौथाई ताकत में व्यापार किया जा सकता है।" "भले ही अपने पैरों पर खड़ी एक औरत को स्वीकार करने में अभी अपने समाज को समय लगे।"[73] 'सुरक्षा और व्यवस्था का सम्मोहन' जिसके कारण प्रिया निरन्तर अपने को दोहरे-तिहरे संघर्ष का अंग बनाए रहती है, खत्म होने की सम्भावना बनाती है।

राजेन्द्र यादव का विचार है कि "प्रतिभा और अस्मिता से लैस प्रिया पहली नारी है जो सामाजिक चुनौतियों की तरह उभरती है।" राजेन्द्र यादव प्रिया जैसे पात्रों के कारण प्रभा खेतान को स्त्री-विमर्श की महत्त्वपूर्ण लेखिका स्वीकार करते हैं।[74] आर्थिक आत्म निर्भरता सम्पन्न व्यक्तित्वों में प्रिया के समकक्ष राजेन्द्र यादव सुरेन्द्र वर्मा की वर्षा वशिष्ठ (मुझे चाँद चाहिए) को पाते हैं। प्रिया अपने व्यवसाय के उत्तराधिकारी के रूप में अपने ससुर की अवैध सन्तान नीना को चुन बेहतर विकल्प स्वीकार करती है वहीं नीना, उसकी माँ और अपने माध्यम से 'केवल स्त्री परिवार' की सम्भावना को भी जन्म देती है, यद्यपि शुरुआती तौर पर किसी पुरुष की कमी उसे खलती है लेकिन शीघ्र ही स्वीकार करती है कि 'पुरुष की कोई भूमिका मुझे परिवार में लगती नहीं।'[75] उत्तराधिकार की स्त्री परम्परा का संकेत प्रभा खेतान 'छिन्नमस्ता' में देती हैं किन्तु नीना के विवाह कर जर्मनी जाते ही स्त्री की बनाई सम्पत्ति, व्यवसाय को आगे बढ़ानेवाले प्रश्न पुनः खड़े हो जाते हैं। सारे संघर्षों और उपलब्धियों पर पुनः सोचना प्रारम्भ हो जाता है जब छोटी माँ कहती है, बेटी तो पराया धन होती है। नीना पराया धन है और उसे ससुराल जाना ही है।[76] यदि प्रभा खेतान उत्तराधिकार बनाम पुत्री अधिकार की परम्परा का विकल्प ही नहीं स्वीकारना चाहती है, तब प्रिया के व्यवसाय का भविष्य क्या होगा ? प्रभा खेतान कोई अन्य विकल्प नहीं सौंपतीं। स्त्री उत्तराधिकारी के अभाव में सम्भवतः वह संजू के पास जाएगा। पूँजी पर पुरुष के अधिकार व वर्चस्व को पोषित करेगा

और प्रारम्भ में खड़ा प्रश्न पुनः अनुत्तरित समाप्त हो जाएगा, स्त्री और पुरुष की आर्थिक समानता में अभी हजार वर्ष और लगेंगे।

(घ) कठगुलाब

सृजन की सम्भावनाओं के बहुआयामी सन्दर्भ–'कठगुलाब' सृजन की सम्भावनाओं के बहुआयामी सन्दर्भों को विश्लेषित करता उपन्यास है, विशेषकर स्त्री के सन्दर्भ में। यद्यपि इस पर 'बंजर परिप्रेक्ष्य और बाँझ अनुभवों'[77] 'किताबी बाझिनों'[78] के आरोप हैं। स्त्री की सृजनात्मक क्षमता स्त्री विमर्श की 'सबसे प्रश्ननीय ज़मीन' है।[79] साहित्य में और जीवन में भी स्त्री की सृजन क्षमता को उसके मातृत्व से जोड़कर देखा गया है। स्त्री के पास सृजन के अन्य विकल्प भी हो सकते हैं, की पड़ताल इस उपन्यास के माध्यम से की जा सकती है। रचना कोख में होने के साथ, साहित्य में, ज़मीन में भी हो सकती है, का विश्लेषण उपन्यास के प्रमुख पुरुष पात्र विपिन के इस कथन के परिप्रेक्ष्य में किया जा सकता है–'सन्तान पैदा न कर पाने से कोई बंजर नहीं हो जाता और बहुत कुछ है जिसका सृजन हम कर सकते हैं। तुम भी और मैं भी।'[80] मृदुला गर्ग स्वीकार करती हैं कि असीमा के शरीर की उर्वरता समाप्त होने के साथ उन्होंने उपन्यास बन्द कर दिया था किन्तु विपिन उसे आगे बढ़ाता है और गोधड़ योजना तक ले जाता है।[81] उपर्युक्त सन्दर्भों में स्त्री की सृजनात्मक क्षमता की सम्भावनाओं के विविध आयामों और अवरोधों की मानसिकताओं पर विचार किया जाना अपेक्षित है।

मातृत्व में सृजन की सम्भावनाएँ–नारीवाद पर प्रमुख आरोप है कि फैमिनिस्ट चिन्तन सन्तानेच्छा को बुर्जुआवृत्ति मानती है[82] क्योंकि स्वतन्त्रता के इच्छुक को मातृत्व बन्धन देता है, लम्बी जिम्मेदारी और भावी के विवेक को साधने का नैतिक भार।[83] लेकिन इस उपन्यास के सभी प्रमुख पात्र मातृत्व में अपने जीवन की पूर्णता और सार्थकता तलाशते हैं।[84]

जैसा कि पहले विचार किया जा चुका है कि मातृत्व एक जैविक क्रिया है, जिसमें स्त्री की सर्जनात्मक क्षमता न्यूनतम होती है। सामाजिक धरातल पर उसका सृजन पति की कृति स्वीकारा जाता है। स्त्री के जीवन के महत्त्वपूर्ण वर्ष बच्चे के पालन-पोषण में बीतते हैं, और वे वस्तुतः स्त्री के सृजन के क्षण होते हैं कि वह बच्चों को कैसा बनाती है, जीन्स और परिवेश की महती भूमिका के बावजूद। इस सन्दर्भ में समाज मातृत्व का महिमामंडन करता है। विवाहित मातृत्व के महिमामंडन की पृष्ठभूमि में पुरुष के 'अपने बच्चे' की अवधारणा की महत्त्वपूर्ण

भूमिका होती है। मातृत्व से जुड़ी इज्जत, सृजन की आकांक्षा और सबसे बढ़कर 'तमाम शिकायतों, प्रपंचों और दिमागी कसरत को डुबाने के लिए गीले डाइपर्स से बढ़िया जगह और नहीं।'[85] मातृत्व को स्त्री जीवन का लक्ष्य बनाती है। 'कठगुलाब' के सभी स्त्री पात्र इसलिए माँ बनना चाहते हैं। जीवन के तमाम दुखों से निजात और अपनी जीवन की सार्थकता के लिए। एक बच्चे के लिए वे सभी को माफ करने के लिए तैयार हैं।[86] उन सन्दर्भों जहाँ मातृत्व की परम्परागत अवधारणा सम्पुष्ट नहीं होती, विपिन असीमा के बीज को अपने गर्भ में रखना चाहता है[87] और नर्मदा स्मिता के जीजा को उसकी लुंज-पुंज स्थिति से मुक्ति के लिए स्तनपान कराने की सीमा तक जा सकती है।[88] मातृत्व की आकांक्षा स्त्री को पुरुष से जोड़ती है। स्त्री स्वभावतः अपने आपको पुरुष से संयुक्त करके देखती है और स्त्री का स्वयं को पुरुष के साथ संयुक्त करके देखना स्त्री को कमजोर करता है। स्मिता जिम जारविस में एक संवेदनशील पुरुष तलाशती है, परन्तु जिम जारविस उसे एक मनोवैज्ञानिक केस के अतिरिक्त कुछ नहीं समझता जो बलात्कृत होकर भी अपराधबोध में नहीं जीती। जिम स्मिता पर दया कर सकता है किन्तु स्मिता में अपराधबोध का अभाव जिम को हिंसक बनाता है। स्मिता के गर्भस्थ शिशु को बेल्ट के प्रहार से नष्ट कर देता है और आरोप स्मिता के सिर आता है।[89] मातृत्व की आकांक्षा में मारियान और रूथ भी हैं। रूथ जहाँ अपने बच्चे के छूट जाने के कारण, परिवार का पोषण करती हुई, आत्म पीड़ा के साथ जीती अपने जीवन को अपने लिए तब तक स्थगित महसूस करती रहती है जब तक दुबारा गर्भवती नहीं हो जाती। वहीं मारियान बच्चा पैदा करने के पति द्वारा लालच देते ही अपनी रचना पुरुष पति को सौंप देती है यह जानते हुए भी कि उसका पति उसे छल रहा है। मानो लेखन के माध्यम से होनेवाला सृजन मातृत्व के मोह से कमतर है। दूसरे पति से भी मातृत्व की उपलब्धि की सम्भावना नष्ट होना जीवन के सर्वस्व नष्ट होने में महसूस करती है। नए जीवन की सम्भावना उसे मात्र मातृत्व में सम्भव दिखती है। 'हाँ, मैं एकदम पारम्परिक, जाहिल गँवार, प्राकृत औरत हूँ। औरत हूँ मैं। औरत हूँ तो ? क्यों न हूँ औरत मैं चिल्ला-चिल्लाकर कहती हूँ, मैं एक बच्चा पालना चाहती हूँ मैं उसका पहला शब्द सुनना चाहती हूँ। पहला कदम सम्हालना चाहती हूँ, अपनी आँखों के सामने अपने पर निर्भर बच्चे को आत्मनिर्भर बनते देखना चाहती हूँ।' उसे आत्मनिर्भर बनाने में इनवेस्ट करना चाहती हूँ। मैं पालना-पोसाना, सहेजना-सँवारना चाहती हूँ। मैं एक सर्जक होना चाहती हूँ।'[90]

रचनात्मक लेखन के सृजन सन्दर्भ–स्त्री सर्जक होना चाहती है, पूर्व की स्त्री

हो या पश्चिम की, स्थिति लगभग एक सी है। मारियान अपनी रचनात्मक प्रतिभा से परिचित नहीं, वह अपने प्रोजेक्ट को पति के साथ संयुक्त करके देखती है और स्वार्थी, व्यापारीनुमा पति के द्वारा ठगी जाती है। "इर्विंग के लिए वह पत्नी नहीं कल्पतरू है। कभी भोजन बनाकर तो कभी शरीर, कभी छत तो कभी भावी उपन्यास का मजमून, कभी फेक्ट्स तो कभी डॉलर्स'[91] समाजशास्त्र की लेक्चरर होने के नाते अपने पति के उपन्यास के लिए शोध परक तथ्य एकत्र करते हुए इमिग्रेंट जहाजों में अमरीका पहुँचनेवाली स्त्रियों के बारे में शोध करती हुई इन स्त्रियों से तादात्म्य स्थापित कर लेती है। इस मानसिक ऐक्य को समझना इर्विंग के बस की बात नहीं थी, एक बच्चे के आश्वासन और रचना को संयुक्त सृजन माने जाने के भुलावे में वह अपना सारा सृजन पति पुरुष को सौंप देती है जिसे इर्विन सिर्फ अपने नाम से छपवाकर रातों रात प्रसिद्धि का शिखर स्पर्श करता है। पितृसत्तात्मक व्यवस्था में पत्नी का सब पति का होता है, पति का सब पत्नी का नहीं हो सकता। लम्बी हताशा, पीड़ा, अपमान की लम्बी प्रक्रिया के बाद अकेले छूट जाने पर लेखन ही उसका शस्त्र भी बनता है और ढाल भी। उसके सृजन पर प्रश्नचिह्न भी लगते हैं उसे सही रिस्पांस भी नहीं मिलता लेकिन अपनी प्रतिभा पर विश्वास कर वह लेखन जारी रखती है और सृजन के नए आयामों को महसूस करती है। दुःख, पीड़ा में डूबे जीवन के महत्त्वपूर्ण लम्हें सृजन की गरिमा से लहलहा उठते हैं। भविष्य कुछ भी हो पर अपने पर विश्वास, अपने सृजन के सन्दर्भ खोजती मारियान स्त्रियों के लिए विकल्प सौंपती हैं। वह कहती भी है कि क्या वाकई एक वक्त था जब वह एक बच्चे के खातिर अपनी जिन्दगी के हजारों-लाखों लम्हें बेमानी करने पर आमादा थी ? मृदुला गर्ग स्त्री के इस भ्रम को तोड़ने में सफल होती हैं कि मातृत्व ही एकमात्र सृजन है और औरत अकेले सृजन नहीं कर सकती, स्त्री को अपने अकेले की सृजन क्षमता पर विश्वास करना ही होगा। मारियान आज भले ही न पहचानी जाए, उसका संघर्ष लम्बा और सघन है, पर रास्ता यहाँ से भी है, मृदुला गर्ग का संकेत है।

भावी पीढ़ी के निर्माण के सृजन सन्दर्भ–'कठगुलाब' के दो स्त्री पात्र सन्तानवान हैं, असीमा की माँ और नमिता, दोनों के पुत्र/पुत्रियों के व्यक्तित्व के माध्यम से माताओं के सृजन सन्दर्भों को देखा जा सकता है। स्त्री अपनी सन्तान के माध्यम से अगली पीढ़ी को संस्कार देती है। 'प्रकृति की ही तरह अपनी रचना को खाद बनाकर अंकुरित होना और अपने ही अंकुर में अगली फसल के लिए बीज डालना स्त्री का दायित्व है और धर्म भी।'[91] परन्तु इस उपन्यास की दोनों माँएँ इस दृष्टि से असफल माँएँ ही साबित होती है। प्रदीप नमिता की असफलता

है और असीम दर्जिन बीबी की। माँ न बन पाने पर विलाप करती स्त्रियों की अपेक्षा इन स्त्रियों के पास विलाप के पुख्ता कारण हैं। नमिता की अवसर परस्ती, उसका जीवन दर्शन है। स्मिता के बलात्कार के सन्दर्भ रोटी-कपड़े की व्यवस्था के लालच में वह अपने पति को स्मिता के बलात्कार के समय नहीं फटकारती, पति से जुड़ी रहती है और पति के कमजोर पड़ते ही उसके प्रति उपेक्षा और व्यापार पर कब्जा कर लेती है। इस जीवन दर्शन के साथ वह बच्चों को बड़ा करती है। तब उसके बच्चे से किसी आस्था या संवेदना की अपेक्षा कैसे की जाए। लेकिन दर्जिन बीवी जैसी मॉडल माँ की परवरिश, शिक्षा, संस्कार पाकर भी बच्चा यदि बड़ा होकर हरामी नम्बर दो ही बनना है, तब अगली पीढ़ी के निर्माण का दायित्व 'मनुष्य बनाने का दायित्व' किसके हिस्से आएगा ? स्त्री के मातृत्व में सृजन की सम्भावना पर पुनः विचार करना होगा।

मातृत्व और पुरुष पात्र बनाम अर्धनारीश्वर की परिकल्पना–मातृत्व की कामना से परिपूर्ण विपिन में मृदुला गर्ग अर्धनारीश्वर के गुण पाती हैं जो असीमा का बीज अपने गर्भ में रखना चाहता है वहीं स्मिता के 'विराट दुःख बोध और प्राकृतिक उद्दीपकों से घनघोर एकात्मकता'[93] में अपनी माँ की छवि देखता है। पूर्व में बलात्कृता और तलाकशुदा होने के कारण[94] वह स्मिता को नहीं अस्वीकारता वरन् वह अपनी जीवनसंगिनी के साथ वही दुःख और पीड़ा दुबारा नहीं जीना चाहता जो वह माँ के साथ जी चुका है। असीमा की उर्वरता शेष रहने पर उसकी मातृत्व की क्षणिक कामना से साक्षात्कार होता है। विवाह से जुड़ी पर निर्भरता और प्रेम के कारण शेष रह गए व्यक्ति के जीवन का लाश में बदल जाना विपिन को जहाँ विवाह से आतंकित और विमुख करता है, वहीं नीरजा के माता-पिता के कड़वे रिश्ते विवाह में नीरजा का विश्वास पनपने नहीं देता। विपिन को बच्चे की कामना है और नीरजा का विवाह संस्था से विरोध। किन्तु सिर्फ बच्चे के लिए साहचर्य–खासकर उस स्थिति में जब बच्चे होने की सम्भावना कम हो जाती है–रिश्तों को यान्त्रिकता में बदल देता है। तब विपिन स्वीकार करता है कि 'सन्तान पैदा नहीं कर पाने से कोई बंजर नहीं हो जाता और बहुत कुछ है जिसका सृजन हम कर सकते हैं।' विपिन परम्परागत पितृसत्तात्मक के चरित्र से इस अर्थ में भिन्न है कि वह अपने बदलने की गुंजाइश व्यक्त करता है। वह संक्रमण कालीन ऐसा पुरुष पात्र है जो बार-बार परम्परागत चरित्र की ओर लौटता है पर अन्ततः उससे मुक्त होता है। यह अनुभव अपने शरीर पर झेलकर स्मिता, नर्मदा, असीमा की ही भाँति विपिन भी पाता है। असीमा, नर्मदा, स्मिता माँ नहीं बन पाने पर शोक मनाती हैं। यह रो लेना उन्हें मुक्त करता है और जीवन के, सृजन

के नए आयाम की ओर उन्मुख भी करता है। नए आयामों की ओर अग्रसर इन स्त्रियों के बारे में आरोप है कि ये सारी स्त्रियाँ बिना परिवारवाली हैं, इसीलिए अन्य योजनाओं में निबद्ध होती हैं।[95] यदि इनके परिवार होते तो असलियत कुछ और होती। यह स्वीकारा जा सकता है कि परिवार, परिवार से बाहर किसी योजना, विकास के लिए स्त्री को न वक्त देता है न अवसर, परिवार में रहनेवाली स्त्रियाँ उन योजनाओं पर कार्य नहीं कर पाती जो ये स्त्रियाँ करती हैं।

धरती की उर्वरता के सृजन सन्दर्भ बनाम गोधड़ योजना–सृजन के सन्दर्भ यदि स्त्री जीवन में मातृत्व के कारण उपलब्ध होते हैं तो अन्य सम्भावनाओं के मार्ग अवरुद्ध भी करते हैं। जब तक स्त्री मातृत्व में ही अपना एकमात्र सृजन तलाशती रहेगी, उसे अन्य क्षेत्र में, अन्य दिशा में सोचने का अवसर ही नहीं मिलेगा, मातृत्व में महसूस की गई पूर्णता किसी अन्य कार्य की ज़रूरत महसूस नहीं करने देती। इन स्थितियों में से मुक्त होने पर, भले ही वे अवसर मजबूरी में आए स्त्री के लिए द्वार खुलते हैं कि कुछ और भी किया जा सकता है। सृजन यदि मातृत्व में है तो लेखन में भी है। अपने आसपास के जीवन को बेहतर बनाने के प्रयत्नों में भी है। इसमें बुरा क्या है कि इन स्त्रियों का सृजन के सन्दर्भों, भिन्न विकल्पों से साक्षात्कार मातृत्व की सम्भावना चुकने के बाद होता है। अपने शरीर पर झेलकर कल के लिए यदि ये स्त्रियाँ ज़मीन तैयार करती है तो समीक्षकों को ऐतराज क्यों होना चाहिए।[96] इन स्त्रियों का जीवन 'बंजर परिप्रेक्ष्य' में तब देखा जा सकता था जब ये 'बाँझ' होकर रोती-कलपती शेष जीवन गुमनामी में बिता देती। वे 'मध्यम वर्गीय महत्त्वाकांक्षी युवतियाँ'–'बाँझ कोख' के साथ बंजर धरती को उर्वरा बनाने के अभियान में जुटती है। ये अकेली स्त्रियाँ, परिवार से बाहर जाती स्त्रियाँ पितृसत्ता के लिए चुनौती बनती हैं। स्त्री की महत्वाकांक्षा को गाली की तरह प्रयुक्त करनेवाले अवश्य स्त्री के मातृत्व और परिवार के बाहर सृजन के विकल्प से चौंकते हैं। लेकिन ये स्त्रियाँ साबित करती हैं कि स्त्री केवल अंडकोश या गर्भाशय से परिभाषित नहीं होती। स्त्रियाँ अपनी कमजोरियाँ बाँटने गोधड़ योजना से नहीं जुड़ती। वे अपनी सामूहिक संगठित शक्ति को गोधड़ की स्त्रियों के साथ मिलकर नई सम्भावनाओं को जन्म देती हैं। स्त्री शिक्षा, बाल शिक्षा, स्वास्थ्य सफाई, विकास और पर्यावरण से जुडकर विकास के रास्ते निकालती हैं। स्त्री शरीर की उर्वरा क्षमता से बंजर धरती को उर्वरा बनाने में जुटना बड़ा प्रश्न है। गोधड़ योजना एक इशारा है कि रास्ता यहाँ से भी है। गोधड़ योजना विदेशी मदद प्राप्त ऑक्सफॉम से अरविन्द जैन को ऐतराज है, वे उनके व्यावसायिक हितों की पोल जानते हैं।[97] परन्तु यह सम्भावना तो यहाँ जन्म लेती ही है कि इस दिशा

में कार्य किया जा सकता है। अपनी कोख के लिए रोते रहने की अपेक्षा उस रोने से मुक्ति पाने की जरूरत है स्त्री को। मातृत्व यदि स्त्री को कमजोर करता है तो उससे मुक्त हुआ जाए। स्त्री सृजन के नाम पर लगातार छली जाती है। स्त्री अपने पैरों पर खड़े होने की ताकत एवं स्त्री की संयुक्त शक्ति पर जब तक विश्वास करना नहीं सीखेगी, कुछ नहीं होगा। 'कठगुलाब' की गोधड़ योजना इसी विश्वास को पैदा करने का दिशा संकेत है। उपन्यास का पुरुष पात्र विपिन के लिए भी लेखिका संकेत छोड़ती है कि न केवल स्त्री वरन् पुरुष को भी 'अपना बच्चा' की मानसिकता से मुक्त होना होगा। उसे भी कोख को उर्वरा बनाने के अभियान में सिमटकर रहने के बजाय धरती को उर्वरा बनाने की ओर उन्मुख होना ही होगा। प्रेमचन्द ने 'सेवासदन' में ग्राम अभ्युदय की योजना वर्षों पहले बनाई थी, श्रीलाल शुक्ल ने 'विश्रामपुर के सन्त' में भी, ऐसी ही योजना पर विचार किया है। जहाँ अकेली स्त्री (परिवार, विवाह से बाहर) विश्रामपुर आश्रम के माध्यम से बीहड़ सुधार योजना पर कार्य करती है। इन स्त्रियों को पुरुषों की आवश्यकता नहीं, पुरुष इन योजनाओं में शामिल होना चाहें तो द्वार बन्द भी नहीं हैं। ये स्त्रियाँ परनिर्भरता के खतरे जान चुकी हैं। आत्मनिर्भरता सिर्फ आर्थिक नहीं बौद्धिक और शारीरिक भी चाहिए। चाहे भविष्य की योजनाएँ जीवन से जुड़ी हों या लेखन से।

उपन्यास न तो बाँझ औरतों का रुदनगान मात्र है न ही मातृत्व को स्त्री जीवन का एकमात्र उद्‌देश्य स्थापित करता है। सभी पात्रों का मातृत्व के लिए तड़पना उनके परम्परागत चरित्र को, समाजीकरण के कारण विकसित दृष्टि को व्यक्त अवश्य करता है किन्तु अन्ततः वे इस भ्रम से बाहर निकलती हैं। अपने जीवन के पूर्वार्ध में एक बच्चे के लिए सबको माफ कर देने की कामना रखनेवाली मारियान जब लेखन के माध्यम से अपने लिए विकल्प तलाश लेती है तो अपने आप पर आश्चर्य करती है कि 'क्या वाकई एक वक्त था, जब वह एक बच्चे की खातिर, अपनी जिन्दगी के हजारों-लाखों लम्हे बेमानी बनाने पर आमादा थी ?'[98]

उपन्यास मातृत्व विरोधी नहीं। परन्तु यह अवश्य स्थापित करता है कि मातृत्व ही स्त्री जीवन की सार्थकता नहीं है। स्त्री स्वयं को शक्ति सम्पन्न समझे, पुरुष सापेक्षता में अपनी पहचान खोजने से अधीनस्थ की भूमिका ही प्राप्त होगी। इस दृष्टि से 'कठगुलाब' मृत सम्बन्धों को हादसा समझकर, उनसे मुक्त होती स्त्री कथा है।

(ङ) आवां : चित्रा मुद्गल : परिवार का यथार्थ और स्त्री विमुक्ति के प्रश्न

- "भारतीय नारी ने आज आर्थिक विषमताओं और सामाजिक विसंगतियों के बावजूद परिवार के हक में अपना निर्णय लिया है, ये निर्णय बाहर के किसी भी स्त्री आन्दोलन से अलग है।"[99]
- "स्त्री विमुक्ति सामाजिक प्रगति का अनिवार्य हिस्सा है यह केवल स्त्रियों का मामला नहीं है। स्त्रियों की अधिकार सम्पन्नता न केवल स्वयं उनके जीवन को सकारात्मक रूप से प्रभावित कर सकती है बल्कि वास्तव में, पुरुषों और उनकी सन्तानों पर भी प्रभाव डाल सकती है जिन पर हमारे परिवार, समाज और राष्ट्र का भविष्य निर्भर करता है।"[100]
- "यह निश्चित है कि विवाह-परिवार व्यवस्था में स्त्री को समुचित सम्मान और सम्पत्ति में समान अधिकार दिए बिना, मौजूदा विवाह संस्था को बचाना असम्भव है। पितृसत्ता के परिवार में लगी आग, अन्ततः उसके 'पूँजी पैलेस' को भी जलाकर ध्वस्त कर सकती है। समय रहते अगर सम्पत्ति और सत्ता में स्त्रियों को समानाधिकार नहीं मिलेंगे तो 'आगे खतरा है।' भयंकर विस्फोटक स्थितियाँ शेप ले रही हैं, लेंगी ही, क्यों, कब, कैसे, कहाँ–कहना कठिन है।"[101]

स्त्री की स्थिति परिवार के सन्दर्भ में अधिकांशतः इन्हीं तीनों दृष्टियों से परिचालित रही है। एक ओर स्त्री से अपेक्षा की गई है कि वह अपने प्रश्नों के सन्दर्भ में परिवार के हक में निर्णय ले, दूसरी दृष्टि परिवार समाज और राष्ट्र के भविष्य को पुरुष और सन्तान से जोड़ती है, स्त्री की अधिकारहीनता/अधिकार सम्पन्नता से पुरुष और सन्तान के प्रभावित होने के कारण स्त्री को अधिकार देना चाहती है। तीसरी दृष्टि विवाह संस्था को बचाने के लिए स्त्री के अधिकारों और सम्मान की चर्चा तो करती है किन्तु उसकी आँख उस विस्फोटक स्थिति पर अधिक है जो 'आगे खतरा है,' को चेतावनी की शक्ल में सामने रखती है। चित्रा मुद्गल स्त्री की स्थिति, गति की चर्चा परिवार में सुरक्षा के यथार्थ और परिवार के बाहर स्वतन्त्रता के अर्थों के सन्दर्भ में करती हैं। पितृसत्तात्मक सामाजिक संस्कारोंवाले परिवार के मध्य आज की स्त्री की परम्परागत स्थिति एवं परिवर्तन का रेखांकन 'आवां' के माध्यम से सम्भव हो सकता है। महिला कथाकारों पर आरोप लगे हैं कि स्त्री मुक्ति की, संघर्ष की बात करते हुए, पितृसत्तात्मक व्यवस्था में परिवार को स्त्री के शोषण का प्रमुख कारक स्वीकार करते हुए भी अन्ततः स्त्री ने परिवार के पक्ष में निर्णय लिए हैं, तब स्त्री के मुक्ति के समर्थन के दावे निरर्थक

हो जाते हैं "आज की स्त्री परिवार के उस परम्परागत ढाँचे में ही अपनी अस्मिता की तलाश क्यों करती है जिसमें उसके स्वतन्त्र अस्तित्व को लगातार अस्वीकार किया जाता रहा है। परिवार की अवधारणा को समझने में लगता है हिन्दी लेखिकाओं की समझ स्पष्ट नहीं हो पाई है वरना जीवन के प्रत्येक क्षेत्रों–राजनीति, प्रशासन, शिक्षा, चिकित्सा, व्यवसाय आदि में अपनी दावेदारी जतानेवाली महिलाएँ हताश होकर अन्ततः उसी परिवार में शरणागत होने के लिए विवश होती क्यों दिखाई देतीं ?"[102] 'शीर्ष अब हमारी है' में मनीषा भी शीर्ष पर स्थापित स्त्रियों की व्यावसायिक सफलता का विश्लेषण करने के बाद पारिवारिक स्तर पर भी उनकी सफलता का ऐलान करती चलती हैं मानो स्त्री का पारिवारिक स्तर पर असफल होना व्यावसायिक सफलता को अधूरा बनाता हो। पुरुषों की व्यावसायिक सफलता के विश्लेषण में यह ऐलान क्यों नहीं किया जाता कि पारिवारिक फील्ड में उनकी स्थिति कैसी है।[103] डॉ. सत्यदेव त्रिपाठी का मानना है कि महिला लेखन में परिवार के बाहर जाकर विकल्प इसलिए नहीं स्वीकारे गए हैं क्योंकि 'ऐसी स्थिति हमारे देश में अभी है नहीं' स्त्री लेखन में परिवार की ओर लौटना वे 'यथार्थ दृष्टि' मानते हैं, और 'अकेलेपन की पीड़ा के दंश' को परिवार में मिलने वाले अपमान और यन्त्रणा से अधिक गहरा स्वीकार करते हैं।[104] 'नारीवाद की आड़ में उद्दंडताओं को जीनेवाली, शिक्षित स्त्रियों को देश की खालिस देशी औरत से प्रेरणा लेकर कौटुम्बिक जीवन के क्षरण को रोकने की चेष्टा करनी चाहिए'[105] को उपन्यास की स्थापना मानकर आवां पर कौटुम्बिक जीवन के क्षरण को रोकने के प्रयास का आरोप लगाया गया है किन्तु उपन्यास का विश्लेषण करते हुए अन्य तथ्य भी सामने आते हैं। स्त्री के लिए परिवार अथवा अन्य विकल्पों पर चित्रा मुद्गल का दृष्टिकोण भविष्य की स्त्री का समय से संवाद सम्भव बनाता है।

परिवार और लैंगिक समानता–उपन्यास का आरम्भ ही बेटी और बेटे के प्रति परिवार के रवैये को रेखांकित करता है। परिवार का मुखिया पक्षाघात के कारण बिस्तर पर है, परिवार में दो बेटियाँ और एक बेटा है। बड़ी बेटी पर माँ के साथ परिवार के भरण-पोषण का दायित्व है। छोटी बेटी और बेटे में, बेटे को 'लड़का होने और भविष्य की आशा का केन्द्र' होने के कारण महँगे अंग्रेजी स्कूल में पढ़ाया जाना जारी रखा जाता है और मोटी फीस से बचने के लिए बेटी हिन्दी स्कूल में।[106] यह कार्य 'माँ' द्वारा किया जाता है। स्त्री के प्रति यह भेदभाव स्त्री के अवचेतन में पीढ़ियों से संक्रमण करता चला आ रहा है, जो भविष्य को बेटे में देखती है और बेटी को बेदखली सौंपती है। अवचेतन में बैठी गैर बराबरी की यह भावना स्त्री को स्त्री के खिलाफ खड़ा करती है। सामाजिक संरचना में समूचे अधिकार

चूँकि पुरुष के पास सुरक्षित हैं इसलिए अपने व्यक्तिगत लाभ के लिए स्त्री के विपक्ष में स्त्री खड़ी हो जाती है। यदि ऐसा न होता तो बेटी की कमाई को घर खर्च के लिए स्वीकार करनेवाली माँ, बेटी की कमाई खानेवाली माँ, गोरेपन की क्रीम के एक अद्यतन विज्ञापन के पिता की तर्ज पर (जो बेटी की कमाई खाता है) 'काश हमारे एक बेटा होता।'–मायूस नहीं होती। 'नमी की जगह आज हमारा जवान बेटा होता तो आपद-विपद का सहारा होता। मान लिया, लड़की कमा-धमा रही, लड़कों के बराबर कमा रही, मगर ठहरी चार दिन की चाँदनी। दफ्तर में किसी से लप्पा-डुग्गी हुई नहीं कि मिनिट-खांड नहीं लगेगा प्रेम में अनार कली बनते। लड़के की बात जुदा, सलीम बन भी जाए तो अनारकली आती अपने ठिया-ठिकाने। कलेजे की फटन मुँह को आती है। छुनुआ जब तक मुँह में पानी डालने लायक बनेगा, यमराज टाँग खींच लेंगे यमलोक।'[107]

लड़की के पराया धन होने के कारण बेटी के प्रेम प्रसंग स्वीकार्य नहीं, बेटी के प्रेम प्रसंग तूफान खड़ा करते हैं।[108] बेटे का स्वीकार्य इसलिए भी कि बेटा अन्तिम संस्कार करेगा। पति की मृत्यु पर दर्प से कहती है माँ उर्मिला ''न मैं बाँझ हूँ न छूंछी। कुल दीपक बेटा जना है मैंने, बेटा। जना है तो भला किस दिन के लिए जना है ? बोल ?''[109] 'ऐ लड़की' में कृष्णा सोबती की आत्मनिर्भर अकेली बेटी के पक्ष में आत्मालाप करती अमू अपने अन्तिम समय में प्रतीक्षा बेटों की ही करती है। ''जल्दी से मेरे बेटे को बुलाओ''[110] एवं ''लड़की कुल की सरदारी बेटियों को नहीं जाती। सगुण शास्त्र से तुम्हारा भाई ही पगड़ी बाँधेगा।[111] पिता को मुखाग्नि देने की बेटी की इच्छा बाप की मिट्टी खराब करना लगती है माँ को, 'कुल बोरन' 'नागिन' 'नक्कटी' के सम्बोधन से विरोध करती है माँ।'' जिनके सपूत नहीं होते, पितिआउत भाई-भतीजे उन्हें मुखाग्नि देते हैं।[112] बेटी के खिलाफ खड़े परिवार में चित्रा मुद्गल 'बेटी' को बिना किसी आन्दोलन की मुद्रा में न केवल 'कमाऊ पूत' (पुत्री) के विकल्प के रूप में प्रस्तुत करती हैं, बेटी के द्वारा पिता का क्रिया कर्म में सहयोग करवाकर स्त्री से सम्बन्धित उठे इस सवाल पर भी अपनी तीखी टिप्पणी करती हैं कि क्या बेटी पिता को मुखाग्नि दे सकती है अथवा बेटे जनने का गर्व 'माँ' इसी दिन के लिए करती रहेगी।

परिवार और सुरक्षा–परिवार के पक्ष में सबसे सबल तर्क परिवार में मिलने वाली सुरक्षा का है, पुत्री के कौमार्य को बचाए रखने का दायित्व पिता के परिवार को माना जाता है किन्तु अधिकांश सन्दर्भों में परिवार में होनेवाले यौनाचार, निकट सम्बन्धियों द्वारा 'बचपन से बलात्कार' स्त्री के सम्पूर्ण जीवन को असामान्य कर देते हैं। यह सच है कि भिन्न-भिन्न परिवेश में, बच्ची की भिन्न मानसिक संरचना

के मध्य प्रत्येक स्त्री के भविष्य का प्रतिफलन भिन्न-भिन्न रूपों में सम्मुख आता है किन्तु स्त्री के पक्ष में व्यक्तित्व निर्माण एवं आत्मविकास में अवरोध पैदा करने में, कुंठित करने में, उसकी अहम भूमिका होती है। परिवार के सदस्यों द्वारा किए जानेवाले यौन शोषण के तीन प्रसंग चित्रा मुद्गल उठाती हैं और स्त्री के भविष्य को स्याह करने में उसकी भूमिका को रेखांकित करती हैं। नमिता पर आलोचक प्रहार करते हैं कि नारीवादी दृष्टि की वह कैसी प्रवक्ता है कि अपने प्रति होनेवाले शोषण का वह जमकर प्रतिकार नहीं करती, परन्तु वे उस मनोवैज्ञानिक स्थिति पर गौर नहीं करना चाहते जो बचपन के यौन शोषण उसके व्यक्तित्व को सौंपते हैं जैसा कि उषा महाजन स्वीकार करती हैं कि बचपन में घटी दुःसह्य घटनाएँ स्त्री के भीतर की सारी प्रतिरोधात्मक शक्ति नष्ट कर देती है, अनेक मामलों में उन्होंने पाया है कि बचपन में अथवा विवाह पूर्व हुए अत्याचार (इनसेस्ट) उन्हें भविष्य में सहज जीवन नहीं जीने देता।[113]

बचपन में मौसा द्वारा किया गया यौन दुराचार दस वर्ष की नमिता को जड़ करता है किन्तु माँ की प्रतिक्रिया उसे अधिक तोड़ती है कि चुप रहा जाए, यदि शोर मचाया जाएगा तो सम्पन्न बहन से उसके रिश्ते समाप्त हो जाएँगे। माँ को बेटी के साथ हुआ यौन दुराचार बहन के साथ रिश्तों के टूटने की तुलना में मामूली घटना लगता है 'जो हुआ सो पेट में डाल। वरना मामूली सी बात जीवन जले बैर हो उठेगी।'[114] इस घटना का प्रतिफलन हम अन्ना साहबवाली घटना में देख सकते हैं जहाँ नमिता अन्ना साहब की यौन विकृति का तत्काल विरोध नहीं कर पाती। 'बेटी' और 'बेटी जैसे' का फर्क अन्ना साहब जैसे बड़े नेता को अपनी विकृत कामनाओं को पूरा करने और उसे सही साबित करने का तर्क सौंपता है। अपनी क्षीण प्रतिरोधात्मक क्षमता के बावजूद आर्थिक संकट के समय में 'कामगार अघाड़ी' की नौकरी छोड़कर नमिता अपना प्रतिरोध व्यक्त करती है।

अपने सौतेले भाई की हवस का शिकार बनती गौतमी सब कुछ इसलिए सहन करती है कि सौतेले पिता के रूप में माँ को जीवन जीने का अवसर मुश्किल से मिला था परन्तु सौतेले भाई से प्रतिशोध लेने की हिम्मत गौतमी में भी नहीं। परिणामतः आत्महत्या का विकल्प चुनती है। परिवार में होनेवाले बलात्कारों का त्रासद रूप पिता द्वारा बेटी का यौन शोषण मदन खत्री (मटका किंग) द्वारा अपनी बेटी के निरन्तर बलात्कार और उसके गर्भवती होने में रेखांकित करती है चित्रा मुद्गल। पिता का स्नेह पाने को व्याकुल बेटियाँ जब पिता से बलात्कार की सौगात पाती हैं तब परिणाम आत्म विश्वास खोने में सामने आता है। स्मिता की बहन इस कदर आतंकित होती है कि आईने में अपना मुँह देखते डरती है। माँ भी अपने

पति की ज्यादतियों का उत्तर देने में सक्षम नहीं, आर्थिक दृष्टि से सबल न होने के कारण गुलामों की तरह सभी ज्यादतियाँ सहने को विवश होती हैं। बलात्कार का मनोवैज्ञानिक प्रभाव एक बेटी पर आत्म विश्वास खोने में होता है तो दूसरी बेटी बड़े होकर अपने सेक्स सम्बन्धों में सहज नहीं रह जाती, प्रत्येक पुरुष में पिता की छवि देख बदला लेने पर उतारू हो जाती है। पिता से लिया जानेवाला बदला अपने प्रेमियों से लेती है।

अन्तिम विकल्प के रूप में अपने पिता को–शराब में धुत्त पिता को सीढ़ियों से लुढ़काकर मार देती है। विवाह संस्था को बनाए रखने में विश्वास करनेवाली स्मिता की माँ स्त्री को परिवार की बाड़ कहती है और बेटी स्मिता ऐसे परिवार के कर्ता-धर्ता को मौत देने में समस्या का समाधान खोजती है।[115] परिवार में होनेवाला बलात्कार नमिता से प्रतिरोधात्मक क्षमता छीनता है तो स्मिता की बहन से आत्मविश्वास। गौतमी को आत्महत्या के लिए विवश करता है लेकिन स्मिता को प्रतिशोध की चिंगारी सौंपता है। सम्भवतः भविष्य की स्त्री स्मिता के अन्दर छटपटा रही है, स्त्री के पास कोई और विकल्प कहाँ है आत्मरक्षा के ! परिवार के इस षड्यन्त्रकारी रूप में बेटी कहाँ सुरक्षित है, उसके अपने विकास के अवसर कहाँ हैं ? चित्रा मुद्गल प्रश्न उठाती हैं, स्मिता के रूप में भविष्य के विकल्पों के संकेत भी देती हैं, अपना संघर्ष हर किसी को खुद ही करना होगा। आत्मरक्षा में उठाया गया हथियार अपराध नहीं, स्त्री को अपनी रक्षा के लिए सोचना ही होगा।

परिवार और सन्तान–व्यक्तित्व विकास, सुरक्षा के उपरान्त परिवार का एक महत्त्वपूर्ण उद्देश्य सन्तानोत्पत्ति का है, जो विवाह संस्था के माध्यम से पूरा होता है। 'कोख के लिए ब्याहे जाने की नियति को हिन्दुस्तानी औरत, हमेशा से झेलती आई है, पर कोख को इच्छा से उधार देने (गौतमी के सन्दर्भ में) या उसके लिए छल द्वारा उपयुक्त होने की अवमानना आज के युग की देन है।'[116] पितृसत्तात्मक परिवार व्यवस्था में पुरुष स्वामी है, मुखिया है, उसका पूँजी पर अधिकार है, उसकी पूँजी में स्त्री का श्रम भी शामिल है, पर उसका कोई मूल्य नहीं। पुरुष अपनी पूँजी का उत्तराधिकार 'अपने बच्चों' को सौंपता रहा है, सौंपना चाहता है। 'अपने बच्चों' की आश्वस्ति ने विवाह के वर्तमान स्वरूप को गढ़ा है और पत्नी के लिए अनिवार्य शर्त यौन शुचिता तय की गई। पति इस शर्त से मुक्त रहा। विवाह से पूर्व डायना को वर्जिनिटी टेस्ट से गुजरना पड़ता है, प्रिंस चार्ल्स को नहीं।[117] 'आवां' का प्रश्न परिवार में पत्नी की यौन शुचिता का प्रश्न नहीं है। पुरुष के अपने बच्चे का है, उस स्थिति में जब पत्नी बाँझ है। पुरुष के पास रक्त सम्बन्धियों, अनाथालय के

बच्चों का विकल्प हो सकता है किन्तु यदि पुरुष नपुंसक नहीं है, तो अपने परिवार के उत्तराधिकारी को परिवार के बाहर अपने शुक्राणुओं के सहारे तलाशने का अधिकार उसे क्यों न हो ? जीवन और साहित्य में किराए की कोख का विकल्प भी जब-तब सामने आया है किन्तु किराए की कोख पर पुरुष एकाधिकार एवं यौन शुचिता का प्रश्न 'आवां' उठाता है और पुरुष वर्चस्व की दादागिरी पर उँगली रखता है। त्रासद यह भी है कि नमिता स्त्री को मिलता है प्रेम का ढोंग और पैसे का सौदा संजय कनोई पुरुष और अंजना वासवानी दलाल के मध्य होता है। प्यार के नाम पर चकला घर है यहाँ परन्तु स्त्री का अपनी देह पर अधिकार नहीं। विवाह संस्था के अन्दर तो पुरुष को स्त्री देह पर एकाधिकार चाहिए ही परन्तु सन्तान की सम्भावना यदि परिवार से बाहर बने तो भी वह एकाधिकार बरकरार रहे, पुरुष मानसिकता को इस कोण से परखने का प्रयत्न आवां करता है। "मैं रंडियों से बाप बनना नहीं चाहता था, मुझे नहीं गवारा थी ऐसी किराए की कोख। मुझे सिर्फ उस लड़की से औलाद चाहिए थी, जो पेशेवर न हो, पवित्र हो, जो मुझे प्रेम कर सके। सिर्फ मेरे लिए माँ बने।"[118] पवित्रता, शुचिता का विचार संजय कनोई के वार्तालाप में लगातार देखा जा सकता है चाहे वह स्त्री की बात करे या प्रकृति की।[119] विवाह और परिवार के बाहर 'परिवार और सन्तान' तलाशता पुरुष पैसे का स्वामी होकर 'जूठी कोख' के सहारे अपनी कामनाओं की पूर्ति क्यों करे ? स्त्री के प्रतिरोध पर धमकी भी–'देखो, मेरे बच्चे के संग तुमने आवेश में आकर कोई छेड़छाड़ की, किसी के भी पट्टी पढ़ाए तो मेरी चेतावनी को कोरी गीदड़-भभकी न समझना, तन्दूर कांड हो जाएगा। जान से जाओगी तुम नैना साहनी की तरह। एकदम सुशील शर्मा की आत्मा प्रवेश कर जाएगी मुझमें।'[120] स्त्री देह पर स्त्री के अपने अधिकार और उसके उपयोग के सारे नारों-दावों के मध्य पुरुष की ताकत अपना खेल दिखाती रहती है। नमिता सिर्फ कोख है संजय कनोई के लिए, उसे चिन्ता सिर्फ 'अपने बच्चे' की है। अपने बच्चे को 'अवैध' नहीं रहने देगा वह। हिन्दू कानून उसे 'अपने बच्चे' को 'वैध' साबित करने 'गोद लेने' का अधिकार देता है। 'कोख' बनने की एवजी में नमिता के लिए एशो-आराम से रहने का इन्तजाम वह कर सकता है। 'कोख' की इससे अधिक अहमियत 'संजय कनोई' के पास नहीं, सत्ता सम्पन्न पुरुष मानसिकता स्त्री को इतना ही समझता है, जिसे स्त्री प्रायः प्रेम का प्रतिदान समझती रही है। नमिता पर आलोचकों का आरोप है कि संजय कनोई के आगे नमिता का आत्म समर्पण उसे कमजोर साबित करता है। "अगर नमिता संजय की मनमानी को चुपचाप स्वीकार कर लेती है तो निश्चय ही यहाँ नारी-अस्मिता के स्वरूप पर पुनर्विचार करने की आवश्यकता है।

लेखिका नमिता का एक स्वतन्त्र व्यक्तित्व गढ़ने में नाकामयाब साबित हुई है।[121] अंजना वासवानी से मुलाकात से प्रारम्भ होनेवाली उपभोक्तावादी सुखवाद की दुनिया की यात्रा में नमिता एक बार भी रुककर नहीं सोचती कि उसके प्राप्य में उसकी अपनी प्रतिभा और क्षमता का योगदान कितना है। ''नमिता धरती से उठाकर यहाँ एकदम आसमान में पहुँचा दी जाती है अपने इस नरक से अनजानी उसके सम्मोहन में डूबी अपने भाग्य को सराहते हुए।''[122] मॉडल बनने से संजय कनोई के बच्चे को गर्भ में धारण करने तक वह सम्मोहन के जाल में जीती है, संजय कनोई के साथ भविष्य की कामना के साथ। वह संजय कनोई से प्रेम करती है, अपनी बहन के सामने, गर्भवती होने के पूर्व ही स्वीकार भी करती है।[123] परिवार में माता-पिता के आपसी रिश्तों की कड़वाहट और माँ की नमिता के प्रति कर्कशता नमिता जैसी बेटियों को घर से बाहर सुख तलाशने के लिए प्रेरित करती है, प्यार की सम्भावना दिखते ही उस विवेक को तिलांजलि दे देती है जिसका साक्षात्कार सिद्धार्थ मेहता के 'इन्डीसेन्ट प्रपोजल' के समय नमिता की लताड़ में देखने को मिलता है। अनायास हुए गर्भपात में यथार्थ की भयावहता से नमिता का साक्षात होता है और वह अपने लिए जो विकल्प चुनती है वह उपभोक्तावादी सुखवाद की दुनिया से भिन्न निरन्तर संघर्ष का है। समझौतों और सम्मोहन से युक्त वह सिर्फ अपने लिए नहीं 'अपने जैसों' के लिए 'अपने जैसों' के साथ अपना गन्तव्य तलाशती है। 'शिव कुमारी गली' में नमिता का लौटना 'सुभाष सेतिया को पलायन लगता है उनका विचार है कि इस प्रकार तो कोई भी निम्न मध्य वर्गीय लड़की अपनी सीमाएँ लाँघकर ऊपर नहीं पहुँच पाएगी। मेरे विचार में नमिता को अपने अनुभव से सीख लेकर उसी दुनिया और माहौल का सामना करते हुए आगे बढ़ने का संकल्प लेना चाहिए था।[124] विजयमोहन सिंह उपन्यास की तार्किक परिणति को नमिता के संजय कनोई से विवाह में खोजते हैं।[125] यद्यपि वे जानते हैं कि नमिता की हैसियत विवाहित संजय कनोई के जीवन में रखैल की भी नहीं सिर्फ कोख की है। विवाहित पुरुष की आश्रिता बनाकर (विवाहित संजय से नमिता का विवाह निर्मला से तलाक के बिना सम्भव नहीं) स्त्री के पक्ष में विजयमोहन सिंह कैसी जिरह करना चाहते हैं ?

पुरुष के 'अपने बच्चे' और अपने परिवार के समानान्तर चित्रा मुद्गल विवाह संस्था से बाहर स्त्री के 'अपने बच्चे' और 'अपने परिवार' के प्रश्न को भी उठाती हैं। विवाह के बाहर जन्मे 'स्त्री के बच्चे' की स्थिति और अविवाहित मातृत्व के प्रसंग को सम्मुख रख स्त्री की स्थिति पर बहस की माँग करती है। किशोरी बाई की बेटी सुनन्दा विवाह संस्था से बाहर माँ बनती है, आनेवाली स्थितियों का डट

कर सामना करती है, प्रश्नों से स्वयं ही नहीं जूझती, हमें भी जूझने का आमन्त्रण देती है।

कानून की अविवाहित मातृत्व के प्रति पक्षधरता के बावजूद सामाजिक संरचना में विवाह संस्था से बाहर मातृत्व कलंक और संघर्ष का कारण बनता है। सुनन्दा से अपेक्षा की जाती है कि जिसका बच्चा है, उससे विवाह करे, विवाह करने के लिए धर्म परिवर्तन अनिवार्य है। सुनन्दा प्रश्न उठाती है कि 'सुहेल ने प्रेम करते समय तो कोई शर्त नहीं रखी ? ब्याह करना होगा तो उससे नहीं, इस्लाम से करना होगा या उसे हिन्दुत्व से।'[126] मातृत्व का सम्मान और सुविधा भी परिवार से जुड़ी है, इसलिए सुनन्दा उन सुविधाओं की अधिकारिणी नहीं बन पाती जिन्हें विवाहित माताएँ पा सकती हैं।

कानून अविवाहित माताओं को मातृत्व अवकाश की सुविधा देता है, सुनन्दा का आवेदन निरस्त कर दिया जाता है। सुनन्दा प्रश्न उठाती है "सुविधा का प्रावधान गर्भवती स्त्री और उसके बच्चे को लेकर है, न कि कुँआरी माँ या ब्याहता माँ के विशेषणों के लिए। कुँआरी माँ क्या ब्याहता माँ के समान ही जचकी के घोर कष्टों से होकर नहीं गुजरती ? उसे आराम की ज़रूरत नहीं होती ? माँ बनना किसी के निजी मामले के बजाय कम्पनी का मामला कैसे हो गया।[127] असुविधाओं के बीच सुनन्दा हारती नहीं, 'बच्चा नहीं गिराएँगे अपना जांगर पालेंगे।' "मैं आत्मनिर्भर हूँ, दीदी। अपनी बच्ची की परवरिश स्वयं कर सकने में समर्थ। मेरा मातृत्व ब्याह के टुच्चे प्रमाण पत्र का मोहताज नहीं।"[128] किन्तु व्यवस्था को स्त्री चेतना का यह बदलाव स्वीकार्य नहीं। सुनन्दा हत्या का शिकार होती है, "स्त्री चेतना सिर उठाते ही साँप का फन हो उठती है उनके लिए, जो अपनी लाठी की हुकूमत निरापद बनाने के लिए बलि की परम्परा में बीसवीं सदी के अन्त में भी विश्वास करते हैं।"[129]

विवाहित धनाढ्य संजय कनोई की विवाह संस्था से बाहर सन्तान की कामना और अविवाहित मजदूर सुनन्दा की अपनी सन्तान की परवरिश की इच्छा जिन भिन्न निष्कर्षों को सौंपती है, व्यवस्था में स्त्री और पुरुष की स्थिति वैभिन्न के अध्ययन का अवसर भी प्रदान करती है। चित्रा मुद्‌गल इन विपरीत स्थितियों के मध्य जीती नमिता के गर्भ में पलते संजय कनोई के 'वंशवाद' का गर्भपात करा देती है, सुनन्दा की हत्या के बावजूद भविष्य की सम्भावना को उसकी बेटी के रूप में बचा लेती है।

प्रतिपक्ष में स्त्री–लैंगिक असमानता, असुरक्षा के आतंक और कोख के एकाधिकार व व्यापार के मध्य स्त्री की बहुस्तरीय लड़ाई की जटिलता को पहचानती

हैं चित्रा मुद्गल। एक ओर यह लड़ाई पुरुष वर्चस्व और पुरुषवादी मानसिकता से है तो दूसरी ओर स्त्री के प्रतिपक्ष में स्त्री भी खड़ी है ऐसा चित्रा मुद्गल स्वीकारती हैं। चाहे वह नमिता की माँ हो, मौसी हो, स्मिता की माँ हो, किरपू दुसाध की पत्नी फूला हो, और किन्ही सन्दर्भों में नमिता और निर्मला भी परस्पर हितों के खिलाफ खड़ी दिखाई देती हैं। अंजना वासवानी औरत को इस्तेमाल करने में दलाल की भूमिका में सत्ता के पक्ष में अपनी चन्द सुविधाओं के लिए खड़ी है। शिव कुमार मिश्र का मानना है कि स्त्री की लड़ाई में उसकी सबसे सशक्त प्रतिद्वन्द्वी औरत खुद है। "गुलामी को एक सुख की तरह भोगती औरत, लुभावने और मोहक विशेषणों से ठगी हुई औरत, सदियों के संस्कारों से जड़ी-मढ़ी औरत, उन्हें मूल्य और आदर्शों के रूप में छाती से चिपकाए हुए औरत, और जब औरत ही सामने हो, तो लड़ाई कितनी कठिन होगी अनुमान किया जा सकता है। इस भीतरी लड़ाई को औरत को खुद अपने से लड़ना है, उसे अपनी आत्म मुग्धता और आत्म छलना से लड़ना है, अपने भीतर विद्यमान सदियों की संस्कार बद्धता से लड़ना है।[130] स्त्री की लड़ाई अपनी संस्कार बद्धता से है। चित्रा मुद्गल पुरुष मानसिकता को अनावृत्त करने के साथ-साथ स्त्री की कंडीशनिंग से लड़ने की ज़रूरत पर बल देती हुई उपन्यास को स्त्री के कोण से कमजोर नहीं करती, लड़ाई की ज़मीन तैयार करती हैं और 'आवां' को स्त्री विमर्श के लिए आधार प्रदान करती हैं।

उपन्यास की स्त्री परिवार के यथार्थ से साक्षात्कार करती हुई स्त्री विमुक्ति के रास्ते परिवार से बाहर खोजती है। कौटुम्बिक क्षरण के कारणों का पर्दाफाश होने पर परिवार की रक्षा की वकालत स्त्री अस्मिता को दाँव पर लगाकर सम्भव नहीं थी।[131] स्त्री इस संघर्ष यात्रा में अपनी वैयक्तिक महत्वाकांक्षाओं की पूर्ति के लिए नहीं निकली है। देह से जानी जाकर अपना मूल्य निर्धारण अस्वीकार करती यह स्त्री सुविधा छोड़कर संघर्ष को चुनती है, वह देह से नहीं श्रम और बुद्धि से पहचानी जाना चाहती है। पाश की कविता की भाषा में, लड़ने की ज़रूरत बाकी रहने तक लड़ना चाहती है। वह धोखा खाकर भी आत्महत्या नहीं करती, जिन्दा रहना सीख रही है, यही इस सदी का सच है।[132] उपन्यास की परिणति 'आक्रोश विहीन ठंडापन' में नहीं होती।[133] वह आटे के दीये की नियति पहचानती है 'आटे का दीया–भीतर चूहे कुतरें, बाहर कव्वे।'[134] नारी मुक्ति की अवधारणा पर लगाए जानेवाले प्रश्न चिह्नों के बावजूद उसने देहरी के बाहर जाना स्वीकार किया है। उपन्यास की परिणति 'इस सत्य से साक्षात्कार में होती है कि आज स्त्री की सापेक्षिक आज़ादी अपनी आज़ादी के लिए, पूरी सामाजिक मुक्ति के लिए लड़ाई

में शामिल होकर ही मिल सकती है।'[135] यह अकेले की लड़ाई नहीं, अकेले लड़ी भी नहीं जा सकती, इसलिए पाश की कविता की क्रान्ति धर्मिता के साथ नमिता का शिव कुमारी चाल में लौटना, स्त्री को परम्परागत परिवार व्यवस्था के बाहर स्त्री के पक्ष में खड़ा करता है।

सन्दर्भ सूची

1. गीतांजलि श्री, माई, राजकमल प्रकाशन, 1993, पृ. 150
2. गीतांजलि श्री, माई, पृ. 92
3. देखें–अरविन्द जैन, औरतः अस्तित्व और अस्मिता, पृ. 67
4. गीतांजलि श्री, माई, पृ. 95
5. गीतांजलि श्री, माई, पृ. 136
6. गीतांजलि श्री, माई, पृ. 117
7. गीतांजलि श्री, माई, पृ. 146
8. गीतांजलिश्री, माई, पृ. 116
9. गीतांजलिश्री, माई, पृ. 54
10. गीतांजलिश्री, माई, पृ. 61
11. गीतांजलिश्री, माई, पृ. 47
12. कृष्णा सोबती, ऐ लड़की, राजकमल प्रकाशन, द्वितीय संस्करण 1999, पृ. 17
13. कृष्णा सोबती, ऐ लड़की, पृ. 48-49
14. कृष्णा सोबती, ऐ लड़की, पृ. 53
15. कृष्णा सोबती, ऐ लड़की, पृ. 63
16. कृष्णा सोबती, ऐ लड़की, पृ. 91
17. देखें, क्षमा शर्मा, परछाईं अन्नपूर्णा, नवराज प्रकाशन, भूमिका
18. देखें–हंस, भूमंडलीकरण विशेषांक, मार्च 2001, पृ. 37
19. अरविन्द जैन, औरत अस्तित्व और अस्मिता में लेख, 'आत्महत्या के विरुद्ध, जीवन से मुठभेड़', पृ. 93
20. क्षमा शर्मा, परछाईं अन्नपूर्णा, पृ. 31
21. क्षमा शर्मा, परछाईं अन्नपूर्णा, पृ. 31
22. सुमन कृष्णकान्त, इक्कीसवीं सदी की ओर, राजकमल प्रकाशन, पृ. 163 पर उद्धृत
23. क्षमा शर्मा, परछाईं अन्नपूर्णा, पृ. 28
24. देखें–क्षमा शर्मा, परछाईं अन्नपूर्णा, पृ. 24, 31, 42
25. उपन्यास बनाम स्त्री विमर्श, संजय सिंह, हंस, फरवरी, 1998, पृ. 84
26. हंस, मार्च 2001, पृ. 73
27. देखें–हंस, भूमंडलीकरण विशेषांक में अभय दुबे की आवरण कथा 'पितृसत्ता' के नए रूप, पृ. 38
28. सुधीश पचौरी, स्त्री देह के विमर्श, पृ. 80
29. सुधीश पचौरी, स्त्री देह के विमर्श, पृ. 180

30. सुधीश पचौरी, स्त्री देह के विमर्श, पृ. 181
31. क्षमा शर्मा, परछाईं अन्नपूर्णा, पृ. 42
32. देखें–दैनिक भास्कर, 7 मार्च 2003, पृ. 10
33. विस्तार के लिए देखें–सुधीश पचौरी, 'स्त्री देह के विमर्श,' में आलेख 'छेड़-छाड़' एवं 'लज्जा' कोई हथियार नहीं' एवं अरविन्द जैन 'न्याय क्षेत्रे : अन्याय क्षेत्रे,' 2001, में आलेख 'कामकाजी महिलाओं का यौन-शोषण' एवं 'बदनामी का भय और खामोशी' के खतरे
34. क्षमा शर्मा, परछाईं अन्नपूर्णा, पृ. 48
35. देखें–क्षमा शर्मा, परछाईं अन्नपूर्णा, पृ. 47
36. क्षमा शर्मा, परछाईं अन्नपूर्णा, पृ. 48
37. सुधीश पचौरी, स्त्री देह के विमर्श, में आलेख लज्जा कोई हथियार नहीं, पृ. 181
38. क्षमा शर्मा, परछाईं अन्नपूर्णा, पृ. 31
39. क्षमा शर्मा, परछाईं अन्नपूर्णा, पृ. 22
40. क्षमा शर्मा, परछाईं अन्नपूर्णा, पृ. 13
41. क्षमा शर्मा, परछाईं अन्नपूर्णा, पृ. 63
42. हंस, भूमंडलीकरण विशेषांक, मार्च 2001, पृ. 73
43. क्षमा शर्मा, परछाईं अन्नपूर्णा, पृ. 33
44. क्षमा शर्मा, परछाईं अन्नपूर्णा, पृ. 22
45. क्षमा शर्मा, परछाईं अन्नपूर्णा, पृ. 7
46. क्षमा शर्मा, परछाईं अन्नपूर्णा, पृ. 41
47. साम्य के लिए देखें, परिवार स्वास्थ्य सर्वेक्षण, 1998-99 की रिपोर्ट, आउटलुक, 10 मार्च 2003, पृ. 64
48. आउटलुक, 10 मार्च 2003, पृ. 64 पर क्षमा शर्मा के विचार
49. आउटलुक, 10 मार्च 2003, पृ. 65
50. अरविन्द जैन, न्याय क्षेत्रे : अन्याय क्षेत्रे, पृ. 258 पर उद्धृत
51. अलका सरावगी, शेष कादम्बरी, राजकमल प्रकाशन, 2001, पृ. 78
52. ए. आई. आर. 1986, एस. सी. ए. 250, राजेन्द्र यादव, आदमी की निगाह में औरत, राजकमल प्रकाशन, 2001, पृ. 95 पर उद्धृत
53. तुलसीदास, रामचरित मानस
54. प्रभा खेतान, छिन्नमस्ता, राजकमल प्रकाशन 1997, पृ. 15
55. देखें–प्रमिला कपूर, कामकाजी भारतीय नारी, राजपाल एंड संस, 1978, पृ. 59-60
56. प्रभा खेतान, छिन्न मस्ता, पृ. 14
57. प्रभा खेतान, छिन्नमस्ता, पृ. 14
58. देखें–राजकिशोर, तुम्हारा सुख
59. मैत्रेयी पुष्पा, इदन्नमम, किताबघर, 1996, द्वितीय संस्करण, पृ. 100
60. देखें–नया ज्ञानोदय, प्रथम अंक, फरवरी 2003 में उसे कहना ही पड़े तो, पवन करण, पृ. 49
61. प्रभा खेतान, छिन्नमस्ता, पृ. 194 एवं 197
62. अरविन्द जैन, औरत अस्तित्व ओर अस्मिता, पृ. 56
63. प्रभा खेतान, छिन्नमस्ता, पृ. 157
64. प्रभा खेतान, छिन्नमस्ता, पृ. 215
65. प्रभा खेतान, छिन्नमस्ता, पृ. 215

66. प्रभा खेतान, छिन्नमस्ता, पृ. 10, 11
67. प्रभा खेतान, छिन्नमस्ता, पृ. 164
68. प्रभा खेतान, छिन्नमस्ता, पृ. 203
69. प्रभा खेतान, छिन्नमस्ता, पृ. 200
70. प्रभा खेतान, छिन्नमस्ता, पृ. 201
71. प्रभा खेतान, छिन्नमस्ता, पृ. 206
72. प्रभा खेतान, छिन्नमस्ता, पृ. 187
73. प्रभा खेतान, छिन्नमस्ता, पृ. 208
74. राजेन्द्र यादव, आदमी की निगाह में औरत, पृ. 230
75. प्रभा खेतान, छिन्नमस्ता, पृ. 222
76. प्रभा खेतान, छिन्नमस्ता, पृ. 219
77. अरविन्द जैन, औरत अस्तित्व और अस्मिता, पृ. 122 से 124 तक
78. डॉ. सत्यदेव त्रिपाठी, हिन्दी उपन्यास समकालीन विमर्श, 129 से 142
79. राजीसेठ, कठगुलाब से गुज़रते हुए, कथादेश, जून, 1998, पृ. 63
80. मृदुला गर्ग, कठगुलाब, भारतीय ज्ञानपीठ प्रकाशन, दूसरा संस्करण 1998, पृ. 242
81. मृदुला गर्ग, 'कठगुलाब कैसे उगा' में
82. डॉ सत्यदेव त्रिपाठी हिन्दी उपन्यास समकालीन विमर्श, पृ. 137
83. राजीसेठ, कठगुलाब से गुजरते हुए, कथादेश, जून 1998, पृ. 63
84. जैनेन्द्र कुमार, 'स्त्री की सार्थकता मातृत्व में है।'
85. मृदुला गर्ग, कठगुलाब, भारतीय ज्ञानपीठ प्रकाशन, दूसरा संस्करण 1998, पृ.97
86. मृदुला गर्ग, कठगुलाब, पृ. 104
87. मृदुला गर्ग, कठगुलाब, पृ. 200
88. मृदुला गर्ग, कठगुलाब, पृ. 146
89. मृदुला गर्ग, कठगुलाब, पृ. 242
90. मृदुला गर्ग, कठगुलाब, पृ. 104
91. रोहिनी अग्रवाल, कठगुलाब साँझी दुनिया का स्वप्न
92. रोहिनी अग्रवाल, कठगुलाब साँझी दुनिया का स्वप्न, पृ. 14
93. देखें, अनामिका, कठगुलाब नई औरत की दुनिया के पाँच दरवाजे, हंस, अप्रैल 1997
94. अरविन्द जैन का आरोप है कि 'स्मिता पहले ही बलात्कार की शिकार और शादीशुदा है और गर्भपात करवा चुकी है,' औरत अस्तित्व और अस्मिता, अरविन्द जैन, पृ. 155
95. सत्यदेव त्रिपाठी, हिन्दी उपन्यास समकालीन विमर्श, पृ. 20
96. सत्यदेव त्रिपाठी, हिन्दी उपन्यास समकालीन विमर्श, पृ. 20
97. अरविन्द जैन, औरत अस्तित्व और अस्मिता, पृ. 122
98. मृदुला गर्ग, कठगुलाब, पृ. 112
99. कृष्ण सोबती, हिन्दुस्तान, 16 जनवरी, 2000
100. जयन्ती आलम, मेन स्ट्रीम वार्षिकी 1999
101. अरविन्द जैन, समय माजरा
102. अनिश्चय की ज़मीन पर विकल्प की तलाश, डॉ. राम विनय शर्मा, कथाक्रम, अप्रैल/जून 2000, पृ. 101-02
103. देखें, शीर्ष अब हमारा है, मनीषा, राष्ट्रीय सहारा, 4 जनवरी 2003

104. देखें, हिन्दी उपन्यास, समकालीन विमर्श, सत्यदेव त्रिपाठी, अमन प्रकाशन, कानपुर, 2000, पृ. 18
105. चित्रा मुद्गल, आवां, सामयिक प्रकाशन, 1999, पृ. 363
106. देखें, चित्रा मुद्गल, आवां, सामयिक प्रकाशन, 1999, पृ. 26
107. देखें, चित्रा मुद्गल, आवां, सामयिक प्रकाशन, 1999, पृ. 240-41
108. देखें, चित्रा मुद्गल, आवां, सामयिक प्रकाशन, 1999, पृ. 209
109. देखें, आवां, चित्रा मुद्गल, सामयिक प्रकाशन, 1999, पृ. 399
110. कृष्णा सोबती, ऐ लड़की, राजकमल प्रकाशन, 1999, दूसरा संस्करण, पृ. 102
111. कृष्णा सोबती, ऐ लड़की, राजकमल प्रकाशन, 1999, पृ. 91
112. देखें, चित्रा मुद्गल, आवां, सामयिक प्रकाशन, 1999, पृ. 399
113. देखें, उषा महाजन, उठो अन्नपूर्णा साथ चलें, हिमाचल पुस्तक भंडार, 1998, पृ. 117
114. देखें, चित्रा मुद्गल, आवां, सामयिक प्रकाशन, 1999, पृ. 303
115. देखें, चित्रा मुद्गल, आवां, सामयिक प्रकाशन, 1999, पृ. 372-73
116. मृदुला गर्ग, बीसवीं सदी के उत्तरार्ध की गाथा, कथादेश, अगस्त 2000, पृ. 62
117. क्षमा शर्मा, स्त्री की सीमाएँ और सम्भावनाएँ उकेरता 'आवां,' संचेतना, 152, पृ. 60
118. देखें, चित्रा मुद्गल, आवां, सामयिक प्रकाशन, 1999, पृ. 539
119. चित्रा मुदगल, कोरापन, अनछुआ, सौन्दर्य, आंवा, सामयिक प्रकाशन, 1999, पृ. 275
120. देखें, चित्रा मुद्गल, आवां, सामयिक प्रकाशन, 1999, पृ. 526
121. डॉ. राम विनय शर्मा, अनिश्चय की ज़मीन पर विकल्प की तलाश, कथाक्रम, अप्रैल/जून-2000, पृ. 105
122. आवां : औरत के वजूद से जुड़े सवालों का दहकता सुलगता दस्तावेज, शिव कुमार मिश्र
123. देखें, चित्रा मुद्गल, आवां, सामयिक प्रकाशन, 1999
124. सुभाष सेतिया का चित्रा मुद्गल को लिखा पत्र, दिनांक 25.8.2000, पत्र क्र. 2036
125. देखें, सुलगते सत्य का दारूण दस्तावेज़, विजयमोहन सिंह, जनसत्ता, 28 नवम्बर, 1999, पृ. 6
126. देखें, चित्रा मुद्गल, आवां, पृ. 111
127. देखें, चित्रा मुद्गल, आवां, सामयिक प्रकाशन, 1999, पृ. 111
128. देखें, चित्रा मुद्गल, आवां, सामयिक प्रकाशन, 1999, पृ. 111
129. देखें, आवां, चित्रा मुद्गल, सामयिक प्रकाशन, 1999, पृ. 161
130. आवां : औरत के वजूद से जुड़े सवालों का दहकता सुलगता दस्तावेज, शिव कुमार मिश्र
131. आवां पर कौटुम्बिक जीवन की वकालत का आरोप है, कथाक्रम, अप्रैल/जून 2000, पृ. 107
132. संचेतना, 152, क्षमा शर्मा, पृ. 61
133. मधुमती, जून 2000, पृ. 73, रमेश दुबे का आलेख
134. देखें, समाज कल्याण, दिसम्बर-2000, पृ. 34 आवां पर डॉ. हरजेन्द्र चौधरी का आलेख
135. कात्यायनी, हंस, अप्रैल 2003, पृ. 55

अध्याय : सात

स्त्री : चिन्ता, चिन्तन और चुनौतियाँ : पुरुष लेखन

(क) तुम्हारा सुख : राजकिशोर

स्त्री देह के प्रश्न–स्त्री देह का प्रश्न, स्त्री-प्रश्नों में महत्त्वपूर्ण स्थान रखता है। देह के प्रति विचारवान होना, स्त्री का देह पर अपना अधिकार जहाँ स्त्रीत्ववाद (विशेषतः रेडिकल फेमिनिज्म) का आधार प्रश्न रहा है वहीं साहित्य में यह भी कहा जाता रहा है कि 'दुनिया की शायद ही कोई ईमानदार नारी कथा हो जो अन्ततः सेक्स कथा न हो'[1] स्त्री मन, मस्तिष्क और मेधा के स्थान पर देह से परिभाषित और पहचानी जाती रही है। विश्व-साहित्य स्त्री देह से प्रेम और स्त्री देह के प्रति घृणा के विपरीत खाँचों में बँटा अवश्य देखा जा सकता है किन्तु केन्द्र में स्त्री की देह ही रही है।[2] प्रश्न यह है कि स्त्री की अपनी देह क्या उसकी अपनी रही है ? उस पर किसका अधिकार रहा है और किसके हित साधन का माध्यम बनी है। सुदूर अतीत में आस्ट्रेलिया, अफ्रीका, पॉलीनेशिया, मंगोलिया और भारत में आर्यों, अनार्यों में पत्नी की देह से अतिथि सत्कार की परम्परा रही है। आर्य ग्रन्थों में सुदर्शन ओधवती की कथा पत्नी की देह (वस्तु) द्वारा पति के पुण्य और कीर्ति प्राप्ति को रेखांकित करती है,[3] तो सम्पति बनकर अदालतें कहती रही हैं–'पत्नी सम्पत्ति है और मेहर उसकी कीमत' (ए.आई.आर. 1934, कलकत्ता 693) सिर्फ पति के उपभोग-उपयोग तक सीमित भी स्त्री देह की जाती रही है। देह पर, स्त्री देह पर अधिकार स्त्री का न होकर उसके स्वामी पुरुष का रहा है। व्यवस्था स्त्री का सम्मान विवाह संस्था से जोड़ती रही और विवाह से बाहर के देह सम्बन्धों ने स्त्री के लिए असम्मानजनक स्थितियाँ पैदा कीं। राधा साहित्य में तो स्थान पा सकी पर जीवन में नहीं। कानून, देह पर स्वाधिकार को पुरुष पति की असहमति होने पर व्यभिचार मानता है।[4] स्त्री का अपनी देह पर अधिकार उसे विवाह संस्था से बाहर करता है। विवाह संस्था से बाहर स्त्री अपनी देह के निर्णय तो ले सकती

है किन्तु पुरुष आखेट का विषय भी बनती है, विषकन्याओं का लम्बा इतिहास साक्षी है, अन्यथा स्त्री विवाह संस्था में लौटाई जाती रही है।

स्त्री देह का उपयोग साहित्य में तृप्ति और वैराग्य दोनों के लिए किया जाता रहा है। स्त्री के प्रति कामनाओं से मुक्ति के लिए स्त्री की अनावृत्त देह का उपयोग हथियार की तरह हुआ है। अपने संयम की परीक्षा यदि गांधी अपनी भाँजी की नग्न देह के साथ सोकर सत्य के साथ मेरे प्रयोग में करते हैं[5] तो यशपाल 'दादा कामरेड' में हरीश की मुक्ति शैल के नग्न शरीर दर्शन में खोजते हैं।[6] यदि स्त्री स्वयं अपनी अनावृत्त देह का उपयोग इसी उद्देश्य से करना चाहे तो पुरुष भाग खड़ा होता है। जैनेन्द्र के उपन्यास 'सुनीता' का हरिप्रसन्न सुनीता की, अनावृत देह के आमन्त्रण 'लो मुझे प्राप्त करो' को झेल नहीं पाता और भाग खड़ा होता है। स्त्री का दैहिक कामनाओं की पूर्ति का चुनाव अधिकांशतः स्त्री के पक्ष में नहीं जाता। डी.एच. लॉरेन्स की कोनी जब मेलर्स के बलिष्ठ पौरुष को चुनती है, दाने-दाने की मोहताजी पाती है।[7] अन्ना कैरेनिना का ब्रांस्की को चुनना और पति का मोह त्याग उसे मृत्यु सौंपता है,[8] चार्ल्स बावेरी को छोड़कर एम्मा पाती है कलंक एवं मृत्यु,[9] जैनेन्द्र सुनीता को यद्यपि पति द्वारा ही विवाह संस्था से बाहर सम्बन्धों के लिए उकसाते हैं परन्तु अन्ततः परिवार में लौटा लाते हैं। कृष्णा सोबती भी 'मित्रो मरजानी' की सुमित्रा के देह राग को पहचानते हुए भी अन्ततः बुढ़ापे की सुरक्षा के लिए पति के पास लौटा देती हैं। देह कामना की पूर्ति के लिए मुक्त नहीं कर पाती अथवा असुरक्षित बुढ़ापे का हश्र समझाना चाहती है।

उपर्युक्त विश्लेषण के परिप्रेक्ष्य में विचार करें तो आलोचक 'तुम्हारा सुख' की मालविका को अपनी देह के निर्णय में स्वतन्त्र पाते हैं। 'यह देह उसकी अपनी है जिसका उपयोग वह जैसा चाहे कर सकती है।'[10] 'राजकिशोर स्त्री देह की सत्ता में मालविका को लौटाते हैं। स्त्री का सुख सहानुभूति, दया में नहीं उसी के चुनाव में छिपा है। इसीलिए देह के प्रश्न को वह हमेशा और पहले स्पष्ट करती है, देह को लेकर अपराध बोध यहाँ नहीं है। राजकिशोर देह के विमर्श को वैचारिक धरातल देते हैं। शरीर का क्या है ? नहा-धो लेने के बाद शुद्ध हो जाता है। 'मालविका की यह सोच 'स्त्री-देह' के प्रति चली आती मर्दों की शुचितावादी दृष्टि को अन्ततः ध्वस्त कर देता है।'[11] सुधीश पचौरी 'तुम्हारा सुख' में स्त्री देह के सम्बन्ध में जिन निष्कर्षों तक पहुँचे हैं उनके अनुसार मालविका अपनी देह में स्थित, देह की स्वामिनी, देह के चुनाव में सक्षम, एवं देह के प्रति अपराध बोध से मुक्त, शुचितावादी पुरुष दृष्टि को ध्वस्त करनेवाला चरित्र है।

सुधीश पचौरी के पाठ के समानान्तर अरविन्द जैन 'औरत अस्तित्व और

अस्मिता' में अपना पाठ रखते हैं। वे उन सभी स्थितियों पर उँगली रखते हैं जहाँ स्त्री देह का सहज मुक्त विचरण, शोषण में बदल जाता है। शिक्षा साहित्य और धर्म के संस्थान इस अपनी देह में स्थित स्त्री के प्रति उपभोग का रवैया रखते हैं। स्त्री इस देह स्वातन्त्र्य के बदले हासिल क्या करती है, का उद्घाटन अरविन्द जैन करते हैं।[12] स्त्री को अपनी देह के निर्णय की स्वतन्त्रता का यदि अधिकार प्राप्त है एवं उसे यदि चुनाव की स्वतन्त्रता है, तब इस चुनाव के बदले वह क्या पाती है यह महत्त्वपूर्ण है। शिक्षा, साहित्य और धर्म के प्रतिनिधि चरित्रों के मध्य 'मालविका' जिसे सुधीश पचौरी अपनी देह के उपयोग के लिए स्वतन्त्र मानते हैं, इस देह की स्वतन्त्रता का उपयोग कैसे करती है देखना महत्त्वपूर्ण है। इस तथ्य से सहमत हुआ जा सकता है कि मालविका उन स्त्रियों से भिन्न है जिन्हें देह शुचिता का आतंक है, मालविका को अपनी देह के उपयोग से गुरेज नहीं। शिक्षा संस्थान के प्रतिनिधि प्रो. लाल उसके साथ 'सौदा' करना चाहते हैं, देह के बदले पी.एच.डी. की उपाधि। मालविका के पास दो रास्ते हो सकते हैं, अपनी मेधा के बल पर रास्ता निकालने का, निर्देशक का निर्देशन इन उपाधियों में कितना मिलता है, सभी जानते हैं फिर मालविका को 'शोध' में विशेष रुचि नहीं, अर्थात् मालविका शोध के लिए मेहनत करने को मानसिक रूप से तैयार नहीं, उसे अपने निर्देशक से पका-पकाया माल चाहिए। इसीलिए उसे प्रो. लाल का प्रस्ताव बुरा नहीं लगता– 'देह के बदले उपाधि' का प्रस्ताव बुरा नहीं लगता और वह 'अपनी देह को चारे की तरह इस्तेमाल'[13] करना स्वीकार करती है। मालविका सौदा करना चाहती है, स्वीकार भी करती है, किन्तु वह सौदा करना जानती नहीं है। यदि जानती तो देह के बदले उपाधि उसे मिल जाती। देह के बदले उपाधि के समानान्तर ही मालविका का यह विचार भी विश्लेषित किया जाना चाहिए 'मालविका मित्र पिघलने के लिए तैयार बैठी थी' इस प्रेम प्रस्ताव के प्रति 'उसका खुद का भी आकर्षण था।' क्या प्रो. लाल जैसे किसी व्यक्ति के लिए ही उसका जन्म नहीं हुआ था ? 'शुरू से ही उसे प्रौढ़ लोग ज्यादा पसन्द आते थे।' मालविका को अच्छा भी लग रहा था और शंका भी।'[14] मालविका के अन्तर्द्वन्द्व में शंका, अपराध बोध क्षणांश को आते हैं, वह अपनी देह के आनन्द के पक्ष में निर्णय लेती है, किन्तु सौदे की चालाकियाँ-बारीकियाँ नहीं जानती, देह के चारे का उपयोग नहीं कर पाती स्वयं चारा बन जाती है। प्रो. लाल उसे 'देह के बदले उतनी ही मदद करते थे जिससे वह उनके पास आना न छोड़ दे।'[15] मालविका जब जान जाती है कि 'यह निहायत अपर्याप्त' है तब प्रो. लाल के साथ देह सम्बन्धों का खेल ही बन्द नहीं करती, शोध में अपनी रुचि ही खत्म कर देती है। साफ समझ में आता है कि शोध को

सस्ता सौदा स्वयं मालविका भी समझती है, शोध के लिए निर्देशकों द्वारा शोषण विचारवान शोधार्थियों का होता रहा है, परन्तु मालविका तो मेहनत करना ही नहीं चाहती और देह के खेल में निपुण नहीं कि परिणाम पा सके, इस तरह देह के उपयोग में विचारवान नहीं और शोध के लिए ज़रूरी, बौद्धिक क्षमता उसमें दिखती नहीं, तब स्त्री देह को ऐसे चारे में तब्दील होना ही होगा। चारा तो माध्यम होता है, लाभ वह कैसे ले सकता है ? मालविका को या तो अपनी बौद्धिक क्षमता विकसित करनी होगी अथवा देह के इस्तेमाल से लाभ उठाना आना होगा। स्त्री ने देह का इस्तेमाल तो किया है, पर उसके फायदे स्त्री के पक्ष में नहीं गए हैं।

प्रो. लाल से जुड़ा प्रसंग यदि उपाधि का है तो कमल मिश्र के विवाह से स्त्री के जीवन में महत्त्वपूर्ण प्रश्न समझा जाता है। वैचारिक धरातल पर साहित्यिक मित्रता को मालविका प्रेम समझती है। कमल मिश्र के लिए वह समय बिताने, अपनी भावनात्मक और शारीरिक ज़रूरतों को पूरा करने का साधन है। शारीरिक सम्बन्धों पर मालविका कोई आपत्ति दर्ज नहीं करती, किन्तु कमल मिश्र का इन सम्बन्धों को विवाह से अलग करके देखना आपत्तिजनक लगता है।[16] अर्थात् दैहिक स्वातन्त्र्य में विवाह की परिणति की सम्भावना अथवा शर्त के साथ दैहिक रिश्ते रखे जा सकते हैं। कमल मिश्र के लिए मालविका मन लायक लड़की नहीं, वैचारिक सहयात्रा लम्बी खिंच सकती थी, किन्तु कमल मिश्र मालविका में किसी विशिष्ट प्रतिभा को नहीं पाता है, और वैवाहिक सहयात्रा इसलिए सम्भव नहीं क्योंकि मालविका एक 'काली लड़की' है। 'काली लड़की' भारतीय मानस में असुन्दर लड़की/स्त्री का पर्यायवाची है। गोरा होना सुन्दर होने का पर्याय है। मधु किश्वर इसे सुदूर अतीत के साहित्य से सन्दर्भित करती हैं–ब्राह्मणों की त्वचा गोरी, क्षत्रियों की लाल, वैश्यों की पीत और शूद्रों की काली होती है। गोरा रंग पारम्परिक रूप से सौन्दर्य से जुड़ा हुआ तो था ही, उपनिवेशवादी शासन के दौरान यह सत्ता का प्रतीक भी बन गया। (अश्लीलता का हमला, सम्पादक–राजकिशोर, वाणी प्रकाशन, 1998 में मधु किश्वर का आलेख, सौन्दर्य का षड्यन्त्र, पृ. 64) काले रंग की चमड़ी के प्रति हीनता, रंगभेद और नस्लवाद को तो पोषित करता ही रहा है, काली स्त्री में आत्मविश्वास को भी कमजोर करता है। हमारे समाज में गोरापन एक सौन्दर्यशास्त्रीय समग्र विमर्श है।[17] यह विमर्श स्त्री की दो जमाते पैदा करता है, विवाह, नौकरी, प्रेम सभी जगह गोरापन वरीयता दिलाता है और कालापन असफलता। त्वचा का कालापन गुणहीनता में शामिल हो जाता है। काली त्वचा वाली स्त्री को असुन्दर घोषित करता है। विवाह के लिए गोरी/सुन्दर स्त्री चाहिए भले ही विचार के स्तर पर वह शून्य हो। मित्रता के लिए, भावनात्मक, शारीरिक

ज़रूरतों के लिए, काली/असुन्दर स्त्री भी चलेगी। असुन्दर स्त्री विवाह संस्था में मुश्किल से इसलिए स्वीकारी जाएगी, क्योंकि आनेवाली नस्ल के बिगड़ने का खतरा वहाँ है। मित्रता के लिए काली/असुन्दर स्त्री भी चलेगी, किन्तु उत्तराधिकार असुन्दर/काली स्त्रियों के भरोसे कैसे छोड़ा जा सकता है ! बचपन से लड़की में सुन्दर होने का गर्व अथवा काली होने के कारण असुन्दर होने का अपराध बोध इस प्रकार रोपा जाता है कि संसर्ग के चरम क्षणों में भी मालविका को अपना काला होना याद रहता है 'यह काली सी लड़की क्या इतनी खराब है।' काली होने का अहसास उसे बचपन से कराया जाता है, कमल मिश्र ही नहीं, स्वप्न बाजपेयी, आचार्य परमानन्द, लाइब्रेरियन लगातार काले होने का बोध तो कराते ही हैं, कहीं पुरुष अवचेतन में–'असुन्दर स्त्री को अस्वीकार का अधिकार नहीं, गर्व का अधिकार नहीं,'–गहरे बैठा है। काली स्त्री से रिश्ता बनाना मानो उस पर अहसान करना है। लेखक अनदेखे-अंजाने पुल की निन्नी के माध्यम से काली लड़कियों के प्रति पुरुष दृष्टिकोण की परम्परा रेखांकित करता है किन्तु काली लड़की की निन्नी के माध्यम से होनेवाली विकास यात्रा में मालविका को कड़ी नहीं बना पाता। निन्नी ने शरीर सम्बन्धों और सपनों से मुक्त हो, व्यक्ति बनने की खतरनाक लड़ाइयाँ लड़-लड़कर समाज में सम्मानजनक जगह बनाई है परन्तु मालविका निन्नी की परछाई भी नहीं छू पाई।[18] काली स्त्री को केन्द्र बनाकर पूर्व में रजनी पनिकर 'काली लड़की' लिख चुकी हैं, परिवार, समाज द्वारा परोसी गई हीन भावना से 'रानी' अपनी कुशाग्र बुद्धि, योग्यता के बल पर मुक्त होती है और चमड़ी के आतंक पर मेधा की विजय अंकित करती है किन्तु तुम्हारा सुख की मालविका कभी भी 'काली चमड़ी' से बाहर नहीं आ पाती।[19] इस तरह प्रश्न स्त्री की देह के उपयोग मात्र का नहीं रह जाता गोरी/सुन्दर देह के माध्यम से लक्ष्य प्राप्ति का भी बन जाता है। गोरी/सुन्दर देह का वितान यदि नहीं ताना जाए तो नए बाजार का प्रसाधन उद्योग सफल होना सम्भव नहीं। गोरेपन की क्रीम कुल बाजार के चौवन फीसदी पर कब्जा लिए हुए है जो तेरह हजार करोड़ रुपए का कारोबार करता है।[20] असुन्दर स्त्री का अपराध बोध गीतांजलि श्री की 'भार' कहानी में भी देखा जा सकता है। 36, 24, 36 का आतंक भी बाज़ार ने अपने पक्ष में खूब फैलाया है।

उपाधि और विवाह के उपरान्त इस 'काली लड़की' के पास अगला विकल्प नौकरी है, यह नौकरी विवाह की प्रतीक्षा है, कैरिअॅर का पर्याय नहीं। मालविका इस मामले में खुशकिस्मत कही जा सकती है कि नौकरी पाने में उसे अधिक मुश्किलों का सामना नहीं करना पड़ता। नौकरी देने वाला 'आचार्य परमानन्द'

धार्मिक संस्थाओं का प्रतिनिधित्व करता है। शिक्षा और साहित्य जगत के बाद धर्म का स्त्री को देखने का रवैया यहाँ है। कितनी ही स्त्रियों पर प्रयोग कर चुके आचार्य परमानन्द अब मालविका की देह अनावश्यक देखना चाहते हैं। और यह चारा डालना भी नहीं भूलते कि अन्य 'स्त्रियों ने संगठन में महत्त्वपूर्ण योगदान दिया है।'[21] परस्पर विश्वास उत्पन्न करने के लिए आध्यात्म में 'देह के परिचय' को महत्त्वपूर्ण मानने वाले आचार्य मालविका के संकोच को 'निर्भीकता और साहस की कमी' मानते हैं। मनोबल बढ़ाने के लिए अनावृत्त देह की महत्ता समझाते हैं।

मालविका की चुप्पी को काले रंग के कारण आई हीनता ग्रंथि को ध्यान में लाना नहीं भूलते। एक वक्तव्य में साँवलेपन के ऊपर व्यक्तित्व की महत्ता रेखांकित करते हैं और मालविका के अस्वीकार के साथ ही विपरीत विचार सामने आ जाते हैं 'इतना पटाया, लेकिन साली मानी नहीं। काली-कलूटी न होती, तो पता नहीं और कितने नखरे होते।'[22] स्त्री देह के प्रति भोग का रवैया तो हमेशा से है किन्तु स्त्री यदि रूढ़िमुक्त है, अपनी देह के प्रति परम्परागत शुचितावादी नहीं है, चयन करना चाहती है, और यदि साधारण शक्ल सूरत की है तो चयन की सुविधा और स्वतन्त्रता उसके पास कहाँ हैं? यदि है भी तो उसका उपयोग वह नहीं कर पा रही है, प्रकारान्तर से देह का उपयोग सभी करना चाहते हैं, चाहे वह शिक्षा प्राप्त कर रही हो, विवाह करना चाहती हो, नौकरी करना चाहती हो। काली और गोरी त्वचा का बँटवारा तो है ही। देह स्वातन्त्र्य के प्रति समाज का रवैया भी यहाँ साफ दृष्टिगोचर होता है। शिक्षा, साहित्य, धर्म की पृष्ठभूमि में स्त्री देह विमर्श के उपरान्त इस देह के आकर्षण से मुक्त रिश्तों की वकालत के लिए राजकिशोर आनन्द और मालविका के सम्बन्धों का सृजन करते हैं। आचार्य परमानन्द ने देह से मुक्त होने के लिए कभी अनावृत्त होने की अपेक्षा मालविका से की थी और मालविका ने स्वयं को अपमानित महसूस किया था किन्तु वही प्रयोग वह आनन्द के साथ करती है, इस मंशा के साथ कि देह का प्रकरण पहले निबटा लिया जाए। आचार्य परमानन्द ने भी देह के आकर्षण से मुक्त होने के लिए यही सुझाव तो दिया था। आचार्य परमानन्द के प्रस्ताव के बाद मालविका के मन में अपनी नग्न देह के कितने ही बिम्ब एक के बाद एक आते हैं किन्तु सन्दर्भ और सम्बन्धों का वैभिन्य स्त्री के मन में अपनी अनावृत्त देह के प्रति दृष्टि एक जैसी नहीं रहने देता।

आशंकाओं के बावजूद आनन्द के साथ रिश्तों में मालविका का देह आमन्त्रण दुविधा मुक्त है, देह प्रकरण को वह पहले निबटा लेना चाहती है, लेकिन देह आकर्षण एक बार के देह सम्बन्धों के बाद मुक्त कर देगा, कैसे स्वीकारा जाए ?

मालविका दैहिक स्तर पर एक बार तृप्त होकर क्या 'नदी के द्वीप' की रेखा की तरह मुक्त होने की सम्भावना रखती है ? बिना आनन्द की मनः स्थिति को जाने समझे, उसके विचारों को (जो संवाद से व्यक्त हुए थे) वास्तविक रिश्तों के धरातल पर परखे बिना और उसकी प्रतिक्रियाओं को पढ़े बिना कैसे जाना जा सकता है ? होता भी ठीक यही है। आनन्द की प्रतिक्रिया मालविका को अनावृत्त देखकर भाग जाने की ठीक वैसी ही होती है जैसी सुनीता की देह को देखकर हरिप्रसन्न की हुई।[23] दैहिक रिश्तों में स्त्री की पहल स्वीकार नहीं पाता आनन्द। स्त्री का स्वयं अपने को खोलना, पुरुष को अपने अधिकार क्षेत्र में सेंध लगती है, यद्यपि सैद्धान्तिक रूप में राजकिशोर इस विषय पर लम्बी चर्चा करते हैं कि स्त्री को पूर्णता में देखना, देखने की कामना स्त्री को पदार्थ में बदलना है अथवा स्त्री का सम्मान करना। व्यवहारतः प्रकरण प्रस्तुत होने पर स्त्री देह के आमन्त्रण का सम्मान करने के स्थान पर आनन्द को अपना विवाहित होना तब याद आता है जब भावना के धरातल पर लम्बी सहयात्रा वह मालविका के साथ तय कर चुका है। सैद्धान्तिक लम्बी चर्चा में राजकिशोर आनन्द के माध्यम से जिन विचारों का प्रतिपादन करते हैं, व्यवहारतः आनन्द उसे चरितार्थ नहीं करता। यदि राजकिशोर का उद्‌देश्य अनावृत्त देह के माध्यम से आनन्द को कामना मुक्त करने का विचार था जैसा कि दादा कामरेड में हरीश को यशपाल मुक्त करना चाह रहे थे तब आनन्द का यह कथन कि 'तुम्हारा सुख मुझे भूल जाने में है और मेरा सुख तुम्हें याद रखने में कि कोई थी जिसने मुझे मुक्त करने में अपनी देह दाँव पर लगा दी।' क्या मालविका को लौटा देने के लिए है ताकि स्त्री अपनी देह के आनन्द को पाना अपना अधिकार न समझे, वह पुरुष की दया पर निर्भर रहे अथवा विवाह संस्था बची रहे, विवाह से जुड़ी व्यवस्था बनी रहे, ऐसे ही रेखा 'नदी के द्वीप' में लौट गई थी और भुवन ने गौरा से विवाह कर लिया था, क्यों विवाह संस्था से बाहर खड़ी स्त्री को हाशिए पर ही रहना होगा ताकि विवाहिता के अधिकार बचे रहें। यदि मालविका ने आनन्द को मुक्त किया था तब प्रश्नोत्तरीवाले अध्याय में प्रश्न आनन्द के होने चाहिए थे और उत्तर मालविका के पास होने थे, मुक्त भी मालविका करती है और प्रश्नाकुल भी अन्ततः वही रहती है, सम्भवतः लेखक स्त्री को विचार के धरातल पर जिज्ञासा और पुरुष को उत्तर के विकल्प सौंपना चाहता है।

सम्पूर्णतः उपन्यास स्त्री के अपनी देह में स्थित होने के अर्थ स्त्री के पक्ष में नहीं खोलता। स्त्री के आमन्त्रण का स्वीकार और अस्वीकार पुरुष अपने निर्णय की परिधि में रखना चाहता है, वह स्त्री देह पर अधिकार का परम्परा से असहमत रहा है इसलिए अपनी देह में स्थित मालविका को लौटाता रहा है।

(ख) सुन्नर पांडे की पतोह : अमरकान्त

बलात्कार का भय और बेघर होती स्त्री–'अमरकान्त' का उपन्यास 'सुन्नर पांडे की पतोह' विवाहिता अकेली स्त्री की संघर्ष की कथा है। स्त्री जीवन का भविष्य अधिकांशतः विवाह में सीमित माना जाता है, सुरक्षा का आधार भी। 'सुन्नर पांडे की पतोह' उन असंख्य बेटियों की कथा है जिन्हें उन औजारों और हथियारों के साथ बड़ा नहीं किया जाता जो विवाह के विकल्प के निरर्थक साबित होने पर पेट भरने का साधन बन सकें और सम्मानजनक जीवन का आधार। विशेषतः उन स्थितिगों में जब माता-पिता के परिवार में लौटने की सम्भावना भी स्त्री के पास न हो।

बेटी से जुड़े सभी प्रश्नों का उत्तर विवाह में इसलिए खोजा जाता है क्योंकि बेटी 'पराया धन' है। लड़कियों के पढ़ाई में फेल होने का प्रश्न हो, उच्च शिक्षा के लिए धन का अभाव हो, प्रेम प्रकरण हो, मनचले आशिकों के कारण बदनामी का भय हो, बलात्कार हो अथवा बलात्कार की आशंका मात्र, माता-पिता के पास सर्वाधिक सम्भावित एवं काम्य विकल्प तुरन्त विवाह ही होता है, भले ही उसके दूरगामी प्रभाव स्त्री के पक्ष में न जाते हों। 'पराया धन' मानना स्त्री को 'वस्तु' और सम्पत्ति बनाता है। 'पति' की सम्पत्ति की रक्षा के दायित्व से पिता जल्दी से जल्दी मुक्त होना चाहता है और यह मुक्ति पिता द्वारा पति को उसकी सम्पत्ति सौंप कर, विवाह कर सम्भव हो जाती है। स्त्री का वस्तु समझा जाना उसे देह तक सीमित करता है, देह की रक्षा का प्रश्न यौन शुचिता और कौमार्य के मिथक से जुड़ता है। 'स्त्री का कौमार्य पितृ प्रधान समाज में एक नैतिक, धार्मिक, और रहस्यात्मक मूल्य ग्रहण करता है।'[24] कौमार्य का मिथक बड़ी होती बेटी को डराता तो है ही, अपने आपको भावी पति के लिए बचाकर रखने का सन्देश भी प्रेषित करता है। ''स्त्री का कौमार्य और उससे जुड़े यौन शुचिता व अस्मत जैसे संस्कार पुरुष की कृपा को जीवन में सर्वोच्च ठहराते हैं। जिस आशंका और डर से घिरकर लड़की अपना बचपन क्षण-क्षण माँगी जानेवाली जवाबदेही को निभाते हुए बिताती है, वह आशंका किशोरावस्था आने पर एक निश्चित रूप ले लेती है वह रूप होता है बलात्कार का।''[25] तब बलात्कार आतंक का रूप ले लेता है। 'कुँआरी स्त्री किसी और की थाती है और विवाहित स्त्री अपने पति की जागीर' यह नजरिया बलात्कार को भयावह घटना बना देता है।[26] अविवाहिताओं के लिए विवाह की सम्भावना क्षीण करता है और विवाहिताओं को बेघर होने का डर सौंपता है। ''बलात्कार वह दुर्घटना है जिसकी आशंका में जीना सीखने का अभ्यास स्त्री के समाजीकरण की

धुरी है।''[27] बलात्कार स्त्री पर पुरुष के आतंक को गहरा करता है। सूसन ब्राउन मिलर का इस सम्बन्ध में विचार है कि बलात्कार अपराध नहीं है, बल्कि पुरुषों द्वारा औरतों को इस खतरे का हौआ दिखाकर लगातार भयभीत रखना भर प्रतीत होता है।

'सुन्नर पांडे की पतोह' के जीवन में 'बलात्कार का भय' हर बार निर्णायक भूमिका निभाता है। उपन्यास में यद्यपि बलात्कार एक बार भी घटित नहीं होता, सुन्नर पांडे की पतोह (राजलक्ष्मी) हर बार अपने प्रतिरोध से बलात्कार की सम्भावना को रद्द करती चलती है। बावजूद इसके राजलक्ष्मी का प्रतिरोध उसे ताकतवर व्यक्तित्व में नहीं बदल पाता। बलात्कार की आशंका के भय में लिए गए निर्णय राजलक्ष्मी को बलात्कार से तो बचा लेते हैं किन्तु वे निर्णय जीवन के अन्य पक्षों के सन्दर्भ में सकारात्मक भूमिका नहीं निभाते। एक सम्भावना युक्त जीवन निरन्तर गिरते ग्राफ में परिवर्तित हो जाता है। प्रसिद्ध पत्रकार श्री गणेश मंत्री का विचार है कि ''आर्थिक विवशताओं के साथ ही हमारी समूची सामाजिक सोच, प्रत्यक्ष जीवन में व्याप्त स्त्री सम्बन्धी धारणाएँ, उनको पुरुष से हीन मानने की सदियों से चली आ रही परम्पराएँ, स्त्री पर अधिकार और कब्जे को अपनी शक्ति का द्योतक मानने की प्रवृत्ति भी स्त्रियों पर अत्याचार के मूल में है। बलात्कार भी उसी की एक परिणति है।''[28]

सबसे पहली बलात्कार की सम्भावना राजलक्ष्मी के जीवन में मात्र दस वर्ष की उम्र में पैदा होती है। राजलक्ष्मी सम्पन्न परिवार की इकलौती कन्या है, जिससे बलात्कार का प्रयत्न उसका मौसा महेश्वर पांडेय करता है। राजलक्ष्मी प्रतिरोध करती है, हाथ-पैर पटकती है, माँ को पुकारती है, परिणामतः महेश्वर पांडेय को डरकर भागना पड़ता है।[29] राजलक्ष्मी का प्रतिरोध उसे बलात्कृत होने से बचा लेता है, साथ ही वह उन मनोवैज्ञानिक दुष्प्रभावों से भी बच जाती है जो बचपन में होनेवाले बलात्कारों के परिणामस्वरूप होता है। 'कृष्णा सोबती' के उपन्यास 'सूरजमुखी अँधेरे के' की रत्ती बचपन में हुए बलात्कार का दंश युवावस्था में देह सम्बन्धों के मध्य फ्रीज़्ड होने में और 'गन्दी लड़की' समझे जाने में भोगती है।[30] अमरकान्त इस धारणा को पुष्ट करते हैं कि बचपन में होनेवाले अधिकांश बलात्कार निकट सम्बन्धियों द्वारा ही किए जाते हैं।[31] ''अपना ही घर बेटियों के लिए हिंसा और वधस्थल बनता जा रहा है।''[32] ऐसे मामलों में बच्चियाँ प्रतिरोध नहीं करतीं। बलात्कार करनेवाले सामान्यतः घर के कमाऊ सदस्य होते हैं, बच्चियाँ आश्रिता। बच्चियों को चुप इसलिए भी करा दिया जाता है कि बदनामी होगी। छिन्नमस्ता की प्रिया सगे बड़े भाई से तब तक बलात्कार झेलने को विवश की

जाती रहती है, जब तक वह आत्महत्या की धमकी नहीं दे देती। 'सुन्नर पांडे की पतोह' इस अर्थ में भिन्न है कि एक तो बलात्कार की सिर्फ सम्भावना बनती है, बलात्कार नहीं होता। दूसरे परिवार के मध्य इस घटना को छिपाया नहीं जाता। जिस प्रश्न, समस्या की ओर अमरकान्त हमारा ध्यान आकृष्ट कराना चाहते हैं, वह है, बलात्कार का भय सम्मुख होने पर बाहर बदनामी के खतरे को देखते हुए बेटी के हाथ पीले करने में जल्दबाजी की जाती है। 'वर पक्ष' की या तो अधिक खोजबीन की ही नहीं जाती अन्यथा, जल्दबाजी में समझौता भी कर लिया जाता है, 'खोटा सिक्का' मान ली गई स्त्री का विवाह आसान नहीं। यह नहीं सोचा जाता कि यदि राही घर-परिवार नहीं मिला तो बेटी का भविष्य क्या होगा।

बलात्कार ने 'सूरजमुखी अँधेरे के' की 'रत्ती' का सेक्स जीवन प्रभावित किया था परन्तु बलात्कार की आशंका के भय ने राजलक्ष्मी के भविष्य के रास्ते अँधेरे में गुम कर दिए। राजलक्ष्मी का विवाह नाकमाऊ झुल्लन पांडे से किया जाता है, जिस पर माँ अतिराजी का अतिशय नियन्त्रण है। आत्मविश्वास की कमी और माँ की दाम्पत्य सम्बन्धों में घुसपैठ झुल्लन पांडे को वैरागी बना देती है और राजलक्ष्मी ('सुन्नर पांडे की पतोह') की यन्त्रणा का अन्तहीन सिलसिला आरम्भ हो जाता है। दूसरे बलात्कार की सम्भावना राजलक्ष्मी के जीवन में पति के घर छोड़कर जाने के बाद बनती है। अकेली स्त्री सब की सम्पत्ति समझी जाती है, कमजोर भी। बलात्कार करनेवाले की मानसिकता में कमजोर को हस्तगत करने की भावना प्रबल होती है। यही मानसिकता अपने से निचले तबके की स्त्रियों के साथ बलात्कार में भी व्यक्त होती है।[33] सुन्नर पांडे का बहनोई रामजस तिवारी सहानुभूति और बेचारगी की आड़ में सुन्नर पांडे की पतोह के साथ छेड़-छाड़ और शारीरिक सम्बन्ध बनाने की कोशिश करता है। सुन्नर पांडे की पतोह सीधा खुला विद्रोह नहीं कर पाती, बदनामी का भय ऐसी स्त्रियों के साथ अधिक होता है, जो पति के साथ नहीं होती। परित्यक्त लड़की समाज में एक निकृष्ट पदार्थ के रूप में देखी जाती है।[34] प्रभा खेतान का विचार है कि लाल घंघरिया में सब दाग छिप जाते हैं और सफेद वस्त्र पर कीचड़ का एक छींटा भी साफ दिख जाता है।[35] सुन्नर पांडे की पतोह ज्यादतियाँ चुपचाप सहन नहीं करती, प्रतिरोध करती है। अपने हाथ के कड़े से वार करती है। अपने को बचाने में सफल हो जाती है परन्तु यह प्रयत्न भी उसके पक्ष में नहीं जाता। एक बार किसी स्त्री के जीवन में झाँकने की गुंजाइश बनते देख परिवार के दूसरे सदस्य भी हस्तगत करने की कोशिश करने लगते हैं। सास द्वारा ससुर को आमन्त्रण कि बहू के साथ 'बहती गंगा में हाथ धो लें'[36] प्रश्न खड़ा करता है कि अकेली स्त्री कहाँ सुरक्षित है। अकेली स्त्री के संघर्ष को सबसे

पहले हिन्दी साहित्य में सियाराम शरण गुप्त ने 'नारी' में सशक्त ढंग से रेखांकित किया था, वैयक्तिक कामनाओं के साथ स्त्री की गरिमा के सम्मान का यह उपन्यास महत्त्वपूर्ण है, लेकिन 'सुन्नर पांडे की पतोह' में स्त्री का बलात्कार का प्रतिरोध उसे ताकत सौंपने के बजाय यह सन्देश क्यों प्रेषित करता है कि एक व्यक्ति ने बलात्कार का प्रयास किया है अतः दूसरों के लिए द्वार खटखटाने की सम्भावना बनती है। अपने ससुर के हाथों छली जाने की आशंका होते ही सुन्नर पांडे की पतोह घर छोड़ने पर विवश हो जाती है। अन्य प्रकरणों में स्त्री के विवाह संस्था से इतर देह सम्बन्ध उसे बेघर करते रहे हैं[37] किन्तु सुन्नर पांडे की पतोह बलात्कार के भय के आतंक से बेघर होती है, निराश्रित बिना किसी हुनर के जीवन संघर्ष में उतरती है। जीवन यापन के लिए उसे खाना बनाने के अतिरिक्त कुछ नहीं आता, जिन्दा रहना ही बड़ा संघर्ष बन जाता है, किसी वृहत्तर उद्देश्य के लिए राजलक्ष्मी नहीं जीतीं, माता-पिता की मृत्यु, पिता के परिवार में लौटने की सम्भावना समाप्त कर देती है। संघर्ष करती अकेली स्त्री को साहित्य में परखें तो पाएँगे कि मैत्रेयी पुष्पा के उपन्यास 'इदन्नमम' की बलात्कृत मन्दा जहाँ गाँव के विकास का वृहत्तर उद्देश्य अपने सामने रखती है,[38] विवाहेत्तर सम्बन्ध रखने वाली मदन दीक्षित की 'मोरी की ईंट' की दलित स्त्री अपनी आर्थिक स्थिति बेहतर बनाने का लक्ष्य सामने रखती है।[39] क्षितिज शर्मा के उपन्यास 'उकाव' की श्यामा विवाह पूर्व यौन सम्बन्धों के परिणामस्वरूप गर्भवती होती है, कठिन पहाड़ी जीवन के बीच वह अपने बच्चे को जन्म देती है। पति के बिखरे परिवार को तिनका-तिनका समेटती है, बेटे के भविष्य को जी तोड़ मेहनत से सँवारती है।[40] सुन्नर पांडे की पतोह, त्याग, बलिदान, संघर्ष के बावजूद बाहरी स्त्री ही साबित होती है। सुन्नर पांडे की पतोह का जीवन बिना किसी बड़े लक्ष्य के समाप्त हो जाता है। वह जिन परिवारों में खाना बनाती है, वहाँ के सुख-दुख में शामिल अवश्य होती है किन्तु अपने लिए सिर्फ शवयात्रा में प्रतिष्ठित जन ही जुटा पाती हैं। लोगों का विश्वास जीतने के बाद भी कोई महत्त्वपूर्ण मुकाम उसे उपलब्ध नहीं होता। बलात्कार का भय उसे बार-बार विस्थापित करता है, उसे बार-बार अपनी ज़मीन से कटना पड़ता है। वह रास्ता बदलने को विवश होती है, प्रश्न उठता है कि क्या बलात्कार का भय का यही इलाज है ?

बलात्कार की सम्भावना तीसरी बार तब बनती है जब सुन्नर पांडे की पतोह जीवन यापन के लिए पेशकारिन के घर रोटी बनाने का कार्य करती हुई, अपने लिए, खाना, कपड़ा और छत जुटाने में सफल होती है। जीवन में कुछ स्थायित्व आने को है और बलात्कार से उसका पुनः सामना होता है। इस बार वह सुखदेव

ट्यूटर के रूप में आता है। सुन्नर पांडे की पतोह मुकाबला करती है, मन ही मन डरने के बावजूद बलात्कार की कोशिश करनेवाले की उँगलियाँ कैंची से काट देती है।[41] सुन्नर पांडे की पतोह का यह संघर्ष और अपने को बचाते जाना पुनः स्त्री के पक्ष में नहीं जाता और घरों में काम करनेवाली स्त्रियों की असुरक्षा के प्रश्न को सम्मुख रखता है। पेशकारिन का पति 'मन्नीलाल' ओछी हरकतों पर उतर आता है और एक बार फिर सुन्नर पांडे की पतोह 'आसरा' छोड़कर बेघर हो जाती है। अमरकान्त बलात्कार के प्रश्न पर बच्चियों के साथ होनेवाले बलात्कार, उसके परिणाम, विवाहिता अकेली स्त्री के साथ होनेवाले बलात्कार, घरों में काम करनेवाली स्त्रियों के मालिकों द्वारा होनेवाले बलात्कार के माध्यम से स्त्री के संघर्ष को व्यक्त करते हैं। स्त्री के प्रतिरोध को व्यक्त करते हैं, किन्तु यह प्रतिरोध अन्य पुरुषों को डराता नहीं, स्त्री को सुरक्षा नहीं देता, उसे ताकत नहीं सौंपता।

समाज के कोण से देखें तो बलात्कार ही मात्र ऐसा अपराध है जिसमें समाज की दृष्टि बलात्कार करनेवाले अपराधी के स्थान पर बलात्कार की शिकार स्त्री की ओर टिकती है, स्त्री दोषी भी ठहराई जाती है, सामाजिक लाँछना, अपमान स्त्री के हिस्से में आता है। बलात्कार का प्रश्न अब यद्यपि सौ पर्दों में छिपाने का विषय नहीं रह गया है, रिपोर्ट की जा रही है, प्रकरण सामने आ रहे हैं परन्तु समाज की मानसिकता में अधिक फर्क नहीं आया है, 'सब कुछ लुट जाने' का अहसास जब-तब स्त्री को दिया जाता रहा है। ऐसे में चित्रा मुदगल के उपन्यास 'आवां' की स्मिता द्वारा अपनाया गया विकल्प ही कारगर साबित होता है, बलात्कारी से बचने के लिए हत्या के विकल्प को स्मिता स्वीकार करती है। भले ही बलात्कारी अपना पिता ही क्यों न हो। अरविन्द जैन भी याद दिलाना नहीं भूलते 'आत्मरक्षा में की गई हत्या, हत्या नहीं होती।'[42] बलात्कार को यदि चुपचाप सहा गया तो सिलसिला कभी खत्म नहीं होगा, वह इदन्नमम की सुगना की शक्ल में या तो शव में बदल जाएगा अथवा सुन्नर पांडेय की पतोह को बेघर करता रहेगा। यद्यपि इस बात के लिए अमरकान्त का दृष्टिकोण परखने लायक है कि सुन्नर पांडे की पतोह न तो किसी कोठे पर पहुँच अपना जीवन नष्ट करने का विकल्प चुनती है, न ही आत्महत्या कर कायर साबित होती है। जीवन के संघर्ष को अपने सीमित साधनों के साथ झेलती है, हारती, टूटती नहीं। एक हँसते-खेलते, सम्पन्न परिवार की इकलौती कन्या का यह हश्र त्रासद होते हुए भी काबिले तारीफ हो जाता है। अमरकान्त जीवन के पक्ष में स्त्री की जीत को रेखांकित करने में सफल होते हैं। बलात्कार की छाया का आतंक पूरे उपन्यास में पसरा है, विस्थापित होकर भी जिजीविषा में विकल्प की तलाश, स्त्री संघर्ष के पक्ष में उपन्यास को खड़ा करता

है। बलात्कार के प्रश्न पर समकालीन लेखन की बदली हुई दृष्टि, जीवन में स्त्री को दिशा देती है और रचना में विकल्प सौंपती है।

(ग) नर नारी : कृष्ण बलदेव वैद

उत्तराधिकार के प्रश्न–संविधान के अनुच्छेद 14 के द्वारा कानून के सामने और कानून द्वारा समानता की घोषणा की गई है। अनुच्छेद 15 के द्वारा जाति, धर्म, लिंग और जन्म स्थान के आधार पर किसी से कोई भेदभाव नहीं किया जाएगा।

- संविधान के प्रथम संशोधन के माध्यम से 1951 में ही अनुच्छेद 21 बी में यह प्रावधान कर दिया गया है कि संविधान के नौंवे परिशिष्ट में बने कानूनों (उत्तराधिकार सम्बन्धी) की संवैधानिक वैधता को इस आधार पर चुनौती नहीं दी जा सकती कि वे मौलिक अधिकारों का हनन करते हैं।[43]
- 'पितृसत्तात्मक परिवारों में सम्पत्ति के उत्तराधिकार के लिए वैध सन्तान और वैध सन्तान के लिए विवाह संस्था अनिवार्य है।'[44]

सम्पत्ति के उत्तराधिकार का प्रश्न स्त्री की स्थिति और भूमिका के निर्धारक कारकों में महत्त्वपूर्ण है। पितृसत्तात्मक व्यवस्था के मध्य उत्तराधिकारी एवं स्त्री उत्तराधिकार का प्रश्न पुत्र-वारिस, विवाह-संस्था की अनिवार्यता, यौन शुचिता एवं नपुंसकता के प्रश्नों तक विस्तार पाता है। यह प्रश्न पत्नी-पति, बहिन-भाई, माँ-बेटे के सम्बन्धों को किस प्रकार परिचालित करता है, कैसी मानसिकता को विकसित करता है एवं बाँझत्व और पुंसत्वहीनता के प्रश्न स्त्री और पुरुष के जीवन में कैसे व्याख्यायित होते हैं, 'नर नारी' के माध्यम से परखा जा सकता है। इस प्रश्न के बीच स्त्री की प्राप्त स्थिति क्या है एवं उस स्थिति में परिवर्तन की क्या सम्भावनाएँ बन सकती हैं, बनी है का विश्लेषण भी 'नर नारी' के अध्ययन का माध्यम बन सकता है। 'नर नारी' को देखने का यह दृष्टिकोण उपलब्ध समीक्षाओं से भिन्न इस अर्थ में है कि अब तक अधिकांशतः 'नर नारी' को देह विमर्श के कोण से ही देखा-परखा गया है–बात चाहे 'समानता, स्वतन्त्रता' की की गई हो, आदिम सुख की, अथवा पुरुषवादी मानसिकता के भयावह तन्तुओं की। नर-नारी सम्बन्धों में स्वतन्त्रता-समानता की चर्चा करती हुई शशिकला त्रिपाठी स्वीकारती हैं कि 'स्त्री-पुरुष समानता के कई आयाम हो सकते हैं–राजनीतिक, सामाजिक, पारिवारिक और उनसे जुड़े कई मुद्दे, किन्तु कृष्ण बलदेव वैद का केन्द्रीय कथ्य बिन्दु है स्त्री-पुरुष सम्बन्धों की समानता। सम्भोग। जहाँ हर स्त्री-पुरुष केवल नर और मादा है।'[45] हेतु भारद्वाज के अनुसार कृष्ण बलदेव वैद का 'नर नारी' नामक

उपन्यास एक तो नर और नारी को उनके आदिम रूप में प्रस्तुत करता है दूसरे इस उपन्यास के मूल में यह तथ्य है कि नर-नारी के सम्बन्धों को केवल एक ही प्रवृत्ति तय करती है और वह है काम या यौन। इस उपन्यास के जितने भी पात्र हैं उनकी दुनिया का विस्तार उनके यौन सम्बन्धों से आगे नहीं बढ़ पाता।'[46] ज्योतिष जोशी का मानना है कि कृष्ण बलदेव वैद ने 'नर नारी' में स्त्री की नियति, उसकी स्वतन्त्रता, उस स्वतन्त्रता में निर्बन्ध विचरण के परिणाम, और इसके समानान्तर पुरुषवादी मानस के भयावह तन्तुओं को खोला है। बाँझ माँजी, रसीला, सीमा, मीनू आदि स्त्रियों की अपनी जिन्दगी नारी मुक्ति के विमर्श का आधार नहीं है क्योंकि देह ही वह मानदंड नहीं है जो पुरुष और स्त्री की बराबरी सुनिश्चित करती है। नारी मुक्ति केवल दैहिक उत्तेजनाओं तक सीमित नहीं है, उसके लिए एक ठोस दृष्टि की अपेक्षा होती है और वह दृष्टि यहाँ की स्त्रियों में नहीं मिलती।'[47] समीक्षाओं के बरक्स उस 'ठोस दृष्टि' पर विचार किया जा सकता है जिसकी ओर आद्यान्त कृष्ण बलदेव वैद संकेत करते रहे हैं। देखा जा सकता है कि 'नर नारी' में उत्तराधिकार का प्रश्न स्त्री देह, सामाजिक सम्बन्धों, आर्थिक स्थितियों और स्त्री-पुरुष मानसिकता को किस रूप में देखता-परखता है एवं भिन्न-भिन्न सम्बन्धों में इसकी परिणति किस रूप में हुई है।

विवाह एवं उत्तराधिकारी–विवाह स्त्री जीवन का अनिवार्य विकल्प रहा है। विवाह का उद्देश्य स्त्री के लिए आर्थिक, सामाजिक सुरक्षा, देह सम्बन्धों की वैधानिक मान्यता और सामाजिक सम्मान का कारण बनता है। पुरुष के लिए 'अपना बच्चा पैदा करने का माध्यम'। स्त्री जीवन की सार्थकता बच्चे पैदा करने में है, उसे बचपन से सिखाया जाता है। 'टिपिकल औरत तो तैयार होकर आती है बेबी के लिए, चाहती है पहली रात से ही शुरू हो जाए कोशिश। उसकी माँ ने उसे समझा रखा होगा, बेटी बेबी में देर मत करना।'[48] पुरुष के लिए 'औरत बस बच्चा पैदा करने के लिए या मजे के लिए।'[49] 'बीबी सिर्फ बच्चा पैदा करने के लिए, मजे के लिए तो बाहर संसार पड़ा है।'[50] 'बाहर मुँह मारने में मजा तब तक जब अपनी बीबी कब्जे में हो।'[51] 'जूठी औरत किस काम की मतलब जूठी बीबी।'[52] मम्मी ने प्रेशर डालना शुरू कर दिया है अब बेबी होना चाहिए। बेबी के बिना घर सूना।[53] बीबी, मम्मी की सेवा करे, बच्चे पैदा करे, रात को मुझसे पिटकर सो जाए, मुझे कुछ और नहीं चाहिए।[54] बच्चा पैदा करने में स्त्री की सहमति और इच्छा का कोई स्थान नहीं, उसे तो वारिस देना ही होगा। घर के अन्दर गर्भ निरोधकों की कोई भूमिका नहीं। स्त्री की इच्छा की कोई भूमिका नहीं। मैंने कॉण्डम चढ़ाना बन्द ही इसीलिए किया था ताकि प्रेगनेन्सी हो। एक बात

की तरफ न जाने मेरा ध्यान पहले क्यों नहीं गया। जब से मैंने कॉण्डम चढ़ाना बन्द किया है साली ने सेक्स बन्द कर दी है, यह कनेक्शन मैंने पहले क्यों नहीं नोट किया।'[55] 'जो हो अब कॉण्डम यूज़ नहीं करूँगा बाहर तो करता ही हूँ, करना भी चाहिए लेकिन घर में क्यों करूँ ?'[56] 'पत्नी के इनकार पर बच्चे के लिए पत्नी से बलात्कार अपराध तो नहीं।'[57] पत्नी के इनकार पर बलात्कार भी किया जा सकता है बच्चे के लिए। प्रश्न यह भी महत्त्वपूर्ण है कि पत्नी से अपना बच्चा ही चाहिए किसी और का बच्चा यदि पत्नी ले आती है तो विवाह संस्था के उद्‌देश्यों का क्या होगा ?[58] पत्नी के बच्चे के लिए, स्त्री कोख में पलनेवाले बच्चे के साथ पुरुष की सहानुभूति क्यों हो ? भेदभाव, बच्चे के पिता का पता लगते ही सामने आ जाता है।[59] अपने लिए 'सुअर' (राजेश) भले स्वीकार करे कि वह 'दस को चख चुका है, किन्तु पत्नी तो शी कान्ट बी प्रेगनेन्ट विदाउट माई नॉलेज।[60] कृष्ण बलदेव वैद जानते हैं विवाह संस्था का उद्‌देश्य 'अपना बच्चा' पैदा करना ही नहीं है, अपना बेटा पैदा करना भी है। 'मेरी विश मेरे घर बेटी हो ही नहीं कम से कम तीन बेटे हों। बेटी इज़ ए प्राब्लम नथिंग बट ए प्राब्लम।'[61] वक्त बदलने के बावजूद हमारी मानसिकता वेदयुगीन ही है कि हमारे यहाँ बेटों का जन्म हो और बेटियाँ कहीं और पैदा हों।[62] 'यदि लड़की हुई तो सफाया। टेक्नॉलॉजी का फायदा तो उठाना ही चाहिए।'[63]

कन्या को जन्म लेने का अधिकार नहीं, यह टेक्नॉलॉजी ने सम्भव बनाया है। जब यह टेक्नॉलॉजी सम्भव नहीं थी तब भी कन्या के जन्म लेते ही मार देने के सैकड़ों उपाय प्रयोग में लाए जा रहे थे। बेटे का जन्म प्रतिष्ठा से जुड़ता है अतः पुत्री को गर्भ से अपदस्थ होना ही होगा। 1990 के आस-पास दक्षेस देशों द्वारा मनाए जा रहे बालिका वर्ष के समानान्तर एलिजाबेथ बूमिलर की उन्हीं वर्षों में प्रकाशित पुस्तक 'बी ए मदर ऑफ हण्ड्रेड संस' द्वारा प्रस्तुत आँकड़ों को रखकर देखें तो समाज का बेटे और बेटी के प्रति दृष्टिकोण एकदम साफ हो जाता है। उच्च, मध्य, निम्न वर्ग हों या शहर अथवा गाँव के लोग, बालिका शिशु भ्रूण हत्या के आँकड़े स्त्री के प्रति होनेवाले षड्यन्त्र का पर्दाफाश करते हैं।[64] इस सन्दर्भ में Infaticide Act of 1870 पर केन्द्रित मालविका कस्तूरी का शोध प्रपत्र अध्ययन योग्य है जहाँ वे ब्रिटिश भारत में जहाँ-जहाँ यह कानून लागू था के कन्या हत्या के दिल दहलानेवाले तथ्य सम्मुख रखती है।[65] एक स्त्री की हत्या को 100 ब्राह्मणों की हत्या के बराबर माननेवाले शास्त्रों में विश्वास रखनेवाला यह देश स्त्री का कोख में आना वर्जित करता है। अधुनातन विद्वान तो अब कन्या को गर्भ में आने ही नहीं देना चाहते। कन्या भ्रूण हत्या के खिलाफ बनाए गए कानून तोड़ने के उपाय

तब तक कारगर होते रहेंगे जब तक सामाजिक स्वीकृति स्त्री के पक्ष में नहीं जाती। X, Y फेक्टर को पहले से अलग करनेवाली थेरेपी Density Gradient Method आधी दुनिया के खिलाफ जाती है।[66]

सम्पत्ति का अधिकार एवं माँ-बेटे के सम्बन्ध–कन्या जन्म के विरोध के पीछे जहाँ पुरुष मानसिकता उत्तराधिकार में सम्पत्ति का बँटवारा और सम्पत्ति के दूसरे के घर जाने की आशंका कार्य करती है। स्त्री मानसिकता इसे अपने भविष्य की असुरक्षा के साथ रखकर देखती है। बेटी बड़ी होकर मेरी तरह ही असम्मानजनक स्थिति झेलेगी। यदि कन्या जन्म का दुख इस दृष्टि से मनाया जाए तो सम्भवतः स्त्री के पक्ष में जाता है।[67] परन्तु पितृसत्तात्मक परिवार में बेटे की माँ की पद-प्रतिष्ठा (पहले बेटा न हो तो औरत का मान मिट्टी में)[68] और माँ की बेटे में अपने सुरक्षित भविष्य की छवि की तलाश[69] 'उसे कन्या के जन्म पर खुश नहीं होने देता।' इसीलिए बेटी के जन्मते ही माँ के स्तन से दूध सूख जाता है।[70] स्त्री के पास यदि आर्थिक/सामाजिक स्वतन्त्रता हो तो बेटे का मुँह जोहना सम्भवतः कम हो। स्त्री के पास सामान्यतः अपनी सम्पत्ति होती नहीं है, यदि है भी और वह अपनी सम्पत्ति को अपने बुढ़ापे को देखकर बेटे के पक्ष में करती रहेगी तब बेटी और बहन के हक में बेदखली के अतिरिक्त कुछ भी आना सम्भव नहीं। फ्रायड की दृष्टि से इसे इडिपस कॉम्प्लेक्स से जोड़कर देखें तो मातृरति की यह भावना माँ-बेटे के सम्बन्धों की कीमत पर बेटे के दाम्पत्य सम्बन्धों को दीमक लगाती है। माँ के लाल बीवियों के लिए बेकार हो जाते हैं।[71] वहीं बेटी के प्रति माँ की उपेक्षा बेटी को बाहरी व्यक्ति घोषित करती है,[72] माँ के जीवन में पुत्र की अहमियत पति से बढ़ा देती है।[73] स्त्री (माँ) का यह निर्णय स्त्री (बेटी/बहू) के पक्ष में नहीं जाता। माँ-बेटे पर कब्जे का प्रश्न ठीक इसी तरह अमरकान्त 'गुन्नर पांडे की पतोह' में उठाते हैं। जहाँ एक ओर यह प्रवृत्ति बेटे 'झुल्लन पांडे' का स्वतन्त्र व्यक्तित्व विकसित नहीं होने देती वहीं दाम्पत्य सम्बन्धों में माँ 'अतिराजी' की अतिशय दखल बेटे के मन में विरक्ति पैदा करता है, बेटा घर छोड़ कर चला जाता है, 'राजलक्ष्मी' को संघर्ष करने अकेला छोड़कर।[74] मुखिया होने पर स्त्री पितृसत्ता के एजेन्ट की तरह व्यवहार करने लगती है, इस सन्दर्भ में संजय गांधी की मृत्यु के उपरान्त इन्दिरा गांधी का संजय गांधी की छोड़ी गई सम्पत्ति में हिस्से की माँग करना और उसे अपने पोते वरुण गांधी को देने की पेशकश करना न्यायालय की नजरों में उन्हें ममतामयी और उदारवादी दादी माँ के रूप में भले ही प्रशंसित करे परन्तु यदि तह में जाकर देखें तो पाएँगे कि इन्दिरा गांधी की पेशकश ने मेनका गांधी के अधिकारों का हनन किया है। इस प्रसंग पर चर्चा करते हुए अरविन्द

जैन कहते हैं–'लगता है कि यहाँ इन्दिरा गांधी सिर्फ एक स्त्री या दादी माँ की भूमिका में नहीं है, परिवार की मुखिया भी हैं और यहाँ उनकी भूमिका मुख्यतः पितृसत्ता के रूप में ही दिखाई देती है। पूँजी के पुत्राधिकार के इस खेल से समाज में इस मिथ को ज़मीन मिलती है कि 'औरत ही औरत की दुश्मन है।'[75]

सम्पत्ति का अधिकार और बहन/बेटी की स्थिति–पुरुष मानसिकता में बहन/बेटी के प्रति दायित्व दहेज देकर विवाह कर दूसरे घर भेज देने तक सीमित हो जाता है। 'नर नारी' का पुरुष पात्र सुअर अपनी बहन रसीला के प्रति प्रतिद्वन्द्विता का भाव रखता है। उसके विचार जगत में या तो पत्नी से जुड़े देह के प्रश्न कौंधते रहते हैं या बहन से जुड़े सम्पत्ति के। वह बहन के अधिकारों के प्रति सजग नहीं, न ही उसके अधिकारों का रक्षक है।[76] 'सुअर' की बहन 'रसीला' जानती है कि राखी टीका सब ढोंग है। लड़की को दान नहीं, भीख नहीं, रक्षा नहीं, दहेज और चिकनी-चुपड़ी बातें नहीं चाहिए। स्त्री को उसका हक, ज़मीन, मकान, आजादी, इज्जत चाहिए।[77] यद्यपि रसीला अपने अधिकारों के लिए भाई से नहीं लड़ती लेकिन माँ और भाई की चिन्ता लगातार यही है कि कहीं रसीला अपना हक न माँगने लगे। 'उससे तो अब एक ही खतरा। कहीं दावा न कर दे। मुझे तो खतरा था कि शादी के बाद शंकर रसीला को उकसाएगा अपना हिस्सा माँगो। हमने दहेज नहीं लिया जायदाद में हिस्सा दो। मैंने सोचा था शादी हो गई कमबख्त की छुट्टी हुई लेकिन किसी दिन झंडा लेकर आ खड़ी होगी दरवाजे पर और चिल्लाना शुरू कर देगी मुझे मेरा हिस्सा दो।'[78] पुरुष को न दिमागी बहन चाहिए न बीबी।[79] हाँ, पत्नी के परिवार से अगर सम्पत्ति मिलती है तो उसे स्वीकार है परन्तु बहन को देना स्वीकार्य नहीं।[80] 'रसीला किसी दिन अपना हिस्सा माँगेगी तो नाकों चने चबवा दूँगा' समझती क्या है[81] 'लड़की को जायदाद देने का मतलब जायदाद की बरबादी, उसके टुकड़े-टुकड़े। नारी के राइट्स प्रोटेक्ट करने के बहाने बेड़ा गर्क कर दिया नेहरू ने। हिन्दुओं का यह तो अच्छा ही हुआ कि कोई उस बिल की परवाह नहीं करता। करनी भी नहीं चाहिए। अगर फेमिली सिस्टम ही नहीं रहेगा तो जायदाद का क्या फायदा ! और अगर बेटी-बेटे का फर्क मिट जाएगा मतलब औरत-मर्द का फर्क मिट जाएगा तो फैमली कैसे रहेगी ? उसकी जड़ें तो पहले ही खोखली हो चुकी हैं।'[82]

'सुअर' राजेश पितृसत्ता के प्रतिनिधि चरित्र की भाँति अपनी सम्पत्ति अपने और अपने पुत्रों के लिए सुरक्षित रखना चाहता है। स्त्री के हक, आजादी में भारतीय संस्कृति के नष्ट होने की चिन्ता व्यक्त करता है। स्त्री को कमजोर करने

में परम्परागत चरित्र के रूप में सामने आता है।

रसीला अपने भाषणों में स्त्री के हक की बात करती है, उनके अधिकारों के लिए संघर्ष भी करती है। वह जानती है कि उत्तराधिकार में सम्पत्ति नहीं मिलना स्त्री को कमजोर करता है। बेटी को दहेज देकर विदा कर दिया जाता है जो उसके हिस्से में आता ही नहीं परन्तु जब अपने स्वयं के हक की बात आती है रसीला पीछे हट जाती है। लड़ती नहीं। 'हक की बात गलत कानूनी हक की वह मुझे नहीं चाहिए बेशक मैं उसके लिए भी लड़ती हूँ औरों के लिए। कोई वकील मुझे माँ का प्यार नहीं दिला सकता, कोई जायदाद उस घाव को नहीं भर सकता जो मेरे मन में है।'[83] स्त्री अधिकांशतः भावनात्मक सम्बन्धों को आर्थिक सबलता से अधिक वरेण्य समझती रही है और अपने हक की लड़ाई में बिना लड़े ही पराजित होती और क्रमशः कमजोर होती रही है। चेतना सम्पन्न स्त्रियाँ जो दूसरों के हक के लिए लड़ रही हैं, यदि अपने हक में निर्णय लेने में सक्षम नहीं होंगी या निर्णय नहीं लेंगी तो स्त्री के पक्ष में यह लड़ाई कमजोर हो जाएगी। कृष्ण बलदेव वेद इन अर्थों में सम्पत्ति के सम्बन्ध में समाज के रवैये का पर्दाफाश करने के बावजूद संघर्ष की धार तेज नहीं करते।

बाँझत्व और पुंसत्वहीनता का प्रश्न और मुक्त स्त्री–स्त्री के उत्तराधिकार सम्बन्धी प्रश्नों के सन्दर्भ में कृष्ण बलदेव वैद 'बाँझ माँजी' का चरित्र प्रस्तुत करते हैं और सम्भवतः इन प्रश्नों का उत्तर खोजने का प्रयत्न भी करते हैं। स्त्री का बाँझ होना उसके जीवन की व्यर्थता से जोड़ा जाता रहा है। स्त्री के पास पुरुष के नपुंसक होने पर अपनी कामनाओं की पूर्ति के लिए कोई रास्ता नहीं। कानून नपुंसकता के आधार पर तलाक की व्यवस्था देता है, परिवार से बाहर अपनी इच्छाओं की पूर्ति उसे बदचलन साबित करती है, और सन्तान हीनता व्यर्थता बोध। पुरुष स्त्री के बाँझ होने पर रुकता नहीं। तलाक और पुनर्विवाह भारतीय समाज व्यवस्था में पुरुष के लिए जितना सहज है स्त्री के लिए नहीं। तमाम ताने और लाँछन सहने के बाद भी 'बाँझ माँजी' इस निष्कर्ष पर पहुँचती है कि स्त्री के जीवन में परिवार और बच्चों की भूमिका बन्धनकारी है, चौका, चूल्हा, बच्चे पालने में ही मर-खप जाती है स्त्री और वार्धक्य में भी अपने ही बेटों की गुलाम। बाँझ माँजी प्रश्न उठाती है कि स्त्री बच्चे जनती है इसलिए कैद क्यों ?[84] 'मैं बेऔलाद न होती तो इतनी आज़ाद न होती अन्दर से। औलाद औरत की जंजीर।[85] इस आजादी की कीमत औलाद।[86] बाँझ माँजी नई पीढ़ी से अपने हक के लिए लड़ने की उम्मीद करती है, डरने की नहीं।[87] परिवार को स्त्री का दुश्मन समझती है। 'परिवार प्यार का दुश्मन, परिवार औरत का दुश्मन। बेशक परिवार खड़ा औरत पर।'[88]

'बाँझ माँजी' पुरुष पति के नपुंसक होने पर विवाहेत्तर सम्बन्धों के माध्यम से अपनी दैहिक आवश्यकताओं की पूर्ति अवश्य करती है किन्तु 'राजा निरबंसिया'[89] की तरह विवाहेत्तर सम्बन्धों से सन्तान पति के परिवार में नहीं लाती, वह बच्चा गोद भी नहीं लेती, हाँ इस बात के लिए दुखी अवश्य होती है कि पुरुष की नपुंसकता ने 'बाँझ माँजी' का खिताब उसे सौंपा है। स्त्री अपने बुढ़ापे के लिए आत्मनिर्भर हो, तो बच्चों की अनिवार्यता खत्म हो जाती है, सम्पत्ति का वारिस अपनी कोख और पति की वंश परम्परा में खोजने के बजाय नारी के हक में लड़ रही रसीला को और बाला जो उसकी बुढ़ापे में सेवा कर रही थी, बनाना अधिक उचित समझती है। कृष्ण बलदेव वैद स्त्री उत्तराधिकार के मध्य स्त्री की ताकत तो रेखांकित करते ही हैं भविष्य की स्त्री के लिए प्रभा खेतान की भाँति पुत्राधिकार के अतिरिक्त विकल्प भी सुझाते हैं।

जैसा कि अरविन्द जैन 'उत्तराधिकार बनाम पुत्राधिकार' में स्वीकार करते हैं 'परिवार और पूँजी का सम्पूर्ण स्वामित्व और नियन्त्रण मर्दों के हाथों में होने के कारण, समाज और राजसत्ता के सभी क्षेत्रों में स्त्रियों की स्थिति न के बराबर है। निर्णय लेने के प्रायः सभी मुख्य केन्द्रों पर मर्दों का सर्वाधिकार सुरक्षित है, जिसकी वजह से स्त्री के हिस्से में सिर्फ एक अँधेरा कोना ही बचा रह गया है।

जब तक उत्तराधिकार कानूनों के माध्यम से दुनिया के तमाम उत्पादन के साधनों और विवाह संस्था (और वेश्यावृत्ति व्यवसाय) के आधार पर उत्पत्ति के साधनों (यानी स्त्री देह, योनि, कोख) पर पुरुष वर्चस्व बना रहेगा या कहें कि पूँजी पर पुत्राधिकार बना रहेगा, तब तक नारी मुक्ति, समानाधिकार, न्याय, स्वतन्त्रता, सम्मान, पहचान या गरिमा का सपना साकार होना असम्भव है। पूँजी में बराबर का बँटवारा इतनी आसानी से पितृसत्ता करनेवाली भी नहीं। मानवाधिकारों का जितना चाहे शोर मचता रहे।[90] 'नर नारी' उत्तराधिकार के प्रश्न पर स्त्री के पक्ष में महत्त्वपूर्ण बहस का आरम्भ करता है। इसी परिप्रेक्ष्य में स्त्री के देह और देह के बहाने पति की सम्पत्ति और शेष विश्व के लिए 'वस्तु' समझे जाने की मानसिकता, षड्यन्त्रों, उसके परिणामों पर विचार के लिए जमीन प्रस्तुत करता है। 'देह सम्पत्ति के विमर्श' की जड़ों पर प्रहार करता महत्त्वपूर्ण उपन्यास बन जाता है। कृष्ण बलदेव वैद भविष्य की स्त्री के लिए रास्तों का संकेत भी करते हैं, जो स्त्री को स्वयं खोजने हैं। अपनी मुक्ति के रास्ते स्त्री को स्वयं खोजने होंगे। विचार के स्तर पर नहीं, व्यवहार के स्तर पर भी चैतन्य होने की आवश्यकता है।

(घ) मोरी की ईंट : मदन दीक्षित

स्त्री की जिजीविषा–अलेक्सान्द्र कुप्रिन द्वारा लिखित उपन्यास 'यामा' (हिन्दी अनुवाद–'गाड़ीवालों का कटरा') 1909 में प्रकाशित हुआ। कुप्रिन के व्यक्तिगत अनुभवों में अनाथालय में बीता बचपन, युवावस्था का सैनिक जीवन और लम्बी अवधि तक वेश्यालयों को पास से देखने का अनुभव उनकी रचनाओं में दर्ज है। स्वयं वेश्या न होते हुए भी 'यामा' में उनकी अनुभूति की तीव्रता वैसी ही है जैसी अनाथालय, सैनिक जीवन से जुड़ी रचनाओं में। मदन दीक्षित के जीवन के स्वतन्त्रता आन्दोलन से जुड़े वर्ष दलित बस्तियों से जुड़े वर्ष भी हैं। गैर दलित पुरुष द्वारा दलित स्त्री के बारे में विचार करना 'स्वानुभूति और सहानुभूति के विवाद'[91] पर चर्चा का महत्त्वपूर्ण माध्यम होगा। राजेन्द्र यादव गैर दलित लेखक के दलित लेखन को दलित स्थिति और दलित मानसिकता के बीच गहरे संवाद और सम्बन्ध से जोड़ते हैं। स्त्री के साथ जुड़ना भी वे अपनी निरीहता, निर्दोषिता और सामाजिक अन्याय को अपने आप से बाहर देखने और पहचानने का माध्यम मानते हैं 'अन्याय की यातना लेखकों को स्त्री के साथ जोड़ती है। यह दो अन्यायों के बीच साधारणीकरण है।'[92] 'अमृतलाल नागर ने 'नाच्यो बहुत गुपाल' में निर्गुनियाँ के बहाने अपने अन्दर की स्त्री और उसके दलित की कहानी ही कही है, जिस तरह 'परिशिष्ट' में सवर्ण नीलगगा दलित रामौतार के साथ जुड़ती है। 'बाणभट्ट की आत्मकथा' में (हजारीप्रसाद द्विवेदी) 'निउनिया' बण्ड और आवारा बाण को प्यार करती है, 'पीली छतरीवाली लड़की' (उदय प्रकाश) में अंजलि दलित राहुल के प्यार में पागल है।[93] 'मोरी की ईंट' इस परिप्रेक्ष्य में देखें जाने की भी अपेक्षा रखता है।

दलित स्त्री के सामाजिक सन्दभों पर विचार करते हुए कहा जा सकता है कि भारतीय समाज में सामाजिक, आर्थिक, नैतिक मानदंडों के मध्य स्त्री की स्थिति निचले पायदान पर रही है एवं लगभग अपरिवर्तनीय। 'हिन्दू समाज उस बहुमंजिला इमारत की तरह है जिसमें प्रवेश के दरवाजे बन्द हैं तथा जो व्यक्ति जिस मंजिल पर जन्म लेता है उसे उसी में मरना होता है।' [94] डॉ. भीमराव अम्बेडकर के इस कथन को दलित स्त्री के सन्दर्भ में विशेष तौर पर देखा जा सकता है। स्त्री की स्थिति हिन्दू वर्ण व्यवस्था में दलितों की स्थिति के समकक्ष है। यद्यपि यह विषय लम्बी बहस की अपेक्षा रखता है कि उच्च वर्गीय सवर्ण स्त्री भी क्या दलित की भाँति शोषित है और इसी श्रेणी में आती है।[95] वर्तमान सामाजिक व्यवस्था में जहाँ अधिकांशतः दलित और स्त्री दोनों ही प्रताड़ित हैं,दलित

स्त्री का संघर्ष दोहरा तिहरा हो जाता है। उसका संघर्ष एक ओर मनुवादी व्यवस्था से है तो दूसरी ओर पितृसत्तात्मक व्यवस्था से भी। जैसा कि प्रज्ञा लोखंडे का विचार है 'हिन्दू वर्ण व्यवस्था के कारण दलित स्त्री एक ओर पुरुष सत्ता की तो दूसरी ओर जाति व्यवस्था की शिकार बनी। उस पर लिंग भेद और जाति भेद दोनों की वजह से अत्याचार हुए। इनके कारण दलित स्त्री ने जो कुछ सहा, उसकी सृजनात्मक अभिव्यक्ति अभी आना बाकी है।'[96] दलित पुरुषों की स्थिति एवं मानसिकता एक ओर दलित होने के नाते शोषित-प्रताड़ित की है तो पुरुष होने के नाते स्त्री से उसकी अपेक्षा पारम्परिक आदर्श भारतीय स्त्री की रही है। दलित लेखन में भी पुरुष रचनाकारों द्वारा दलित स्त्री के वर्णन में 'स्त्री की छवि बहुत साफ नहीं है, और उन पर आरोप लगे हैं कि वे स्त्री को एक स्वतन्त्र व्यक्ति की हैसियत बहाल नहीं करते।'[97] सन्दर्भ बलन्तु, अक्कर माशी, उपरा, उचल्या कौशल्या बैसन्त्री के दोहरा अभिशाप में देखे जा सकते हैं। इस दृष्टि से 'मोरी की ईंट' की दलित स्त्री संघर्ष गाथा लेखक की स्त्री दृष्टि की गहन पड़ताल की माँग करती है। हिन्दी उपन्यासों के अन्तिम दशक के लेखन में दलित पुरुष अथवा दलित स्त्री द्वारा इस विषय पर उपन्यास उपलब्ध नहीं है, आत्मकथाएँ अवश्य हैं।

'मोरी की ईंट' का स्त्री संघर्ष 'मंगिया' के माध्यम से जगह तलाशती और अपने लिए जगह बनाती दलित स्त्री के भविष्य को रेखांकित करता है। उपेक्षित और नकारा जिन्दगी जीती दलित बस्ती की स्त्रियाँ, जिनके पास न शिक्षा होती है न सम्पत्ति, हर दिन की रोटी के लिए जिन्हें निरन्तर श्रम करना होता है, शोषण और उत्पीड़न के मध्य अपने लिए कोई मुकाम पा सकी है अथवा नहीं, देखा जा सकता है। इंसान के रूप में जीने की कामना यदि उनमें जागती है तो उसके हश्र और सम्भावनाएँ उपन्यास विश्लेषित करता है। गैर दलित लेखकों पर यह आरोप लगे हैं कि 'दलित दमन और शोषण की जंजीरों से मुक्त होने के लिए आतुर हैं तथा अन्याय के प्रतिकार में खड़ा हो रहा है किन्तु सवर्ण साहित्य में उसको अभी भी दीन-हीन दिखाया जा रहा है। दलितों के साथ यह साहित्यिक अन्याय क्यों ?'[98] राजेन्द्र यादव भी अपने सम्पादकीय में ऐसे आरोप लगाते रहे हैं।[99] दलित लेखन में अधिकांशतः सवर्णों द्वारा शोषण, दयनीय स्थिति, मनोबल टूटने के प्रसंग हैं, अधिकांशतः आत्मकथ्य हैं और विपदाओं से सीधे साक्षात् कराते हैं, कई बार उनसे बाहर निकलने की छटपटाहट भी वहाँ गहरे देखी जा सकती है। दया पवार के 'बलन्तु,' शरण कुमार लिम्बाले के 'अक्करमाशी,' ओमप्रकाश वाल्मीकि के 'जूठन,' कौशल्या बैसन्त्री के 'दोहरा अभिशाप' इस

दृष्टि से अत्यन्त महत्त्वपूर्ण रचनाएँ हैं। किन्तु ये सभी आत्मकथ्य हैं, उपन्यासों की श्रेणी या आत्म कथात्मक उपन्यासों की दृष्टि से इन पर विचार नहीं किया जा सकता। 'मोरी की ईंट' दलित जीवन की भीषणता को रेखांकित करने के साथ-साथ उससे बाहर निकलने के रास्तों पर अपना ध्यान अधिक केन्द्रित करता है। 'अक्करमाशी' जहाँ संकर सन्तान के सवर्णों और दलितों के मध्य की जहालत पर अपने आपको केन्द्रित करता है, मोरी की ईंट का अक्करमाशी सोहन उर्फ जॉन अपनी माँ की सूझबूझ के कारण अपने लिए बेहतर परिवेश जुगाड़ पाता है, दलितों के लिए गर्व का विषय बनता है तो मिशनरी के सहारे अपने बेहतर भविष्य की जमानत भी पाता है। 'मोरी की ईंट' की मंगिया अपने लिए एक सुविधाजनक वर्तमान सुरक्षित करती है तो दलित बस्ती के संघर्ष को निरन्तरता भी देती है और अपने बेटे के लिए सुरक्षित भविष्य चुनती है। दलित जीवन के गहरे शोषण के बावजूद उपन्यास इस सन्दर्भ को भी दृष्टि में लाता है कि दलित स्त्रियों की स्थिति कई मायने में गैर दलित स्त्री से बेहतर है। स्त्री की स्थिति दोयम दर्जे की बनाने में नैतिक मानदंड महत्त्वपूर्ण भूमिका अदा करते हैं। यौन शुचिता का मानदंड जहाँ गैर दलित स्त्री से उसके जीने का अधिकार छीन लेता है। मंगिया हेल्थ ऑफिसर डॉक्टर सुरेन्द्र नारायण पांडे से अपने सम्बन्धों की मजबूरी को ताकत में बदल देती है। मंगिया का पति झगदरिया तो शराब की बोतलों और मुफ्त की रोटी के बदले, हेड जमादार हीरालाल को अपनी पत्नी को हेल्थ ऑफिसर की सेवा के लिए सौंपने को तैयार हो जाता है। मंगिया डॉक्टर पांडे से रिश्ते बनाने में स्वेच्छा से माँ बनना स्वीकारती है वहीं अपने पति की मृत्यु पर चूड़ियाँ तोड़ विधवा का वेश नहीं रखती, नई चूड़ियाँ भी पहनती है।[100] वहीं सन्ता अपनी पत्नी की खूबसूरती दिखाकर और उसे कन्हैयालाल की खाँची में पहुँचाकर मट्टी पलीत करता रहता है, परन्तु इससे बाहर निकलने के रास्ते रम्पिया के पास पंचायत में शिकायत के हैं और वह उसका लाभ भी उठा पाती है। सवर्ण स्त्री से भिन्न पुनः विवाह की सम्भावना भी उसके पास है। नैतिकता का प्रश्न गैर दलित स्त्री की भाँति दलित स्त्री के वैवाहिक जीवन में जीवन-मरण का प्रश्न नहीं बनता। गैर दलित स्त्री के जीवन में यही नैतिकता का प्रश्न उसके घर से बाहर निकलने के अवसर क्षीण करता है। मंगिया अपने लिए जगह नहीं तलाश पाती यदि काम पर बाहर जाने के रास्ते उसके पास नहीं होते। डॉ. पांडे की ब्याहता जहाँ अपने पति को मंगिया के साथ शेयर करने पर विवश है, मंगिया परिवार में डॉक्टर पांडे और उनकी पत्नी का स्नेह पाती ही है। काम के स्थान पर डॉक्टर पांडे से अपने

सम्बन्धों के बल पर अपनी पकड़ मजबूत भी करती है। साथ ही उच्च पदस्थों के कच्चे चिट्ठे भी हथियाती है ताकि भविष्य में अपने साथ होनेवाली जबरदस्ती से बचा जा सके। रोजगार, बाहर निकलने के अवसर, यौन नैतिकता की शिथिलता मंगिया अपने पक्ष में उपयोग करने में सक्षम होती है। अपना पैसा, अपना व्यवसाय, अपना घर बनाकर वह अपने लिए ताकत बटोरती है। उसके इस अभियान में वे सारी यन्त्रणाएँ शोषण पृष्ठभूमि में हैं जो स्वयं दलितों और सवर्णों द्वारा दलित स्त्री को मिलती हैं। मंगिया यह ध्वनि भी जीवित रखती है कि पाया उसी ने है जिसने स्वयं संघर्ष किया है, कोई और आपके लिए रास्ता नहीं निकाल सकता।

दलित पुरुष चाहे वह झगदरिया हो या फिर सन्ता, सवर्ण समाज से सुविधा झटकने का कोई अवसर चूकना नहीं चाहते, दाँव पर अपनी स्त्री को लगाना एक बोतल शराब के एवज में सम्भव हो जाता है। 'मोरी की ईंट' में दलित पुरुषों द्वारा अपनी पत्नियों के इस शोषण के खिलाफ आवाज़ नहीं यहाँ तक कि मेहतरों के बीच से आनेवाला हेड जमादार भी ज़रा-सी सत्ता पाते ही अपने वर्ण की स्त्रियों को रिश्वत की तरह इस्तेमाल करने से नहीं चूकता। मदन दीक्षित इसके पीछे की दलित पुरुषों की किसी पीड़ा को रेखांकित नहीं करते, इस कंडीशनिंग के बीच, नैतिक वर्जनाओं का अभाव स्त्री के पक्ष में नहीं जाता। सुन्दर दलित स्त्रियों को बहुमूल्य, सुन्दर वस्तु की भाँति दलित पति, हेड जमादार, स्वास्थ्य विभाग के सवर्ण अधिकारियों को मौज-मस्ती के लिए सौंप देता है।[101] स्त्री का इनकार 'सवर्ण स्त्री के पतिव्रता का ड्रामा'[102] करार दिया जाता है। स्त्री की देह को वस्तु और सम्पत्ति की तरह उपयोग करने की मानसिकता यहाँ साफ देखी जा सकती है।[103]

दलित स्त्री के शोषण में दलित पुरुष की अपेक्षा सवर्ण पुरुषों के हाथ होने को 'मोरी की ईंट' में भी स्वीकारा गया है। ओमप्रकाश वाल्मीकि की कहानी 'सलाम' और रमणिका गुप्ता की 'बहू जुठाई' में यह तीव्रता से देखा जा सकता है। सवर्ण अपने जातीय पौरुष की अभिव्यक्ति दलित स्त्रियों पर सामूहिक बलात्कार, निर्वस्त्र घुमाने में करते रहे हैं। दलित लेखकों की आत्मकथाएँ, प्रतिदिन के अखबार और अन्य मीडिया माध्यम इसे अपने ढंग से रेखांकित करते रहे हैं। छूआछूत मानने वाला सवर्ण पुरुष जो दिन के उजाले में दलितों का छुआ पानी भी नहीं पीता, दलित स्त्री के शरीर को हथियाने में कोई गुरेज नहीं करता। 'मोरी की ईंट' का साहू कन्हैयालाल हेल्थ कमेटी का अध्यक्ष होने के नाते दलित स्त्रियों पर अपने अधिकार को मुफ्त की रोटी, की कीमत पर पतियों को बरगलाकर प्राप्त कर लेता है। रम्पिया बार-बार साहू की खाँची में भेजी जाती है परन्तु मुफ्त की

रोटी स्त्री के हिस्से की नहीं होती, पति सन्ता की होती है। 'मोरी की ईंट' में इस शोषण का रेखांकन आत्म पीड़ा के असहनीय अनुभव के रूप में व्यक्त नहीं होता, दलित स्त्रियों के प्रति सवर्ण व दलित पुरुषों की असंवेदनशीलता, क्रूरता और अमानवीयता के स्थान पर लेखक का उद्देश्य इन स्थितियों से उबरने के प्रयत्नों की ओर अधिक है इसलिए रम्पिया जब अपने अनुभव मंगिया से बाँटती है तब मंगिया जो राहू के दरबार में हाज़री लगाने से इनकार कर चुकी है रम्पिया के पक्ष में उठ खड़ी होती है, पत्नी के शरीर के माध्यम से ऐश करनेवाले पति के खिलाफ पंचायत बिठाती है। रधिया, किशन, हरीलाल के माध्यम से मंगिया अपने लिए ताकत इकट्ठा करती है, क्योंकि वह जानती है कि 'लोग तो ताक लगाए बैठे ही हैं कि कब मंगिया अकेली पड़े और कब वे लोग उसे फिर से ठेठ भंगिन की औकात में पहुँचाकर तमाशा देखें।'[104] शोषण की जंजीरों से मुक्त होने के ईमानदार प्रयत्न अपने लिए व अपने से ज़ुड़े लोगों के लिए, मंगिया में देखे जा सकते हैं। अपने लिए रास्ते बनाने के लिए वह सवर्ण पुरुषों के साथ विद्रोह की मुद्रा के स्थान पर उनका उपयोग करती है। सवर्ण पुरुष के बच्चे की माँ बनकर वह जहाँ अपनी नौकरी में मनचाही जगह सुरक्षित रखती है वहीं डॉ. पांडे का सिफारशी पत्र अपने बेटे की शिक्षा के लिए भी प्रयोग में लाती है। बेटे को पढ़ाने में आनेवाली कठिनाइयों, जैसे माता-पिता का निरक्षर होना, वक्त न दे पाना, निर्धनता यहाँ आड़े नहीं आ पाती क्योंकि बच्चे के भविष्य की सुरक्षा के लिए मंगिया अपने बेटे को ईसाई मिशनरी के निस्सन्तान पादरी को सौंप देती है। ऐसी किस्मत हर दलित बच्चे के हिस्से में यथार्थतः सम्भव नहीं है। जहाँ संघर्ष यहाँ सपाट है वहीं रास्ते भी सरलीकृत हो गए हैं। दलित बच्चों के बेहतर परीक्षा परिणामों के प्रति सवर्णों की हिकारत के कुछ संकेत अवश्य देखे जा सकते हैं।[105] मंगिया एक ओर जहाँ पैसे की ताकत पहचानते हुए पैसा बचाती है वहीं परम्परागत व्यवसाय में दो रोटी के लिए संघर्ष और अस्पृश्यता के अभिशाप को भी पहचानती है, सिर्फ एक बार भर पेट खाने के लिए नहीं हर रोज भर पेट खाने के लिए, बचाए हुए पैसों से रिक्शा खरीदती है, और अपने वर्ग के युवा लड़कों के लिए रोज़गार जुटाती है। वह अपनी पहचान, आत्म सम्मान से जीने के लिए पुश्तैनी पेशे के परित्याग की चेतना का संचार दलितों में करती है। मदन दीक्षित दलित के लिए गैर परम्परागत पेशों के हिमायती हैं इसीलिए सेना, बिजली मेकेनिक जैसे विकल्पों को भी रखते हैं। यद्यपि डॉ. तेज सिंह आक्रामक स्वर में सवर्ण लेखन पर यह आरोप लगाते हैं कि सवर्ण लेखक दलितों को परम्परागत पेशों में बनाए रखकर उन्हें दया का पात्र बनाए रखना चाहते हैं।[106] 'मोरी की ईंट' दलित स्त्री के

स्वनिर्माण के संघर्ष को सवर्ण पुरुषों से देह सम्बन्धों को हथियार की तरह उपयोग करने से शुरू अवश्य होता है किन्तु इसका विस्तार दलित वर्ग में शिक्षा द्वारा चेतना का प्रसार, ईसाई मिशनरी का उपयोग, परम्परागत रोजगारों से मुक्ति में खोजता है। यह संघर्ष सवर्ण बनने का नहीं है न ही स्त्री का पुरुष बनने का। क्योंकि लेखक इस सत्य से परिचित प्रतीत होता है कि सवर्णों की तरह सत्तावान बनने से नए दलितों की शृंखला जन्म लेगी। उपन्यास हैवान बनानेवाली इस व्यवस्था के बीच इंसान की तरह उठ खड़े होने और सपनों से आँख लड़ाने की जिजीविषा पैदा करता है। यह उपन्यास दलित स्त्री की चेतना की विकास यात्रा है जो अपने पैरों पर ख़ड़े होने और अपने लिए जगह बनाने की सतत यात्रा में परिवर्तित हो जाती है। 'मोरी की ईंट' 'घसीटे के पर-पोतों के मन में सम्मान के साथ जीने की ललक'[107] पैदा करता है। स्त्री के लिए सम्भावना का द्वार खोलता है। स्त्री को उम्मीद सौंपता है।

(ङ) नदी को याद नहीं : सत्येन कुमार

ऐश्वर्यलोक और स्त्री स्वातन्त्र्य का प्रश्न–'नदी को याद नहीं' सम्पन्नता में जीती स्त्री के जीवन प्रसंग हैं। सम्पन्न, शिक्षित, बहुआयामी व्यक्तित्व प्राप्त स्त्री के आधुनिक सन्दर्भ क्या है और इन सन्दर्भों में स्त्री का स्वातन्त्र्य कितना सम्भव हो पाया है। स्वतन्त्रता के उपरान्त सर्वेक्षणों में उठाये गए प्रश्नों में पाया गया है कि स्त्री के दुखों या परतन्त्रता का कारण उसकी आर्थिक स्थिति, शिक्षा का अभाव, दैहिक स्वतन्त्रता का अभाव एवं आत्म विश्वास की कमी है परन्तु जहाँ स्त्री उच्च शिक्षित है, अच्छी आर्थिक स्थिति में है, आत्म विश्वास पैदा कर पाई है। वहाँ उसका स्वतन्त्र व्यक्तित्व क्या विकसित हो पाया है, क्या स्त्री के स्त्री होने के नाते कोई संकट वहाँ नहीं है ? स्त्री के व्यक्तित्व के संकट के इन अद्यतन प्रश्नों के मध्य प्रस्तुत उपन्यास के स्त्री चरित्रों का विश्लेषण अपेक्षित है।

'नदी को याद नहीं' के केन्द्रीय चरित्र की सम्पन्नता के मध्य उपन्यास पर नकली सुख-दुख की गाथा[108] का आरोप है तो दूसरी ओर पायल रानी पर त्रियाचरित्र और नाटकबाज होने का आरोप भी।'[109] प्रायः सभी आलोचकों का आरोप है कि पायल रानी जो कि 'नदी को याद नहीं' का केन्द्रीय पात्र है के दुख का कोई ठोस कारण दिखाई नहीं देता। ''आश्चर्य है कि पीली कोठी के जीवन में अपनी स्वच्छन्दता और निर्बन्धता का भरपूर उपभोग कर सकने का सामर्थ्य प्रदर्शित कर चुकनेवाली स्त्री (पायल रानी) को अपना भविष्य पथ तय करने की

आज़ादी नहीं है ? जो इतनी ज़्यादा पढ़ी-लिखी पश्चिमी ढंग के ऐश्वर्यमय जीवन की स्वामिनी हो, काम सम्बन्धों का चयन और भोग में स्वच्छन्द और स्वतन्त्र हो इतनी लाचार और विवश भी हो सकती है ?''[110] ऐश्वर्य में जीती स्त्री सुखी होगी ही यह अनिवार्य नहीं, जैसा कि राजी सेठ का विचार है 'यह एक ऐसी स्त्री के अन्तरंग दुःख की कथा है जो ऐश्वर्य बहुलता, उपलब्ध मुक्तता और आर्थिक स्वतन्त्रता के बावजूद अपनी वंचनाओं के कारण एक साधारण स्त्री से ज़्यादा ट्रेज़डी को बढ़ाता है। साथ ही यह भी सिद्ध करता चलता है कि सुख और पूर्णता का साधनों की अधिकता से कोई सम्बन्ध नहीं।'[111]

पायल रानी से उच्च शिक्षिता, ऐश्वर्यमय जीवन जीनेवाली एवं दैहिक स्वतन्त्रता का उपयोग करनेवाला आत्मविश्वासी चरित्र के रूप में साक्षात् होता है। इन स्थितियों के आधार पर वह एक सबल स्त्री का मॉडल सामने रखती है, लेखक इसके बावजूद उस पात्र की रिक्तता की सृष्टि करते हैं। तब इस प्रश्न पर विचार करना आवश्यक हो जाता है कि स्त्री सबलता के इन आधारों के बावजूद पायल रानी विवश और लाचार क्यों है।

पायल के जीवन के प्रारम्भिक वर्षों पर यदि विचार करें तो हम पाएँगे कि वह वनस्थली से शिक्षित युवा है जो घुड़सवारी, निशानेबाजी, तैराकी और अन्य माध्यमों से अपने व्यक्तित्व के अनेकविध आयाम व्यक्त करती है। उच्चवर्गीय पारिवारिक पृष्ठभूमि एवं सुन्दर देहयष्टि के साथ आत्मविश्वास से लबरेज युवा स्त्री।[112] हमारे परिवेश में इस स्त्री का क्या भविष्य है ? पायल का प्रारम्भिक जीवन उन बड़ी होती बेटियों का प्रतिनिधित्व करता है जिन्हें उनके माता-पिता ने बेटों की बराबरी से पाला है, उन्हें स्पेस दी है, इन बेटियों ने अपने लिए जगह बनाई भी है, वे अपनी क्षमता से परिचित हुई हैं। उच्च शिक्षा ने उन्हें प्रभावी व्यक्तित्व दिया है। यह प्रभावी व्यक्तित्व बेटी के आगे आनेवाले जीवन में क्या भूमिका अदा करता है ? यह योग्यता उनके लिए ऊँचा दूल्हा जुटाने की योग्यता में बदल जाता है। वह उस दिखावटी कीमती गुलदस्ते में बदल जाती है जिसे वर अपनी उपलब्धि समझता है कि देखो मेरी पत्नी कितनी सुन्दर है। स्त्री की योग्यता का जीवनपर्यन्त अपने लिए उपयोग के अवसर सीमित होते हैं, किसी बड़े उद्देश्य की सम्भावना थोड़े से सार्वजनिक समारोहों का आकर्षण बनने में सिमट जाता है।

विवाह के बाजार में इस स्त्री की हैसियत 'अच्छी नस्ल की घोड़ी के अलावा कहाँ कुछ है ! ताकि रेस जीतनेवाले घोड़े पैदा किए जा सकें।'[113] बीस वर्ष की उम्र में उसे अपना भविष्य चुनने का अधिकार नहीं दिया जाता। उच्च शिक्षा के बावजूद अच्छे घर में विवाह किस्मत खुलना समझा जाता है और फिर सिर्फ पुराने

पड़ते जाना उसकी नियति बनती है। पायल इस भविष्य के मध्य भी रास्ते निकालती है, प्रकृति से अपने जुड़ाव, सामाजिक सम्बद्धता, परिवार, बच्चों के मध्य अपने को व्यक्त करती है, बावजूद इसके ये विकल्प सीमित हैं। यह सच है कि ये अवसर उसे साधारण स्त्री की तुलना में आसानी से उपलब्ध हुए हैं। उसके व्यक्तित्व की उपेक्षा पति सिर्फ इसलिए करता है क्योंकि वह बेटियों की माँ है। बेटा न बना पाने के लिए दोषी ठहराना उसे गहरे आहत करता है, परन्तु आघात उसे तब लगता है जब पति रणवीर अन्य स्त्रियों का सानिध्य खोजता है। पायल जैसे व्यक्तित्व का यह अपमान अपने पूरे वजूद का अपमान लगता है, मनोवैज्ञानिक दृष्टि से विचार करें तो यह स्वाभाविक लगता है कि पायल के लिए पति रणवीर का व्यक्तित्व इन स्थितियों में बेमानी हो जाता है। पायल की यौन स्वच्छन्दता को सही-गलत के स्थान पर सम्भाव्य परिणति की दृष्टि से देखा जाना चाहिए। पढ़ी-लिखी योग्य व्यक्ति की उपेक्षा जब उन कारणों से होती है जिसमें उसका कोई हाथ नहीं, पायल को अपने को नष्ट करने की ज़िद चढ़ जाती है। पायल रानी के कितने ही देह प्रसंगों का उल्लेख है किन्तु सलिल के अतिरिक्त दैहिक सम्बन्धों में आनन्द की अभिव्यक्ति कहीं नहीं दिखती। पायल के व्यक्तित्व का एक और महत्त्वपूर्ण पहलू उसे रिकग्नीशन चाहिए। इसी रिकग्नीशन की कामना को उसके सारे व्यवहार में देखा जा सकता है, उसे सराहा जाए, उसके व्यक्तित्व के उजले पहलुओं की प्रशंसा की जाए, पायल के व्यक्तित्व का महत्त्वपूर्ण हिस्सा है, वह सबका खयाल रखती है, उसके जन्मदिन पर जब सलिल पायल का ध्यान रखते हुए उसे केक खिलाता है, अभिव्यक्ति आँखों में देखी जा सकती है। इसी तरह हाथों में भर-भर चूड़ियाँ पहन वह किसी षोड्शी सी उल्लसित दिखती है। वह केन्द्र में होना चाहती है, इसी में वह स्पेस की तलाश करती है परन्तु यह कामना पायल को 'महफिल की चिलम' में परिवर्तित कर देती है। सूखी ज़मीन पर बारिश की आकांक्षा उसे बार-बार नए-नए लोगों तक ले जाती है, लेकिन हासिल कुछ नहीं होता। सर्वेक्षण बतलाते हैं कि शादीशुदा औरतें पैसे के लिए नहीं, उनकी कद्र की जा रही है, इसलिए विवाहेत्तर सम्बन्ध रखती हैं क्योंकि पति कद्र नहीं करता।[114] गोलिएथ डिटेक्टिव प्रायवेट लिमिटेड के जी. वी. एस. भल्ला का अनुभव बताता है कि औरतें विवाहेत्तर सम्बन्धों में तभी आती हैं, जब पति से प्यार नहीं मिलता हो या वैवाहिक जीवन में यौन सन्तुष्टि नहीं मिल रही हो। औरतें प्रायः सिर्फ 'फन' के लिए दूसरे मर्दों के पास नहीं जातीं।[115] लेखक यहाँ यह रेखांकित नहीं करना चाहता कि पायल अपनी कामनाओं के लिए कितने जिस्मों का इस्तेमाल करती है वरन् वह यह दिखाना चाहता है कि स्त्री स्वातन्त्र्य को यदि

सिर्फ देह स्वातन्त्र्य से जोड़कर देखा गया तो परिणति क्या होगी। लेखक की मंशा पुरवा के चरित्र के माध्यम से इस निरूद्देश्य भटकन में राह खोजने की है। पति का परिवार छोड़ने का निर्णय एवं पिता के घर लौटने का विकल्प पुरवा के पास है। पायल ने भी पति का घर छोड़ना चाहा था परन्तु 'दो रोटी की व्यवस्था और इज्जतदार सरमाए' की सुविधा को छोड़ना उसके लिए आर्थिक स्वावलम्बन के अभाव में सम्भव नहीं था। स्त्री शिक्षा, उच्चवर्गीय ससुराल के बावजूद आर्थिक स्वावलम्बन का अभाव स्त्री को आत्म निर्णय का अधिकार नहीं सौंपता। छत के आसरे के भरोसे और विकल्पहीनता के अभाव में स्त्री घर छोड़ने का निर्णय स्थगित कर देती है। घर की औरत को तो बहुत कुछ मिल जाता है फिर भी औलाद, पहले दिन से आखिरी दिन तक का जोड़ा और यह आसरा कि हारी बीमारी की हालत में भी उसे किसी बूढ़े, वफादार कुत्ते की तरह गोली नहीं मार दी जाएगी, और क्या चाहिए तुझे ?[116] लेकिन अगली पीढ़ी के माध्यम से–पुरवा के माध्यम से स्त्री के आत्मनिर्णय के अधिकार के लिए रास्तों के संकेत लेखक अवश्य देता है। पुरवा भी आत्मनिर्भर नहीं है, परन्तु उसे अपने आप पर विश्वास है और नया भविष्य बनाने का संकल्प भी है, वह विवाह से प्राप्त सुरक्षा पर अपनी स्वतन्त्रता को वरीयता देती है, दैहिक स्वतन्त्रता के विकल्प में अपना भविष्य दाँव पर नहीं लगाती। इस दृष्टि से उपन्यास माँ की पृष्टभूमि में बेटी के लिए अवसरों के तलाश का उपन्यास है, जो माँ नहीं बन पाई वह बेटी के माध्यम से बनना चाहती है।[117] पुरवा में जो इनकार की ताकत है वह भविष्य की स्त्री की ताकत है और ताकत प्राप्त करने का रास्ता भी उसके पास है। जब तक विवाह से मिलने वाली सुविधाओं के प्रति दृढ़तापूर्वक त्याग की भावना नहीं जन्म लेती, स्त्री के लिए अपनी जगह बनाना सम्भव नहीं, उसे पायल जैसे भटकना और अन्ततः आत्म हत्या में अपने जीवन की परिणति खोजना होगा। इस दृष्टि से 'नदी को याद नहीं' नए विकल्पों की सम्भावना को जन्म देता है, यद्यपि इन सम्भावनाओं के संकेत क्षीण हैं।

सन्दर्भ सूची

1. राजेन्द्र यादव, आदमी की निगाह में औरत, राजकमल प्रकाशन, नई दिल्ली, 2001, पृ. 170
2. विस्तार के लिए देखें–राजेन्द्र यादव, आदमी की निगाह में औरत, पृ. 15
3. देखें–विश्वनाथ काशीनाथ राजवाड़े, भारतीय विवाह संस्था का इतिहास, पृ. 109-114 तक
4. देखें–भारतीय दंड संहिता की धारा 497 का विश्लेषण, अरविन्द जैन, न्याय क्षेत्रे अन्याय क्षेत्रे, राजकमल प्रकाशन, 2002, पृ. 143

5. देखें–सत्य के साथ मेरे प्रयोग, गांधी, राधा कुमार, स्त्री संघर्ष का इतिहास, पृ. 179
6. यशपाल, दादा कामरेड, पृ. 95-100
7. लेडी चेटरलीज लवर, डी. एच. लॉरेन्स
8. लेव तॉल्सतॉय, अन्ना कैरेनिना
9. मेडम बॉवेरी, फ्लावेयर
10. सुधीश पचौरी, स्त्री देह के विमर्श, में आलेख, निस्संग स्त्री की कथा, पृ. 193
11. सुधीश पचौरी, स्त्री देह के विमर्श, पृ. 193 से 195 तक
12. देखें, अरविन्द जैन, औरत अस्तित्व और अस्मिता, लेख–'स्त्री अभी भी लुभाती है मगर', पृ. 167 से 178
13. राजकिशोर, तुम्हारा सुख, भारतीय ज्ञानपीठ, 1995, पृ. 16
14. राजकिशोर, तुम्हारा सुख, पृ. 14
15. राजकिशोर, तुम्हारा सुख, पृ. 17
16. देखें–राजकिशोर, तुम्हारा सुख, पृ. 38
17. सुधीश पचौरी, राष्ट्रीय सहारा, 9 मार्च 2003
18. अरविन्द जैन, औरत अस्तित्व और अस्मिता, पृ. 172
19. रजनी पनिकर, काली लड़की, आत्माराम एंड संस, 1958
20. देखें, राष्ट्रीय सहारा, 9 मार्च 2003, सुधीश पचौरी का लेख
21. राजकिशोर, तुम्हारा सुख, पृ. 71
22. राजकिशोर, तुम्हारा सुख, पृ. 72
23. विस्तार के लिए देखें, राजेन्द्र यादव के विचार, आदमी की निगाह में औरत, आलेख 'सुनीता' का पत्र जैनेन्द्र के नाम, आलेख एवं स्त्री अब भी लुभाती है, मगर 'औरत अस्तित्व और अस्मिता' अरविन्द जैन
24. सिमॉन द बाउआ, स्त्री उपेक्षिता, पृ. 183
25. स्त्री के लिए जगह, सम्पादक, राजकिशोर, वाणी प्रकाशन, 1994 में आलेख, कृष्ण कुमार, स्त्री कितना डराएगी, पृ. 118
26. स्त्री के लिए जगह, सम्पादक, राजकिशोर, वाणी प्रकाशन, 1994 में राजकिशोर का लेख 'बलात्कार पर कुछ प्रस्ताव,' पृ. 121
27. स्त्री के लिए जगह, सम्पादक, राजकिशोर, वाणी प्रकाशन, 1994 में आलेख, स्त्री कितना डराएगी, कृष्ण कुमार, वाणी प्रकाशन, पृ. 117
28. गणेश मंत्री, जलगाँव का मतलब, धर्मयुग, 1 सितम्बर 1994
29. अमरकान्त, सुन्नर पांडे की पतोह, प्रतिकार, इलाहाबाद, 1993, पृ. 58
30. देखें, कृष्णा सोबती, सूरजमुखी अँधेरे के, राजकमल प्रकाशन, 1972
31. देखें, उषा महाजन, उठो अन्नपूर्णा साथ चलें, हिमाचल पुस्तक भंडार, 1998, विवाह : पवित्र बंधन या बेड़ी
32. अरविन्द जैन, न्याय क्षेत्रे : अन्याय क्षेत्रे, पृ. 171
33. देखें, राजकिशोर, स्त्री के लिए जगह, वाणी प्रकाशन, 1994, पृ. 125
34. सिमॉन द बोउआ, स्त्री उपेक्षिता, स्त्रियों के दुख, पृ. 178
35. हंस, भूमंडलीकरण विशेषांक, भूमिका
36. अमरकान्त, सुन्नर पांडे की पतोह, पृ. 68
37. देखें, ममता कालिया का उपन्यास, बेघर

38. देखें, मैत्रेयी पुष्पा, इदन्नमम, किताब घर, 1994
39. देखें, मदन दीक्षित, 'मोरी की ईंट,' शब्दकार, 1996
40. देखें, उकाव, क्षितिज शर्मा, प्रवीण प्रकाशन, 1992
41. अमरकान्त, सुन्नर पांडे की पतोह, पृ. 130
42. देखें, अरविन्द जैन, न्याय क्षेत्रे : अन्याय क्षेत्रे, भूमिका
43. देखें, अरविन्द जैन, न्याय क्षेत्रे : अन्याय क्षेत्रे, पृ. 269
44. अरविन्द जैन, 'उत्तराधिकार बनाम पुत्राधिकार,' राजकमल पेपर बैक, 2001, पृ. 23
45. स्त्री मुक्ति का मर्दवादी अक्स, शशिकला त्रिपाठी, हंस, जनवरी 1998, पृ. 82
46. आदिम सुख की तलाश : सन्दर्भ कृष्ण बलदेव वैद का 'नर नारी,' हेतु भारद्वाज, मधुमती, अक्टूबर 1999, पृ. 82
47. एक साहित्यिक विमर्श का आरम्भ, ज्योतिष जोशी, पूर्वग्रह 108, पृ. 109-112
48. कृष्ण बलदेव वैद, नर नारी, पृ. 110
49. कृष्ण बलदेव वैद, नर नारी, पृ. 108
50. कृष्ण बलदेव वैद, नर नारी, पृ. 48
51. कृष्ण बलदेव वैद, नर नारी, पृ. 62
52. कृष्ण बलदेव वैद, नर नारी, पृ. 37
53. कृष्ण बलदेव वैद, नर नारी, पृ. 75
54. कृष्ण बलदेव वैद, नर नारी, पृ. 108
55. कृष्ण बलदेव वैद, नर नारी, पृ. 78
56. कृष्ण बलदेव वैद, नर नारी, पृ. 79
57. कृष्ण बलदेव वैद, नर नारी, पृ. 74-75 एवं 175-76
58. कृष्ण बलदेव वैद, नर नारी, पृ. 50-51
59. देखें, फिल्म अस्तित्व
60. कृष्ण बलदेव वैद, नर नारी, पृ. 65
61. कृष्ण बलदेव वैद, नर नारी, पृ. 64
62. प्रजापतिरनुमतिः सिनीवाल्यचीक्लशपत्। स्त्रेषूमन्यत्र दघत्पुमांसमुद धादह॥, अथर्ववेद, 6/2/97
63. कृष्ण बलदेव वैद, नर नारी, पृ. 65
64. बी ए मदर ऑफ हण्ड्रेड संस, एलिजाबेथ बूमिलर, वाशिगंटन पोस्ट
65. Law and Crime in India; British Policy and the Female Infanticide Act of 1870, Indian Journal of Gender Studies, I, Voll. No. 2, Sage Publication New Delhi, July-Dec. 1994, Page 169-193
66. दैनिक भास्कर, 8.4.2003
67. कृष्ण बलदेव वैद, नर नारी, पृ. 148
68. कृष्ण बलदेव वैद, नर नारी, पृ. 98
69. कृष्ण बलदेव वैद, नर नारी, पृ. 102
70. देखें, कृष्ण बलदेव वैद, नर नारी, पृ. 146
71. कृष्ण बलदेव वैद, नर नारी, पृ. 114
72. देखें, कृष्ण बलदेव वैद, नर नारी, पृ. 102
73. कृष्ण बलदेव वैद, नर नारी, पृ. 149
74. देखें, अमरकान्त, 'सुन्नर पांडे की पतोह', पृ. 71, 78, 79

75. अरविन्द जैन, न्याय क्षेत्रे : अन्याय क्षेत्रे, पृ. 264
76. कृष्ण बलदेव वैद, नर नारी, पृ. 151
77. कृष्ण बलदेव वैद, नर नारी, पृ. 101
78. कृष्ण बलदेव वैद, नर नारी, पृ. 63
79. कृष्ण बलदेव वैद, नर नारी, पृ. 36
80. कृष्ण बलदेव वैद, नर नारी, पृ. 63
81. कृष्ण बलदेव वैद, नर नारी, पृ. 65
82. कृष्ण बलदेव वैद, नर नारी, पृ. 66
83. कृष्ण बलदेव वैद, नर नारी, पृ. 149
84. कृष्ण बलदेव वैद, नर नारी, पृ. 94
85. कृष्ण बलदेव वैद, नर नारी, पृ. 17
86. कृष्ण बलदेव वैद, नर नारी, पृ. 18
87. कृष्ण बलदेव वैद, नर नारी, पृ. 22
88. कृष्ण बलदेव वैद, नर नारी, पृ. 83
89. देखें, कमलेश्वर की कहानी 'राजा निरबंसिया'
90. अरविन्द जैन, न्याय क्षेत्रे : अन्याय क्षेत्रे, पृ. 270
91. सम्पादकीय, हंस, नवम्बर 2002, पृ. 4
92. सम्पादकीय, हंस, नवम्बर 2002, पृ. 4
93. सम्पादकीय, हंस, नवम्बर 2002, पृ. 6
94. कुसुम मेघवाल, हिन्दी उपन्यास और दलित नारी, संघी प्रकाशन, 1991, पृ. 5
95. विस्तार के लिए देखें—इक्कीसवीं सदी की ओर, सम्पादक, सुमन कृष्णकान्त, राजकमल प्रकाशन, 2002 में चित्रा मुद्गल का आलेख 'स्त्री दलित है', पृ. 121
96. प्रज्ञा लोखंडे, आत्मकथ्य, हंस, जनवरी 1995, पृ. 85
97. प्रज्ञा लोखंडे, आत्मकथ्य, हंस, जनवरी 1995, पृ. 86
98. जयप्रकाश कर्दम का आरोप, दलित कहानी, दूसरी दुनिया का यथार्थ, डॉ. तेजसिंह, कथाक्रम, अक्टूबर-दिसम्बर, 2001, पृ. 50 पर उद्धृत
99. मेरी तेरी उसकी बात, पीड़ा के दावेदार, हंस, नवम्बर, 2002, पृ. 4
100. मदन दीक्षित, मोरी की ईंट, पृ. 31
101. मदन दीक्षित, मोरी की ईंट, पृ. 11
102. मदन दीक्षित, मोरी की ईंट, पृ. 12
103. मेरा बैल—मैं तो मूसल से नाथूँगा-सन्ता का कथन, मदन दीक्षित, मोरी की ईंट, पृ. 126
104. मदन दीक्षित, मोरी की ईंट, पृ. 146
105. वह भंगी का बेटा तो फर्स्ट डिवीज़न में पास हुआ हैमदन दीक्षित, मोरी की ईंट, पृ. 48
106. देखें—डॉ. तेजसिंह, दलित कहानी, दूसरी दुनिया का यथार्थ, कथाक्रम, अक्टूबर-दिसम्बर, 2001, पृ. 55
107. मदन दीक्षित, मोरी की ईंट, पृ. 49
108. इंडिया टुडे, 26.5.99, पृ. 54
109. शिवेन्द्र कुमार सिंह, राष्ट्रीय सहारा, 30.5.99
110. विजय बहादुर सिंह, साक्षात्कार, जून 2000, पृ. 103
111. राजी सेठ, क्योंकि नदी को सब याद है, अक्षरा 48, अप्रैल-जून, 2000, पृ. 103

112. देखें–सत्येन कुमार, नदी को याद नहीं, राजकमल प्रकाशन, पृ. 272
113. सत्येन कुमार, नदी को याद नहीं, पृ. 272
114. उषा महाजन, उठो अन्नपूर्णा साथ चलो, पृ. 143 पर सरला मुद्‌गल के विचार
115. उषा महाजन, उठो अन्नपूर्णा साथ चलो, पृ. 145 पर सरला मुद्‌गल के विचार
116. सत्येन कुमार, नदी को याद नहीं, पृ. 279
117. देखें–गीतांजलि श्री, माई

अध्याय : आठ

स्त्री के रूपाकार : समावेशी आकलन

आधार उपन्यासों का चयन सभी प्रश्नों पर विचार का दावा नहीं करता। उठाए गए स्त्री प्रश्नों के माध्यम से लेखक की स्त्री दृष्टि की पड़ताल यहाँ विश्लेषण का विषय है। लेखक के रचनाकार और उसके लिंग के द्वन्द्व और स्त्री के पक्ष में रचनाकार अथवा लिंग की भूमिका महत्त्वपूर्ण होती है। रचनाकार के दृष्टिकोण द्वारा व्यवस्था का हित पोषण या स्त्री की पक्षधरता अन्ततः स्त्री के व्यक्तित्व विकास व न्याय की लड़ाई की दृष्टि से ही अपना महत्त्व रेखांकित कर सकती है। बदलती सामाजिक संरचना के मध्य स्त्री के लिए निर्णय और स्त्री का निर्णय तथा निर्णय का भविष्य की स्त्री के पक्ष या विपक्ष में खड़ा होना स्त्री विमर्श के सरोकार हैं। सामाजिक, आर्थिक, राज़नैतिक बराबरी के लिए संघर्ष करती स्त्री के पक्ष में न्याय के लिए किए गए प्रयास, स्त्री मुक्ति के प्रयास में लेखक की भूमिका की पड़ताल यहाँ है।

(क) स्त्री दृष्टि एवं स्त्री विमर्श के सरोकार : सम्भावनाएँ एवं खतरे

स्त्रीवादी लेखन का प्रमुख नारा है 'पर्सनल इज़ पोलिटिकल' यह नारा स्त्री के संघर्षों, व्यक्तिगत अनुभवों और सत्य का खुलासा स्त्री की जुबानी करने का पक्षधर है ताकि उसकी त्रासद स्थितियों का बोध समाज को हो सके। स्त्री लेखन जब अपने वैयक्तिक अनुभवों की अभिव्यक्ति की बात करता है तब रचना की नायिका के साथ स्त्री रचनाकार को जोड़कर देखना पाठक के लिए आसान हो जाता है। तादात्मीकरण की प्रक्रिया में नायिका के व्यक्तित्व को रचनाकार से जोड़कर देखना आसान हो जाता है। 'फेक्ट्स' और 'फिक्शन' का भेद मिट जाता है। ''स्त्री जब लिखती है तब अपने निजी जीवन और निजता को दाँव पर लगा रही होती है। अपने घर-परिवार और समाज का भय और प्रतिक्रिया का डर अवचेतन रूप से

उसकी कलम को संचालित कर 'सेल्फ सेंसर' का काम करता है।"[1] स्त्री लेखन पर इसका प्रभाव तीन प्रकार से पड़ता है। प्रथमतः जोड़कर देखने की प्रक्रिया से बचने के लिए स्त्री रचनाकार आत्म सचेत होकर लिखती है तब ईमानदार लेखन, आत्मानुभूत लेखन, प्रत्यक्ष अनुभव का तर्क वर्जनाओं में घिर जाता है। द्वितीयतः स्त्री रचनाकार का लेखन सामाजिक यथार्थ की प्रामाणिकता से लबरेज होने पर 'अभिधा में बोल्ड और व्यंजना में चालू स्त्री का मैडल उसके (रचनाकार के) माथे पर चिपका दिया जाता है।'[2] परिणामतः 'चितकोबरा' की रचनाकार लवलीन को 'नेक अनुभवी सलाह' देती हैं कि 'उतना ही खुला लिखो जितनी प्रतिक्रिया में मानसिक हिंसा बर्दाश्त कर सको।' अंग्रेजी की लेखिका नमिता गोखले के प्रथम उपन्यास 'पारो' के प्रकाशन के बाद रचनाकार को नायिका के साथ जोड़कर देखा जाना नमिता गोखले के घर अश्लील फोन कॉल्स का सिलसिला प्रारम्भ करने का कारण बनता है।[3] तृतीयतः स्त्री जब स्त्री के बारे में उसकी स्वतन्त्रता, अस्मिता, समान अवसरों और अधिकारों के बारे में लिखती है व्यवस्था के लिए खतरा पैदा करती है। आन्तरिक और बाह्य जगत के अनुभवों को दुःसाहस के साथ लिखने वाली न केवल भारतीय वरन् समूचे विश्व साहित्य में महान लेखिकाओं का त्रासद जीवन शोध का विषय है। कृष्णा सोबती एक व्यक्तिगत साक्षात्कार में स्वीकार करती हैं कि "मैंने अपने जीवन में जो सिद्ध किया वह मेरी स्वायत्तता है, लेकिन इसके लिए मुझे बहुत बड़ी कीमत चुकानी पड़ी है।" 'हम हशमत' में उनके अनुभव हैं कि 'मित्रो मरजानी' की मित्रो का व्यक्तित्व कृष्णा जी से जोड़कर देखा जाने लगा, 'यारों के यार' के बाद बातचीत करते लोगों को बोलचाल में गालियों के नगीने का इन्तजार रहने लगा और 'सूरजमुखी अँधेरे के' पुरुष पात्रों को कृष्णा जी के आसपास खोजा जाने लगा।[4] ऐसा पुरुष लेखन के साथ नहीं होता। कारणों पर जाएँ तो दो कारणों पर विचार किया जाना ज़रूरी हो जाता है प्रथमतः स्त्री लेखन में 'स्त्री' जब अपना स्त्री होना नहीं भूलती है, उससे ऊपर नहीं उठ पाती है तब यह स्थितियाँ सम्मुख आती हैं। (अधिकांशतः रचनाकार अपने लिंगीय स्थिति से बाहर नहीं आ पाता) रचनाकार किसी जाति-धर्म-वर्ण-वर्ग का ही होता है उसी के संस्कारों-अवदानों से बना होता है चाहकर भी उसे समूल नकार नहीं सकता।[5] (यह विचार लेखकीय तटस्थता के खिलाफ जाता है) स्त्री लेखन में सेक्स सम्बन्धी वर्णनों में लेखिका को उपस्थित मान लेना स्त्री को (चाहे वह लेखक ही क्यों न हो) देह और देह सम्बन्धों के समझने, पहचानने का पितृसत्तात्मक नज़रिया भी है। पुरुष का अपनी जैविक स्थिति से बाहर न आ पाना भिन्न अर्थों में प्रश्न खड़े करता है। द्वितीयतः स्वचेती स्त्री ने जब भी स्वविवेक से कोई निर्णय लेना

चाहा है, 'व्यवस्था के विध्वंस के आसन्न संकट' को सूँघ लिया गया है और प्रतिरोध किया गया है। फिर चाहे निर्णय नारीवादी आन्दोलनों के हों, लेखन में हों, जीवन में हों ऐसी स्त्री की न केवल भर्त्सना की जाती है वरन् पितृसत्तात्मक व्यवस्था अपने परिवार की स्त्रियों को ऐसी स्त्रियों से बचाए भी रखना चाहती है।[6] पितृसत्ता की प्रतिक्रिया एक सी ही रही है। पुरुष लेखक जब अपनी जैविक स्थिति से उबरता नहीं है स्त्री के पक्ष में सोचता नहीं, स्त्री के बारे में बात करते हुए पुरुष के हित के बारे में सोचता है। जब पुरुष इस भूमिका को स्वीकारता भी है तो उसकी भूमिका उद्धारक की होती है और यह आश्वस्ति भी कि स्त्री के पक्ष में निर्णय उतने ही लिए जाएँ जितने में स्त्री व्यवस्था से बाहर न जाए, जहाँ पुरुषों ने इस सीमा का अतिक्रमण किया है अपनी जैविकता से बाहर आकर प्रश्न उठाए हैं प्रतिरोध का भागीदार बना है। 'जनखा' कहलाकर बिरादरी बाहर भी हुआ है। स्त्री विमर्श के सन्दर्भ में स्त्री के पक्ष में खड़ा होना पुरुष एवं स्त्री रचनाकार को एक से खतरे सौंपता है।

(ख) सम्बन्धों की संक्रान्ति और परिवार

स्त्री प्रश्नों में परिवार धुरी प्रश्नों में समाहित है। चूँकि व्यवस्था ने स्त्री को परिवार कोटि में रखा है इसलिए परिवार की स्त्री के जीवन में दखलन्दाज़ी भी सर्वाधिक होती है। सुधीश पचौरी चौके, चूल्हे और शयन कक्ष के वध स्थलों की विस्तृत चर्चा करते रहे हैं। स्त्री रचनाकारों ने स्त्री के आत्म निर्णय के क्षणों में परिवार से बाहर विकल्प खोजे हैं लेकिन स्त्री रचनाकार जहाँ प्रतिरोध की आक्रामकता झेल नहीं पाई है, व्यवस्था के विध्वंस के सारे प्रयत्नों के बावजूद सत्ता के पक्ष में लौट आई है। निर्णय के क्षणों में, व्यवस्था से शिकायत करनेवाले पात्र उसी व्यवस्था के पक्ष में खड़े होते कई बार देखे गए हैं, 'शाल्मली' में नासिरा शर्मा यही करती हैं। सत्यदेव त्रिपाठी इसे भिन्न कोण से देखते हैं उनका विचार है कि स्त्री रचनाकार अकेले रहने का निर्णय नहीं लेती हैं ''महेश भट्‌ट की फिल्म 'अर्थ' में शबाना आज़मी का अकेले रहने का निर्णय पुरुष दृष्टि है, देख लीजिए 'रुकोगी नहीं राधिका' (उषा प्रियवंदा) की राधिका जब तक दिल्ली में अकेली रहती है। उसका क्या हाल होता है।[7] अकेले रहने के तमाम दंश स्वीकार करते हुए भी स्त्री लेखन में भी अकेले रहने के विकल्प आए हैं, पुरुष लेखन में भी आए हैं। यह सत्यदेव त्रिपाठी की पुरुष दृष्टि है जो 'बेचारी राधिका के दिल्ली में अकेले रहने पर विचलित हो रहे हैं।' अन्तिम दशक तक आते-आते आत्मनिर्भर हो रही स्त्री

के अकेले रहने के विकल्प (स्वतन्त्रता के समय 4 प्रतिशत अकेली स्त्री सहस्त्राब्दि के अन्त में 36 प्रतिशत हो गई है आँकड़े बतलाते हैं) समीक्षित उपन्यासों में स्त्री और पुरुष दोनों ही रचनाकारों ने परिवार से बाहर स्त्री के पक्ष में दिए हैं। 'आवां' में घोषणापूर्वक स्त्री के परिवार के पक्ष में दिए वक्तव्य के बावजूद[8] स्त्री रचनाकार चित्रा मुद्गल नमिता पांडे को न तो पिता के परिवार में लौटाती है न उसकी कोख पर अधिकार करनेवाले संजय कनोई के पास। वे 'पवार' के साथ भेजने का खतरा भी नहीं उठाती जो जातीय समीकरण का उपयोग कर शक्ति सम्पन्न होना चाहता है। नमिता लौटती है शिवकुमारी देवी चाली, किशोरी बाई के पास। स्त्री का नए स्त्री परिवार की ओर लौटना स्त्री को शक्ति सम्पन्न करता है प्रभा खेतान भी जानती हैं। लगभग ऐसे ही विकल्प 'छिन्नमस्ता' की प्रिया के पास सुरक्षित रखती हैं। जब आर्थिक सुदृढ़ता प्राप्त कर प्रिया अपने ससुर की रक्षिता को सम्बल देती है वरन् उसकी बेटी में भविष्य की स्त्री के स्वप्न भी देखती है।[9] परम्परागत परिवार से बाहर अकेले रहने का विकल्प और नए स्त्री परिवार की दृश्यमानता जीवन में भी देखी जा रही है जहाँ नीना गुप्ता अपनी बेटी के साथ रह रही हैं। नवनीता देव सेन अपनी माँ और बेटियों के साथ रह रही थीं। पुरुष रचनाकारों में ऐसा ही विकल्प कृष्ण बलदेव वैद 'नर नारी' में रखते हैं जहाँ बाँझ माँजी परिवार के अभाव में अकेली रहती हैं, स्वनिर्णय का अधिकार रखती हैं। रसीला पति के परिवार से अलग रहने का निर्णय करती है, सीमा पति के बलात्कार का प्रतिरोध पति का घर छोड़कर अपनी ननद के साथ रहने में व्यक्त करती है एवं स्त्री परिवार की परिकल्पना को आकार देना चाहती है।[10] पुरुष रचनाकार सत्येन कुमार के उपन्यास 'नदी को याद नहीं' की पायल रानी जहाँ पति के परिवार के बाहर जाने का निर्णय आत्म निर्भरता के अभाव में नहीं लेती है, उसकी बेटी पूरवा आत्मनिर्भर न होने के बावजूद पितृसत्ता के व्यामोह से बाहर आने का निर्णय ले पाई है ?[11] लेखन में ऐसे निर्णय कई बार मजबूरी में भी आए हैं जब परिवार में होनेवाले बलात्कार के भय से स्त्री घर के बाहर निकलने का निर्णय लेने में सक्षम हुई है। अमरकान्त की 'सुन्नर पांडे की पतोह,' ऐसी ही स्थिति को रेखांकित करता उपन्यास है।[12] जीवन में अकेले रहने के निर्णय की परिणति स्त्री के पक्ष में जाएगी अथवा नहीं ऐसी किसी भी सम्भावना के बारे में कोई भी उपन्यास चर्चा नहीं करता। परिवार की स्त्री विरोधी भूमिका के बावजूद मात्र विकल्पहीनता के कारण परिवार में रुका रहा जाए, तर्कसम्मत नहीं ठहराया जा सकता। कृष्णा सोबती के इस कथन से सहमत नहीं हुआ जा सकता कि स्त्री लेखिकाओं ने परिवार के पक्ष में निर्णय दिए हैं। हाँ, कृष्णा सोबती का अपना लेखन अवश्य परिवार के पक्ष में

जाता है जब वे अपनी देह की कामना को पहचाननेवाली सुमित्रा (मित्रो को) को भविष्य का विद्रूप दिखाकर लौटा लाती हैं। परिवार के बाहर अथवा परिवार में रहने के निर्णय स्त्री ने रचनाओं में स्वयं लिए हैं, यह महत्त्वपूर्ण बात है। यह निर्णय कल सही साबित हो सकते हैं, गलत भी हो सकते हैं पर स्त्री निर्णय ले रही है, स्त्री विमर्श की दृष्टि से यह महत्त्वपूर्ण है, पुरुष और स्त्री रचनाकारों ने स्त्री की इस निर्णय क्षमता का सम्मान किया है। परिवार के बाहर जगह बनाती स्त्री की तरह ही स्त्री का संघर्ष परिवार संस्था के अन्दर भी गहरा है। गीतांजलि श्री की 'माई' की रज्जो ड्योढ़ी कभी पार नहीं करती, अपने व्यक्तित्व के विकास के लिए कोई अवसर उसके पास नहीं। (यद्यपि बच्चे उसे ड्योढ़ी से बाहर निकाल ले जाना चाहते हैं) किन्तु वह परिवार में रहते हुए अपने बच्चों के लिए जगह बनाती हैं।[13] 'परछाईं अन्नपूर्णा' की नायिका घर और बाहर के बीच सन्तुलन बैठाने का प्रयत्न करती है। बाहर निकली स्त्री से परिवार के अन्दर संघर्ष करती स्त्री, रास्ता निकालती स्त्री का निर्णय भी स्त्री विमर्श का महत्त्वपूर्ण सरोकार है, यह स्त्री टूटती रहीं, तनी हुई रस्सी पर चलने का रोमांच झेलती है।[14]

(ग) विकल्प चेतना : स्त्री का देह पर अधिकार

1970 के आसपास भारत में आए गर्भ निरोधकों एवं गर्भपात के अधिकार ने स्त्री के देह विषयक प्रश्नों पर नए सिरे से सोचना सम्भव बनाया। एक बार की देह की कामना विवाह संस्था के बाहर मातृत्व के खतरे सौंपती रही थी और स्त्री की कामना पर पुरुष पति के अधिकार और उसकी स्वीकृति की मोहर भी लगाती थी। पति की इच्छा के खिलाफ स्त्री का अपनी देह पर अधिकार नहीं, पति चाहे तो अपनी पत्नी की देह के उपयोग का अधिकार औरों को दे सकता है, व्यभिचार की कानूनी भाषा परिभाषा के अर्थान्तरों की गुंजाइश गर्भ निरोधकों ने निर्मित की। स्त्री देह पर सदियों का पुरुष स्वामित्व स्त्रीत्ववादी विमर्श अस्वीकार करता है एवं स्त्री का अपनी देह पर अधिकार और निर्णय का पक्षधर है। परम्परागत मानसिकता स्त्री को देह में केन्द्रित करने की रही है, घृणा हो या कामना केन्द्र में स्त्री देह जीवन और साहित्य में रही है किन्तु जब यही तर्क स्त्री की ओर से आने लगे तब व्यवस्था को खतरे दिखाई देने लगे। पुरुष सत्ता स्त्री के व्यक्तित्व को देह केन्द्रित बनाकर मनचाहा सलूक करती रही है किन्तु जब यही बात स्त्री ने अपने अधिकार सुरक्षित रखते हुए कहनी चाही, जनसंख्या नियन्त्रण के उपकरणों को अपनी कामना पूर्ति के लिए उपयोग में लाना प्रारम्भ किया, पितृसत्ता

का परेशान होना लाज़मी था। अन्य प्रश्नों की भाँति स्त्री देह के प्रति दोहरी मानसिकता ने स्त्री देह के प्रश्न को जटिल तो बनाया ही है, स्त्री के खिलाफ उपयोग भी सम्भव बनाया है। बाहरी तौर पर स्त्री देह और उससे जुड़े प्रश्न वर्जना से जुड़ते हैं और चोरी छुपे घोर आकर्षण से। यही नहीं यह दोहरे मानदंड पवित्र विवाहिता और बाज़ारू स्त्री को अलग-अलग कसौटियों पर भी कसते हैं। जैसा कि अरविन्द जैन स्वीकार करते हैं कि 'पितृशक्ति अभी भी घर में अपनी बहू-बेटियों को घूँघट या बुर्के में कैद रखना चाहती है मगर घर के बाहर उसे बिकनीवाली सुन्दरियाँ चाहिए।[15] आधार उपन्यासों में स्त्री का अपनी देह पर अधिकार का प्रश्न कहीं केन्द्रीय प्रश्न बनकर आया है तो कहीं अन्य प्रश्नों के समानान्तर। 'नर नारी,' 'तुम्हारा सुख' और 'नदी को याद नहीं' स्त्री देह के प्रश्न को प्रमुखता से उठाते हैं, यह इत्तेफाक नहीं है कि इन उपन्यासों के लेखक पुरुष हैं। तुम्हारा सुख की मालविका न केवल देह पर अधिकार रखती है वरन् इस सत्य से भी परिचित है कि देह का उपयोग चारे की तरह किया जा सकता है, परन्तु स्त्री यह नहीं जानती कि देह के चारे से उपलब्धियों को कैसे पाया जाए।[16] दूसरे स्त्री अपने लक्ष्य प्राप्त करने के लिए यदि देह का उपयोग करना चाहती है तो निर्णय स्त्री के पक्ष में नहीं आते। जीवन को समानान्तर रखकर देखें तो बाजार स्त्री की देह का उपयोग स्त्री के देह स्वाधिकार के नारे के तहत ही कर रहा है। गड़रिगा भेड़ को अब रस्सी से नहीं बाँधता चारे से बाँधता है। 'तुम्हारा सुख' में स्त्री का अपनी देह में स्थित होना स्त्री की कामनाओं के हिसाब से फलीभूत नहीं होता, काली चमड़ी का हीनताबोध अवश्य सौंपता है, 'नदी को याद नहीं' का देह स्वातन्त्र्य पति की उपेक्षा का बदला लेने से प्रारम्भ होकर अन्धी ज़िद में बदल जाता है। यद्यपि विवाहेत्तर देह सम्बन्धों में पायल पर किसी प्रकार का दबाव का उल्लेख लेखक नहीं करता, इन सम्बन्धों के कारणों का खुलासा भी लेखक ने नहीं किया। हाँ, ऐसे सम्बन्धों की परिणति स्त्री के पक्ष में कोई बेहतर परिणाम नहीं छोड़ती, पायल अन्तिम समय में स्वीकार करती है। वह पितृसत्तात्मक समाज में अपने को 'चिलम' का पर्याय पाती है, जिसे जो चाहे गुड़गुड़ा सकता है। व्यक्तित्वशालिनी पायल जो अपनी मेधा और कार्य कुशलता से अपने लिए बेहतर विकल्प चुन सकती थी, (कुछ के संकेत उपन्यास देता भी है) किन्तु कोई भी विकल्प भविष्य की सम्भावना नहीं बन पाता और पायल विवाहेत्तर सम्बन्धों में सिमटकर रह जाती हैं। लेखक दैहिक आज़ादी के खतरों से आगाह करता हुआ पूर्वा में भविष्य की स्त्री को देखता है किन्तु क्षीण संकेतों के कारण कोई ठोस परिदृश्य लक्षित नहीं हो पाता।[17] 'नर नारी' में स्त्री का देह स्वातन्त्र्य पुनः प्रश्नों के घेरे में दिखाई देता है। बाँझ माँजी

और सीमा दोनों ही चरित्र देह के स्वाधिकार का उपयोग करते देह के प्रति अपराध बोध से मुक्त पात्र हैं। सीमा का विवाहेत्तर सम्बन्धों में जाना विवाहित प्रेमी पुरुष द्वारा उपभोग में सीमित हो जाता है।[18] विवाह संस्था के अन्दर सम्बन्धों ने पुरुष के दायित्व निश्चित किए हैं किन्तु विवाह संस्था से बाहर स्त्री के देह सम्बन्ध पुरुष के आनन्द का साधन तो बनते हैं उसे कोई दायित्व नहीं सौंपते। स्त्री ने देह स्वातन्त्र्य को यदि अधिकार माना है तो उसकी परिणतियों की जिम्मेदारी भी स्त्री की समझी जानी चाहिए, यदि देह सम्बन्धों का निर्णय स्त्री का है तो परिणाम को भोगने का माद्दा स्त्री में होना ही चाहिए अथवा सुरक्षा के उपायों का उपयोग स्त्री को अपने हित में करना होगा, हर बार सिर्फ पुरुष को कटघरे में खड़ा कर स्त्रियाँ अपने लिए बेहतर कल नहीं तलाश पाई हैं/पाएँगी। मदन दीक्षित के उपन्यास 'मोरी की ईंट' एक मात्र ऐसा समीक्षित उपन्यास है जहाँ स्त्री, देह के स्वाधिकार से अपने लिए रास्ता निकाल पाई है। सवर्ण पुरुष से देह सम्बन्ध बनाती मंगिया अपने लिए जगह भी बनाती है, एक बार के विवाहेत्तर सम्बन्धों को अन्यों के लिए उपलब्धता में नहीं बदलने देती, देह के नाम पर अपना शोषण नहीं होने देती, अपनी बिरादरी की अन्य स्त्री के दैहिक शोषण के खिलाफ संघर्षरत होती है, सफलता भी पाती है। लेखक सफाई कर्मचारियों के माध्यम से स्त्री प्रश्नों को सामने रखता है। सबसे कम सम्भावनावाले परिवेश में देह से स्त्री के लिए जगह बनाता है।[19] देह के स्वाधिकार के प्रश्न स्त्री लेखन में प्रभा खेतान, चित्रा मुद्गल और मृदुला गर्ग उठाती हैं। 'छिन्नमस्ता' की प्रिया विवाह पूर्व सम्बन्धों को लेकर यद्यपि अपराध बोध से ग्रस्त नहीं, परन्तु परम्परा से प्राप्त यौन शुचिता के आतंक से मुक्त नहीं, विवाह के समय यह चिन्ता प्रिया को परेशान करती है कि पति को वह अपना कौमार्य नहीं सौंप रही, यदि पति को पता चल गया तो ? देह स्वातन्त्र्य की तमाम लम्बी-चौड़ी बातों के मध्य पवित्रता का आतंक स्त्री को अपनी देह पर अधिकार से रोकता है।[20] चित्रा मुद्गल 'आवां' में नमिता के माध्यम से विवाह पूर्व देह सम्बन्धों की परिणति धोखे में व्यक्त करती हैं, जहाँ स्त्री देह का उपयोग 'कोख' में बदल जाता है। चित्रा मुद्गल देह के स्वाधिकार का प्रश्न नमिता की मित्र स्मिता के माध्यम से उठाती है। स्मिता जहाँ देह स्वातन्त्र्य का उपभोग करती है, गर्भ निरोधकों की भूमिका भी नहीं भूलती, लेखिका मानो चेताना चाहती है कि स्त्री देह के अधिकार के साथ अपनी सुरक्षा के प्रश्न पर यदि सजग नहीं होगी तो परिणति नमिता पांडे से भिन्न नहीं होगी। 'गधे की औलाद मैं तेरे बच्चे की कुँआरी माँ नहीं बनना चाहती और जो लड़का कंडोम इस्तेमाल करना नहीं जानता वह मेरा प्रेमी होने के काबिल नहीं।'[21] स्त्री यदि अपनी कामनाओं की पूर्ति

करना चाहती है तो उसे सजग होना ही होगा। स्त्री देह के प्रश्न स्त्री और पुरुष लेखन में अधिकांशतः देह के स्वाधिकार को स्त्री के पक्ष में प्रस्तुत नहीं करते। सुधीश पचौरी देह से, देह छवि से स्त्री के लिए जिस जगह की बात करते हैं आधार उपन्यासों में 'मोरी की ईंट' के अलावा अन्यत्र कोई जगह तलाशी नहीं जा सकती है। राजकिशोर के शब्दों में कहा जा सकता है कि देह मुक्ति का तात्पर्य स्त्री के पक्ष गें पेट, आँख, कान, नाक, हाथ, दिमाग की मुक्ति का प्रश्न नहीं बन सकता है, कोई अकेला अंग कैसे मुक्त हो सकता है ?[22] स्त्री ने जब हक की लड़ाई लड़ी है देह तक सीमित कर दी गई है। देह के प्रति विचारवान होना इन रचनाओं में नहीं आया है। स्त्री के देह प्रश्न पुरुष सापेक्षता से मुक्त हुए बिना वास्तविकता नहीं पा सकते।

(घ) बलात्कार का दंश और स्त्री अस्मिता का प्रश्न

'बलात्कार का प्रश्न अस्मत से अधिक अस्मिता का है।' बलात्कार के प्रश्न को जीवन के प्रश्न से बड़ा करके इस प्रकार प्रस्तुत किया जाता रहा है कि स्त्री मृत्यु में विकल्प खोजती रही है। बलात्कार का प्रश्न अन्तिम दशक के उपन्यासों में भिन्न कोण से प्रस्तुत हुआ है। स्त्री और पुरुष लेखन में देह पर विचार करते हुए मस्तराम कपूर लिखते हैं कि बलात्कार या स्वैच्छिक सम्भोग के बारे में जब पुरुष लिखते हैं तो चुस्की लेकर किए गए सविस्तार वर्णनों में समीक्षकों ने कला का निखार देखा, 'आवां' की लेखिका पुरुष की कामोप्दीप्ति को जुगुप्सा के रूप में प्रस्तुत कर उसके पौरुषत्व का मान मर्दन किया है। इसी तरह का वर्णन अरुन्धती राग ने भी अपने उपन्यास 'गॉड ऑफ स्मॉल थिंग्स' में किया है। पुरुष के पशुत्व को नंगा करने का काम पुरुष लेखक नहीं कर सकते वे सिर्फ स्त्री को नंगा कर सकते हैं यह काम स्त्री लेखक ही कर सकती है।[23] बलात्कार का प्रश्न स्त्री विमर्श की दृष्टि से इसलिए महत्त्वपूर्ण नहीं है कि कौन किसे नंगा करने में कितना समर्थ है वरन् इस दृष्टि से है कि बलात्कार के बारे में लेखक की अवधारणा क्या है एवं बलात्कार की शिकार स्त्री (पात्र) इसे किस रूप में लेती है। सुन्नर पांडे की पतोह अपने चौकन्नेपन से हर बार बलात्कार को घटने से रोक देती है, बलात्कारी को उँगली काटकर सजा देती है। स्त्री का अपने पक्ष में उठ खड़ा होना रेखांकन योग्य है, वह किसी उद्धारक की प्रतीक्षा नहीं करती, स्वयं को शक्ति सम्पन्न बनाती है। इस दृष्टि से अमरकान्त की स्त्री दृष्टि की प्रशंसा की जानी चाहिए लेकिन स्त्री का यह शक्ति सम्पन्न होना स्त्री के भविष्य को कमजोर करता है, इस शक्ति

सम्पन्न स्त्री के लिए उपन्यासकार बेहतर कल नहीं खोजता। हर बार भावी की आशंका से निर्वासन भोगती यह शक्ति सम्पन्न स्त्री निरन्तर कमजोर होती जाती है, स्त्री के पक्ष में कोई महत्त्वपूर्ण निष्कर्ष नहीं निकल पाता।[24] 'नर नारी' में पत्नी से बलात्कार के रूप में रेखांकित हुआ है, हाथ में नहीं आती स्त्री के खिलाफ पुरुष सत्ता जिस हथियार का उपयोग करती रही है उसमें बलात्कार सबसे नायाब हथियार रहा है। फिर वह स्त्री अपनी विवाहिता ही क्यों न हो। पत्नी के साथ बलात्कार वर्णित करता पुरुष लेखक अपने आपको तटस्थ नहीं रखता, विकृतियों के प्रति वितृष्णा को जन्म देने के बजाय बलात्कारी के मानसिक आनन्द को अधिक रेखांकित करता है। यद्यपि इस बलात्कार की प्रतिक्रिया उपन्यास की नायिका सीमा घर छोड़कर व्यक्त करती है, और बलात्कार के प्रश्न पर स्त्री को सुदृढ़ विकल्प सौंपती है।[25] 'कठगुलाब' की स्मिता भी जीजा द्वारा बलात्कृत होने पर घर छोड़कर चली जाती है, परन्तु स्मिता का जाना पलायन लगता है। वह डट कर मुकाबला नहीं करती। दूसरी महत्त्वपूर्ण बात स्मिता की बहन का स्त्री के पक्ष में खड़ा न होना बलात्कार के सम्बन्ध में महत्त्वपूर्ण तथ्य जुटाता है कि स्त्री यदि अपने खाने खर्चे के मोह से मुक्त होकर स्त्री के पक्ष में खड़ी नहीं होगी तो परिवार में होनेवाले बलात्कार हमेशा घटते रहेंगे। 'कठगुलाब' का पुरुष पात्र मनोवैज्ञानिक जारविस इस बात को लेकर परेशान है कि बलात्कार ने स्त्री को अपराधबोध क्यों नहीं दिया। भारत हो या यूरोप पुरुष बलात्कार द्वारा स्त्री में अपराधबोध जगाना चाहता है, बलात्कार का आतंक पैदा करना चाहता है।[26] इस आतंक से मुक्ति का प्रयास 'छिन्नमस्ता' की प्रिया आत्महत्या की धमकी देकर करती है।[27] स्त्री इस अपराधबोध से मुक्त हो अपने जीने के अवसर बढ़ा रही है, स्त्री के प्रश्नों पर यह सकारात्मक दृष्टि है। बलात्कार के प्रश्न पर 'आवां' की प्रतिक्रिया भविष्य की स्त्री की प्रतिक्रिया है वह सिर्फ अपने लिए जीने के रास्ते तलाशकर चुप नहीं हो जाती, अपराधी को सज़ा दिलाना यदि कानून द्वारा सम्भव और सरल नहीं है तब आत्मरक्षा में हथियार उठाने का विकल्प चित्रा मुद्गल स्मिता को सौंपती हैं। रिश्तों के व्यामोह से मुक्त स्मिता अपने बलात्कारी पिता को मारकर स्त्री के रास्ते तलाशने में मदद करती है।[28] बलात्कार के चित्रण में 'नर नारी' का पुरुष लेखक तटस्थ नहीं, पुरुषवादी दृष्टि से आक्रान्त है यद्यपि विडम्बना (आयरनी) के तर्क द्वारा कृष्ण बलदेव वैद ने अपने आपको बचाने का प्रयत्न किया है।[29] अन्यथा अन्तिम दशक के इन सभी उपन्यासों ने बलात्कार के प्रश्न पर स्त्री को 'सूरजमुखी अँधेरे के' की भाँति फ्रीज़्ड नहीं किया। बलात्कार के दंश से मुक्त होने के प्रयास यहाँ स्त्री के पक्ष में हैं।

(ङ) मातृत्व के अधिकार का प्रश्न

पुरुष की वंश परम्परा के फलने-फूलने का मध्यम बनी स्त्री का महिमामंडन जीवन और साहित्य में नया नहीं। स्त्री जीवन की पूर्णता को मातृत्व से जोड़कर देखा गया है और स्त्री की इतना कंडीशनिंग होती रही है कि स्त्री ने मातृत्व के बिना अपने जीवन को व्यर्थ समझ लिया है।[30] स्त्री के जीवन में सृजन के अवसर मातृत्व से अभिव्यक्त होते रहे हैं। पति के बच्चों की माँ बनकर अपने सौभाग्य पर प्रसन्न होती स्त्री किसी अन्य सृजन के बारे में न सोचती है न ही सोचने का उसे अवसर प्राप्त होता है। मातृत्व स्त्री का अधिकार है किन्तु इस अधिकार का प्रयोग वह 'अपने बच्चे' के लिए जब-जब करना चाहती है उसे प्रतिरोध का सामना करना होता है।[31] स्त्री के मातृत्व के सम्बन्ध में सैद्धान्तिक बहसों से अलग हटकर यदि आधार उपन्यासों के माध्यम से तलाश की जाए कि स्त्री के अपने पक्ष में मातृत्व की भूमिका क्या रही है तो लगभग सभी उपन्यास किसी न किसी रूप में इस प्रश्न को उठाते हैं, और स्त्री के आत्म विकास में मातृत्व पर विचार रखते हैं, पुरुष और स्त्री लेखन में 'माई,' 'परछाईं अन्नपूर्णा,' (स्त्री लेखन) 'नदी को याद नदीं' और 'मोरी की ईंट'(पुरुष लेखन) मातृत्व की गरिमा से युक्त उपन्यास हैं। सभी उपन्यासों में स्त्री अपने जीवन की पूर्णता व अपनी कामनाओं का विस्तार अगली पीढ़ी तक करती हैं, जो वे नहीं बन पाई हैं अपनी अगली पीढ़ी को बनाने में अपने सृजन को महसूस करती हैं। अपने अवरुद्ध रास्तों के बीच भविष्य की सम्भावनाओं के द्वार खोलने का माध्यम बनती हैं, यहाँ मातृत्व आत्म विकास का मार्ग अवरुद्ध नहीं करता, अपने लिए अपनी अगली पीढ़ी के माध्यम से रास्ता खोजता है। 'आवां,' 'छिन्नमस्ता,' 'कठगुलाब' (स्त्री लेखन) और 'नर नारी' (पुरुष लेखन) में मातृत्व भिन्न सन्दर्भों को व्यक्त करता है। 'आवां' में एक ओर नमिता की माँ के रूप में ऐसी माँ से साक्षात होता है जो जीवन में हमेशा और साहित्य में कभी-कभी देखी जाती। यह माँ अपनी बेटी की प्रतिद्वन्द्वी इसलिए बन जाती है कि पिता बेटी को अधिक महत्त्व देता है, बेटे की माँ होने के गर्व में डूबी यह माँ अपनी बेटी के लिए ऐसे कोई रास्ते नहीं निकालती जो 'माई' की माँ पृष्ठभूमि में रहते हुए निकालती रही हैं। यह माँ बेटी के साथ हुए यौन शोषण पर इसलिए चुप रहने की सलाह देती है कि सम्पन्न बहन से उसके रिश्ते न टूट जाएँ।[32] 'नर नारी' की माँ अपने परम्परागत चरित्रों में पितृसत्ता के एजेन्ट के रूप में आती है, अपनी रोटी, कपड़ा और छत के लिए जैसे 'कठगुलाब' की नमिता स्मिता के पक्ष में खड़ी नहीं होती, 'नर नारी' की माँ वह परम्परागत चरित्र है जो बुढ़ापे में अपना

भविष्य सुरक्षित करने के लिए, पति से आशा न रहने पर बेटों पर वर्चस्व बनाए रखती है, बहुओं के विरुद्ध खड़ी होकर वे स्त्री शक्ति को निरन्तर कमजोर करने में सहयोग देती है।[33] 'छिन्नमस्ता' की प्रिया मातृत्व को अपने भविष्य के रास्ते में रोड़ा नहीं बनने देती। मातृत्व के बन्धन उसकी गति अवरुद्ध नहीं करते। यदि रास्ता निकालने के लिए आत्मविकास के लिए परिवार की सुख, सुरक्षा, ऐशो आराम छोड़े जा सकते हैं तो बच्चों की बन्धनकारी भूमिका से भी मुक्त हुआ जा सकता है।[34] साहित्य और जीवन में सत्तर के दशक के पूर्व बच्चों के लिए त्याग करती, अपने बारे में न सोचकर परिवार में होम होती स्त्री के यशगान भरपूर हैं लेकिन यदि स्त्री अपने लिए अपने भविष्य के लिए सोचना चाहती है तो उसे स्वार्थी, आत्मकेन्द्रित बुरी स्त्री के रूप में व्याख्यायित किया जाता रहा है, समकालीन उपन्यासों में इस चेती हुई स्त्री का जो अपने बारे में सोच रही है, जो मातृत्व के बहाने अपने जीवन को स्थगित करने से इनकार कर रही है, अपने लिए निर्णय ले रही है, की दृश्यमानता बढ़ी है। 'छिन्नमस्ता' (स्त्री लेखन) और 'नर नारी'(पुरुष लेखन) बाँझ माँजी के माध्यम से दोनों में स्त्री ने मातृत्व की बन्धनकारी भूमिका पर उँगली उठाने का साहस किया है। 'कठगुलाब' में मातृत्व में सीमित, सृजन सन्दर्भों को विस्तृत करने का प्रयत्न किया है। मातृत्व के पक्ष में एवं उसके प्रतिरोध के ये निर्णय स्त्री ने लिए हैं, उसके परिणाम भुगतने के लिए भी वह तैयार है यह जानते हुए भी कि पुरुष के बच्चों को वैधता मिलती है और स्त्री के बच्चे हरामी कहलाते हैं। स्त्री ने 'अपने बच्चों' के बारे में सोचना शुरू किया है। (आवां में सुनन्दा का चरित्र)[35] पितृसत्ता में लगाई गई सेंध भविष्य की स्त्री के प्रश्नों में महत्त्वपूर्ण भूमिका अदा करेगी।

(च) अर्थसत्ता और स्त्री मुक्ति के स्वर

अर्थसत्ता में स्त्री की भागीदारी का प्रतिशत राजसत्ता में उसकी हैसियत सुनिश्चित करता है परन्तु बाजार से सीधे रिश्ते के अभाव में स्त्री की पकड़ पूँजी पर नहीं बन पाई है। आधार उपन्यासों में स्त्री की अर्थव्यवस्था में भागीदारी के प्रयत्नों, उनके संघर्षों और उपलब्धियों की दृष्टि से जिन उपन्यासों में चर्चा उपलब्ध है वे पुरुष और महिला लेखन दोनों ही से आते हैं। प्रथमतः तो स्त्री के पास अपना पैसा होता ही नहीं, होता है तो उसका उपभोग अपनी मर्जी से स्त्री नहीं कर पाती। परिवार की आय में सहयोग के अलावा भी स्त्री को कमाना चाहिए या हर स्त्री को भी पुरुष की भाँति आत्मनिर्भर होना चाहिए यह सोच नया है। इस सोच का

विस्तार सीमित वर्ग तक ही है। 'अपने पैसे' की शक्ति और पैसे का अपने हित में उपयोग नई स्त्री ने जाना है। स्त्री के पास आज भी विवाह और कैरिअॅर में से एक चुनने का संकट है, पुरुष की तरह विवाह और कैरिअॅर दोनों जब वह पाना चाहती है दोहरे-तिहरे श्रम की चुनौती स्वीकार करती है। परिवार का प्रतिरोध झेलती है, कार्यक्षेत्र की अपनी चुनौतियाँ तो हैं ही। अर्थसत्ता में प्रवेश करती स्त्री–प्रभा खेतान की प्रिया की आत्मनिर्भर होने की इच्छा परिवार को चौंकाती है। स्त्री को पारिवारिक वेतन के अतिरिक्त अपना पैसा क्यों चाहिए, का तर्क न पिता समझता है, न पति, न पुत्र।[36] व्यवस्था बौद्धिक क्षमता, आत्म विकास या अपने लिए पैसे कमाने का तर्क स्त्री के लिए नहीं सोचती। घर-परिवार को चलाने के लिए जहाँ पैसे की ज़रूरत है, जहाँ छोटी-मोटी नौकरी परिवार की बेहतरी में योगदान देती है, वहाँ आज की ही नहीं पिछली पीढ़ी भी अपनी बहुओं-बेटियों के कमाऊ होने पर ऐतराज नहीं करती, यदि स्त्री ने अपने लिए पैसा कमाना चाहा है तो पितृसत्ता के कान खड़े होने लाज़मी हैं। स्त्री के काम पर जाने से, पूर्णकालिक कार्यों से घर-परिवार छूटता है, तब सत्ताधीशों को ऐतराज क्यों न हो ? परेशानी दो तरह से सामने आती है। घर से बाहर निकली स्त्री घर के दायित्वों से मुख मोड़ती है तब घरेलू श्रम, मुफ्त का श्रम पुरुष सत्ता को भला कैसे उपलब्ध होगा ? दूसरे, स्त्री परिवार में यदि नहीं लौटी तो बच्चों को पालने-पोसने का दायित्व किसके हिस्से आएगा ? इसलिए अर्थजगत में महत्त्वपूर्ण भागीदारी की प्रयत्नशील इस स्त्री का नकार जीवन और साहित्य में हर कहीं है। मध्यवर्गीय कामकाजी स्त्री जो घर-बाहर का तनाव झेलती है। 'परछाईं अन्नपूर्णा' में देखी जा सकती है तो उच्च वर्गीय अपना व्यवसाय खड़ा करती अपने काम से पहचान बनाती स्त्री, प्रिया 'छिन्नमस्ता' में है, स्त्री की अपनी सम्पत्ति और उसे उत्तराधिकार में दे पाने के अधिकार का प्रश्न 'नर नारी' में है। पैसा कमाना जहाँ खर्च करने की क्षमता प्रदान करता है उपन्यासों में स्त्री ने क्रय क्षमता अवश्य प्राप्त की है। यह क्रय क्षमता उन मध्यमवर्गीय स्त्रियों के पास भी है जो पैसा नहीं कमा रही हैं। स्त्री कहाँ खर्च कर सकती है, यह निर्णय स्त्री के पास कमाऊ होकर भी नहीं है। 'छिन्नमस्ता' की प्रिया मौज मस्ती, विदेश यात्रा, गहने कपड़े खरीद सकती है, अपने लिए किताबें नहीं खरीद सकती, अपनी मर्ज़ी से ज़रूरतमन्द व्यक्ति की सहायता नहीं कर सकती। लाखों के गहने पहन सकती है, अपना व्यवसाय चलाने के लिए उन गहनों से पूँजी नहीं बना सकती। प्रभा खेतान प्रश्न करती हैं।[37] पैसा कहाँ खर्च किया जाए की चेतना आत्मनिर्भर कमाती-धमाती स्त्री में अभी विकसित हुई नहीं है, पितृसत्ता ने उसे इस दिशा में सोचने का अवसर नहीं दिया है। अपनी कमाई

का उपयोग स्त्री या तो परिवार के लिए कर रही है या फिर मौज मस्ती, गहने, कपड़े में। सम्पत्ति बनाती, उद्योग खड़े करती स्त्री का प्रतिशत जीवन और साहित्य दोनों में ही कम है। प्रिया जहाँ उद्योग खड़ा करती है, उसे विस्तार देती है, और 'नर नारी' की बाँझ माँजी जो अपने पति की सम्पत्ति की अधिकारिणी है,[38] दोनों के माध्यम से लेखकों (स्त्री एवं पुरुष) ने प्रश्न उठाए हैं कि स्त्री के पास यदि सम्पत्ति है तो उसके उत्तराधिकार के लिए किसे चुना जाए, दोनों ही रचनाओं में स्त्री उत्तराधिकार की वकालत की गई है, इस प्रकार अर्थसत्ता का हस्तान्तरण स्त्री के पक्ष में जाता है, परन्तु 'छिन्नमस्ता' में यह हस्तान्तरण भावी पीढ़ी की स्त्री के विवाह के साथ पुनः प्रस्तुत हो जाता है, यदि स्त्री उत्तराधिकार की परम्परा को जीवित रखना है तो विवाह कर बाहर जाने के विकल्प को त्यागना होगा या फिर पुत्राधिकार में उत्तराधिकार के परम्परागत विकल्प को स्वीकार करना होगा। अर्थसत्ता में भागीदारी द्वारा स्त्री के शक्ति सम्पन्न होने के कथ्य तो उपन्यासों में है किन्तु इस शक्ति का स्त्री के पक्ष में कोई उल्लेखनीय उपयोग उपन्यास नहीं सौंपते। बावजूद इसके जीवन में स्त्री ने अर्थ की महत्ता को समझा है, पैसे के बल पर परिवार में सत्ता पाई है, उसके निर्णयों पर अब ध्यान दिया जाने लगा है। स्त्री ने पैसे के लिए परिवार, मातृत्व के प्रश्न स्थगित किए हैं। पैसे को लेकर स्त्री अब सचेत है, 'विषम राग' में अरुण प्रकाश की कहानी, 'बहुत अच्छी लड़की' इस दृष्टि से ध्यान देने योग्य है जहाँ विधवा स्त्री जो पुनः विवाह संस्था में जाना चाहती है, अपने पुनर्विवाह को तब तक स्थगित रखती है जब तक पूर्व पति का पैसा उसके हाथ में नहीं आ जाता। इस कहानी की आलोचना जोर-शोर से हो रही है।[39] जाहिर तौर पर इस चालाक हो गई स्त्री से व्यवस्था को खतरा है, अपना पैसा बनाती स्त्री के खिलाफ मुहिम चालू है। स्त्री अपने लिए जगह तभी बना पाएँगी जब अर्थ जगत में उसकी पकड़ मजबूत होगी। स्त्री ने अपने लिए कमाने का और खर्च करने का निर्णय लिया है जो उसे पिछली पीढ़ी की स्त्री से अलग करता है।

तुलनात्मक अध्ययन करते हुए इन निष्कर्षों तक पहुँच पाना सम्भव हो सका है कि स्त्री और पुरुष लेखन में लेखक की अपनी मनोसंरचना प्रमुख रही है, पुरुष होने के नाते कोई विशिष्ट निर्णय स्त्री के खिलाफ गया है, या स्त्री लेखन का स्त्री के पक्ष में ऐसे अनुभव कम ही रहे हैं, लेखकीय तटस्थता और उसका अशरीरी होना रचना के पक्ष में गया है और रचना की स्त्री के भी पक्ष में। ''वैयक्तिक यातनाओं का सामाजिक सन्दर्भीकरण में प्रकाशन प्रतिकार का महत्त्वपूर्ण अस्त्र बन सका है, जब ऐसा नहीं हुआ है, विपरीत परिणाम भी आए हैं।''–राजेश जोशी। कई बार पुरुष और स्त्री रचनाकारों ने लगभग एक से निर्णय लिए हैं, कभी दो

अलग-अलग निर्णयों को स्त्री के पक्ष में प्रेषित किया है। इन निर्णयों की परिणति और परिणाम की प्रतीक्षा साहित्य और जगत में की जानी शेष है। उन साहित्य इतिहास लेखनों पर भी पुनर्विचार करना ज़रूरी है जो समस्त महिला लेखन को आधी पंक्ति में समेटते रहे हैं, स्त्री लेखन को दोयम दर्जे का लेखन साबित करते रहे हैं। दूसरी ओर पुरुष लेखन को स्त्री विमर्श में बाहरी व्यक्ति घोषित करते रहे हैं, उपेन्द्र नाथ अश्क, बच्चन, सिंह नामवर सिंह का स्त्रीवादी लेखन पर दृष्टिकोण पुनः पड़ताल की माँग करता है। स्त्री विमर्श को खाँचे में डालकर नहीं मुख्यधारा के बीच सोचने समझने और समीक्षित होने के अवसर मिलने चाहिए। विचार इस विषय पर होना चाहिए कि विमर्श की धारा उच्च मध्यवर्ग, उच्च वर्ग के साथ-साथ वहाँ भी मुड़नी चाहिए जहाँ इसकी सबसे अधिक ज़रूरत है जहाँ अस्तित्व का प्रश्न इतना बड़ा है कि अस्मिता के बारे में सोचा ही नहीं जा सकता। जहाँ जीवित रहना ही बड़ा संघर्ष है, 'उत्काव' (क्षितिज शर्मा) घर-परिवार के लिए जी तोड़ मेहनत करती, दो जून की रोटी, मीलों से पानी भर कर लाती, ईंधन जुटाती स्त्री, पर्यावरण को अंजाने ही बचाती स्त्री घर और बाहर भेदती आँखों को ही नहीं शोषण के तमाम माध्यमों से जूझती स्त्री, अपने हक के लिए, न्याय के उबाऊ, थकाऊ घर बिकाऊ मन्दिर में अपनी जिन्दगी तमाम करती स्त्री, स्त्री के लिए जगह बनाने का संघर्ष करती जगह बनाती स्त्री, अपने खिलाफ होते षड्यन्त्रों का पर्दाफाश करती स्त्री अभी भी स्त्री विमर्श के दरवाजे पर खड़ी है। स्त्री के संघर्ष उनके रास्तों, न्याय और समानता के लिए यह लड़ाई स्त्री के हिस्से में छोड़ पुरुष अपने को किस तरह मुक्त कर सकता है ? यह लड़ाई स्त्री की ही भाँति पुरुष के लिए भी पितृसत्ता से मुक्ति की लड़ाई है। जैविक धरातल का प्राकृतिक विभाजन षड्यन्त्रपूर्वक सामाजिक, आर्थिक, राजनैतिक धरातल पर कब तक न्याय संगत ठहराया जाता रहेगा ? स्त्री और पुरुष का फर्क जब तक स्त्री और मनुष्य का फर्क बना रहेगा, स्त्री अपने लिए जगह नहीं बना पाएगी। स्त्री विमर्श का प्रमुख सरोकार स्त्री का अपने पक्ष में खुद लड़ना और खुद खड़े होना रहा है, जब तक यह लड़ाई अपने भरोसे नहीं लड़ी जाएगी स्त्री के पक्ष में नहीं जाएगी।

सन्दर्भ सूची

1. लवलीन, स्त्री लेखन : बहुत कठिन है डगर, समय माजरा, जनवरी-फरवरी, 2001, पृ. 99
2. लवलीन, समय माजरा जनवरी-फरवरी, 2001
3. देखें, उषा महाजन, पुरुष के समाज में महिला लेखिकाएँ, बन्द गलियों के विरुद्ध, सम्पादक, मृणाल पांडे, क्षमा शर्मा, इंडियन विमेंस प्रेम कोर, राजकमल प्रकाशन, 2001, पृ. 83

4. हम हशमत, कृष्णा सोबती, राजकमल प्रकाशन, पृ. 205
5. डॉ. सत्यदेव त्रिपाठी, हिन्दी उपन्यास : समकालीन विमर्श, अमन प्रकाशन, कानपुर, 2000, पृ. 18
6. प्रभा खेतान, छिन्नमस्ता, पृ. 200
7. सत्यदेव त्रिपाठी, हिन्दी उपन्यास : समकालीन विमर्श, पृ. 16
8. देखें, चित्रा मुद्गल, आवां, पृ. 363
9. प्रभा खेतान, छिन्नमस्ता
10. कृष्ण बलदेव वैद, नर नारी
11. सत्येन कुमार, नदी को याद नहीं
12. अमरकान्त, सुन्नर पांडे की पतोह
13. गीतांजलि श्री, माई
14. क्षमा शर्मा, परछाईं अन्नपूर्णा
15. अरविन्द जैन, उत्तराधिकार बनाम पुत्राधिकार, राजकमल पेपर बैक्स, 2001, पृ. 16
16. राजकिशोर, तुम्हारा सुख
17. सत्येन कुमार, नदी को याद नहीं
18. कृष्ण बलदेव वैद, नर नारी
19. मदन दीक्षित, मोरी की ईंट
20. प्रभा खेतान, छिन्नमस्ता
21. चित्रा मुद्गल, आवां
22. राजकिशोर, जनसत्ता, 9.12.2001
23. मस्तराम कपूर, आवां : स्त्री जीवन की घुटन की कथा, समरलोक, जुलाई-सितम्बर, 2001, पृ. 89
24. अमरकान्त, सुन्नर पांडे की पतोह
25. कृष्ण बदलेव वैद, नर नारी
26. मृदुला गर्ग, कठगुलाब
27. प्रभा खेतान, छिन्नमस्ता
28. चित्रा मुद्गल, आवां
29. देखें, मधुमती के लिए दिया गया कृष्ण बलदेव वैद का साक्षात्कार
30. मृदुला गर्ग, कठगुलाब
31. चित्रा मुद्गल, आवां, में सुनन्दा का विवाह संस्था से बाहर मातृत्व
32. चित्रा मुद्गल, आवां
33. कृष्ण बलदेव वैद, नर नारी
34. प्रभा खेतान, छिन्नमस्ता
35. चित्रा मुद्गल, आवां
36. प्रभा खेतान, छिन्नमस्ता
37. प्रभा खेतान, छिन्नमस्ता
38. कृष्ण बलदेव वैद, नर नारी
39. अरुण प्रकाश, विषम राग, राजकमल प्रकाशन, 2003 में कहानी 'बहुत अच्छी लड़की'

सन्दर्भ ग्रन्थ सूची

क्र.	पुस्तक	लेखक	प्रकाशक	वर्ष
1.	अतीत होती सदी और स्त्री का भविष्य	स. राजेन्द्र यादव एवं अर्चना वर्मा	राजकमल प्रकाशन, नई दिल्ली, पटना	2001
2.	आधी ज़मीन	उपेन्द्र नाथ अश्क	नीलाभ प्रकाशन, इलाहाबाद	1997
3.	आदमी की निगाह में औरत	राजेन्द्र यादव	राजकमल प्रकाशन, नई दिल्ली, पटना	2001
4.	अश्लीलता का हमला	राजकिशोर	वाणी प्रकाशन, नई दिल्ली	1998
5.	उठो अन्नपूर्णा साथ चलें	उषा महाजन	हिमाचल पुस्तक भंडार, दिल्ली	1998
6.	उत्तराधिकार बनाम पुत्राधिकार	अरविन्द जैन	राजकमल पेपर बैक्स	2001
7.	उत्तर आधुनिक परिदृश्य	सुधीश पचौरी	सचिन प्रकाशन, नई दिल्ली	1994
8.	औरत होने की सज़ा	अरविन्द जैन	राजकमल पेपर बैक्स सं., नई दिल्ली	1999
9.	औरत : अस्तित्व और अस्मिता	अरविन्द जैन	सारांश प्रकाशन, दिल्ली	2000
10.	औरत के लिए औरत	नासिरा शर्मा	सामयिक प्रकाशन, नई दिल्ली	2003
11.	इक्कीसवीं सदी की ओर	सं.सुमन कृष्णकांत	राजकमल प्रकाशन, नई दिल्ली	2001
12.	शृंखला की कड़ियां	महादेवी वर्मा	राधाकृष्ण प्रकाशन, नई दिल्ली	1995
13.	कामकाजी भारतीय नारी	डॉ. प्रमिला कपूर	राजपाल एंड संस, दिल्ली	1976
14.	क्रान्ति का विचार और हिन्दी उपन्यास	प्रेम सिंह	भारतीय उच्च अध्ययन संस्थान, राष्ट्रपति निवास, शिमला	2000

15.	कार्यशील महिलाएँ एवं सामाजिक परिवर्तन	मंजू जैन पुस्तक में अनुपलब्ध	प्रिंटवेल, जयपुर प्रकाशन	
16.	कमलेश्वर	सम्पा. मधुकर सिंह	शब्दकार प्रकाशन	1977
17.	चुकते नहीं सवाल	मृदुला गर्ग	सामयिक प्रकाशन, नई दिल्ली	2002
18.	जोधपुर राज्य का इतिहास II	जी.एच. ओझा		
19.	नारी प्रश्न	सरला महेश्वरी	राधाकृष्ण प्रकाशन, नई दिल्ली	1998
20.	न्याय क्षेत्रे : अन्याय क्षेत्रे	अरविन्द जैन	राजकमल प्रकाशन, नई दिल्ली, पटना	2002
21.	नव साम्राज्यवाद और संस्कृति	सुधीश पचौरी	प्रवीण प्रकाशन, नई दिल्ली	1995
22.	नई समीक्षा : नए सन्दर्भ	डॉ. नगेन्द्र		
23.	परिधि पर स्त्री	मृणाल पांडे	राधाकृष्ण प्रकाशन, नई दिल्ली	1996
24.	परिवार, निजी सम्पत्ति और राज्य की उत्पत्ति	फेद्रिक ऐंगल्स	प्रकाशन संस्थान, नई दिल्ली	2003
25.	बन्द गलियों के विरुद्ध	सम्पा. मृणाल पांडे एवं क्षमा शर्मा	राजकमल प्रकाशन, नई दिल्ली	2001
26.	भारतीय स्त्री (सांस्कृतिक सन्दर्भ)	सम्पा. प्रतिभा जैन, सम्पा. संगीता शर्मा	रजत पब्लिकेशंस, जयपुर एवं नई दिल्ली	1980
27.	भारत के मध्यमवर्ग की अजीब दास्तान	पवन कुमार वर्मा अनु-अभय कुमार दुबे	राजकमल प्रकाशन, नई दिल्ली, पटना	1997
28.	भारतीय समाज में नारी	डॉ. प्रभा आपटे	क्लासिक पब्लिशिंग हाउस, जयपुर	1996
29.	भारतीय विवाह संस्था का इतिहास	विश्वानाथ काशीनाथ राजवाड़े	पीपल्स पब्लिशिंग हाउस, नई दिल्ली, सं. दूसरा	1988
30.	फ्रायड मनोविश्लेषण, अनु. देवेन्द्र कुमार वेदालंकार	फ्रायड	राजपाल एंड संस, दिल्ली	1985
31.	मध्यकालीन भारतीय संस्कृति का इतिहास	लक्ष्मीनारायण गुप्त	प्रेम प्रकाशन मंदिर, आगरा	1963
32.	रामचरित मानस	तुलसीदास		
33.	रीतिकाल की भूमिका	डॉ. नगेन्द्र		
34.	रेणु की नारी सृष्टि	डॉ. अल्पना तिवारी	राधाकृष्ण प्रकाशन, नई दिल्ली	1994

35. द फीमेल यूनेक विद्रोही स्त्री	जर्मेन ग्रीयर अनु. मधु बी. जोशी	राजकमल प्रकाशन, नई दिल्ली, पटना	2001
36. मिताक्षरा, I	विज्ञानेश्वर		
37. स्त्रियों की पराधीनता 'सब्जेक्शन ऑफ वूमेन'	जॉन स्टुअर्ट मिल की पुस्तक अनु. प्रगति सक्सेना	राजकमल प्रकाशन, नई दिल्ली, पटना	2002
38. स्त्रीत्ववादी साहित्य विमर्श	जगदीश्वर चतुर्वेदी	अनामिका पब्लिशर्स एंड डिस्ट्रिब्यूटर्स, नई दिल्ली	2000
39. स्त्री संघर्ष का इतिहास (1800-1990)	राधा कुमार अनु. एवं सम्पादन-रमाशंकर सिंह	वाणी प्रकाशन, नई दिल्ली	2002
40. स्त्रीत्व का मानचित्र	अनामिका	सारांश प्रकाशन, नई दिल्ली	1999
41. स्त्री उपेक्षिता पुस्तक द सेकेण्ड सेक्स का हिन्दी अनुवाद	सीमॉन द बोउवा प्रभा खेतान	हिन्द पॉकेट बुक्स	1998
42. स्वागत है बेटी	विभा देवसरे	मेधा बुक्स, दिल्ली	2002
43. संघर्ष के बीच : संघर्ष के बीज	इलिना सेन	सारांश प्रकाशन, दिल्ली	2001
44. स्त्रीत्ववादी विमर्श समाज और साहित्य	क्षमा शर्मा	राजकमल प्रकाशन, नई दिल्ली, पटना	2002
45. स्त्री देह के विमर्श	सुधीश पचौरी	आत्माराम एंड संस, दिल्ली, लखनऊ	2000
46. समकालीन साहित्य चिन्तन	डॉ. रामदरश मिश्र एवं डॉ. महीप सिंह	प्रभात प्रकाशन, दिल्ली	1986
47. स्त्री के लिए जगह	राजकिशोर	वाणी प्रकाशन, नई दिल्ली	1994
48. स्त्री परम्परा और आधुनिकता	राजकिशोर	वाणी प्रकाशन, नई दिल्ली	1999
49. समान नागरिक संहिता	सरला महेश्वरी	राधाकृष्ण प्रकाशन	1997
50. सत्य के साथ मेरे प्रयोग	म.क. गांधी	नवजीवन प्रकाशन मन्दिर, अहमदाबाद	
51. समकालीन कहानी की भूमिका	डॉ. विश्म्भरनाथ उपाध्याय		
52. समकालीन कहानी की पहचान	डॉ. नरेन्द्र मोहन		
53. हिन्दी उपन्यास और प्रेम सम्बन्ध	विजयमोहन सिंह	प्रवीण प्रकाशन, नई दिल्ली	1995

54.	हिन्दी के उपन्यासकारों की मानवीय चेतना	डॉ. उषा यादव	राधाकृष्ण प्रकाशन, नई दिल्ली	1999
55.	हिन्दी उपन्यासों में रूढ़िमुक्त नारी	डॉ. राजरानी शर्मा	साहित्य मंडल, नई दिल्ली	1989
56.	हिन्दी उपन्यास 1950 के बाद	सं.निर्मला जैन एवं नित्यानन्द तिवारी	नेशनल पब्लिकेशन हाउस, नई दिल्ली	1983
57.	हिन्दी उपन्यास का इतिहास	गोपाल राय	राजकमल प्रकाशन, नई दिल्ली, पटना	2002
58.	हिन्दी उपन्यास और दलित नारी	डॉ. कुसुम मेधवाल	सांघी प्रकाशन, जयपुर	1991
59.	हिन्दी उपन्यास समकालीन विमर्श	सत्यदेव त्रिपाठी	अमन प्रकाशन, कानपुर	2000
60.	हम सभ्य औरतें	मनीषा	सामयिक प्रकाशन, नई दिल्ली	2002
61.	हम हशमत (संस्मरण)	कृष्णा सोबती	राजकमल प्रकाशन, नई दिल्ली, पटना	
62.	हिन्दू धर्म : जीवन में सनातन की खोज	विद्यानिवास मिश्र	राधाकृष्ण प्रकाशन, नई दिल्ली	

सन्दर्भित उपन्यास व कहानियाँ

क्र.	पुस्तक	लेखक	प्रकाशक	वर्ष
1.	आवां	चित्रा मुद्‌गल	सामयिक प्रकाशन, नई दिल्ली	1999
2.	कठगुलाब	मृदुला गर्ग	भारतीय ज्ञानपीठ प्रकाशन, नई दिल्ली	1998
3.	छिन्नमस्ता	प्रभा खेतान	राजकमल पेपरबैक्स, नई दिल्ली	1997
4.	तुम्हारा सुख	राजकिशोर	भारतीय ज्ञान पीठ प्रकाशन नई दिल्ली	1995
5.	नदी को याद नहीं	सत्येन कुमार	राजकमल प्रकाशन, नई दिल्ली	1998
6.	नर नारी	कृष्ण बलदेव वैद	राजपाल एंड संस, दिल्ली	1996
7.	परछाईं अन्नपूर्णा	क्षमा शर्मा	नवराज प्रकाशन, दिल्ली	1996
8.	माई	गीतांजलि श्री	राजकमल प्रकाशन नई दिल्ली	1993

9. मोरी की ईंट	मदन दीक्षित	शब्दकार, दिल्ली	1996
10. सुन्नर पांडे की पतोह	अमरकान्त	कृतिकार, इलाहाबाद	1993
11. अक्करमाशी	शरण कुमार लिम्बाले		
12. अर्धनारीश्वर	विष्णु प्रभाकर	शब्दकार	सं. 1997
13. आपका बंटी	मन्नू भंडारी	अक्षर प्रकाशन	सं. 1982
14. इदन्नमम	मैत्रेयी पुष्पा	किताब घर, नई दिल्ली	सं. 1996
15. उफाव	क्षितिज शर्मा	प्रवीण प्रकाशन	1992
16. ऐ लड़की	कृष्णा सोबती नई दिल्ली	राजकमल प्रकाशन,	सं. 1999
17. कस्तूरी कुंडल बसै	मैत्रेयी पुष्पा	हंस, मार्च, 2000 में	2000
18. काली लड़की	रजनी पन्निकर	आत्माराम एंड संस, दिल्ली	1958
19. गाड़ीवालों का कटरा	अलेक्सान्द्र कुप्रिन	राजकमल पेपर बैक्स	सं 1999
20. चाक	मैत्रेयी पुष्पा	राजकमल प्रकाशन	1997
21. जूठन	ओमप्रकाश वाल्मीकि		
22. झूलानट	मैत्रेयी पुष्पा	राजकमल प्रकाशन	1999
23. दादा कामरेड	यशपाल		
24. दिलो दानिश	कृष्णा सोबती	राजकमल प्रकाशन	1999
25. दोहरा अभिशाप	कौशल्या बैसन्त्री		
26. नारी	सियाराम शरण गुप्त	राजकमल प्रकाशन	2001
27. नाच्यो बहुत गुपाल	अमृतलाल नागर		
28. पीली छतरी वाली लड़की	उदय प्रकाश	वाणी प्रकाशन, नई दिल्ली	
29. बेघर	ममता कालिया	राजकमल पेपर बैक्स, दिल्ली	1971
30. बाणभट्ट की आत्मकथा	हजारी प्रसाद द्विवेदी	राजकमल पेपर बैक्स	सं.1999
31. मित्रो मरजानी	कृष्णा सोबती	राजकमल प्रकाशन	1979
32. यामिनी कथा	सूर्यबाला	ज्ञानगंगा प्रकाशन	सं.1991
33. विश्रामपुर का सन्त	श्रीलाल शुक्ल	राजकमल प्रकाशन, नई दिल्ली	1998
34. विषम राग (कहानी संग्रह)	अरुण प्रकाश	राजकमल प्रकाशन, नई दिल्ली	2003
35. सूरजमुखी अँधेरे के	कृष्णा सोबती	राजकमल प्रकाशन	1974
36. सेवासदन	प्रेमचन्द		
37. शुभ्रा	भगवान सिंह	वाणी प्रकाशन, नई दिल्ली	2000
38. शादी से पेश्तर	शर्मिला व्होरा	राजकमल प्रकाशन	2001
39. शेष कादम्बरी	अलका सरावगी	राजकमल प्रकाशन	2001
40. हमज़ाद	मनोहर श्याम जोशी	राजकमल पेपर बैक्स	1999

41. हम हशमत	कृष्णा सोबती	राजकमल प्रकाशन
42. त्रिशंकु व अन्य कहानियाँ	मन्नू भंडारी	राजकमल पेपर बैक्स

सन्दर्भित पौराणिक ग्रन्थ

1. वृहदारण्यक
2. सुबालोपनिषद
3. शतपथ ब्राह्मण
4. ऋग्वेद
5. अथर्ववेद
6. महाभारत
7. ऐतरेय ब्राह्मण
8. मनुस्मृति
9. मिताक्षरा

सन्दर्भ ग्रन्थ–अंग्रेजी एवं अन्य

1. अगेन्सृट ऑवर विल, मेन वुमेन एंड रेप, सुसन मिलर ब्राउन, 1975
2. अ स्पेस विदिन दी स्ट्रगल, एडीटर इलिना सेन, कॉली फार वुमेन, न्यू डेल्ही 1990
3. फायर विद फायर, नियोमी वुल्फ
4. मेन इन फेमिनिज्म : स्टीफेन हीथ
5. पोजीशन ऑफ वुमेन इन हिन्दू सिविलाइज़ेशन, ए.एस. अल्तेकर, द कल्चर पब्लिकेशन हाउस, बनारस हिन्दू यूनिवर्सिटी, बनारस, 1938
6. दी ओरिजन ऑफ दी फेमिली, प्रायवेट प्रोपर्टी एंड स्टेट, एफ. एन्जेल्स प्रोग्रेस पब्लिसर्स, मास्को एडी. 1950, 1952, 1954, 1947
7. दी प्रीटेन्स ऑफ लव, फर्नान्डो हेनरीक्स, अ पेन्थर बुक्स 1965
8. अन-ला फुल करलन नोलेज़, दी ट्रू स्टोरी ऑफ दी आयरिश 'एक्स' केस, वेन्डी हॉल्डेन, हारपर कोलिन्स पब्लिसर्स, लंदन 1994
9. वुमेन इन दी वैदिक ऐज़, शकुन्तला राव शास्त्री, भारतीय विद्या भवन, बम्बई, 1960
10. यु मे बी अ मदर ऑफ हन्ड्रेड सन्स, एलिजाबेथ बू मिलर, वाशिंगटन पोस्ट
11. इंडियन जर्नल ऑफ जेन्डर स्टडीज़ 1, व्हॉ.-2, जुलाई-दिसम्बर, 1994
12. एंजीयर–द फर्स्ट सेक्स : द नेचुरल टैलेंट्स ऑफ वीमेन एंड हाऊ दे विलचेंज द वर्ल्ड ''पुलित्जर पुरस्कार प्राप्त पुस्तक''

13. डब्ल्यू. आई थॉमस "सेक्स एंड सोसायटी" लन्दन 1907
14. एशली मान्टेग्यू "द नेचुरल सुपीरियारिटी ऑफ विमेन," लन्दन, 1954
15. इलीनर मेक्काबी 'द डेव्हलपमेंट ऑफ सेक्स डिफरेन्सेज में क्लासीफाइड सर्जरी ऑफ रिसर्च इन सेक्स डिफरेन्सेज'
16. मेरी एस्टल, एन एस्से इन डिफेन्स ऑफ दी फीमेल सेक्स, 1721
17. अन्ना अनस्तासी, डिफरेंशियल सायकलॉजी, 1958
18. विलड्यूरॉ, द स्टोरी ऑफ सिविलाइजेशन, जिल्द 2, दि लाइफ ऑफ ग्रीस, पुनर्मुद्रित, न्यूयार्क, 1966
19. वेस्टर मार्क, ओरिजिन एंड डेवलपमेन्ट ऑफ मॉरल आइडियाज, भाग एक लंदन
20. 'ए शार्ट हिस्ट्री ऑफ वीमेन,' जे.एल.ए. डेविस, लन्दन, 1928
21. जी. एन. शर्मा, सोश्यल लाइफ इन मिडिवल राजस्थान
22. पी. थॉमस, इंडियन वूमन थ्रू द ऐजेज़, एशिया पब्लिशिंग हाउस, बम्बई, कलकत्ता, नई दिल्ली, मद्रास, लखनऊ, लन्दन, न्यूइयर
23. बेनीप्रसाद, हिस्ट्री ऑफ जहाँगीर, पाँचवाँ संस्करण, 1962
24. बर्निअर, ट्रेवल्स
25. बी.एन.एस. यादव, सोसायटी एंड कल्चर इन नारदर्न इंडिया (ट्वेल्थ सेंचुरी) इलाहाबाद, 1973
26. के.एस.पाणिकर कृत हिन्दू सोसायटी एट क्रॉस रोड्स, कलकत्ता 1955
27. डी.एस. मार्गोलियोथ, मुहम्मद एंड दि राइज़ ऑफ इस्लाम, रीप्रिन्ट, देहली, 1985
28. कान्हड़दे प्रबन्ध, अंग्रेजी अनुवाद, बी.एस. भटनागर, आदित्य प्रकाशन, नई दिल्ली, 1991
29. ह्यूज, डिक्शनरी ऑफ इस्लाम
30. सोसायटी एंड कल्चर इन नार्दन इंडिया
31. के.ए. निजामी, सम आस्पेक्ट्स ऑफ रिलीजन एंड पॉलिटिक्स इन इंडिया ड्यूरिंग द थरटीन्थ सेन्चुरी
32. के.एम. पन्निकर, कल्चर, आईडियोलॉजी, हेजेमोनी-इन्टेलेक्चुअल एंड सोश्यिल कॉनसियसनेस इन कोलोनियल इंडिया, तुलिका, नई दिल्ली, 1995
33. उमा चक्रवर्ती "व्हाट एवर हैपण्ड टू द वैदिक दासी ? ओरियन्टलिस्म, नेशनलिज्म एंड ए स्क्रिप्ट फॉर द पास्ट"
34. कुमकुम सांगरी एवं सुदेश बंद (संपादक), 'रिकास्टिंग विमेन : एसेज्र इन कोलोनियल हिस्ट्री, काली फॉर वूमेन, नई दिल्ली, 1983, (रिप्रिन्ट 1993)
35. एस.एन.हेव, सोर्सेज ऑफ इंडियन ट्रेडीशन, पार्ट-7
36. केशव चन्द्र सेन, फिलॉसफी एंड मेडनेस इन रिलीजन
37. देखें, कपिल कुमार, 'रूरल विमेन इन अवध,' सम्पादक–कुमकुम सांगरी और सुदेश वैद
38. मधु किश्वर, गांधी ऑन वीमेन
39. बार्बरा सदर्ड, 'द फेमनिज़्म ऑफ महात्मा गांधी,' गांधी मार्ग, अक्टूबर 1981

40. जिराल्डिन फोबर्स, द पॉलिटिक्स ऑफ रेस्पेक्टबिलिटी, इंडियन विमेन एंड द इंडियन नेशनल कांग्रेस, सम्पादक–डी.ए.लो.
41. कन्ट्रक्टिव प्रोग्रेस : इट्स मीनिंग एंड प्लेस, कलेक्टिव वर्क्स ऑफ महात्मा गांधी
42. पुष्पा जोशी (सम्पादक) गांधी आफन वीमेन, कलेक्शन ऑफ महात्मा गांधीज़ स्पीचेज़ एंड रायटिंग्स, नवजीवन पब्लिशिंग हाउस, अहमदाबाद और सेन्टर फॉर वीमेन डेवलपमेन्ट, स्टडीज़, नई दिल्ली, 1988
43. नेहरू, डिस्कवरी ऑफ इंडिया, पुनर्मुद्रित 1980
44. सरोजिनी नायडू 'स्पीचेज एंड राइटिंग्स,' मद्रास जी.ए. नेटसन, 1904
45. मनमोहन कौर 'रोल ऑफ वीमेन इन द फ्रीडम मूवमेंट' 1850-1947, स्टरलिंग पब्लिकेशन, 1968
46. लाइफ स्टोरीज़ ऑफ वीमेन इन दि तेलंगाना पीपल्स स्ट्रगल, दिल्ली, काली फॉर वीमेन, 1987
47. लेडी चेटरलीज लवर, डी. एच. लॉरेन्स
48. लेव तॉल्सतॉय, अन्ना केरोनिना
49. मेडम बॉवेरी, फ्लावेयर

सन्दर्भित प्रतिवेदन

1. टुवर्ड्स इक्वेलिटी, रिपोर्ट ऑफ द कमेटी ऑन द स्टेटस ऑफ वीमेन
2. बेन कुअर सन, 1969
3. दस्तूर अल अमल, सांगनेर, 19, 36, जयपुर काग़ज़ात, बीकानेर
4. रिपोर्ट ऑन द पेटर्न ऑफ ग्रेजुएट एम्प्लॉयमेंट, भारत सरकार के श्रम मन्त्रालय का रोजगार एवं प्रशिक्षण महानिदेशालय, 1963
5. प्लानिंग कमीशन की रिपोर्ट, 1966
6. सी.एस.आई. रिपोर्ट ऑन द एनवायरमेन्ट, दिल्ली, पर्यावरण अध्ययन केन्द्र, 1987
7. अन्तर्राष्ट्रीय श्रम संगठन, संयुक्त राष्ट्र संघ (आई.एल.ओ.) की रिपोर्ट

पत्र-पत्रिकाएँ

1. 'अक्षरा' 48 अप्रैल-जून, 2000
2. 'आजकल', मई 1997
3. 'आधी दुनिया', सं. जी.बी. सिंह 2001
4. 'आउटलुक', 19 जून 1996

5. 'आउटलुक', अक्टूबर 2002
6. 'आउटलुक', 10 मार्च 2003
7. 'उत्तरा', जुलाई-दिसम्बर 1998 (स्वतन्त्रता संग्राम में महिलाओं की भागीदारी पर केन्द्रित अंक)
8. 'इंडिया टुडे', साहित्यिक वार्षिकी, 1997
9. 'इंडिया टुडे', 28 जुलाई 1997
10. 'इंडिया टुडे', मई 1999
11. 'इंडिया टुडे', जून 2002
12. 'कथादेश', जून 1998
13. 'कथादेश', अगस्त 2000
14. 'कथादेश', अप्रैल 2003
15. 'कथाक्रम', अप्रैल-जून 2000
16. 'कथाक्रम', अक्टूबर-दिसम्बर 2001
17. गेल पियरसन IESHR वर्ष 20, अंक 1
18. 'नया ज्ञानोदय', प्रथम अंक, फरवरी 2003
19. 'विकल्प', कथा साहित्य विशेषांक, सम्पादक, शैलेष मटियानी
20. 'संधान', अप्रैल-जून 2001
21. 'साक्षात्कार', जुलाई-अगस्त 1996
22. 'साक्षात्कार', जून 2000
23. 'संचेतना', 152
24. 'समाज कल्याण', दिसम्बर 2000
25. 'समरलोक', जुलाई-सितम्बर, 2001
26. 'समकालीन साहित्य समाचार', जनवरी 1999
27. 'साप्ताहिक हिन्दुस्तान', 15-21 जुलाई 1990
28. 'समग्र माजरा', (नई सदी की स्त्री छवि) जनवरी-फरवरी 2001
29. सुभाष सेतिया का चित्रा मुद्गल को लिखा पत्र 25.8.2000 क्र. 2036
30. 'हंस', नवम्बर-दिसम्बर 1994
31. 'हंस', जनवरी 1995 औरत उत्तर कथा अंक 2
32. 'हंस', अप्रैल 1997
33. 'हंस', जनवरी 1998
34. 'हंस', फरवरी 1998
35. 'हंस', जनवरी 1999
36. 'हंस', जनवरी-फरवरी 2000
37. 'हंस', भूमंडलीकरण विशेषांक, मार्च 2001
38. 'हंस', नवम्बर 2002
39. 'हंस', अप्रैल 2003
40. 'मेन स्ट्रीम', वार्षिकी 1999

41. 'मानुषी', अंक 34, 1986
42. 'मानुषी', वर्ष 6 अंक 2, जनवरी-फरवरी 1986
43. 'मानुषी', अंक 27 मार्च-अप्रैल 1985
44. 'माया', जून 1997
45. 'पूर्वग्रह', 104
46. 'पूर्वग्रह', 108
47. 'रविवार', 18 नवम्बर 2001
48. 'धर्मयुग', 1 सितम्बर 1994
49. 'मधुमती', अक्टूबर 1999
50. 'मधुमती', जून 2000
51. 'दायित्व बोध', जुलाई-सितम्बर 2000
52. 'टाइम', जनवरी 2003

समाचार पत्र

1. 'अमर उजाला', 12 दिसम्बर 1999, डॉ. नामवर सिंह की टीप
2. 'बॉम्बे क्रॉनिकल', 16 अप्रैल 1913
3. 'इंडियन एक्सप्रेस', 5.10.1987
4. 'इंडियन एक्सप्रेस', 10.5.1987
5. 'जनसत्ता', बनवारी 29.7.87
6. 'जनसत्ता', 29 जनवरी 1989
7. 'जनसत्ता', 28 नवम्बर 1999
8. 'जनसत्ता', 9 दिसम्बर 2001
9. 'जनसत्ता', 16 दिसम्बर 2001
10. 'टाइम्स ऑफ इंडिया', 17.9.1987
11. 'दूसरा शनिवार', 8 मार्च 1997
12. 'दैनिक भास्कर', 14.6.2002
13. 'दैनिक भास्कर', 18.4.2002
14. 'दैनिक भास्कर', 7.3.2003
15. 'दैनिक भास्कर', 8.4.2003
16. 'दैनिक जागरण', 7 मार्च 2003
17. 'दैनिक नवज्योति', 25 अप्रैल 1997
18. 'दैनिक नवज्योति', 9 जून 2001
19. 'यंग इंडिया', 15 दिसम्बर 1921
20. 'यंग इंडिया', 7.10.1926

21. 'यंग इंडिया', 3.2.1927
22. 'हिन्दुस्तान', 22 दिसम्बर 1996
23. 'हिन्दुस्तान', 16 जनवरी 2000
24. 'हिन्दुस्तान टाइम्स', 6 मार्च 1985
25. 'हिन्दुस्तान टाइम्स', 17 सितम्बर 1987
26. 'राष्ट्रीय सहारा', 30 मई 1999
27. 'राष्ट्रीय सहारा', 4 जनवरी 2003
28. 'राष्ट्रीय सहारा', 26 जनवरी 2003
29. 'राष्ट्रीय सहारा', 2 फरवरी 2003
30. 'राष्ट्रीय सहारा', 9 मार्च 2003
31. 'राष्ट्रीय सहारा', 29 मार्च 2003
32. 'स्टेट्समेन', 18-20 सितम्बर 1987
33. 'स्टेट्समेन', 5 नवम्बर 1987

●●●